CULTURAS DE ESPAÑA

Carmen Pereira-Muro

University of Miami

Contributing Author
John Beusterien

Houghton Mifflin Company   Boston   New York

A mi familia en España. A mi familia en América. A mi hija María, que nació mientras escribía este libro, y ha unido mis dos mundos. Para John, siempre.

Director, Modern Language Programs: Rolando Hernández
Development Manager: Sharla Zwirek
Development Editor: Amy Baron
Editorial Assistant: Erin Kern
Senior Project Editor: Aileen Mason
Editorial Assistant: Lindsay Frost/Liliana Ritter
Production/Design Coordinator: Jodi O'Rourke
Senior Manufacturing Coordinator: Priscilla Bailey
Associate Marketing Manager: Tina Crowley Desprez

Cover images: (top left and right, bottom left): Images of Medieval Castles of Spain © Domi Mora; (bottom right): Spain, Basque, Vizcaya, Bilbao, Guggenheim Museum Bibleo; Oliver Strewe © Tony Stone Images

Printed in the U.S.A.

Library of Congress Control Number: 2001131539

ISBN: 0-618-06312-9

8 9-FFG-12 11 10 09 08

CONTENIDO CORTO

Prefacio   xiii

Capítulo introductorio   1

PARTE I   HISTORIA DE ESPAÑA   23

CAPÍTULO 1   **La formación de España:** de la prehistoria a los visigodos   25

CAPÍTULO 2   **La España medieval:** un mosaico político y cultural   44

CAPÍTULO 3   **Hacia la unidad de España y la formación de un imperio:** el reinado de los Reyes Católicos y el descubrimiento europeo de América   78

CAPÍTULO 4   **El imperio español:** Carlos I y Felipe II   100

CAPÍTULO 5   **El siglo XVII:** ¿un siglo de oro?   125

CAPÍTULO 6   **El siglo XVIII:** conflictos entre modernidad y tradición   151

CAPÍTULO 7   **El siglo XIX:** hacia la construcción de una nación moderna   175

PARTE II   SOCIEDAD CONTEMPORÁNEA   201

CAPÍTULO 8   **Del siglo XX al siglo XXI:** la España contemporánea   203

CAPÍTULO 9   **El Estado de las autonomías y las nacionalidades históricas:** Galicia, Cataluña y el País Vasco   233

CAPÍTULO 10   **La economía de la España contemporánea:** entre el optimismo y la preocupación   267

CAPÍTULO 11   **La sociedad española contemporánea:** evolución y tradición   285

CAPÍTULO 12   **La cultura contemporánea**   310

Créditos   333

Glosario   339

Índice   346

CONTENIDO

Prefacio   xiii

Capítulo introductorio   1
¿Qué es España?   1
¿Dónde está y cómo es España?   2
  Localización geográfica   2
  Topografía   4
  La península, "pequeño continente": zonas climáticas y regiones   4
  Las lenguas peninsulares   7
¿Sabías que…?   7
Textos y contextos   11
  I. Mapas de España   11
  II. La gastronomía   19
  REPASO Y SÍNTESIS   21
  MÁS ALLÁ   21

PARTE I   HISTORIA DE ESPAÑA   23

CAPÍTULO 1   **La formación de Hispania:** de la prehistoria a los visigodos   25
De la prehistoria a los visigodos de un vistazo   25
La formación de la civilización ibérica   26
Panorama histórico de la Península Ibérica en el contexto europeo   27
Textos y contextos   33
  I. Arte prehistórico: el legado de los primeros habitantes de la Península   33
  II. La Biblia: primeras noticias de Iberia   35
  III. Homero y la Península Ibérica: el mito de Occidente   35
  IV. Iberia, Tartessos y las colonizaciones griegas   36
  V. Hispania, tierra de bárbaros: la conquista romana   37
  VI. La creación de una sociedad hispanorromana   38
  VII. Cristianismo primitivo   39
  VIII. La época visigoda: hacia un ideal político y religioso de unidad hispánica   40
  IX. Unidad religiosa   41
  REPASO Y SÍNTESIS   42
  MÁS ALLÁ   43

CAPÍTULO 2 **La España medieval:** un mosaico político y cultural 44

La España medieval de un vistazo 44
El Islam, nuevo poder mundial 45
Panorama de la edad media española 47
Etapas de la edad media peninsular 48
   711–siglo XI: invasión musulmana y principios de la reconquista 48
Siglos XI–XV: avance cristiano 52
   El Camino de Santiago, apertura hacia Europa y desarrollo del arte románico 52
   Los reinos cristianos medievales 54
   La cultura en los reinos cristianos medievales 56
Textos y contextos 60
   I. El proyecto nacionalista de Alfonso X 60
   II. Nace un mito nacional: el Cantar de Mío Cid *63*
   III. Otros nacionalismos: Cataluña 64
   IV. El conflicto entre la Corona y los nobles en Castilla 65
   V. Restricción del poder real por las Cortes en la Corona de Aragón 67
   VI. Otras formas de poder y organización territorial: la Iglesia y el
      sistema monástico 68
   VII. Integración europea: el Camino de Santiago 69
   VIII. Evolución del grado de tolerancia hacia las minorías religiosas 70
   IX. Una respuesta judía a la intolerancia 71
   X. La nostalgia cristiana del moro 73
   XI. Protagonismo de la sensibilidad femenina 74
   XII. La exquisitez del sentimiento amoroso en la cultura árabe-española 75
   XIII. La mentalidad práctica de la burguesía castellana: amor como
      instinto sexual 76
REPASO Y SÍNTESIS 77
MÁS ALLÁ 77

CAPÍTULO 3 **Hacia la unidad de España y la formación de un imperio:** el reinado de los Reyes Católicos y el descubrimiento europeo de América 78

El siglo XV de un vistazo 78
Los Reyes Católicos 79
Panorama histórico 80
   El proyecto de unión nacional de los Reyes Católicos 80
   Hacia la unidad nacional en la religión: la eliminación de las minorías
      religiosas medievales 82
Textos y contextos 88
   I. El testamento de Isabel la Católica: absolutismo monárquico y
      pluralidad de España 88
   II. Proyecto de unidad religiosa: la expulsión de los judíos 90
   III. La "conversión" de los moriscos 92
   IV. La primera carta de Colón: construcción imaginaria y explotación
      económica de los nuevos territorios 93

V. Coplas de Jorge Manrique a la muerte de su padre: coexistencia
de valores medievales y renacentistas   95
VI. Modernidad literaria de La Celestina   97

REPASO Y SÍNTESIS   98

MÁS ALLÁ   99

CAPÍTULO 4   **El imperio español:** Carlos I y Felipe II   100

El imperio español de un vistazo   100
El primer imperio moderno   101
Panorama de los reinados de Carlos I y Felipe II   102
 Carlos I   *102*
 Felipe II   *106*
Textos y contextos   111
 I. Triunfo del Renacimiento: secularización, subjetividad, idealismo   *111*
 II. Humanismo cristiano: la poesía ascética de Fray Luis de León   *112*
 III. El erasmismo en España: crítica racional a la superstición
  en el catolicismo   *114*
 IV. Crítica social de raíz erasmista: La Vida de Lazarillo de Tormes   *115*
 V. Choque de dos culturas: el (des)encuentro de los españoles y los
  indígenas americanos   *116*
 VI. Represión y aislamiento intelectual: la Pragmática de Felipe II
  prohibiendo estudiar en el extranjero   *118*
 VII. El corazón del Imperio: creación de Madrid como nueva capital   *119*
 VIII. La mujer en el siglo XVI: la vía religiosa   *121*

REPASO Y SÍNTESIS   123

MÁS ALLÁ   124

CAPÍTULO 5   **El siglo XVII:** ¿un siglo de oro?   125

El siglo XVII de un vistazo   125
Una aclaración sobre el término "Siglo de Oro"   126
Panorama del siglo XVII: crisis y decadencia   126
La sociedad y cultura del "Siglo de Oro"   130
Una cultura de contrastes: el barroco   132
Textos y contextos   137
 I. "Poderoso caballero es don Dinero" de Francisco de Quevedo   *137*
 II. Engaño y desengaño: "A una mujer que se afeitaba y estaba hermosa"   *139*
 III. La imagen de la mujer según la perspectiva masculina: Peribáñez y el
  Comendador de Ocaña   *140*
 IV. El honor: El alcalde de Zalamea   *141*
 V. Los moriscos en El ingenioso hidalgo Don Quijote de la Mancha,   *144*
 VI. Españolización de España   *145*
 VII. El problema de la sucesión   *147*

REPASO Y SÍNTESIS   149

MÁS ALLÁ   150

CAPÍTULO 6   **El siglo XVIII:** conflictos entre modernidad y tradición   151

El siglo XVIII de un vistazo   151

¿Es el siglo XVIII un siglo "poco español"?   152

Panorama histórico del siglo XVIII: la difícil dinámica entre
   reforma y tradición   153
   Hechos políticos   153
   Ideología y cultura: la Ilustración   155

Textos y contextos   164
   *I. Nueva política de centralización: abolición de los fueros de
      Aragón y Valencia   164*
   *II. La economía como base de la nación: proyectos reformistas
      de los ilustrados   165*
   III. Cambio en la mentalidad social: industriosidad frente a nobleza de sangre   169
   IV. Una religión racional: contra mitos y supersticiones   170
   V. La doble cara de la Ilustración: El sueño de la razón produce monstruos   172

REPASO Y SÍNTESIS   173

MÁS ALLÁ   174

CAPÍTULO 7   **El siglo XIX:** hacia la construcción de una nación moderna   175

El siglo XIX de un vistazo   175

La difícil modernidad española   176

Panorama histórico del siglo XIX   177
   *La Guerra de Independencia y la Constitución de Cádiz: fracaso
      de la Revolución española   177*
   Isabel II, revolución y restauración   178
   Panorama cultural   180

Textos y contextos   184
   *I. Imágenes de la guerra: El dos de mayo y Los fusilamientos del tres
      de mayo, por Goya   184*
   II. "Catecismo español" de 1808   187
   III. La primera Constitución española   188
   IV. El regreso de Fernando VII: represión y restauración de la Inquisición   190
   V. La independencia de las colonias americanas   191
   VI. Origen del carlismo   192
   VII. ¿A qué se debe el atraso de España? Análisis de la pereza española   193
   VIII. El romanticismo y la mujer: el "Canto a Teresa" de Espronceda   194
   *IX. Los movimientos obreros en la novela realista: La Tribuna de
      Emilia Pardo Bazán   196*
   X. Polarización política en España: frustración y rebelión del proletariado   197
   XI. España, una nación fracasada: pesimismo y regeneracionismo del 98   198

REPASO Y SÍNTESIS   199

MÁS ALLÁ   200

PARTE II   SOCIEDAD CONTEMPORÁNEA   202

CAPÍTULO 8   **Del siglo XX al siglo XXI:** la España contemporánea

El siglo XX de un vistazo   203

Un siglo duro y un final esperanzador   204

Panorama histórico del siglo XX   205

Fin del turno pacífico y dictadura de Miguel Primo de Rivera   205

La "República de los intelectuales"   206

La Guerra Civil   207

La posguerra   209

La transición y la democracia   210

La cultura durante el siglo XX   211

Textos y contextos   216

I. Radicalización política y social de principios de siglo: un conservador analiza la Semana Trágica   216

II. Una República progresista y democrática: la Constitución de 1931   217

III. Las memorias de Luis Buñuel: la vida intelectual en el Madrid de preguerra   219

IV. La lucha femenina bajo la República: programa de la Asociación Nacional de Mujeres Españolas   221

V. Internacionalización de la guerra civil española: el apoyo de los intelectuales extranjeros a la República   222

VI. La ayuda militar voluntaria: la Brigada Abraham Lincoln   223

VII. Los horrores de la guerra: dos versiones de la destrucción de Guernica   224

VIII. La inmediata posguerra: supervivencia frente a heroísmo   225

IX. La ideología del régimen franquista: Ley de Principios del Movimiento Nacional   227

X. La educación de una mujer de la posguerra: el nacionalismo español y la "domesticación" femenina en El cuarto de atrás de Martín Gaite   228

XI. Las contradicciones de la década de los 60: el boom turístico, la modernización, la parálisis política y la reacción de los intelectuales   229

REPASO Y SÍNTESIS   231

MÁS ALLÁ   232

CAPÍTULO 9   **El estado de las autonomías y las nacionalidades históricas:** Galicia, Cataluña y el País Vasco   233

Las autonomías y las nacionalidades de un vistazo   233

Las autonomías de España   236

Galicia hoy   236

Cataluña hoy   240

El País Vasco   245

Textos y contextos   249

I. El marco legal   249

II. España como proyecto nacional   250

III. Galicia   251
IV. Cataluña   256
V. País Vasco   260

REPASO Y SÍNTESIS   266

MÁS ALLÁ   266

CAPÍTULO 10   **La economía de la España contemporánea:** entre el optimismo
y la preocupación   267

La economía española de un vistazo   267

El "milagro económico español"   270

Consecuencias de la modernización económica   271

Textos y contextos   275

*I. El descontento entre la población española ante la liberalización y
globalización de la economía*   275

II. Internacionalización de la economía española   279

III. La indiferencia del español medio hacia el euro   281

IV. Cambios en la economía española   281

REPASO Y SÍNTESIS   284

MÁS ALLÁ   284

CAPÍTULO 11   **La sociedad española contemporánea:** evolución y tradición   285

La sociedad española contemporánea de un vistazo   285

Aspectos de la sociedad española contemporánea   286

Pautas en la población   287

Mujer y familia   288

El futuro de España: los jóvenes   290

La Iglesia   293

Grupos marginados   294

Textos y contextos   295

I. Tradición y cambio   295

II. Inmigración y racismo   298

III. El machismo y la homofobia   302

IV. Los jóvenes   304

V. La educación   307

REPASO Y SÍNTESIS   308

MÁS ALLÁ   308

CAPÍTULO 12   **La cultura contemporánea**   310

La cultura contemporánea de un vistazo   310

La cultura contemporánea: entre la globalización y la preservación de la
identidad nacional   311

Cultura popular   313

¿Alta cultura? La literatura y el arte, entre el mercado y la protección oficial   318

Textos y contextos   322

    I. Los hábitos de consumo cultural   322

    II. Panorama de la literatura española contemporánea: la excesiva comercialización,
      un análisis y una crítica   324

    III. Las literaturas en lengua no castellana   325

    IV. El lugar de las mujeres en la cultura contemporánea   327

    V. La cultura de los jóvenes: un narrador de la "generación X"   328

    VI. Cultura de masas: un panorama de la televisión española   328

    VII. La promoción institucional de la cultura: la estrella de Santiago   330

REPASO Y SÍNTESIS   331

MÁS ALLÁ   331

Créditos   333

Glosario   339

Índice   346

Culturas de España is an innovative new Spanish culture textbook that addresses the changes and needs in the teaching and learning of Spanish culture in the twenty-first century. Designed to encourage critical thinking about traditional notions of culture, the text examines the major historical periods and cultural movements of Spain from prehistoric times to the present day. It is suitable for learners of Spanish in the fifth semester and beyond.

While most texts present "civilization" as a neutral recounting of historical facts, events, and data, *Culturas* reflects current scholarship in its examination of history, culture, and civilization as concepts under constant revision and manipulation. Using authentic texts and visual materials, *Culturas de España* encourages students to engage in critical inquiry into the themes that unify Spain's history across the centuries.

The pedagogical approach of *Culturas de España* reflects the following premises:

- History is a living, evolving entity, not a solidified body of knowledge that is immutable. By providing students access to a wide variety of sources, *Culturas* fosters the perception of history, culture, and civilization as ideas subject to multiple interpretations, including that of the student.

- *Culturas* attempts to bring to life the everyday experiences that shape national identity: history of the family, private life, perceptions of race and gender, and manifestations of popular culture, yet it also reviews and questions what is understood as traditional Spanish history and culture.

Features of Culturas de España

- **Two-part organization (synchronic vs. diachronic).** Part I provides a chronological overview of Spanish history, featuring major historical periods and their characteristics; Part II is organized by theme, deepening the understanding of contemporary Spain already outlined in Part I by providing information and activities about current Spanish economy, politics, society, and cultural life.

- **Authentic texts and art.** Fine art and photographs, and carefully selected authentic readings reveal the social, cultural, and economic characteristics of each historical period. Written and visual documents are the basis for students' individual and group activities. Additional background information provides the historical context in which these pieces may be interpreted.

- **Margin notes.** Supplemental information in the margins of each chapter provides interesting perspectives and enhances student interest and comprehension.

- **Critical thinking.** The pedagogical approach fosters student dialogue, self-awareness and critical thinking, and encourages students to engage in cultural comparisons.

◆ **Timeline.** Chapters 1 through 8 feature timelines that place key historic and cultural dates in an easy-to-access chronological sequence.

◆ **Flexibility.** Flexible activities allow instructors to decide whether they will be done in class, as a group project, or as written homework.

Textbook Organization

Culturas de España is organized into three parts:

◆ *Capítulo introductorio:* This section introduces students to Spain's diverse geography, climates, and peoples. It gives students a contemporary framework and background knowledge that they can then use as they learn about Spain's past and present.

◆ *Parte I, Historia:* This section is the larger portion of the textbook. It contains seven chapters, each focusing on a different historical period, starting with ***Prehistoria y los visigodos*** and ending with ***El siglo XIX.*** These seven chapters and the first chapter in Parte II, **Del siglo XX al siglo XXI,** are unified by the themes that run through Spain's diverse historical periods.

◆ *Parte II, Sociedad contemporánea:* This section contains five chapters, the last four focusing on an aspect of twentieth and twenty-first century Spain: the "autonomías," the economy, society, and high and low culture.

◆ **Glossary:** The end-of-book Spanish/English glossary provides translations of words that may be difficult for students at this level. It also includes words from the readings that were glossed marginally.

Chapter Organization

The twelve chapters (not including the ***Capítulo introductorio***, which has its own organization) are divided into the following sections:

◆ *Vistazo*: This section provides an at-a-glance view of the major historical and cultural events of the period covered by each chapter. This section can be used as a reference for students to refresh their memory of key events quickly and easily.

◆ *Introducción:* This section orients students to the historical period of each chapter by introducing them to its major themes. It provides contextual information for the textual analysis that occurs later in the chapter and encourages students to see the commonality of themes across different historical periods.

◆ *Timeline:* All historical chapters include a timeline that places key historic and cultural dates in an easy-to-access chronological sequence.

◆ *Textos y contextos:* In this section, students read authentic documents accompanied by visual pieces and essential background information. Each text is glossed as needed to aid student comprehension and is accompanied by a number of content-based, interpretative pair and group activities.

• *Primera lectura* activities tend to be more comprehension-based.

- *Para conversar o escribir* activities focus more on critical thinking and interpretation.
- *Repaso y síntesis:* This section reviews and summarizes the chapter's key events and concepts by asking students general comprehension questions.
- *Más allá:* This section provides additional ideas for class activities and individual or group projects.

Culturas de España Web Site

Culturas de España's core content is supplemented by a text-specific web site. The site features links to authentic Spanish-language sites that allow students to explore and expand their understanding of the period under discussion. It provides students with direction for research on various chapter topics, including fine art, literary figures, film, and cultural issues.

To access the *Culturas de España* web site, go to **http://spanish.college.hmco.com/ students** and select *Culturas de España* from the Advanced Spanish menu.

Acknowledgments

The two people I must thank first, and who deserve my deepest gratitude, are Lucía Caycedo-Garner, who—with her contagious enthusiasm—gave me the idea and impulse for this project, and Dianne Mulroney, who helped me put all the wheels in motion during the initial stages of the project. Amy Baron and Kris Swanson from Houghton Mifflin were crucial in the book's development; I am deeply appreciative of their great help and patience. I also want to thank everybody else from the Houghton Mifflin team involved in the production of this book.

Albion College generously supported my work with several scholarships, and two wonderful Albion students, Brian Riordan and Krista Cady, who were my research assistants at different points in the project. Tatjana Gajic from Emory University helped me find some of the readings for Chapter 12, in addition to lending me her constant and faithful emotional support. My gratitude goes also to Fernando Ruiz Lafuente of Canal+, who graciously and swiftly sent us some very needed material. My brother Pedro Pereira Muro was invaluable in helping us deal with Spanish librarians—thank you Pedro!

I wanted to include in this list of acknowledgements my daughter María, who kindly waited to be born until just after the first draft was completed. And her father, John Beusterien, whose role in this book goes beyond gratitude.

We also thank the instructors who provided helpful comments during the development of the project:

Lou Charnon-Deutsch, State University of New York, Stony Brook

Chris Donahue, Bloomsburg University of Pennsylvania

Anthony Espósito, University of Pennsylvania

Enrique García, University of Michigan, Ann Arbor

Roxana Levin, St. Petersburg Junior College

Angel Loureiro, University of Massachusetts, Amherst

Ignacio Navarrete, University of California Berkeley

Salvador Oropesa, Kansas State University

Arturo Pérez-Pisonero, University of Texas, El Paso

Inmaculada Raneda-Cuartero, University of Washington, Seattle

Jeffrey Reeder, Sonoma State University

Jill Robbins, University of California, Irvine

William Sherzer, City University of New York, Brooklyn

Kenneth Stackhouse, Virginia Commonwealth University

❖ *Esta imagen de molinos en la Mancha (al sur de la Meseta castellana) es quizás una de las escenas que más se asocia con España. ¿Conoces el famoso episodio de los molinos de viento en* Don Quijote de la Mancha?

CAPÍTULO INTRODUCTORIO

¿QUÉ ES ESPAÑA?

Patria cuyo nombre no sé
y acaso no seas más
que esta ardiente pregunta
que clavo sobre ti.

José Ángel Valente

"Moro" es el nombre popular en España para los musulmanes, los pertenecientes a la religión islámica.

Muchos intelectuales españoles se han hecho esta misma pregunta sin llegar a encontrar una respuesta satisfactoria. Podemos anticipar que, para nosotros, tratar de llegar a una explicación de la realidad española no va a ser tarea fácil. España ha tenido una historia peculiar: la mezcla de judíos, moros y cristianos y los diferentes reinos, lenguas y culturas de la Edad Media se unieron artificialmente en la conquista de un continente—América—para la creación del primer y mayor Imperio de occidente. Este imperio se perdió traumáticamente en menos de un siglo. Tres siglos de decadencia y un largo y cruento enfrentamiento entre progreso y tradición han dado lugar, casi milagrosamente, a la España actual: una nación moderna y democrática, integrada plenamente en la Comunidad Europea, y con una Constitución, votada en 1978, que reconoce la rica pluralidad interna al mismo tiempo que garantiza la unidad nacional.

Esto no quiere decir que España esté hoy exenta de problemas: los tiene, y graves, algunos comunes con el resto del planeta y otros derivados de su propia historia. El objetivo de esta primera sección de *Culturas de España* no es simplemente explicar la historia de España, sino dar una serie de claves históricas que ayuden a comprender la realidad contemporánea de una sociedad con una identidad todavía en construcción.

En el "Capítulo introductorio" recibirás información sobre la geografía española y su influencia en la formación de diferentes unidades naturales y culturales dentro de la Península Ibérica. También aprenderás cuáles son, donde están y qué actividades económicas importantes hay en las distintas autonomías o regiones en que la España actual está dividida.

¿DÓNDE ESTÁ Y CÓMO ES ESPAÑA?

Antes de empezar a leer este capítulo, comprueba todo lo que ya sabes sobre España. Sin mirar un mapa, ¿cuántas de estas preguntas puedes contestar?

1. ¿Cómo se llama la península en la que están España y Portugal?
2. ¿A qué continente pertenece España?
3. ¿Cuál es otro continente que está muy cerca de España?
4. ¿Con qué países, océanos o mares limita España?
5. ¿Cómo es su clima? ¿Sabes algo sobre el paisaje o la ecología?
6. ¿Cómo es su tamaño en relación a los otros países de Europa? ¿Es más grande que Francia o que Alemania?
7. ¿Cuál es la capital de España? ¿Conoces otras ciudades españolas? ¿regiones o zonas geográficas?
8. ¿Qué idioma/s se habla/n en España?
9. ¿A qué raza/s o grupo/s étnico/s pertenecen los españoles?
10. ¿Cuáles son algunos de los principales productos, recursos o actividades económicas?

Seguramente sabías ya algunos o muchos de estos datos. Un conocimiento básico sobre España es necesario para comprender algunas de sus peculiaridades históricas y culturales. Es importante también que antes de empezar a estudiar la historia de España te familiarices con mapas de su geografía física y humana.

Localización geográfica

España es el país más occidental de Europa; hasta 1492 era considerada el "finis terrae" o fin del mundo conocido. Comparte con Portugal la **Península Ibérica**, una compacta masa de tierra, de forma más o menos trapezoidal, unida a Francia en su extremo noreste. También pertenecen a España las Islas **Baleares** en el Mar Mediterráneo, las Islas **Canarias** en el Atlántico, y las ciudades de **Ceuta** y **Melilla** en el norte de África. El peñón de **Gibraltar**, en el extremo sur de la península, pertenece a Inglaterra, y cerca de la frontera con Francia hay un pequeño principado independiente llamado **Andorra**. En total, la superficie nacional es de 505.956 km², la más grande de Europa después de Francia.

España está delimitada por **fronteras naturales** en todo su perímetro, a excepción de la frontera con Portugal al oeste, de origen histórico y político. De hecho, España y Portugal fueron un solo país en algunos momentos de su historia. Al norte, oeste y suroeste, España está bañada por el Océano Atlántico. El resto de España está rodeado por el Mar Mediterráneo; en su punto más al sur (Tarifa), sólo 14 kms la separan de África.

Los **Pirineos**, las grandes montañas en el istmo que une la península con Francia, no sólo la unen sino que también la separan de Europa; de hecho, han sido un factor importante en el **aislamiento** de España en varios momentos de su historia, llegando a acuñarse la frase "**Europa termina en los Pirineos**", que cuestionaba la pertenencia de España a la cultura y civilización europeas.

Quizás esta inseguridad o ambigüedad de su lugar en el mundo se deba en parte a la situación de **encrucijada** de la Península Ibérica; España se encuentra en una doble intersección geográfica, entre dos mares muy distintos, el **Mediterráneo** y el **Atlántico**, y entre dos continentes, **Europa** y **África**, de clima, etnicidad e historia muy dispar, hacia los que la historia española se ha orientado en uno u otro momento. De Europa y África llegaron los principales componentes étnicos de la población española, y entre el Atlántico y el Mediterráneo se dividieron sus intereses económicos y políticos.

Andorra tiene unos 30.000 habitantes que hablan catalán, francés y castellano. Es un lugar popular para el turismo, para esquiar y para comprar (es una zona libre de impuestos, *tax free*).

Crossroads

❖ *Los Pirineos son una barrera importante en la comunicación entre España y Europa.*

Topografía

El territorio español está **muy fragmentado** por **sistemas montañosos** que separan unas regiones de otras, lo que contribuyó a las diferentes evoluciones históricas, culturales y lingüísticas y a la variedad paisajística de estas regiones. Uno de los rasgos topográficos más distintivos es la gran llanura elevada en el centro de la península, llamada "**meseta**", también dividida interiormente y separada de la periferia costera por montañas. Observa en el mapa la línea de **costa** de la Península: verás que, en general, es bastante **recta**, y esto dificulta también la penetración de la influencia del mar hacia el interior (por eso el clima de la meseta es muy seco, a veces casi desértico).

La península, "pequeño continente":
Zonas climáticas y regiones

Como consecuencia de su ubicación y de la fragmentación interior, **el clima y el paisaje son muy variados** en España: a la Península Ibérica llegan tanto el frío polar del norte de Europa como las masas de aire subtropicales de África, la influencia húmeda del Atlántico y la desértica del Sáhara. Esta diversidad, multiplicada por el relieve, explica que se hable de España como un continente en miniatura.

En general se puede dividir la geografía de este "pequeño continente" en **tres grandes zonas climáticas**: la **atlántica** u oceánica, la **mediterránea**, y la interior o **continental**. En cada una de estas zonas se encuentran hoy en día varias regiones administrativas, algunas de formación natural o histórica, y otras creadas por una decisión política. En la actualidad hay 17 unidades regionales con autonomía administrativa y política, llamadas Comunidades Autónomas o **Autonomías: Galicia, Asturias, Cantabria, País Vasco, Navarra, Aragón, Cataluña, Valencia, Murcia, Andalucía, Extremadura, Castilla-La Mancha, Castilla-León, Madrid, La Rioja, Baleares y Canarias.** Cada una de estas autonomías se divide en provincias (aunque algunas, como Cantabria o Madrid, sólo tienen una provincia) y tienen un gobierno autónomo establecido en una ciudad capital.

Zona atlántica

Las **costas del Atlántico** (norte y noroeste), que reciben la influencia de la cálida Corriente del Golfo de México, son lluviosas y de temperaturas moderadas (ni muy frías en invierno, ni muy calurosas en verano), por lo que su paisaje es predominantemente verde a lo largo del año, con densos bosques originalmente de hoja caduca (robles, hayas, castaños). Si miras el mapa físico de España en la sección de "Textos y contextos" de este capítulo, puedes observar que el norte es un área en general bastante montañosa. En esta zona se encuentran las regiones de Galicia, Asturias, Cantabria y el País Vasco.

La región noroeste (**Galicia**) está separada del interior por los Montes de León. Sus costas están recortadas por bellas **rías** (valles fluviales inundados por el mar), llamadas **Rías Bajas,** las del sur y **Rías Altas,** las del norte. Las Bajas son más suaves y las Altas, más abruptas, rocosas y espectaculares. Galicia está cruzada diagonalmente por el

Hoja caduca: la que se cae en el otoño. En la actualidad se han introducido grandes plantaciones de especies foráneas a la zona, como el pino y el eucalipto.

río Miño, que sirve en parte como límite con Portugal. La cultura gallega es tradicional-mente campesina y ganadera, pero hoy en día tienen más importancia económica los servicios y la industria, sobre todo la relacionada con la pesca y el mar.

La costa norte (**Asturias, Cantabria y el País Vasco**) se separa de la meseta central por las montañas de la **Cordillera Cantábrica**, que se extienden hasta el mar (por eso los ríos de esta costa son cortos, rápidos y caudalosos). Hay también excelentes bahías, lo que desde siempre ha facilitado la pesca y la navegación de sus habitantes. La agricul-tura y ganadería, favorecidas por el clima húmedo, también son importantes en estas re-giones, así como la minería (de carbón en Asturias, de hierro en el País Vasco) y la in-dustria (sobre todo siderúrgica, la industria de hierro y acero). Gijón en Asturias y Bilbao en el País Vasco son las ciudades más grandes de esta zona. **Navarra**, aunque no está en la costa, recibe también influencias del clima atlántico; culturalmente tiene mu-chos lazos comunes con el País Vasco. El País Vasco y Galicia son, con Cataluña, las tres nacionalidades históricas dentro de España que cuentan con lengua y cultura propias (sobre Galicia, el País Vasco y Cataluña, hablaremos más en el capítulo "El estado de las autonomías y las nacionalidades históricas".

La zona mediterránea

Las **costas del Mediterráneo** son más **secas** y **de temperaturas más altas** (inviernos suaves y veranos muy calurosos), con lluvias sobre todo en la primavera y otoño; las tierras mediterráneas se vuelven más continentales cuanto más se alejan del mar. La **vegetación** es más **escasa**, y predomina el bosque bajo con plantas que resisten bien la sequedad. Una de las principales actividades económicas de este área es el **turismo**. Las regiones mediterráneas de España son: Cataluña, Valencia, Murcia, Baleares y Andalucía.

Cataluña, en la esquina noreste, está también **aislada** del resto de España por mon-tañas, pero bien comunicada con el resto de la costa mediterránea; esto facilitó la creación de una **cultura e identidad propias** y la extensión de su **influencia** cultural **a Valencia y las Baleares**. **Barcelona**, la capital de Cataluña, es la segunda ciudad más grande de España, con una gran actividad industrial y financiera.

Valencia presenta una topografía algo distinta a la catalana, con montañas áridas que limitan con la meseta, pero con fértiles llanuras costeras, en las que un complejo sis-tema de **regadío** (*artificial irrigation*) permite el cultivo sobre todo de **hortalizas y cítri-cos.** Son famosas sus naranjas. La ciudad de Valencia es la capital y principal núcleo ur-bano de Levante y uno de los mayores de España. Los cultivos de regadío son también muy importantes en la región de **Murcia**. En las Islas **Baleares**, de gran belleza natural y clima privilegiado, aunque se conserva una tradición agrícola y ganadera, en la actuali-dad el **turismo** es una fuente de ingresos fundamental.

Andalucía es una región en general bastante seca, debido a la **influencia sahariana** (en algunas zonas, como en el sureste—Almería—es prácticamente un desierto). La presencia de **ríos** como el **Guadalquivir** permite el cultivo de **regadío**. Hay dos sistemas de altas montañas que la separan de Castilla, **Sierra Morena** y el **Sistema Bético.** Los **olivos** cubren enormes extensiones del terreno; sin duda, el producto más representa-tivo de Andalucía es el **aceite de oliva**. **Sevilla** es la capital de Andalucía y una de las mayores ciudades españolas. La **cultura y colorido folklore** de Andalucía (como el

Hoy en día se ha superado en parte el problema de la sequedad mediante el uso generalizado de invernaderos (*greenhouses*).

España es el primer productor mundial de aceite de oliva.

cante y baile flamencos y los toros) se han convertido en gran medida en la **imagen estereotípica** de España en el extranjero; por eso es importante recordar que España es ante todo un país sumamente plural y Andalucía no es sino una de las diferentes 17 regiones españolas.

El interior continental

En la meseta **interior**, elevada y aislada del mar por los sistemas montañosos que la rodean, predomina **el clima continental**, de temperaturas extremas y escasas lluvias (inviernos muy fríos y largos, y veranos muy calurosos y cortos). La falta de lluvia y la intensa deforestación que ha sufrido a lo largo de la historia hace que a veces el paisaje de la meseta parezca un desierto (como puedes ver en la foto al inicio del capítulo) de tonalidades rojas, pardas, amarillas y grises.

La meseta se divide en **dos regiones naturales**, separadas por el **Sistema Central**, y atravesadas por dos largos ríos, el **Duero** en la Meseta norte y el **Tajo** en la Meseta sur. El norte corresponde más o menos a **Castilla-León** (antes conocida como Castilla la Vieja, que fue el origen y núcleo de España en la Edad Media), territorio cargado de historia en el que se cultivan sobre todo cereales (trigo). El sur se llama **Castilla-La Mancha** (antes Castilla la Nueva), y es muy plano, en especial la zona de La Mancha (suroeste). Se cultivan también cereales, vid y olivos, y se crían ovejas. La provincia y ciudad de Madrid antes fue parte de Castilla la Nueva y hoy es Comunidad Autónoma. Situada aproximadamente en el centro geográfico de España y capital desde el siglo XVI, Madrid es una populosa ciudad moderna, la mayor de España.

Al oeste de Castilla-La Mancha está **Extremadura**, de clima y paisaje similar, región también de rica historia, regada por el río Guadiana, de corriente irregular controlada por todo un sistema de embalses.

Rodeada por el País Vasco, Navarra, Castilla y Aragón se halla **La Rioja**, famosa por los vinos de gran calidad que llevan su nombre.

La comunidad de **Aragón** está separada de Castilla por las montañas del **Sistema Ibérico**; la mayoría de sus tierras, atravesadas por el largo y caudaloso **río Ebro** son planas y bajas (**la depresión del Ebro**), y casi desérticas en algunas áreas. **Zaragoza**, su capital, es una de las principales ciudades españolas.

Del río Ebro, llamado Iber en la antigüedad, deriva el nombre primitivo (griego) de España, Iberia, y de ahí que la península sea llamada Ibérica.

Las Islas Canarias

Estas islas de origen **volcánico** son parte de España desde el siglo XV, pero **geográficamente pertenecen a África**. Están mucho más cerca de las costas africanas que de las españolas. El vulcanismo sigue activo en las islas; algunos de sus paisajes presentan un aspecto lunar, recubiertos de lava negra y ceniza. Los habitantes han sabido maximizar su geología, creando atracciones turísticas o cultivando productos como la vid en terrazas y usando la materia volcánica como fertilizante. En las Canarias se encuentra el punto más alto de España, el volcán **Teide** (3.718 m).

Los habitantes primitivos de Canarias, llamados **guanches**, se extinguieron tras la llegada de los españoles. Hoy la población es totalmente de origen peninsular, aunque las **colonias extranjeras** (sobre todo de centroeuropeos en busca de la "**eterna primavera**" de estas islas) cada vez tienen una presencia más importante. Podemos deducir, pues, que la actividad económica principal de las Canarias es la hostelería (**turismo**).

Las lenguas peninsulares

Como verás en el capítulo "La formación de Hispania", los **romanos** convirtieron la Península Ibérica en una provincia de su imperio en el siglo I d.C. La lengua común entre los habitantes de la "Hispania" romana era el **latín**, excepto en el norte, en la zona que hoy corresponde más o menos al País Vasco y parte de Navarra. Aislado por montañas, la influencia romana apenas llegó a penetrar, y se conservó (hasta hoy) un idioma, el vasco o euskera, cuyo origen sigue sin descifrarse plenamente, pues no está relacionado con ninguna de las lenguas conocidas. En el resto de España, a causa de la separación geográfica entre las diferentes zonas peninsulares, el latín evolucionó con el tiempo de tres formas distintas, de las que empiezan a aparecer **formas escritas** en los **siglos X–XI**:

- ❖ En el oeste dio lugar al "**gallego-portugués**"; debido a la posterior división política de **Galicia** y Portugal evolucionó en dos idiomas distintos, el portugués y el **gallego**.
- ❖ En el noreste (hoy más o menos Cataluña) se formó el **catalán**, emparentado con otras lenguas del sur de Francia; la expansión de Cataluña en la Edad Media hizo que el idioma catalán se hablase también, con variantes, en **Valencia** y las **Baleares**.
- ❖ En el resto de España el latín derivó en lo que hoy se conoce como "**castellano**" (pues su origen fue **Castilla**), con variantes regionales (en acentos o vocabulario) de la misma estructura básica. Puesto que a lo largo de la Edad Media Castilla fue la que impulsó la unión de los diferentes reinos peninsulares en una unidad política llamada "España", y extendió luego su idioma por toda Hispanoamérica, el nombre de "castellano" se hizo equivalente, hasta hoy, al de "**español**".

Así pues, **gallego, catalán, castellano y vasco** son las cuatro lenguas habladas en España. La Constitución española de 1978 reconoce el castellano como lengua oficial de toda España; el vasco, gallego y catalán son lenguas oficiales (junto al castellano) en sus respectivas comunidades autónomas.

¿SABÍAS QUE...?

ESPAÑA ES UNA "VIEJA PIEL DE TORO"

Estrabón, un geógrafo griego del siglo I a.C., fue el primero en comparar la forma trapezoidal de la Península Ibérica con la de una piel de toro extendida. Su comparación tuvo éxito (sobre todo por la popularidad de los toros en España), y hoy en día España a veces todavía es llamada, de forma literaria, "la vieja piel de toro".

LA ESPAÑA SECA NO SIEMPRE LO FUE

El paisaje de Castilla era muy diferente hace 20 siglos: cuando llegaron los romanos, la hoy casi desértica Castilla estaba tan densamente cubierta de árboles que se decía

ardilla: *squirrel*

que una ardilla° podía cruzar la península de lado a lado sin tocar nunca el suelo. La deforestación actual nos da una idea de la enorme influencia humana sobre el paisaje en la península, y en este caso de un sistema de explotación del suelo que resultó en un desastre ecológico.

EL AGUA DETERMINA EL TIPO DE POBLACIÓN

La abundancia o escasez de agua es un importante factor en los patrones de población. Así, en la zona atlántica, más húmeda y sin problemas de abastecimiento de agua, la población puede dispersarse sin problemas; aunque hay algunos pueblos y ciudades, también hay gran cantidad de casas aisladas en el campo. En las zonas secas del mediterráneo e interior, cuando hay agua en un lugar, allí se agrupan todas las casas, formando pueblos grandes.

EL REGADÍO, HERENCIA DE LOS ÁRABES

Los productos agrícolas y el complicado sistema de regadío que hace tan fértil el Levante español (Valencia y Murcia) fueron introducidos por los árabes a su llegada a

❖ *La producción agrícola es una de las principales fuentes de riqueza en el Levante español. Esta escena de empacamiento de naranjas en Valencia muestra la industrialización actual de cultivos introducidos hace siglos por los árabes.*

la península en el siglo VIII, y sobrevivieron a la "reconquista" cristiana completada en 1492. Ésta es una huella más de la rica herencia cultural (¡y económica!) árabe en España.

COSTAS CON PERSONALIDAD

Las diferentes secciones de costas españolas reciben nombres descriptivos, muchas veces como propaganda turística, como la "**Costa del Sol**" en el cálido sureste peninsular, o la "**Costa del Azahar**" en Valencia (azahar es la flor del naranjo). La bella "**Costa Brava**" en Gerona, Cataluña, es muy rocosa y accidentada; la "**Costa Verde**", en el norte de España, debe su nombre a su paisaje siempre verde. La cantidad de naufragios° de las peligrosas Rías Altas, en Galicia, le han dado a esta zona el nombre de "**Costa de la Muerte**".

naufragios: *shipwrecks*

UNA VISIÓN REDUCCIONISTA DE LA GEOGRAFÍA ESPAÑOLA

De 1939 a 1975 hubo en España una dictadura de carácter fascista. La educación en la escuela se controlaba para aumentar el "amor a la patria" de los niños. Éste es un curioso ejemplo de un libro de texto de esa época que hacía de España "el mejor país del mundo", al que Dios había bendecido con una geografía y clima perfectos ¡y al parecer, igual en todo el país!:

"¡ESPAÑA!
Vocación de España. Proceso de integración de la Patria.

❖ *Los manzanos como el de esta foto son un cultivo muy apropiado para el clima suave y húmedo de la "costa verde" asturiana.*

El Señor quiere mucho a España.

Por eso la puso en el mejor sitio del mundo, donde no hace ni mucho frío ni mucho calor. (Pues en otros sitios o está siempre todo helado o hace tanto calor que no se puede vivir.)

Y la colocó entre los mares por los que pasan más barcos: el mar Mediterráneo y el Atlántico.

Y le dio un cielo muy azul, y unos montes muy altos, y unos campos muy grandes y muy ricos.

¡España es una bendición de Dios!"

LA ESPAÑA ACTUAL EN DATOS:

- ❖ Población: 39.852.651
- ❖ Lenguas: castellano, gallego, catalán y vasco
- ❖ Moneda: Euro. A partir del año 2002 España adopta la moneda única europea, el Euro reemplazando la moneda nacional, la peseta.
- ❖ Bandera: tres franjas horizontales: roja, amarilla y roja
- ❖ Sistema político: monarquía democrática constitucional
- ❖ Religión mayoritaria: católica (otras religiones: 1%)
- ❖ Producto Interior Bruto (PIB°): $645.6 billones
- ❖ Sector agrícola: Población: 8%
- ❖ Productos agropecuarios: cereales, hortalizas, aceitunas, uvas, remolacha, cítricos, vacas, cerdos, gallinas, productos lácteos, pesca
- ❖ Sector industrial: Población: 28%
- ❖ Productos industriales: textiles y calzado, alimenticios, metales, químicos, construcción naval, coches, maquinaria, turismo
- ❖ Sector servicios: Población: 64%
- ❖ Tasa° de desempleo: 20%

LAS AUTONOMÍAS ESPAÑOLAS CON SUS PROVINCIAS Y CIUDADES CAPITALES:

Andalucía: Almería, Granada, Málaga, Cádiz, Sevilla, Córdoba y Jaén. *Capital:* Sevilla

Aragón: Huesca, Zaragoza y Teruel. *Capital:* Zaragoza

Asturias: Oviedo. *Capital:* Oviedo

Baleares: Baleares (tres islas principales: Mallorca, Menorca e Ibiza). *Capital:* Palma de Mallorca

Canarias: Las Palmas y Santa Cruz de Tenerife. *Capitales:* Las Palmas y Santa Cruz

Cantabria: Cantabria. *Capital:* Santander

Castilla-La Mancha: Albacete, Ciudad Real, Toledo, Cuenca y Guadalajara. *Capital:* Toledo

PIB: *GDP, Gross Domestic Product*

Tasa: *rate*

Lleida y Girona son los nombres oficiales, en catalán, de estas provincias hoy en día. En castellano se llaman Lérida y Gerona.

A Coruña y Ourense son los nombres oficiales, en lengua gallega. En castellano se llaman La Coruña y Orense.

Gasteiz es el nombre en vasco para Vitoria.

Castilla-León: Burgos, Soria, Segovia, Avila, Valladolid, Palencia, León, Zamora y Salamanca. *Capital:* Valladolid

Cataluña: Barcelona, Tarragona, Lleida y Girona. *Capital:* Barcelona

Extremadura: Cáceres y Badajoz. *Capital:* Mérida

Galicia: A Coruña, Lugo, Ourense y Pontevedra. *Capital:* Santiago de Compostela

Madrid: Madrid. *Capital:* Madrid

Murcia: Murcia. *Capital:* Murcia

Navarra: Navarra. *Capital:* Pamplona

País Vasco: Vizcaya, Guipúzcoa y Alava. *Capital:* Vitoria-Gasteiz

La Rioja: La Rioja. *Capital:* Logroño

Valencia: Castellón de la Plana, Valencia y Alicante. *Capital:* Valencia

TEXTOS Y CONTEXTOS

A continuación vas a leer y analizar ejemplos gráficos y textuales que documentan algunos de los temas que se han mencionado en la introducción, o exploran algunos aspectos de los que no hemos hablado.

I. *Mapas de España*

A. Mapas físico y político de España

Una buena idea para hacer estas actividades es copiar en un papel transparente uno de los mapas y superponerlo al otro. También te será más fácil leer los mapas si coloreas con diferentes colores las comunidades autónomas y/o las áreas montañosas.

1. Lee la descripción de su ubicación en la introducción y localiza en el mapa los mares que rodean España, las Islas Baleares y Canarias, las ciudades de Ceuta y Melilla en África y los territorios no españoles de Gibraltar y Andorra. ¿Por qué crees que es tan importante para el Reino Unido conservar Gibraltar, y para España Ceuta?

2. Compara el relieve en el mapa físico con la división regional en España en el mapa político. ¿En qué medida ha contribuido el relieve a la formación de estas regiones? ¿Geográficamente España y Portugal son dos unidades distintas? ¿Crees que siempre fueron dos países separados?

3. Busca en el mapa físico los ríos Miño, Duero, Tajo, Guadiana, Guadalquivir y Ebro. ¿Cómo son los ríos del norte de España? Mira ahora el mapa político. ¿Por qué comunidades autónomas pasan? ¿Crees que el aprovechamiento de las aguas de los ríos podría ser causa de conflicto entre las autonomías? (Piensa sobre todo en el problema del agua para regar en la España seca.)

4. ¿Qué ciudades importantes se construyeron en las orillas de los ríos? ¿Son los ríos un factor decisivo para la población? ¿Por qué son importantes? ¿En qué otros lugares geográficos hay más ciudades?

B. Mapa climático de España

1. Comprueba a qué zona climática corresponden las diferentes regiones autónomas. ¿Crees que el clima influyó también en la formación de regiones?

❖ *Mapa físico de España.*

2. ¿Dónde llueve más y dónde menos? ¿Dónde hace más frío? ¿y más calor? ¿Cuál es la temperatura más baja y la más alta en Santander, y en qué meses llueve más? Compara la temperatura y lluvia de Toledo. ¿A qué climas pertenecen ambas ciudades? ¿Cómo es la temperatura en las islas Baleares y Canarias en comparación con estas dos ciudades? ¿Crees que el volumen de turismo tiene una relación directa con el clima?

❖ *Mapa político de España.*

❖ *Mapa climático de España.*

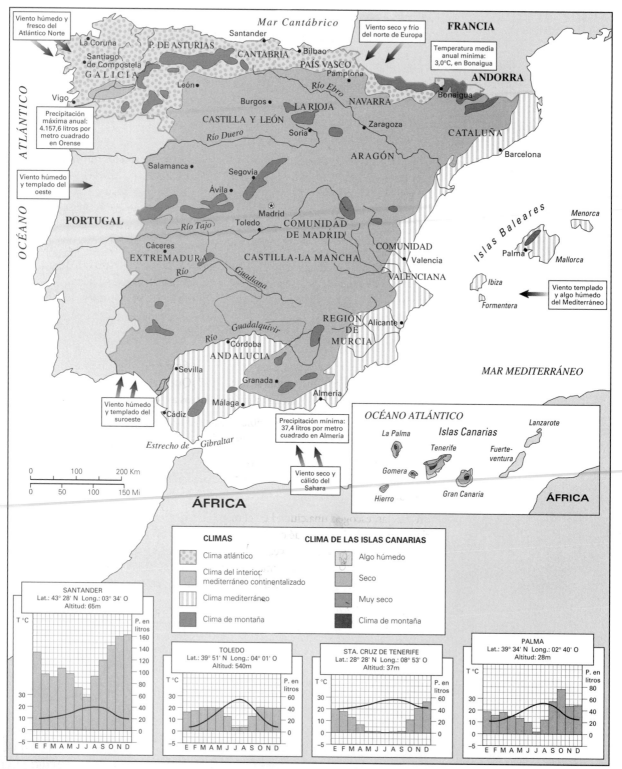

C. Mapas económicos

1. Busca en el mapa agrícola en qué comunidades autónomas predomina el regadío y en cuáles el secano. ¿Se corresponde con las zonas húmedas/secas, o con la presencia de grandes ríos? ¿Qué tipo de ganado predomina en la España húmeda? ¿y en la seca? ¿En qué región hay más ganado porcino? ¿y actividad pesquera? ¿En qué tipo de relieve predominan las cabras? ¿Cuáles son las grandes regiones productoras de vino? ¿y de aceite de oliva? ¿Son estos cultivos de secano o de regadío?

2. Observa el mapa de minería, industria y energía: ¿Cuáles son los minerales más importantes que produce España? ¿Dónde están? ¿Qué tipo de fuente de energía predomina en Galicia? ¿y en Asturias? ¿Por qué crees que es esto? ¿Anticipas posibles problemas ecológicos? ¿Qué energía alternativa importante hay en las Islas Canarias? ¿En qué áreas se concentra la industria?

3. En el mapa de transporte, turismo y comercio, ¿qué observas en las relaciones centro/periferia? ¿Está *toda* España bien comunicada? ¿Qué partes quedan más aisladas? ¿Qué tipo de turismo crees que habrá en Huesca y Lleida? Establece cuál es la relación entre clima y turismo en España, y entre transporte y comercio.

❖ *Para conversar o escribir*

1. Mira las fotos que ilustran este capítulo. ¿En qué zona de España están? ¿Cómo es su clima? ¿Qué lengua se habla allí? ¿Qué tipo de actividad económica crees que se practica? ¿Qué productos agrícolas predominan?

2. En parejas o grupos de tres, describid el itinerario y los paisajes y regiones que cruzaríais si tuvierais que viajar en coche de Vigo a Barcelona.

3. ¿En qué paradores de turismo podríais quedaros en vuestro viaje? Un parador de turismo es un hotel del estado, importante por su historia, la belleza de la zona o la gastronomía.

4. En parejas, escoged una ciudad en el mapa de España. Vuestros compañeros de clase deben adivinar en qué ciudad estáis pensando preguntándoos sobre sus características: su ubicación geográfica—norte, sur, etc.—si está cerca de algún río o montaña importante, qué clima tiene etc. Vosotros sólo podéis contestar "sí" o "no" o "frío/caliente" hasta que acierten la ciudad.

5. Si vivieras en España, ¿en qué lugar o en qué zona te gustaría vivir? ¿en cuál/es no? ¿por qué? ¿A qué actividad económica te dedicarías? ¿Qué lengua(s) hablarías?

❖ *Mapa de pesca, agricultura y ganadería.*

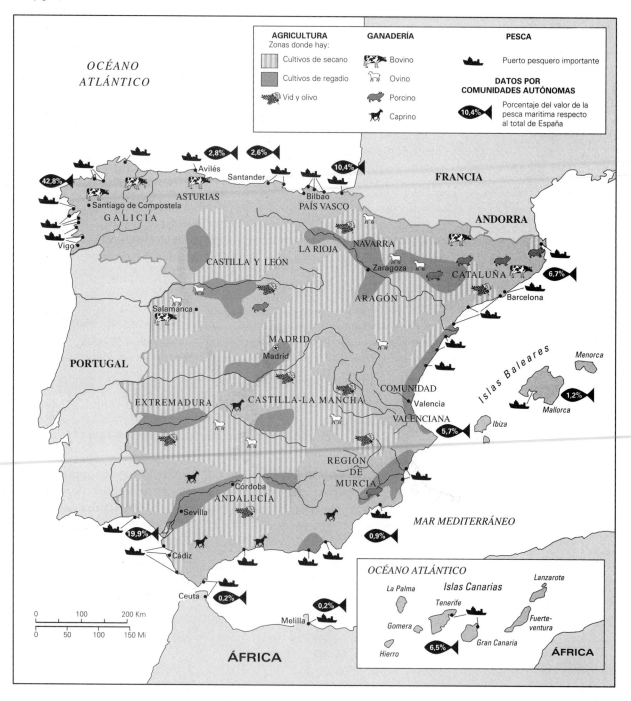

❖ *Mapa de minería, energía
e industria.*

❖ *Mapa de transporte,*
comercio y turismo.

II. La gastronomía

La gastronomía o arte de la cocina en España es riquísima y variada, mostrando una vez más su gran diversidad regional. Vais a leer dos ejemplos de recetas típicas, una de Valencia y otra de Asturias. Las cocinas regionales se basan en los productos naturales de la zona, y a través de las recetas de cocina es posible aprender sobre el clima, la agricultura, la historia e incluso la idiosincrasia de los pueblos que las inventaron. (Las medidas se indican en el sistema estadounidense y en el métrico español por si queréis probar vuestra suerte como cocineros.)

Ésta es sólo una versión de paella, hay múltiples formas de hacerla según los ingredientes que se tengan a mano; así, la paella de conejo (*rabbit*) es también muy popular. Prácticamente todos los ingredientes, menos el arroz, el caldo y la paellera, son opcionales.

picado: *chopped* / **dientes de ajo:** *cloves of garlic* / **pimentón dulce:** *paprika* / **caracoles:** *snails* / **caldo:** *broth, stock* / **guisantes:** *green peas* / **azafrán:** *saffron* / **almejas en su concha:** *clams in their shell* / **mejillones:** *mussels* / **cortados en aros:** *cut in rings* / **gambas:** *shrimp or prawns*

dorar: *poner de color "oro"* / **remover:** *to stir*
Una paellera es una sartén especial, plana y redonda, con dos asas (*handles*). Su nombre viene del latín "patella" (un tipo de sartén plana); el nombre del recipiente dio origen al nombre del plato, la paella.

machacado: *crushed*

A. PAELLA VALENCIANA

Ingredientes
1 lb/500 g de pollo

8 oz/250 g de carne de cerdo *Pork*

½ taza/120 ml de aceite de oliva

Un tomate grande, pelado y picado° *chopped*

3 dientes de ajo° picados — *chopped garlic*

2/3 cuchara de té de pimentón dulce° — *paprika*

12 caracoles° limpios, frescos o de lata — *snails*

2½ tazas/300 g de arroz blanco de grano pequeño — *rice*

6 tazas/1½ l de caldo° de pollo o pescado — *stock/broth*

½ taza/90 g de guisantes° — *green peas*

8–10 hebras de azafrán° sal y pimienta — *saffron*

12 almejas en su concha° — *clams in shell*

6 mejillones° en su concha — *mussels in shell*

3 calamares pequeños, limpios y cortados en aros°

6 langostinos pequeños o gambas° grandes — *shrimp*

Cortar el pollo y el cerdo en trozos pequeños, sazonar con sal y dorar° en aceite de oliva en una paellera. Añadir tomate, ajo, pimentón y remover° por 2 minutos a

fuego medio. Añadir los guisantes y caracoles, el arroz y remover. Añadir la mitad del caldo, con azafrán previamente machacado° en un poco de caldo, y dejar que se absorba. Colocar los mariscos encima del arroz, añadir el resto del caldo y esperar a que esté listo (no debe estar muy seco); puede dejarse el marisco decorando la superficie o revolverlo con el arroz.

❖ *Primera lectura*

1. ¿Son todos los productos naturales? ¿Qué ingredientes vienen del mar? ¿Cuáles de la tierra? ¿Los vegetales son de secano o regadío? ¿Recuerdas qué civilización introdujo sistemas de irrigación artificial en España?

2. ¿Es un plato sencillo o complicado? ¿Crees que se necesita mucho trabajo y tiempo para hacerlo?

3. El arroz es un producto típico de Valencia, que se cultiva en una gran laguna al sur de la ciudad llamada "La Albufera"; mirando los mapas anteriores, ¿crees que todos los productos pueden ser autóctonos de Valencia?

❖ *Para conversar o escribir*

1. Con un(a) compañero(a), establece conclusiones sobre el tipo de economía y eco-sistema que refleja este plato. Después, hacer lo mismo con un plato típico de EE.UU.

2. ¿Sabes cuándo y de dónde se introdujo en España el tomate? El olivo, de donde se obtiene el aceite, fue cultivado por los romanos, el azafrán y el arroz fueron introducidos en España por los árabes y la palabra "paella" es de origen catalán. ¿Cuál es la "historia" escrita en este plato?

3. ¿Qué tipo de mentalidad puedes pensar que tendrán los valencianos que crearon este plato? Si piensas en comidas típicas estadounidenses, ¿qué tipo de mentalidad reflejan?

merluza a la sidra: *hake with cider*

B. MERLUZA A LA SIDRA°

Ingredientes

1½ lbs/750 g de filetes de merluza	Una cebolla pequeña, muy picadita
20–30 almejas — clams	Dos dientes de ajo, picaditos
Sal y pimienta	Dos manzanas, peladas y en dados
Harina para rebozar° — flour	2 tazas/500 ml de sidra
½ taza/100 ml de aceite de oliva	Un poco de perejil° picado — parsley
14 oz/400 g de patatas, peladas y cortadas en dados°	

harina para rebozar: *flour for coating*

A diferencia de la sidra (*apple cider*) que se toma generalmente en los Estados Unidos, la sidra que se fabrica en el norte de España es una sidra fermentada que contiene alcohol.

en dados: *diced* / perejil: *parsley*

horno: *oven*

Sazonar la merluza y rebozar en harina. Calentar el aceite de oliva en un recipiente para el horno°, freír el pescado por los dos lados y retirarlo a un lado. Freír las patatas hasta que se doren. Añadir la cebolla, ajo, manzana y almejas. Cubrir y dejar que suelte el jugo por unos minutos, agitando la sartén de vez en cuando. Volver a poner el pescado en la sartén y echar la sidra. Poner al horno (precalentado a 345°F/175°C) sin tapar por unos 10 minutos. Colocar el pescado en una bandeja, verter por encima los demás ingredientes y espolvorear° con perejil.

espolvorear: *sprinkle*

❖ *Para conversar o escribir*

Los ingredientes de este plato, como los de la paella en Valencia, son típicos de la región asturiana. En Asturias, que también está en la costa, la pesca es importante. Asturias también es famosa por sus manzanas con las que se fabrica sidra como la que se usa en esta receta. ¿Qué diferencias y similaridades encuentras entre las dos recetas? ¿Qué indican sobre las características geográficas y culturales de las dos regiones?

REPASO Y SÍNTESIS

1. ¿Cuáles son las fronteras de España? ¿Cuál es su relación geográfica con Europa? ¿Qué territorios tiene España fuera de la península? ¿Qué territorios no españoles hay en la península (además de Portugal)?

2. ¿Cuál es la característica topográfica más saliente de la Península Ibérica?

3. ¿Por qué es tan variado el clima y paisaje español?

4. ¿Cuáles y cómo son las tres zonas climáticas principales?

5. ¿Por qué es tan seco el interior de España?

6. ¿Cuáles son algunos cultivos importantes en España? ¿Es la agricultura hoy en día muy significativa en la economía nacional?

7. ¿En qué zonas predomina el secano y en cuáles el regadío? ¿Para qué regiones son especialmente importantes qué ríos?

8. Menciona algunas grandes aglomeraciones urbanas españolas. ¿Dónde hay más población, en el centro o en la periferia de España?

9. ¿Cuáles son las principales actividades económicas en España?

10. ¿Cuáles son y dónde se hablan las cuatro lenguas de España? ¿Tienen todas un origen común?

11. Menciona algunos problemas que puedes anticipar en la España contemporánea derivados de su disposición geográfica y/o su división política.

MÁS ALLÁ

1. *Cocineros aficionados.* Investiga en Internet o libros de cocina otras recetas regionales españolas. Escoge una receta regional típica y haz un análisis e investigación de sus ingredientes en relación con su geografía, economía e historia. Si eres buen(a) cocinero(a), puedes preparar la receta para tu clase y darles una sabrosa presentación.

2. *Agencia turística.* Estás diseñando un viaje a España para tu clase de español. Selecciona los lugares que vais a visitar y las fechas ideales. (Debes explicar por qué). Ahora, usando la información y los mapas de este capítulo e investigando en Internet, debes averiguar qué medios de transporte y rutas son los mejores para llegar y desplazaros dentro de España, qué tiempo va a hacer en esa época del año, qué paisajes veréis, y qué tipo de comida es probable que comáis.

Busca también información sobre los Paradores Nacionales y decide cuáles os gustaría visitar. Además, debes ser su consejero financiero, pues algunos de tus compañeros están interesados en invertir dinero en algún sector de la economía española. ¿Dónde les recomiendas que lo inviertan?

3. *Relaciones diplomáticas.* ¡Conoce mejor los distintos gobiernos autónomos en España visitando sus "web sites"! Debes visitar especialmente las páginas del gobierno vasco, catalán y gallego. ¿Son sus respectivas lenguas muy diferentes del castellano? ¿Puedes entenderlas? ¿Qué nueva información sobre estas u otras regiones has sido capaz de encontrar en tu navegación?

PARTE I

HISTORIA DE ESPAÑA

❖ *Muchas obras de ingeniería romana alcanzaron tal perfección que se han mantenido intactas hasta nuestros días, como el magnífico acueducto de Segovia, del siglo I d.C.*

CAPÍTULO 1

LA FORMACIÓN DE HISPANIA
DE LA PREHISTORIA A LOS VISIGODOS

❖ DE LA PREHISTORIA A LOS VISIGODOS DE UN VISTAZO ❖

Periodización histórica

"a.C.": "antes de Cristo"; "d.C.": "después de Cristo". Es la forma tradicional de fechar la historia de España.

Hechos más relevantes

- **Prehistoria** (1.000.000 a.C.–1000 a.C.).
  - Edad de Piedra
  - Edad de Bronce (3000–1000 a.C.)
  - Edad de Hierro (cultura íbera, celta y celtíbera)
- **Colonizaciones mediterráneas** (1000–500 a.C.) Fenicios, griegos y cartagineses. Cultura indígena de Tartessos.
- **Imperio Romano** (Siglo III a.C.–V d.C.)
- **Invasiones bárbaras** (Siglo V d.C.): suevos, vándalos, alanos, visigodos.
- **Reino visigodo** (Siglo V–711)
- 711: **Invasión árabe**. Fin del reino visigodo.
- En el Sureste de la Península Ibérica se encuentran los **restos humanos más antiguos de Europa** (1.000.000 a.C.).

- La Península, **puente entre continentes**: Durante la Prehistoria se establecen tribus de Europa (zona norte) y África (sur). Este patrón se repetirá con los celtas (Europa) e íberos (África); romanos y cartagineses; pueblos germánicos (Europa) y árabes (África).
- La Península, **conceptualizada como unidad natural o política**; la totalidad de su territorio es englobada por nombres sucesivos ("**Iberia**"—griegos, "**Hispania**"—romanos, "**Spania**"—visigodos).
- **Primera unidad política y organización territorial** en regiones de la Península: Hispania, provincia del **Imperio Romano**.
- **Cristianismo: unifica culturalmente** a la población hispanorromana.
- **Primera unidad política independiente: Reino visigodo. Unidad religiosa** con la conversión al cristianismo de la élite visigoda. "Liber Iudiciorum": **unidad legislativa**.

Cultura y sociedad
- En este período se forma el sustrato étnico peninsular.
- Influencias artísticas en la formación del arte antiguo peninsular: el **naturalismo** de los griegos y el **ornamentalismo** de Oriente. Estas serán dos tendencias siempre presentes en el arte hispano.
- **Arte romano: arte práctico y realista**. Se pierden sus técnicas y medios con las invasiones bárbaras, pero los restos servirán como modelo para el renacimiento del arte en la Edad Media (románico).
- La **Iglesia Católica** será la **preservadora de la cultura clásica** durante la época de las invasiones y reino visigodo (los monasterios, centros de cultura).

LA FORMACIÓN DE LA CIVILIZACIÓN IBÉRICA

La Capilla Sixtina (*Sistine Chapel*) está considerada como uno de los más grandes tesoros artísticos de la humanidad. Esta capilla, cuyas paredes y techos fueron decorados con frescos por el gran artista Michelangelo, está en el Vaticano.

¿Sabías que en Orce, Granada, se han encontrado los restos humanos más antiguos de Europa, con más de un millón de años? ¿Y que los hombres que habitaban el norte de España hace más de 10.000 años eran tan grandes artistas que a una de sus cuevas con pinturas se le llama la "Capilla Sixtina" del arte prehistórico? ¿Sabes cuál es el origen de la palabra "Iberia"? ¿e "Hispania"? ¿Quiénes fueron los antepasados de los españoles de hoy?

En este capítulo veremos una serie de temas relacionados con el origen de lo que hoy llamamos España. Primero vamos a ver un rápido panorama de la primera (¡y larga!) etapa de formación de la civilización peninsular dentro del contexto europeo: desde el origen de la especie humana en la noche de los tiempos hasta el establecimiento de la primera entidad política llamada "España". Esta sección de introducción está orientada a servirte como ayuda para situar en su momento y etapa cultural las actividades de la sección de "Textos y contextos".

PANORAMA HISTÓRICO DE LA PENÍNSULA IBÉRICA EN EL CONTEXTO EUROPEO

Hasta la llegada de los árabes en el año 711 d.C. no es posible diferenciar la historia de la Península Ibérica de la del resto de Europa. Ambas recorren las mismas etapas históricas, determinadas por los avances tecnológicos (Edad de Piedra, Edad de Bronce, Edad de Hierro) o por la civilización que domina el área del Mar Mediterráneo (el centro de la civilización europea hasta el siglo XVII): Grecia, Cartago, Roma, hasta la etapa de las invasiones bárbaras y la fragmentación del Imperio Romano en diferentes reinos.

Desde la prehistoria a la época de las invasiones bárbaras (siglo V d.C.) se fue formando el **sustrato étnico europeo** mediante constantes movimientos y mezclas de poblaciones que provenían del **este de Europa, del Próximo Oriente, y de África**.

Durante la Prehistoria la subsistencia se basa en la caza y la recolección de frutos silvestres; por eso los grupos humanos necesitaban siempre desplazarse a nuevos lugares. Así, en la **zona cantábrica** de la Península encontramos restos de los primeros **grupos de "homo sapiens" originados en Europa**. Más adelante cruzarán el estrecho de Gibraltar **grupos prehistóricos norteafricanos** más avanzados, que se asientan en el **sur y levante** peninsular.

En la Edad de Hierro (1000 a.C.), pueblos nómadas **celtas**, originados en el este de Europa, se desplazan por todo el continente, llegando hasta su extremo oeste en la

Se llama "prehistoria" al período de desarrollo de la especie humana que precede a la aparición de la escritura; en esta época no hay documentos escritos, sólo restos materiales. En la prehistoria se distinguen tres períodos con diferentes técnicas de tallar la piedra con la que se fabricaban los instrumentos de caza: el paleolítico (paleo = viejo, litos = piedra), mesolítico (meso = medio) y neolítico (neo = nuevo).

❖ *Arte íbero: la Dama de Elche. Nota la combinación en esta imagen (una sacerdotisa sentada en su trono) de estética naturalista* <u>*griega*</u> *(perfección de los rasgos faciales, organicidad del cuerpo) y afán ornamentalista oriental (de origen fenicio).*

❖ *Tres fotos combinadas de arte hispanorromano perteneciente a tres estratos sociales, que muestran los diferentes niveles de romanización: (a) una Venus ideal, de influencia griega y alta calidad artística, destinada a las élites urbanas, (b) una realista estela funeraria, dedicada por su ex-ama a una liberta (esclava liberada) que había sido música (clases medias), y (c) el lejano eco en una rústica estela indígena de este sistema de enterramiento romano muestra como la romanización tuvo diferentes grados según la localización geográfica y el estatus social.*

(a)

Península Ibérica, donde se establecieron. En el centro de la Meseta llegan a formar un grupo común con el grupo preexistente, los **íberos** (una etnia quizá de origen africano); este nuevo grupo mixto se conoce como "**celtíbero**".

Las grandes civilizaciones del Próximo Oriente (Mesopotamia, Egipto) posibilitan y dejan paso a la primera gran civilización mediterránea, **Grecia**. Los griegos, como sus predecesores y competidores, los **fenicios**, no tratarán de dominar políticamente el Mediterráneo, sino de explotarlo comercialmente. Ambos establecen **colonias** o puertos comerciales por toda la costa; uno de los lugares más codiciados por los dos grupos es el territorio que se conoce en los textos griegos como "**Iberia**". A través del testimonio escrito de estos pueblos navegantes, la Península Ibérica entra en la historia: se convierte para la imaginación de la antigüedad en un lugar legendario lleno de fabulosas riquezas de oro y plata y otros metales. La reputación de estas grandes riquezas materiales va a hacer de Iberia una presa sumamente atractiva para el nuevo gran poder que sustituye a los griegos y fenicios en el dominio del mediterráneo: **Roma**.

Después de vencer a los **cartagineses**, sus rivales en la hegemonía mediterránea, las legiones romanas emprenden la larga conquista de Iberia. Cuando los romanos llegaron por primera vez a las costas de la Península (218 a.C.) estaban organizados política-

Los fenicios: los habitantes de Fenicia, franja de costa debajo de Asia Menor (hoy es parte de Líbano, Siria e Israel), donde se desarrolló una cultura sincrética y comerciante, inventora del alfabeto y exploradora de los mares.

Los cartagineses: el pueblo heredero de los fenicios que desde su ciudad principal, Cartago (norte de África), dominaba el Mediterráneo Occidental, incluida la Península Ibérica.

(b)

(c)

El panteón de dioses griegos (Zeus, Hera, Poseidón, Afrodita etc.), como la cultura griega en general, fue prácticamente adoptado por los romanos y traducido al latín (Júpiter, Juno, Neptuno, Venus etc.).

mente como una **República**, más o menos limitada a lo que hoy es Italia. Finalmente, cuando en el 19 a.C. terminan su conquista de Iberia (llamada en latín **Hispania**), Roma está en vías de convertirse en un gigantesco **imperio** que abarcará toda Europa y partes de Oriente Próximo y África.

No se trata ya del tipo de dominio de griegos y fenicios, basado en colonias comerciales diseminadas por las costas, sin integrarse con los pueblos con los que comercian. El imperio romano es una auténtica **unidad política**, articulada en **provincias** (Hispania, Britania, Germania etc.), con leyes y administración comunes, conectadas por un impresionante **sistema de vías**. Por estas vías circulan no sólo las legiones, sino también la lengua (latín), la religión (culto a los dioses grecorromanos y al emperador) y las formas artísticas (derivación y monumentalización del arte griego), lo que **unirá culturalmente al imperio**. Gracias también a este sofisticado sistema de comunicación y unidad del imperio romano, el **cristianismo** se extenderá rapidísimamente. En Hispania empiezan a aparecer las primeras noticias sobre esta revolucionaria religión poco después de la muerte de Cristo. La nueva iglesia se organizará siguiendo la misma estructura administrativa que tenía el imperio romano, en un principio de forma clandestina y perseguida por el Estado, hasta que en el año 313 es legalizada y en el 380 pasa a ser la **religión oficial del imperio**.

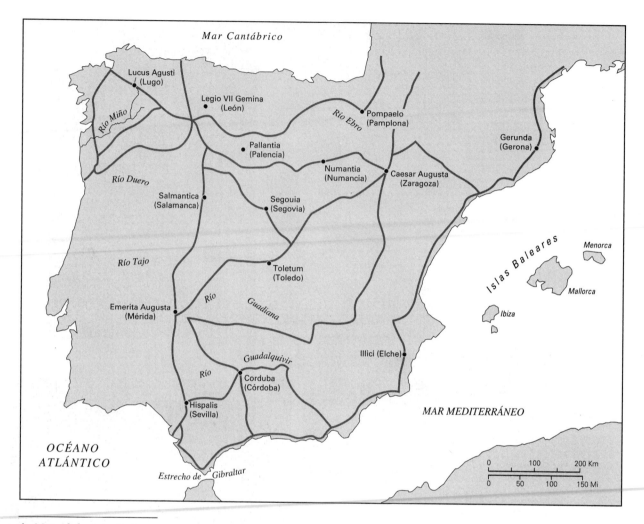

Mar Cantábrico

Lucus Agusti
(Lugo)

Legio VII Gemina
(León)

Río Miño

Río Ebro

Pompaelo
(Pamplona)

Gerunda
(Gerona)

Pallantia
(Palencia)

Río Duero

Numantia
(Numancia)

Caesar Augusta
(Zaragoza)

Salmantica
(Salamanca)

Segouia
(Segovia)

Islas Baleares

Menorca

Río Tajo

Toletum
(Toledo)

Mallorca

Emerita Augusta
(Mérida)

Río

Guadiana

Ibiza

Guadalquivir

Illici (Elche)

MAR MEDITERRÁNEO

Río

Corduba
(Córdoba)

Hispalis
(Sevilla)

OCÉANO
ATLÁNTICO

0   100   200 Km

0   50   100   150 Mi

Estrecho de Gibraltar

❖ *Mapa de las principales
vías romanas en la Península.
¿Reconoces alguna de las
ciudades que unían estas vías?*

Desde el año 395 el Imperio Romano se
divide en dos partes, Occidente, con capital
en Roma, y Oriente, con capital en
Constantinopla (hoy Estambul), que
seguirá existiendo hasta el año 1453.

Las propias dimensiones territoriales de este enorme Imperio lo acabarán debilitando y desde mediados del siglo III d.C. empiezan a amenazarlo **pueblos bárbaros de origen germánico**, que serán ya imparables desde principios del siglo V. En el año 409 varios de estos pueblos germánicos invaden Hispania. Otro pueblo germánico, pero aliado de Roma, los **visigodos**, cruza los Pirineos persiguiendo a los primeros y deciden establecerse en el territorio hispano. Cuando a fines del siglo V cae el Imperio Romano de Occidente, los visigodos convierten Hispania en el reino independiente de **Spania**. Los visigodos, una pequeña élite militar (entre 200 y 300 mil frente a unos 8 millones de hispanorromanos), al principio permanecen separados de la mayoría de la población católica hispanorromana por sus leyes y religión pero en los dos siglos siguientes se aculturizan y acaban compartiendo la misma fe católica y legislación jurídica.

Por primera vez en la historia, la Península se constituye en una unidad política independiente. Esta unidad, aunque superficial y nominal, servirá de precedente y **referente mítico** para cualquier intento de recuperar esta unidad en los siglos posteriores.

❖ *Los espectáculos públicos como los que se celebraban en este teatro de Mérida (Emerita Augusta) eran una forma importante de mostrar el prestigio civilizador de Roma y mantener satisfechas y controladas a las masas urbanas.*

❖ *Fragmento de sarcófago que muestra a unos hombres recogiendo aceitunas. El arte romano se caracteriza por su realismo, documentando muchas veces la vida cotidiana. Aquí representa la actividad agrícola más importante de la Hispania romana, pues entonces, como ahora, era la principal productora de aceite de oliva.*

❖ *Corona de Recesvinto. Tras las invasiones bárbaras se perdió la infraestructura para la producción de arte que tenía el Imperio Romano. Los visigodos no realizan grandes obras de arquitectura ni de artes plásticas. Pero los visigodos, de origen nómada, son maestros en el arte de la joyería, como esta magnífica corona votiva.*

Las fechas están en su mayoría redondeadas, no pretenden ser exactas sino dar una idea aproximada de la localización temporal de las distintas etapas y acontecimientos.

Los restos de Orce del sureste de España son, con otros encontrados en Georgia, de la ex-Unión Soviética, los más antiguos de Europa.

Fechas importantes de la prehistoria

Antes de Cristo (a.C.)

1.000.000 Un ser protohumano (*Homo erectus*) habitó la Península; sus restos se han encontrado en Orce, Granada.

100.000–40.000 **(Paleolítico medio)**
Presencia de *Homo sapiens neanderthalensis* en la Península.

40.000–10.000 **(Paleolítico superior)**
Homo sapiens sapiens (variante actual del ser humano). Pinturas en las cuevas de la zona cantábrica (Altamira).

10.000–5000 **(Mesolítico)**
Grupos de origen norteafricano viven en el sur y levante de la Península. Pinturas en abrigos rocosos.

5000–3000 **(Neolítico)**
Aparecen las primeras comunidades campesinas y ganaderas en el área mediterránea.

3000–1000 **(Edad de Bronce)**
Se desarrollan en el occidente de la Península varias culturas de origen atlántico, como la **megalítica** (constructores de grandes monumentos funerarios de piedra como los dólmenes) y la **campaniforme** (caracterizada por un tipo de vasija en forma de campana).

1000 **(Edad de Hierro)**
Los **celtas**, conocedores de la nueva técnica del hierro, entran con éxito en la Península y se asientan en el norte y oeste.

1000–500 Los **griegos y fenicios** establecen colonias a lo largo de la costa mediterránea peninsular. El comercio colonial consistía en el intercambio de materias primas locales (oro, plata, estaño, cobre) por productos de lujo (cerámica, joyas, tejidos etc.) para las élites locales. En torno al año 1000 los fenicios fundan la ciudad de Gadir (hoy Cádiz) y aportan elementos civilizadores a la sociedad "bárbara" íbera, como el cultivo de la vid, trigo y olivo, el torno de alfarero o la arquitectura urbana. Los griegos fundan hacia el 600 su principal colonia, Emporion (hoy Ampurias), en la costa de lo que hoy es Cataluña.

Estaño: *Tin*. El estaño era muy apreciado porque, junto con el cobre, se usaba para fabricar bronce.

También durante esta época se desarrolla la rica cultura indígena de **Tartessos**, en el sureste, estimulada por el contacto con griegos y fenicios.

500–200 Los **cartagineses**, herederos de los fenicios con base en la ciudad de Cartago, dominan la zona sur de la Península.

La mezcla de celtas e íberos en la Meseta Central da lugar a la **cultura celtibérica**. Se desarrolla un arte ibérico en el que destacan estatuíllas y grandes estatuas votivas de influencia griega (naturalismo) y oriental (geometrismo, ornamentalismo).

200–10 Los **romanos** llegan a la Península, derrotan a los cartagineses y empiezan la conquista hasta dominarla y convertirla en una provincia romanizada del Imperio (Hispania). El proceso es largo; deben someter a muy distintos (y rebeldes) pueblos, de variado origen étnico y evolución cultural. La fase más dura fue la conquista de los pueblos célticos pastoriles del norte y noroeste (área montañosa), menos civilizados y de carácter guerrero y tribal, que vivían en dispersos poblados fortificados (castros).

Es famoso el caso de la ciudad celtíbera de Numancia, en la que los habitantes prefirieron el suicidio colectivo antes que rendirse a los romanos.

"Menos civilizado" quiere decir que no habían desarrollado un sistema social organizado, urbanismo, escritura y moneda, a diferencia de las sociedades íberas y tartesas del sur y este, más expuestas al contacto con las civilizaciones mediterráneas. Estas sociedades mediterráneas se caracterizaban por el patriarcado y el politeísmo, mientras que en el norte peninsular predominaban el matriarcado y panteísmo (divinización de la naturaleza).

Hispania está dividida administrativamente en tres grandes provincias: Tarraconense (mitad este), Lusitania (mitad oeste) y Bética (mitad sur). Las vías romanas conectan el territorio.

Se fundan importantes ciudades, como Emerita Augusta (hoy Mérida), Caesar Augusta (hoy Zaragoza) o Tarraco (hoy Tarragona). La población indígena y los nuevos colonos romanos se unen en una sociedad hispanorromana, que dejó muestras en el arte y la epigrafía de su sincretismo cultural. Hispania dará al Imperio algunos de sus literatos, filósofos y emperadores más importantes. El principal legado de Roma a la sociedad hispana fue la lengua, el latín, que evolucionará de forma diferente según las regiones, así como el Derecho, base del derecho actual español.

Del latín derivan las llamadas lenguas romances peninsulares: castellano, catalán y gallego.

Después de Cristo (d.C.)

50–300   Expansión del **cristianismo**, generalizado desde fines del siglo II. Se crean nuevas provincias romanas: Gallaecia (noroeste), Cartaginensis (sureste), Mauritania (norte de África) y Baleárica (Islas Baleares).

409   Invasión de tribus bárbaras (suevos, vándalos y alanos). Los suevos se establecen en el noroeste (Gallaecia) y forman un reino. Los vándalos ocupan el sur, y de ellos tomará su nombre la futura Andalucía (Vandalusia).

415–573   Llegada de los **visigodos**, que progresivamente vencen a las tribus anteriores y crean en Hispania un reino independiente, tras la caída del Imperio Romano. El rey Leovigildo vence las últimas resistencias al dominio visigodo en el 573 y consigue la **unidad política** de la Península.

589   **Unidad religiosa.** Conversión del rey visigodo Recaredo al catolicismo. Creación de un arte eclesiástico patrocinado por el estado (iglesias, joyas, relieves), que conecta el arte grecorromano con la estética bárbara.

654   **Unidad legislativa.** El rey Recesvinto publica el *Liber Iudiciorum*, código de leyes común para hispanorromanos y visigodos.

711   **Invasión árabe.** Fin del reino visigodo.

TEXTOS Y CONTEXTOS

I. Arte prehistórico: el legado de los primeros habitantes de la Península

A. Esta imagen que ves aquí fue pintada en la cueva de Altamira (Cantabria) por miembros de una sociedad prehistórica, que habitaba el norte de España durante el paleolítico (40.000–10.000). Los hombres del paleolítico vivían sobre todo de la caza y parecían conocer muy bien a sus presas, pues en las paredes de las cuevas en que habitaban nos han dejado espectaculares representaciones de ciervos, bisontes, caballos, toros y cabras. Las pinturas probablemente tenían un fin mágico, para propiciar la caza, o tal vez la fertilidad de los animales. Los animales se representan individualmente, repartidos por paredes y techo, sin relación entre ellos; el ser humano no aparece representado. Para pintar utilizaban tierras y sustancias vegetales con los que lograban hermosos colores marrones, amarillos, ocres, rojos y negros, que aplicaban a relieves naturales en rocas que les recordaban siluetas de animales.

❖ *Primera lectura*

1. ¿Cómo es esta pintura? ¿Qué animal representa?

2. ¿Es una imagen plana o trata de lograr efectos tridimensionales? ¿Es realista o esquemática?

3. ¿El animal está representado en algún tipo de contexto o espacio?

4. ¿Qué crees tú que motivó al artista a pintar este animal?

❖ *Para conversar o escribir*

1. La cueva de Altamira en la que se descubrió este conjunto de pinturas ha sido llamada la "Capilla Sixtina del arte paleolítico". Discute la pertinencia o no de este título, sobre todo en relación al significado de "arte". ¿Es arte sólo aquello que tiene intención estética? ¿Quién decide lo que es arte, el creador o el observador, la cultura que lo produce o la futura que lo juzga? Compara éste con otros casos de relativismo de la idea de arte: ¿Conoces ejemplos de productos, artefactos o creaciones de otros siglos o culturas que hayan cambiado su estatus artístico con el tiempo? (Por ejemplo, objetos que hoy consideramos "antigüedades" y que en el pasado no tenían ningún valor.) Usa tu imaginación y haz una lista de productos culturales no artísticos de este siglo que serán considerados "arte" en el futuro.

2. Discute la capacidad mágica del arte, la representación visual como deseo de poseer o hacer realidad lo representado. ¿Crees que esto es algo que todavía está presente hoy en día, en la pintura o en otros medios de representación como el vídeo o la fotografía?

B. En la zona este y sur de España se han encontrado varios restos de abrigos (refugios en las rocas) de una sociedad más avanzada que la del norte; ya no serían solamente cazadores, sino que habrían comenzado a practicar la ganadería. A diferencia de Altamira, estas pinturas mesolíticas suelen estar pintadas con un solo color (sobre

Rupestre

todo negro o rojo). Observa esta pintura que se encontró en uno de estos abrigos (Cogull), compárala con la de Altamira y contesta a estas preguntas.

❖ *Primera lectura*

1. ¿Estas figuras son realistas o esquemáticas? ¿Se trata de lograr un efecto tridimensional?

2. ¿Consiguen transmitir una sensación de movimiento?

3. ¿Qué nueva figura encontramos aquí representada que no había en Altamira? ¿De qué sexo son? ¿Cómo van vestidos?

4. ¿Qué crees que representa esta escena?

❖ *Para conversar o escribir*

Discutir las diferentes mentalidades culturales que reflejan ambas creaciones artísticas, sobre todo lo que supone la inclusión/celebración de la figura humana en el segundo.

II. La Biblia: primeras noticias de Iberia

En la Biblia se encuentran varias de las más tempranas referencias a las culturas peninsulares y su papel en el mundo antiguo. Se habla de "Tarschisch" (Tartessos) como de un lugar lejano al que acudían los fenicios, los grandes comerciantes de la antigüedad, sobre todo en busca de metales. Recuerda que Tartessos es una cultura de carácter semilegendario que se habría desarrollado durante el primer milenio a.C. en el sureste peninsular, alrededor de la rica cuenca minera del suroeste de Andalucía. Tartessos se relacionaba con otras culturas mediterráneas más avanzadas que estimularon su desarrollo cultural y económico.

En estas noticias de la Antigüedad, "Ofir", como Tartessos, era un territorio semilegendario, vagamente situado en el norte de España, que, efectivamente, era una zona muy rica en oro.

A. "Y Josafat había mandado construir naves de Tarschisch, que deberían marchar a Ofir en busca de oro". (Libro I de los Reyes 22, 49)

B. "Tarschisch comerciaba contigo [con Tiro, ciudad de los fenicios] a causa de la multitud de toda clase de mercancías; llevaban consigo al mercado plata, hierro, estaño y plomo". (Ezequiel 27, 12)

❖ *Primera lectura*

1. ¿Qué metales proporcionaba Tartessos a los fenicios?

2. ¿Cómo llegaban éstos hasta allí?

3. ¿Qué podemos deducir del lugar de la Península Ibérica en el sistema económico del mundo antiguo según estas citas?

III. Homero y la Península Ibérica: el mito de Occidente

El geógrafo grecorromano Estrabón dedicó una buena parte de su *Geografía* (7 a.C.) a la descripción física y humana de Iberia, recogiendo referencias encontradas en autores precedentes, como Homero, el autor de la *Ilíada* y la *Odisea*. En esta cita veremos una temprana manifestación de uno de los dos grandes mitos que articulan la imagen de Hispania/España a lo largo de su historia. Estos dos mitos son:

Ya el filósofo griego Platón habló de un continente perdido, la maravillosa Atlántida, que estaría más allá de las Columnas de Hércules (el Estrecho de Gibraltar).

—Hispania como paraíso en la tierra, llena de riquezas y con un pasado prestigioso y legendario (el mito de una "tierra prometida" en el Occidente, que más tarde también impulsará a los españoles a la conquista de América).

—Hispania como tierra de bárbaros crueles, individualistas, orgullosos e indomables (que, muchos siglos más tarde, encontraremos repetida en la Leyenda Negra europea sobre España). A Estrabón, que escribe cuando Hispania ya es una provincia del Imperio Romano, le interesa aquí usar el primer mito de abundancia y fundación heroica, porque de esta forma aumenta el prestigio de Roma, dueña ahora de este paraíso.

> "Igualmente mostró Homero la felicidad de los hombres del Occidente, así como su clima moderado, consecuencia también de la riqueza ibérica, que impulsó, en primer lugar, a Hércules a realizar una expedición, después a los fenicios, que se crearon un gran Imperio y, finalmente, a los romanos; en este lugar pone el poeta los soplos del céfiro°, así como los Campos Elíseos°, donde Menelao° fue llevado por los dioses…" (Estrabón I, 1, 4)

Hércules: Uno de los trabajos de Hércules consistió en recoger unas manzanas de oro en el Jardín de las Hespérides, que los antiguos situaban en el remoto y desconocido extremo occidental de Europa. Gadir (Cádiz), la ciudad fundada por los fenicios, se asociaba a la figura de Hércules, y el estrecho de Gibraltar, más allá del cual se abría el misterioso Océano Atlántico, se conocía como "las Columnas de Hércules".

céfiro: viento templado y suave / **Campos Elíseos:** el paraíso adonde iban los héroes después de morir, según creían los antiguos griegos / **Menelao:** héroe griego de la *Ilíada*

❖ **Primera lectura**

1. ¿Por qué, según Homero, eran felices los hombres que habitaban el Occidente?
2. ¿Con qué cultura o etnia específica se identificaba este Occidente? ¿Qué personaje legendario fue el primero en llegar a Iberia?
3. ¿Quién formó el primer gran Imperio que incluía Iberia? Según lo que leíste en la "Introducción", ¿era realmente un "gran Imperio"?
4. ¿Por qué crees que dice esto Estrabón?
5. ¿Quiénes fueron los sucesores de los fenicios?
6. Según el poeta Homero, ¿dónde estaba el paraíso de los héroes griegos?

❖ **Para conversar o escribir**

Compara este mito de Occidente con otros mitos que han impulsado los viajes, exploraciones y conquistas de la humanidad, como la "fiebre del oro" ("*The Gold Rush*") a California. ¿Qué elementos tienen en común estos lugares ideales?

IV. Iberia, Tartessos y las colonizaciones griegas

Nuevamente vamos a ver cómo las raíces de la historia antigua de la Península se hunden en la leyenda. En este caso Herodoto (¿484?–¿424? a.C.), historiador griego conocido como "Padre de la Historia", nos cuenta cómo los griegos establecieron contacto con la cultura tartésica y su mítico rey Argantonio. Aunque Herodoto fue el primero en tratar la historia como una ciencia, no era completamente imparcial. Admiraba tanto a su patria adoptiva, Atenas, que siempre la representaba bajo la luz más positiva en sus escritos.

> Los habitantes de Focea fueron los primeros griegos que llevaron a cabo navegaciones lejanas; fueron ellos quienes descubrieron el golfo Adriático°, el mar Tirrénico°, Iberia y Tartessos […]. Una vez llegados a Tartessos, lograron la amistad del rey de los tartessios, llamado Argantonio, quién reinó en Tartessos durante 80 años y vivió un total de 120. Los focenses ganaron de tal forma la amistad de este príncipe que, inmediatamente, les invitó a dejar Jonia° para venir a establecerse en la región de su país que ellos quisieran y, al punto, instruido por ellos acerca del avance de los persas, les dio dinero para fortificar su ciudad con una muralla°.

Focea es una región griega donde está Atenas.

Las fuentes griegas oscilan en su uso del término "Iberia"; a veces lo usan en sentido amplio, para designar toda la Península, y a veces en sentido restringido (como aquí), refiriéndose a la costa este y sureste en que habitaban los íberos.

Los persas formaron un gran Imperio en Próximo Oriente que se enfrentó con Grecia en una larga guerra.

Adriático: parte del Mediterráneo entre Italia y Yugoslavia / **Tirrénico:** parte del Mediterráneo entre Italia, Sicilia y Cerdeña / **Jonia:** parte de Grecia en la que vivían los foceos o jonios / **muralla:** *wall*

❖ *Primera lectura*

1. ¿Te parece verosímil esta historia? ¿Cuáles son los principales elementos de inverosimilitud?

2. ¿Con qué dos pueblos peninsulares tenían relaciones las civilizaciones mediterráneas?

3. ¿Cómo es presentada aquí la colonización de los griegos? ¿Crees que realmente fue "una invitación amistosa"?

4. ¿Cuáles son los elementos de realidad histórica que podemos deducir de esta cita?

❖ *Para conversar o escribir*

Basándote en las tres citas anteriores, escribe un pequeño texto sobre la percepción de la Península Ibérica en la antigüedad, adoptando el punto de vista de un navegante fenicio o griego que ha oído todas estas historias sobre Tartessos e Iberia, y sueña con llegar a sus costas. ¿Qué crees que encontraría al llegar allí?

V. Hispania, tierra de bárbaros: la conquista romana

El propio Estrabón, del que leímos un pasaje en el que equiparaba Iberia con el paraíso, contribuyó a la creación de una imagen opuesta y destinada a perdurar: la de Hispania como una tierra ocupada por bárbaros, desunidos y salvajes. Aunque hoy en día España es una nación plenamente integrada en Europa, en la época del Imperio Romano, Hispania era el "fin de la tierra", habitada por tribus salvajes, en los márgenes del mundo civilizado. La primera imagen edénica prestigiaba al conquistador romano, que había hecho suya esta maravilla. La segunda lo justificaba: la misión de Roma era traer a los bárbaros los beneficios de la civilización. (Veremos más adelante cómo los españoles usaron esta misma retórica para celebrar y justificar su conquista del Nuevo Mundo.)

Se pueden explicar las emigraciones de los griegos a los pueblos bárbaros a causa de la división de éstos en pequeños estados y su propio orgullo local [...]; este mismo orgullo alcanzaba grados mucho más elevados entre los íberos [...]; si hubieran logrado juntar sus armas [los íberos], no habrían llegado a dominar la mayor parte de sus tierras ni los cartagineses ni, anteriormente, los tirios°, ni los celtas que en la actualidad se llaman celtíberos [...]. Luego vinieron a combatir a los íberos los romanos, venciendo a todas las tribus una a una y, aunque tardaron mucho tiempo en ello, al cabo de unos 200 años acabaron por poner al país completamente bajo su mando. [...] Les aconteció (a los romanos) también escasez de otras cosas, principalmente de trigo, viéndose en la necesidad de [...] proveerse del que les enviaban de Aquitania°, lo que se hacía con dificultad debido a lo intrincado del terreno. Se cuenta igualmente de los cántabros° este rasgo de loco heroísmo: habiendo sido crucificados algunos de ellos que estaban prisioneros, murieron entonando himnos de victoria. Estos rasgos denotan cierto salvajismo en sus costumbres [...]; así, entre los cántabros, es el hombre quien dota a la mujer y son las mujeres quienes heredan y se preocupan de casar a sus hermanos, lo que constituye una especie de ginecocracia°, régimen que no es civilizado realmente.

tirios: habitantes de Tiro, es decir, fenicios

Aquitania: parte sur de la Galia (hoy Francia), provincia romana antes que Hispania / **cántabros:** pueblo que habitaba las montañas del norte de España, en el área de lo que hoy es Cantabria

ginecocracia: literalmente, "gobierno de las mujeres"

❖ *Primera lectura*

1. ¿Por qué son comparables los griegos y los pueblos bárbaros? ¿Por qué, según Estrabón, los íberos fueron dominados por fenicios, cartagineses, celtas y romanos?

2. ¿Cómo fue la conquista romana de los íberos? ¿Por qué tardaron tanto tiempo en conquistarlos? ¿Cómo era el terreno por el que tenían que avanzar las tropas romanas? Mira el mapa de vías romanas y comprueba el increíble esfuerzo de ingeniería que fue para los romanos el establecer estas comunicaciones en la montañosa Península; imagina los efectos revolucionarios en el comercio y dominio del territorio que tendrían estas vías.

3. El cultivo de la "tríada mediterránea" de la vid, el olivo y el trigo (frente a la cebada que consumían los bárbaros) se consideraba como una característica de pueblos civilizados. ¿Qué se da a entender en el texto sobre el estatus de Hispania frente a otras regiones del imperio? Si el transporte de trigo desde Francia era tan difícil, ¿qué crees que plantarán los romanos cuando se establezcan en Hispania?

4. ¿Siente admiración el escritor hacia el heroísmo de los bárbaros? ¿Con qué adjetivo lo califica? ¿En tu opinión, puede ser considerada la crucifixión sistemática de los prisioneros un elemento de civilización?

5. ¿Cómo se caracterizaba el sistema social de los cántabros? ¿Por qué los romanos lo consideran otra señal de su salvajismo? ¿Puedes deducir cuál sería, a diferencia de esta costumbre "bárbara", la posición de hombres y mujeres en la sociedad romana?

❖ *Para conversar o escribir*

1. En la sociedad romana, la pena capital (en este caso la crucifixión de los prisioneros) organizada por el Estado era una de las bases legales que garantizaban la civilización. Discute el papel de la pena de muerte en las llamadas "sociedades avanzadas". ¿Es un signo de civilización o de barbarie?

2. Esta feroz resistencia de las tribus peninsulares a las legiones romanas será en el futuro usada como una prueba del espíritu de independencia, el orgullo y patriotismo españoles. (Por ejemplo, se apelará a este modelo de heroica resistencia cuando los franceses invadan España en 1808, o durante la guerra civil de 1936–1939.) Sin embargo, desde el punto de vista romano, eran sólo "locos" y "salvajes". ¿Conoces otros ejemplos de distintas percepciones (y manipulaciones) de un mismo suceso histórico? Piensa, por ejemplo, en las diferentes versiones de la historia de la colonización de EE.UU. de los nativos americanos y los colonos y soldados a los que se enfrentaron. ¿Qué versión de la historia suele prevalecer?

3. Para los romanos el matriarcado era un índice de sociedades arcaicas, poco evolucionadas: la civilización, a diferencia de la barbarie, se basaba en el patriarcardo, en el dominio del hombre (el "paterfamilias") y la sumisión de la mujer. En parejas, escribid un diálogo imaginario entre una mujer cántabra, que ha sido hecha esclava por los romanos, y su dueña, una mujer romana, discutiendo a favor de o en contra a sus respectivas sociedades.

VI. La creación de una sociedad hispanorromana

La conquista romana de Hispania fue larga y dura, pero efectiva. Los pueblos del norte, sobre todo los cántabros y los vascones (antecesores de los vascos), nunca llegaron a ser realmente romanizados; pero los pueblos de la franja mediterránea (íberos y turdetanos, descendientes de los tartesios), más afines a Roma por su contacto temprano con otras civilizaciones, son fácilmente aculturados, adoptando la lengua, los costumbres y el estatus jurídico de los colonizadores. Son sobre todo las nuevas ciudades las que funcionan como crisoles para formar una sociedad hispanorromana de carácter urbano, que goza de todos los refinamientos de la sociedad romana: espectáculos públicos en teatros, circos y anfiteatros, abastecimiento de agua por medio de presas y grandes acueductos, multitud de tiendas de todo tipo, magníficas obras de arte… Estrabón nos da testimonio de este triunfo cultural:

latinos y romanos: Se refiere a dos tipos diferentes de estatus que podían tener los miembros del Imperio Romano: podían ser ciudadanos latinos o ciudadanos romanos; estos últimos eran los que tenían más derechos y privilegios dentro del Imperio.

Betis: hoy el Río Guadalquivir / **Augusta Emérita:** hoy Mérida (Extremadura) / **Caesaraugusta:** Zaragoza (Aragón) / **togados:** que llevan la toga (vestidura romana)

> [L]os turdetanos, sobre todo los que viven [a] orillas del Betis°, han conseguido equiparar por completo su modo de vida al de los romanos, hasta el punto de olvidar su propia lengua; además la mayor parte de ellos se han hecho latinos, han aceptado colonos romanos, y ya poco falta para que todos sean romanos. Las ciudades colonizadas en la actualidad, como […] Augusta Emérita° entre los túrdulos, Caesaraugusta° entre los celtíberos, y otras muchas, presentan bien claro el cambio operado en su constitución política. Se llaman togados° a todos los íberos que han aceptado este régimen de vida; incluso los celtíberos se incluyen entre ellos en la actualidad, a pesar de haber tenido fama de ser más feroces en tiempos pasados.

❖ *Primera lectura*

1. ¿Cuáles son las pruebas de romanización que nos da el escritor?
2. ¿Se percibía ahora Hispania como una unidad o todavía como un conglomerado de diferentes grupos étnicos o culturales?
3. ¿Cuáles eran algunas de las ciudades romanas más importantes? ¿Puedes localizarlas en el mapa?
4. ¿Qué pueblo antes feroz vive ahora en "paz romana"?

❖ *Para conversar o escribir*

1. Prediciendo el futuro: ¿Qué puedes anticipar sobre la futura evolución de las sociedades hispánicas? ¿En qué zona habrá más desarrollo urbano, y qué tipo de cultivos crees que predominará en esta área? ¿Qué zonas serán más rurales y quedarán más atrasadas, pero conservarán sus creencias primitivas? ¿Qué nueva zona geográfica antes aislada empieza ahora a desarrollarse? (Recuerda dónde vivían los celtíberos.)
2. En resumen, ¿cómo crees que afectó la conquista romana a la configuración y las características actuales de las regiones españolas?

VII. Cristianismo primitivo

El cristianismo llegó a España a mediados del siglo I, procedente del Norte de África. Los hispanorromanos adoptaron rápidamente la nueva fe. Ya en el año 300, cuando el cristianismo es todavía una religión clandestina en el imperio, se reúne un Concilio de obispos hispanos en Elvira para perfilar las normas de la recién nacida religión. Hasta 19 obispos firmaron las actas del concilio, lo cual demuestra que la Iglesia hispana estaba ya en una avanzada fase de organización. Vamos a leer unos fragmentos de estas actas, que muestran que los nuevos cristianos no habían renunciado totalmente al politeísmo romano, que la mayoría de sus miembros pertenecían a clases altas, y que ya entonces empezaba a gestarse el sentimiento antijudío.

Se estableció en el Concilio lo siguiente: la persona adulta que, habiendo recibido la fe del bautismo de salvación, se acerque al templo de los ídolos para cometer idolatría […] decidimos que no reciba la comunión ni al final de sus días. […] Si alguna mujer, arrastrada por el furor de su cólera, azotara° a una esclava° de modo que ésta muriese entre dolores dentro del tercer día, […] si fue intencionadamente que sea admitida a la comunión después de haber cumplido la penitencia adecuada durante siete años. […] Pero si algún clérigo o cristiano comiere en compañía de judíos, decidimos que no se abstengan de la comunión a fin de que puedan enmendarse. Si algún cristiano que está casado ha cometido adulterio con una mujer judía o gentil, que se le aparte de la comunión…

azotara: were to beat / esclava: slave

❖ ***Primera lectura***

1. ¿Cuáles son las tres infracciones castigadas con la excomunión que se especifican en esta sección? ¿Qué era peor, matar a una esclava o cometer adulterio con una mujer no cristiana?

2. Por lo que se dice en estas actas, ¿crees que había más esclavos o más dueños de esclavos entre los primeros cristianos de Hispania? ¿Era una religión de los ricos o de las clases bajas?

3. ¿Por qué crees que se habla de "una mujer" que mata a "una esclava" (en femenino) pero de "un cristiano" (hombre, no mujer) que comete adulterio con una mujer judía o gentil? ¿Qué puedes deducir sobre cuestiones de género sexual y clase social entre los primitivos cristianos hispanorromanos?

4. ¿Qué tres religiones convivían en la sociedad hispanorromana del siglo IV? ¿Cuál era la actitud de los primeros cristianos hacia los judíos: de hostilidad o de deseo de separación?

❖ ***Para conversar o escribir***

Partiendo de este ejemplo de su período de formación, discute la actitud del cristianismo hacia otras religiones y la postura de la Iglesia en cuestiones de género sexual y clase social.

VIII. La época visigoda: hacia un ideal político y religioso de unidad hispánica

Unidad política

Tras las invasiones bárbaras del siglo V y el colapso del sistema urbano del Imperio, la cultura romana sobrevivió refugiada en la Iglesia. En los monasterios se seguían cultivando las artes y las letras, y en sus bibliotecas se guardaban manuscritos de los grandes autores de la Antigüedad. Los protagonistas de la cultura hispana de este período son miembros de la Iglesia. Entre ellos destaca San Isidoro de Sevilla, famoso autor de las *Etimologías*, una obra con fin enciclopédico, de gran importancia para la cultura medieval. También era historiador, y escribió una *Historia de los godos, vándalos y suevos* (h. 615), en la que encontramos una versión de la historia muy diferente a la que leímos en Estrabón. Se trata de una celebración de los antes considerados "bárbaros" por los romanos, los godos de origen germánico, que tras invadir y destruir el Imperio Romano de Occidente eran ahora señores de "Spania," el nombre con el que se denomina al

En realidad, la fecha no era 606 (DCVI) sino 573. El calendario se reformó más adelante.

Leovigildo: rey visigodo que llevó a cabo la unificación territorial de la Península / **Galia:** los visigodos poseían territorio en el sur de Francia (área de Toulousse) / **rebeldes:** las élites hispanorromanas, católicas, se habían rebelado contra los visigodos de religión arriana / **suevos:** una de las tribus bárbaras que había invadido Hispania en el 409; los suevos se instalaron en el noroeste, creando el reino suevo de Galicia / **nación:** "nación", en el sentido primitivo, era "un grupo con un origen étnico común" y, en este caso, se refiere a la nación visigoda / **impiedad:** *impiety* (Leovigildo fue el último rey visigodo de religión arriana) / **ensombreció:** *cast a shadow*

nuevo reino en las crónicas visigodas. En la obra de Isidoro, los visigodos (ya convertidos al catolicismo en la época en que él escribe) se representan como legítimos dueños de Hispania, y los esfuerzos de las élites hispanorromanas y del Imperio Romano de Oriente por recuperar su antiguo territorio se ven ahora como "rebeldías" o "invasiones".

> En la era DCVI, en el año III del imperio de Justino, Leovigildo°, habiendo obtenido el principado de España y de la Galia°, decidió ampliar su reino con la guerra y aumentar sus bienes. [...] Sucumbieron ante sus armas muchas ciudades rebeldes° de España. [...] Venció [...] a su hijo Hermenegildo, que trataba de usurparle el mando. Finalmente, llevó la guerra a los suevos° y redujo su reino con admirable rapidez al dominio de su nación°. [...] Pero el error de la impiedad° ensombreció° en él la gloria de tan grandes virtudes.

❖ *Primera lectura*

1. ¿Cuáles eran los objetivos de Leovigildo al empezar la guerra? ¿Contra quiénes tuvo que enfrentarse?

2. ¿Por qué Isidoro diferencia entre "su reino", "sus bienes" y "su nación"? ¿Qué te dice esta diferencia sobre el sistema político y monárquico de los visigodos?

3. ¿Crees que Isidoro tenía buen o mal concepto de Leovigildo? ¿Cuál era el único problema de este rey?

IX. Unidad religiosa

Esta "impiedad" o "error" religioso de los visigodos (el arrianismo), que los mantenía separados de la mayoría hispanorromana, va a ser solucionado con la conversión de Recaredo en el año 589. Leovigildo había cambiado la capital visigoda de Toulousse (Francia) a Toledo, en el corazón de la península, marcando así una nueva delimitación geográfica del reino, identificado con el marco peninsular limitado por los Pirineos. Es por eso en Toledo donde se reúnen los concilios de obispos hispanos, y en el III Concilio de Toledo tiene lugar la conversión de Recaredo al catolicismo, que obliga con ello a convertirse a todos los visigodos. Sin embargo, la unidad religiosa de Spania trae consigo la **identificación de iglesia y estado** que caracterizará a España durante casi toda su historia. Una de las consecuencias de esta unión de lo político y lo religioso será la intolerancia hacia otras religiones, en especial hacia los judíos. Vamos a ver dos textos, uno en el que se relata **ese momento fundacional de unidad religiosa**, y otro en el que vemos **las consecuencias de esta unidad en el fuerte antijudaísmo de fines del siglo VII.**

> **A.** [En el sínodo de Toledo] estuvo presente el recordado cristianísimo Recaredo, mostrando a los obispos, escrita en un libro por su propia mano, la disposición de su conversión y la profesión de fe de todos los obispos y del pueblo godo y todo lo que corresponde a la confesión de la fe ortodoxa.

> **B.** [S]egún el mandato del piadosísimo y religiosísimo príncipe nuestro, el rey Egica, que encendido por el celo° del Señor e impelido° por el fervor de la santa fe no sólo quiere vengar la injuria [hecha] a la cruz de Cristo [por los judíos], sino que también

celo: *devotion* / **impelido:** *movido*

privados: *deprived*

pretende evitar con todo rigor la ruina de su pueblo y de su patria, que aquéllos había cruelmente decidido provocar, privados° de todos sus bienes y confiscadas todas sus cosas, aun la más mínima, tanto las mismas personas de los traidores, como sus esposas y los demás de su descendencia, arrancados de sus propios lugares, serán dispersados por todas las partes a través de todas las provincias de España, sometidos a perpetua servidumbre […] y no podrán bajo ningún pretexto recuperar su estado de hombres libres, mientras permanezcan en la obstinación de su infidelidad. […]

❖ *Primera lectura*

1. ¿La conversión del rey Recaredo es solamente personal? ¿A quiénes incluye en su profesión de fe?

2. ¿Cuáles son los adjetivos con que se califica a los reyes Recaredo y Egica?

3. ¿Por qué dos razones castiga Egica a los judíos? ¿Cuál es el castigo que les aplica? ¿Cuál es la única forma de evitar el castigo?

❖ *Para conversar o escribir*

La unión entre iglesia y estado dio unidad a la sociedad hispana, pero creó muchos problemas de graves repercusiones en el futuro. A la vista de este ejemplo, debatir este caso comparándolo con temas polémicos (como la oración en las escuelas o la discriminación religiosa) en EE.UU., donde hay una separación oficial de iglesia y estado, pero se dice que los valores cristianos están en los fundamentos de la nación. ¿La religión une o desune a una sociedad?

REPASO Y SÍNTESIS

1. Construye una "línea temporal" indicando las fechas y los períodos más importantes en la historia de la Península hasta los visigodos.

2. ¿Qué es Iberia? ¿Tartessos? ¿Celtiberia? ¿Hispania? ¿Spania?

3. Explica los dos mitos o motivos a los que recurren los escritores latinos para celebrar y justificar la conquista de Hispania por los romanos. ¿Por qué fue especialmente difícil su conquista?

4. ¿Fue la romanización de Hispania homogénea o desigual? ¿Qué diferentes regiones culturales se crean en la etapa romana?

5. ¿Cuáles fueron las principales aportaciones de los romanos a la futura civilización española?

6. Explica las fases de unificación de la Península Ibérica en la época visigoda. ¿Qué consecuencias produjo la unidad religiosa?

7. Desde Altamira podemos ver dos tendencias en el arte peninsular: a) naturalismo o realismo y b) ornamentalismo o geometrización. Localiza estas dos tendencias en las fotos de este capítulo y traza sus orígenes culturales.

MÁS ALLÁ

1. Busca información impresa o virtual sobre los revolucionarios descubrimientos arqueológicos en Atapuerca y Orce, que han empujado miles de años atrás los orígenes del hombre en la Península.

2. En libros de arte o Internet busca imágenes e información sobre arte, arquitectura e ingeniería romana en la Península para presentar a tu clase. ¿En qué zona(s) se conservan más restos? ¿Cuáles son los nombres actuales de las principales ciudades romanas?

3. Busca información sobre los visigodos: ¿Quiénes eran? ¿De dónde venían? ¿Cuál era su religión y costumbres? ¿Por qué llegaron a Hispania? ¿Cuántos eran? ¿Quiénes son los principales escritores de la época visigoda? ¿En qué lengua escribían? ¿Hubo realmente un corte o separación entre la cultura romana y la visigoda en la Península?

4. Algunos historiadores y arqueólogos han propuesto que la Dama de Elche es una falsificación, que es una escultura hecha después de la época íbera. Busca datos sobre la polémica sobre esta pieza. ¿Qué indica el debate actual sobre la Dama de Elche sobre la manera en que se interpreta y se entiende la historia antigua de España?

❖ *Cristiano y moro abrazándose en pacto de amistad, pero todavía llevando sus armas. Nota la arquitectura en el fondo, mezcla de fortificación cristiana y puerta árabe (un arco de herradura). La imagen viene de las* Cantigas de Santa María, *de Alfonso X el Sabio (siglo XIII).*

CAPÍTULO 2

LA ESPAÑA MEDIEVAL
UN MOSAICO POLÍTICO Y CULTURAL

❖ LA ESPAÑA MEDIEVAL DE UN VISTAZO ❖

Podemos distinguir tres épocas en la Edad Media según el predominio de musulmanes o cristianos en su lucha por el control de la Península (llamada, desde el punto de vista cristiano, la guerra de Reconquista).

711–siglo XI: predominio musulmán

♦ Del desembarco musulmán en Gibraltar a la división del califato de al-Andalus en pequeños reinos de taifas. Arte:
  - esplendor islámico (Córdoba)
  - arte mudéjar (arte cristiano en zona musulmana)
  - arte mozárabe (arte de influencia árabe en zona cristiana)
  - arte asturiano (arte que sigue modelos visigodos en el reino cristiano de Asturias)
  - en general, contraste del refinamiento árabe con la rudimentariedad cristiana

Siglo XI–siglo XIII: equilibrio de poderes

♦ Formación de los diferentes reinos cristianos (Castilla-León, Aragón, Navarra, Portugal). Época de máxima convivencia cultural.

- Desarrollo del arte románico por el Camino de peregrinación a Santiago
- Poesía lírica gallego-portuguesa
- Poesía castellana: mester de juglaría (secular y popular, *Cantar de Mío Cid*), mester de clerecía (religioso y culto, *Milagros de Nuestra Señora*)
- Prosa castellana (obras enciclopédicas de Alfonso X el Sabio)
- Proyecto multicultural (judíos, moros y cristianos) bajo Alfonso X: Escuela de Traductores de Toledo

Siglo XIII–1492: predominio cristiano

◆ Hasta la conquista del último reino islámico, Granada y la unificación de los reinos cristianos con la unión de Castilla y Aragón.

- Desarrollo del arte gótico (más espiritualidad, humanidad, naturalismo). Su equivalente literario son las vivas historias del *Libro del Conde Lucanor* (cuentos) y *Libro de Buen Amor* (poesía).
- Primeras universidades (Salamanca, Valladolid, Palencia). Desarrollo de una cultura urbana y secular.
- Crisis fines siglo XIV: Peste negra, persecución de los judíos. Fin de la convivencia cultural, comienza la castellanización y cristianización de España.

EL ISLAM, NUEVO PODER MUNDIAL

En la historia española, se llama "Edad Media" al período entre la invasión de los árabes (711) y la conquista por los reyes cristianos del último territorio árabe en España (Granada, en 1492). En este capítulo nos centraremos en la intensa y dinámica diversidad cultural que caracteriza esta etapa histórica. Veremos sus facetas de convivencia y de intolerancia, tanto en sus choques como en sus influencias mutuas. Al siglo XV le dedicaremos un capítulo aparte aunque tradicionalmente se considera como todavía parte de la Edad Media, por ser el siglo en que se trata de homogeneizar o unificar España para convertirla en una nación moderna.

Mientras los visigodos y otros pueblos germánicos establecían sus reinos sobre las ruinas del Imperio Romano, otro gran poder empezaba a formarse en el continente africano. Desde el año **630 d.C.**, un grupo de pastores nómadas del desierto de **Arabia,** enfervorizados por las predicaciones del profeta **Mahoma,** emprendieron la conquista del mundo en el nombre de **Alá,** el único dios verdadero. Los preceptos de la nueva religión favorecían esta expansión. Ofrecía automáticamente el paraíso al guerrero que muriese en "**guerra santa**" y era sumamente **tolerante** con los conquistados: podían continuar con su propia religión y forma de vida a cambio de pagar un impuesto a sus conquistadores. En menos de un siglo el **Islam** (la comunidad de los creyentes en Alá) se expandió desde la India hasta la Península Ibérica.

En general se siguió usando el término "árabe" para designar miembros o características del Imperio islámico, puesto que Arabia era su núcleo. Al hablar de los árabes en España usamos "árabe" en este sentido amplio, pues los árabes propiamente dichos (procedentes de Arabia) eran en realidad una minoría en la sociedad hispanoárabe.

    Ya no eran **musulmanes** (miembros del Islam) sólo los árabes, sino muchos pueblos y culturas diferentes. El Islam se caracterizó también por una gran capacidad de **absorción y sincretismo cultural**. Al expandir su imperio y entrar en contacto con otras culturas, los primitivos pastores árabes se convirtieron en una civilización increíblemente avanzada y refinada, cuyo dominio de la arquitectura, las matemáticas, medicina, agricultura, música, poesía y filosofía, los situaba **técnica y culturalmente a un nivel muy superior al de los reinos bárbaros europeos**.

❖ *Mapa de la división de al-Andalus en el siglo XI en los reinos de taifas.*

PANORAMA DE LA EDAD MEDIA ESPAÑOLA

Los beréberes eran pobladores del norte de África convertidos al islamismo, de modo de vida más rudimentario que las élites árabes.

No es extraño por tanto que la **conquista de Hispania** por los árabes fuera **fulminante**. Lo único que impidió que toda Europa fuera islamizada fue la propia disparidad interna del Islam: las disensiones entre los árabes y beréberes, que formaban el ejército musulmán que llegó a Hispania en el año 711, se han visto como una causa del fracaso de su intento de expansión más allá de los Pirineos. A raíz de su derrota a manos de los francos en la batalla de Poitiers en el suroeste de Francia (732 d.C.), los árabes retrocedieron

❖ *Mapa de la reconquista en el siglo XIII y reinos cristianos.*

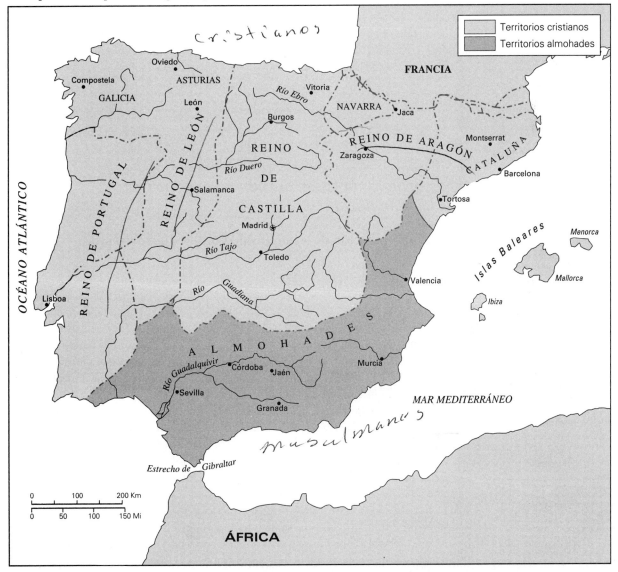

a la península. Preferían asegurar su control sobre las tierras hispánicas que expandirse por el resto de Europa. **Por primera vez, el curso de la historia española se separa de la europea.** La Edad Media española se singulariza, por tanto, por esta disputa entre cristianos y musulmanes por el suelo peninsular ("**re-conquista**" desde el punto de vista cristiano). Fueron casi ocho siglos (711–1492) de continuo enfrentamiento militar.

La lucha no era exclusivamente entre moros y cristianos; ambos grupos mantenían constantes luchas internas, y a menudo se aliaban cristianos con musulmanes contra otros cristianos, y viceversa. Y no todo era guerra: la Edad Media en España se caracteriza también por momentos ejemplares de fértil **convivencia e intercambio cultural** entre las tres grandes religiones monoteístas: **judía, musulmana y cristiana**.

En la **Edad Media española** se pueden distinguir **dos fases**: la primera, del 711 a principios del siglo XI, de **dominio y esplendor del Islam,** y formación de los diferentes reinos cristianos en el norte. La segunda, hasta la conquista de Granada (el último reducto árabe) en 1492, de **avance cristiano** y consolidación del poder de los dos grandes reinos cristianos, Castilla y Aragón, hasta su unificación en un solo reino con el matrimonio de sus respectivos reina y rey, Isabel y Fernando, en 1469.

> "Moros" es el nombre popular con el que se denomina a los musulmanes en España; se refiere igualmente a la **religión, cultura o etnia** de los nuevos habitantes. "**Musulmán**" o "**mahometano**" hace referencia más específica a la pertenencia a la **religión islámica**. "**Árabe**" se relaciona más con **las raíces étnicas y culturales** del nuevo imperio. Las tres palabras —"moros", "musulmanes" y "árabes"— suelen usarse indistintamente al hablar de los miembros del Islam en la Península Ibérica.

ETAPAS DE LA EDAD MEDIA PENINSULAR

711–siglo XI: invasión musulmana y principios de la reconquista

Invasión y creación de la comunidad multicultural islámica de al-Andalus

los árabes conquistaron rápido porque 1. los visigodos estaban en guerra

En el año 711 un pequeño ejército de beréberes norteafricanos dirigidos por el jefe Tarik cruzó el estrecho de Gibraltar y venció en la batalla de Guadalete a un ejército hispanovisigodo; los visigodos eran muy superiores en número, pero estaban divididos por una guerra civil entre los candidatos a reyes. Los musulmanes fueron bienvenidos por **las comunidades hispanojudías**, que, como vimos en el capítulo anterior, estaban siendo perseguidas y atacadas por los visigodos. Con la llegada de más refuerzos árabes, los guerreros del Islam consolidaron su dominio de toda la península, excepto un pequeño reducto montañoso en el norte.

> La roca y el estrecho de Gibraltar, en la antigüedad conocidos como "las columnas de Hércules", reciben su nombre actual de este *2. los guerrero beréber:* "Gibraltar" procede de *judíos* "Jebel-al-Tarik" o "monte de Tarik". *querían poder nuevo.*
>
> El número de judíos (presentes por lo menos desde la época romana) en la península era considerable. Algunas fuentes calculan que constituían un tercio de la población total.
>
> En un principio al-Andalus ocupaba casi toda la península, pero desde el siglo XIII se redujo más o menos a la sección de España que hoy lleva su nombre: Andalucía.
>
> De hecho, la mayoría de la familia real de los Omeyas de Córdoba era rubia y de ojos azules, y la lengua que se hablaba en la casa real era el gallego (lengua de Galicia, derivada del latín).

En el nuevo territorio hispano-musulmán, que recibe el nombre de **al-Andalus,** conviven bajo el mandato islámico muy diversas razas, culturas y religiones. Los **árabes** propiamente dichos (nativos de Arabia) formaban una élite aristocrática frente a los **musulmanes norteafricanos**, mayoritarios, de costumbres más rústicas, y más dados al fanatismo religioso. El **matrimonio interracial** era frecuente, y en el harén de los señores árabes andaluces abundaron las mujeres del norte de España.

La gran mayoría de los hispanos permanecieron en el territorio conquistado. Los árabes les permitían seguir practicando su fe a cambio de un tributo, y muchos cristianos se convirtieron al islamismo para evitar pagarlo. Los conversos, llamados "**muladíes**" por los árabes, formaron la mayoría de la población hispanoárabe. Los cristianos no conver-

❖ *Página decorada de una Biblia mozárabe (hecha por cristianos en Sevilla bajo el dominio musulmán). Nota la influencia oriental en la decoración, y el arco de herradura (horseshoe) típico de la arquitectura árabe en España.*

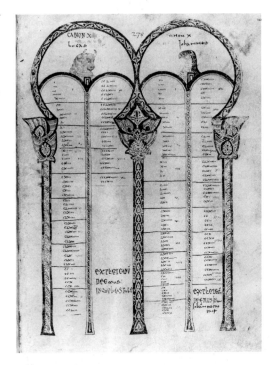

tidos, aunque se resistían al islamismo, no pudieron evitar contagiarse de una cultura muy superior a la suya y, por eso, recibieron el nombre de **mozárabes** (arabizados).

Los mozárabes vivían, como los judíos, en barrios aparte, conservando sus propios sacerdotes, ritos, iglesias y monasterios. Pero mientras los cristianos carecían de privilegios sociales y tendieron a automarginarse, los **judíos** fueron miembros importantes de la sociedad y cultura de la comunidad hispanoárabe. Sus funciones eran fundamentales: los judíos eran los mejores médicos (que solían ser también filósofos, como el famoso Maimónides), diplomáticos, comerciantes, traductores, y también tratantes de esclavos, que eran en su mayoría eslavos (de ahí el nombre "esclavo"/"*slave*"). En conjunto esta comunidad judía se caracterizó por su tolerancia y curiosidad intelectual.

Puesto que la Península Ibérica fue la única parte de Europa que se islamizó, para algunos historiadores modernos el "orientalismo" o "africanismo" de España la hacen diferente al resto de los países europeos. Esta idea se ha extremado en la expresión, generalmente de connotaciones negativas: "**África empieza en los Pirineos**".

Sin embargo, la "cultura europea", como hoy la conocemos, hubiera sido imposible sin la presencia de los musulmanes en la península. Los árabes **reconectaron Europa con el legado clásico**, destruido por los bárbaros. Gracias a sus sabios se preservaron y difundieron textos clave de la literatura clásica grecolatina, como la filosofía de Aristóteles y Platón, la historia de Herodoto o la ciencia médica de Hipócrates y Galeno. Su habilidad en el comercio puso en contacto a Europa con el Oriente y África, y **estimuló la economía, el arte y la imaginación europeos** a través de sus historias, de su literatura y de los objetos de lujo (joyas, marfiles, textiles preciosos) que traían a las ferias. El desarrollo de la filosofía y medicina medieval, los viajes de Marco Polo o el mismo descubrimiento de América no hubieran sido posibles sin las aportaciones de los hispanomusulmanes.

Resistencia cristiana: comienza el mito de España

Como sucedió bajo los romanos, las montañas de **Cantabria** sirvieron de refugio a los que no querían someterse al nuevo poder dominante. En el primer momento de la invasión árabe, una pequeña minoría cristiana, liderada por el noble visigodo **Pelayo**, se refugió en estas montañas del norte. Esta comunidad mantuvo vivo el **mito de una Hispania visigoda**, unida y paradisíaca; según este mito la pérdida de Hispania fue un castigo divino por los pecados de los últimos reyes godos.

La providencial victoria en 722 de Pelayo y los suyos sobre los árabes en el valle de **Covadonga** se interpretó como señal de que la recuperación o **reconquista de España era la voluntad de Dios**. Los cristianos del norte se consideran herederos legítimos del reino visigodo y, a su imagen, establecen el pequeño nuevo **reino de Asturias**, cuya capital, Oviedo, se concibe como la "nueva Toledo" (Toledo, ahora bajo el poder musulmán, había sido la capital del reino visigodo). El arte asturiano, aunque recibe influencias de los árabes y de los francos, continúa usando las fórmulas artísticas y arquitectónicas que prestigiaron los visigodos. En los dos siglos siguientes, el reino asturiano se expande por tierras de Galicia y de León (lo que cambió el nombre de reino de Asturias a "**reino de León**"), pero los cristianos estaban lejos todavía de igualarse al poderío musulmán. Hasta el siglo XI el esplendor cultural, económico y político de al-Andalus no tiene rival en toda Europa.

Desarrollo, esplendor y declive de al-Andalus

Un momento clave en el desarrollo de la España musulmana fue la llegada en 756 de **Abderramán I**, que constituye a al-Andalus como **emirato independiente** del Imperio árabe (que tenía su capital en Bagdad). Su sucesor **Abderramán III** (912–961) establece la capital andalusí en **Córdoba** y da un paso más en la formación nacional de al-Andalus, declarándolo **califato**, independiente de Bagdad. Bajo el régimen califal, Córdoba se convierte en la ciudad más espléndida de Occidente, con más de 200.000 casas, calles pavimentadas y alumbradas (con servicio público de luz en las calles por las noches), 50 hospitales, 900 baños públicos, y 600 mezquitas. La Gran Mezquita de Córdoba, destinada a reemplazar la Meca, era de una riqueza y dimensiones nunca vistas.

Frente al ruralismo y pobreza material de los cristianos del norte, los árabes desarrollaron una **cultura sofisticada, eminentemente urbana**, organizando su territorio mediante una red de ciudades que reaprovechaba núcleos de población y vías de comunicación ya existentes desde la época romana y visigoda. Sevilla, Granada, Murcia, Valencia, Toledo y Zaragoza son algunas de las ciudades árabes más importantes. Su **economía** dependía de la **agricultura**, que hicieron más productiva mediante ingeniosos sistemas de regadío, pero sobre todo de actividades urbanas como la **artesanía y el comercio**.

Los árabes introducen **nuevos cultivos** como arroz, especias, cítricos y diversos vegetales, y **productos** como el papel, el cristal o la seda. Los árabes importan de Oriente o cultivan en suelo hispano especias como el comino, la pimienta, la nuez moscada, la cayena, la hierbabuena o la albahaca, lo que es índice del gran nivel de refinamiento de su cocina, que ha dejado un impacto duradero en la cocina hispana. Gracias a las nuevas técnicas de riego, introducen muchos productos de huerta, como la alcachofa, zanahoria, berenjena, calabaza, espinacas, puerro, apio y otras, desde entonces parte integrante de la gastronomía española. Los nombres de estos y muchos otros vegetales y alimentos

Según la tradición cristiana, la lujuria del último rey godo, Don Rodrigo, fue la causa directa de la invasión musulmana. Don Julián, conde de Ceuta, mandó a su hija a Toledo para que se educara en la corte. El rey Rodrigo se enamoró de ella y la violó. En venganza, don Julián convenció a los moros para que invadiesen España.

Abderramán era el nieto del último califa de la dinastía Omeya y el único sobreviviente de la masacre de toda su familia en Damasco.

Un califato es más o menos equivalente a un reino. El califa era el jefe supremo, político y religioso, del Islam.

Los hospitales hispanoárabes alcanzaron un altísimo nivel de especialización. Así, bajo la supervisión de un médico jefe había unidades de oftalmología, medicina interna, cirugía, ortopedia. La higiene era fundamental, por lo que había agua corriente para facilitar los baños. Como para los romanos, el baño era una parte importante en la vida social de los árabes. Los baños públicos, gratis para todos como el cuidado médico, eran de un lujo extremado, con piscinas de agua caliente, fría y templada, y exquisitas decoraciones. Una de las primeras medidas de los cristianos al conquistar una ciudad árabe era destruir los baños, para ellos un lugar de promiscuidad más que de higiene.

❖ *Interior de la Gran Mezquita de Córdoba. Nota el uso multiplicado del típico arco árabe de herradura, y el decorativo contraste de policromía (rojo y blanco).*

❖ *Arqueta árabe. Fíjate en la exquisita decoración a base de entrelazados vegetales, animales fantásticos y músicos en un jardín y compárala con la decoración de la Biblia mozárabe.*

introducidos por los musulmanes han conservado su etimología árabe. Por ejemplo, todos los que empiezan por "al-": algodón, alcachofa, albahaca.

Los elaborados trabajos de los árabes con los textiles, el cuero, la madera, el metal o el yeso son inigualables. Los artesanos árabes eran también muy apreciados en los reinos cristianos del norte, contribuyendo a la aparición de nuevas formas artísticas sincréticas conocidas como "**arte mudéjar**". El término "mudéjar" se aplica a los musulmanes que se quedaban viviendo en las zonas reconquistadas por los cristianos. Arte

MOORISH

mudéjar, por tanto, es el arte hecho por musulmanes en zona cristiana con estética musulmana: uso de materiales pobres (ladrillo, yeso, azulejos) pero con un resultado vistoso y espectacular, con complicados patrones geométricos y vegetales, fuertes y dinámicos contrastes en las superficies o brillante colorido. El arte mudéjar muchas veces se ha identificado con el estereotipo de "arte español"; por ejemplo, las plazas de toros hoy en día todavía se construyen en estilo mudéjar.

Pese a lo sofisticado de su civilización, el territorio de al-Andalus no estaba bien integrado ni unificado. En el siglo XI, la debilidad de los califas cordobeses propicia la división del territorio en pequeños reinos organizados en torno a las ciudades principales (reino de Valencia, de Granada etc.). Estos reinos, muchas veces enfrentados entre sí, y en ocasiones aliados o tributarios de los reyes cristianos, reciben el nombre de "**reinos de taifas**". Aunque culturalmente cada reino sigue siendo brillante, políticamente esta fragmentación de al-Andalus en el siglo XI supone la transición hacia la hegemonía cristiana en la península.

SIGLOS XI–XV: AVANCE CRISTIANO

El Camino de Santiago, apertura hacia Europa y desarrollo del arte románico

Santiago en inglés es "Saint James". Santiago también es conocido en España como Jaime, Jacobo, Diego o Yago.

Un par de siglos antes del principio del predominio cristiano, a comienzos del siglo IX, se había producido un acontecimiento crucial en el norte: el **descubrimiento en Galicia de la supuesta tumba del apóstol Santiago**. Según la tradición, el cuerpo decapitado del apóstol Santiago había sido llevado milagrosamente por sus discípulos en una barca sin remos o velas desde Palestina hasta las costas de Galicia, donde el apóstol había predicado en vida. Allí lo enterraron, y casi ocho siglos más tarde unas luces extrañas mostraron a unos pastores donde estaba la tumba del apóstol. En el lugar del descubrimiento se forma una ciudad, Santiago de Compostela, cuya fama y poder llega a su clímax durante la época del arzobispo Gelmírez (primera mitad del siglo XII).

Los cristianos hispanos interpretaron la leyenda de Santiago como una prueba más de la ayuda divina a su causa: el nombre de "¡Santiago!" se convierte en su grito de batalla, y surgen leyendas que aseguran que el apóstol mismo, montado en su caballo blanco, les ayudaba en las batallas contra los moros. Esta figura de "**Santiago Matamoros**" es una de las más populares en la iconografía hispana medieval y posterior. La **peregrinación** a la tumba del apóstol en Santiago de Compostela funciona como frontera simbólica y real frente al Islam. "Los peregrinos son tan numerosos que se salen de la calzada", comentaba un viajero árabe del siglo XII. Un auténtico torrente humano de todo origen y condición es atraído por el espíritu de cruzada que se vive en la península, y por obtener la indulgencia plenaria al peregrinar a Santiago. Muchas veces estos peregrinos, que llegaban de lugares tan lejanos como Rusia o los países nórdicos, se quedaban para siempre, contribuyendo así a la diversificación y repoblación de la España cristiana.

La monarquía, la iglesia y la piedad popular patrocinaron la ruta a Santiago, construyendo puentes, hospitales, albergues de peregrinos, iglesias, monasterios y

shelters

catedrales. Las **ciudades**, y con la vida urbana, la cultura y el comercio, vuelven a florecer en torno a esta ruta monumental y sagrada, el "**Camino de Santiago**". Una de las principales consecuencias de estas multitudinarias peregrinaciones fue el posibilitar la libre circulación de productos, ideas, lenguas, formas artísticas, literarias, musicales o espirituales a través de toda Europa. Se ha dicho que, en muchos sentidos, la cultura europea en sí se hizo caminando a Santiago.

Así, el gran **arte románico europeo**, que desde el siglo XI resucita la tradición monumental arquitectónica y escultórica heredada de Roma (de ahí su nombre, "románico"—"*romanesque*" en inglés—o sea, similar o derivado del arte romano), se formó también en torno al Camino. No se trata por tanto de un arte exclusivamente español, sino de un estilo internacional europeo.

De las pequeñas y aisladas iglesias visigodas y mozárabes se pasa ahora a la sistemática construcción de imponentes catedrales, grandes monasterios y bien proporcionadas iglesias rurales, que siguen patrones similares. Son construcciones abovedadas, con arcos semicirculares y naves separadas por columnas que han recuperado el orden clásico romano, con gruesos muros de piedra que transmiten una gran impresión de

❖ *Mapa del Camino de Santiago. Este mapa traza cuatro caminos que cruzaban Francia y el gran camino que recorría el norte de la meseta española. Fíjate en la gran cantidad de ciudades que se construyeron en torno al camino.*

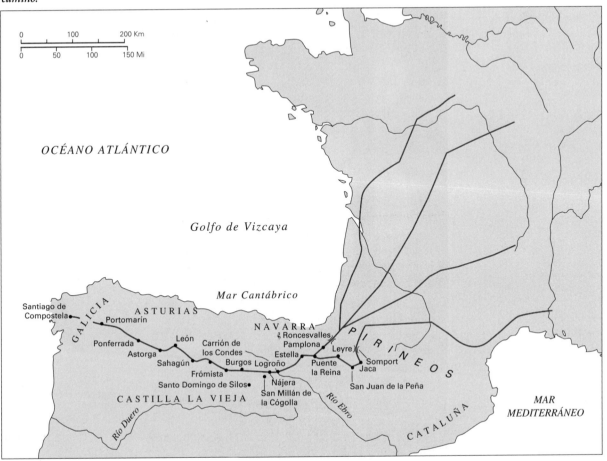

solidez y majestuosidad. Las portadas y los capiteles (y a veces los muros interiores con frescos) se adornan con decoraciones geométricas y con rígidas pero expresivas representaciones de figuras y dogmas religiosos (apóstoles, profetas, la Virgen, el Juicio Final etc.) destinadas a admirar e ilustrar a la gran mayoría analfabeta de la población.

Los reinos cristianos medievales

Durante los primeros siglos de la Edad Media y a medida que avanza la reconquista, la España cristiana se divide en varios reinos, con sistemas políticos y legales e incluso lenguas y culturas diferentes. Estos reinos y territorios (**Galicia, Portugal, León, Castilla, Navarra, Aragón, Cataluña**) se unen o desunen alternativamente, generalmente por matrimonios entre sus reyes o por división de la herencia entre los hijos del rey. Pero hacia mediados del siglo XII se perfilan ya dos grandes estructuras políticas: por un lado está el **reino de Castilla-León**, que incluía las tierras de Galicia y Portugal; por otro, el **reino de Aragón**, unido a Cataluña desde mediados del siglo XII, e incorporando el reino musulmán de Valencia y las Islas Baleares desde el siglo XIII.

El condado de Portugal, dado en herencia por el rey Alfonso VI a su hija ilegítima Teresa en 1097, ya no volverá a unirse a la corona castellano-leonesa, y se desarrollará como una nación aparte.

Cataluña, gobernada por los condes de Barcelona, nació de la creación por los francos de la Marca Hispánica, zona fronteriza que separaba el territorio de los francos y el de los árabes. Cataluña (sobre todo la floreciente urbe de Barcelona) se convertirá en el núcleo económico, político y cultural de la corona de Aragón.

❖ *Interior románico de la catedral de Santiago (prototipo de Iglesia de peregrinación).*

❖ *Fresco románico de Santa*
María de Tahull, Cataluña.

Alfonso VI conquistó Toledo en 1085.

En ambos reinos, por diferentes razones, van a aparecer las primeras cortes o parlamentos de Europa. En el siglo XV (que veremos en el próximo capítulo) se produce la unión de Castilla y Aragón, y con ella el nacimiento de la España moderna.

Castilla-León fue el reino más interesado en la "**reconquista**". En el siglo XI un rey castellano conquista la simbólica ciudad de Toledo (la antigua capital de los godos), convirtiéndose Castilla definitivamente en el líder de los reinos cristianos españoles.

Para estimular la repoblación de las tierras reconquistadas, los reyes conceden **fueros y cartas puebla** (ciertas libertades especiales y exenciones de impuestos) a las nuevas ciudades, en las que se crea por esto un **espíritu de autonomía**. La reconquista permite una mayor **movilidad social** a los colonos; así, en los primeros tiempos de la reconquista, si un villano (habitante de un pueblo o villa) era capaz de mantener un caballo y armas para hacer la guerra, era ascendido al rango de caballero (miembro de la nobleza). Con el tiempo, Castilla sufrió una **inflación de nobleza,** lo que se convirtió en un problema social y económico (pues los nobles no pagaban impuestos). **Las Cortes** castellano-leonesas surgen como un **órgano consultivo**, con representantes de los llamados "**tres estados**": los nobles, la iglesia y los habitantes libres de las ciudades. Al principio, las ciudades vivían en un régimen protodemocrático, pero los nobles fueron acumulando más tierras y adquirieron un poder de tipo feudal sobre las ciudades; éstas

❖ *Castillo de Belmonte, Castilla la Nueva. Durante la reconquista, la frontera de las nuevas tierras conquistadas por los cristianos se fortificaron con grandes castillos, que dieron su nombre a la región (Castilla).*

pidieron auxilio al monarca que consiguió controlar a los nobles, pero las ciudades perdieron su autonomía en el proceso. Así, en Castilla-León el poder real tendió cada vez más al **absolutismo**.

La Corona de Aragón sigue un camino muy diferente a la de Castilla. A sus reyes no les interesa tanto la reconquista de la península, sino la **expansión política y comercial por el Mediterráneo**. Entre los siglos XIII y XV Aragón-Cataluña se hace dueña de Sicilia, Córcega, Cerdeña y Nápoles. La principal actividad económica del reino es el **comercio**, mientras los castellanos viven sobre todo de la agricultura y la ganadería. Finalmente, **las Cortes aragonesas** no eran sólo consultivas como las castellanas, sino que **tenían un poder político real**. El poder del rey de Aragón estaba limitado por una serie de constituciones políticas y prerrogativas de la nobleza preexistentes a la monarquía.

Del mismo modo divergen los intereses culturales de ambos reinos. La literatura y cultura castellanas, a través del fermento de la reconquista y la convivencia de las tres culturas, cobra una rica y extraordinaria personalidad, pero también un fuerte nacionalismo centralista. En Cataluña, la cultura está más abierta a Europa, recibiendo así las influencias de Provenza primero e Italia después.

La cultura en los reinos cristianos medievales

La Edad Media es la etapa de formación de las modernas lenguas peninsulares. El latín evoluciona de forma distinta en las áreas aisladas por la geografía y la política, y la llegada de los árabes introduce un sin fin de nuevas palabras—se calcula que unas 10.000 palabras del español son de origen árabe. **El proceso de la reconquista y la convivencia de culturas marcará el desarrollo de la cultura hispana**. Desde aproximadamente el **siglo X** empiezan a aparecer documentos escritos en lenguas romances; el **primer testimonio literario del castellano** se encuentra significativamente unido a una forma literaria árabe-judía. En las composiciones poéticas andalusíes llamadas "moaxajas" se incluyen pequeñas estrofas en la lengua romance de la minoría cristiana, llamadas "jarchas". Pero el primer gran monumento de la literatura castellana es el *Cantar de Mío Cid*, un largo poema épico de fines del XII, que narra las hazañas de un héroe de la reconquista. El *Cantar de Mío Cid* evidencia la **tendencia literaria castellana: narratividad, gusto por la acción, realismo, pragmatismo**, mientras que la literatura de **Galicia y Cataluña** (escrita en gallego y catalán), más alejadas del mundo bélico de la frontera, se orienta más a la **lírica de tipo trovadoresco**, con frecuentes temas amorosos o burlescos.

¿Y quienes escribían estos textos? Como en la época visigoda, en la España cristiana la cultura fue durante mucho tiempo monopolio de la Iglesia. En el "scriptorium" de los monasterios, los monjes copiaban a mano textos antiguos, muchas veces adornándolos con exquisitas miniaturas de brillantes colores. También creaban nuevas obras, como poemas de alabanza a los santos o la virgen. Se llama "**mester de clerecía**" (es decir "oficio o profesión" [mester] de los clérigos u hombres de la iglesia [clerecía]) a la creación de este tipo de poemas cultos, con versos regulares que riman todos entre sí. Conforme avanza la reconquista y la vida urbana vuelve a florecer, aparece cada vez más una literatura de carácter secular, destinada a entretener a los habitantes de la ciudad y de la corte. Este tipo de literatura popular, de versos más irregulares pero gran expresividad, se denomina "**mester de juglaría**". Su origen es oral y era recitada (y quizás compuesta) por juglares por plazas y ferias o en los palacios de reyes y nobles.

La empresa cultural más ambiciosa de la Edad Media española fue llevada a cabo en el siglo XIII por el rey **Alfonso X**, apodado "El Sabio". Este rey reunió en su corte de Toledo a un grupo de intelectuales musulmanes, judíos y cristianos que se dedicaron a traducir al latín, hebreo y castellano las obras más importantes de las tres culturas: es la famosa "**Escuela de Traductores de Toledo**".

Bajo la dirección de Alfonso X se escribieron también obras de carácter enciclopédico (por ejemplo, *Estoria* [Historia] *de España, Crónica General* [una historia del mundo], *Libro de ajedrez, dados y tablas* [populares juegos medievales], *Lapidario* [sobre las piedras y sus propiedades], *Tablas de Astronomía*, o el importante código de las *Siete Partidas*, compendio de leyes romanas, visigodas, y de nueva creación), que trataban de compendiar el saber y la jurisprudencia de la época. Estos libros ya no estaban escritos en latín, que hasta entonces había sido el idioma de las leyes y la cultura oficial, sino en castellano. El rey Sabio era también poeta, autor de unos poemas en gallego en honor a la Virgen, las *Cantigas de Santa María*.

Un noble, sobrino de Alfonso X, llamado **Don Juan Manuel** siguió la tradición de su tío de escribir obras eruditas, pero es famoso sobre todo por su *Libro del Conde Lucanor*. Es una colección de cuentos de principios del siglo XIV, con finalidad moral o didáctica, inspirada en libros de cuentos orientales como el *Calila e Dimna*.

El *Libro de Buen Amor*, obra en verso del **Arcipreste de Hita**, es contemporáneo de Don Juan Manuel, y también inspirado en fuentes árabes, pero su mundo no puede ser más distinto. Don Juan Manuel representa la ideología de la nueva aristocracia, a la que ya no le basta con ser guerrera, como en el *Cantar de Mío Cid*, sino que debe ser también educada y culta para dirigir adecuadamente la sociedad. La obra paródica del Arcipreste de Hita representa en cambio la **mentalidad de la burguesía castellana**, llena de ironía y

Bajo Alfonso X, los judíos disfrutaron de libertad de culto, pero por otra parte, el rey tuvo que establecer leyes de protección especial a los judíos de los ataques cristianos; esto demuestra que la convivencia entre las religiones no era ni mucho menos idílica, sino frágil y siempre al borde de la intolerancia.

El gallego fue durante los siglos XI–XIII considerado la lengua de cultura y poesía en los reinos cristianos y por eso el rey Alfonso X de Castilla y León escribió sus *Cantigas de Santa María* en gallego.

❖ *Cantigas de Santa María. Miniatura de juglares moro y cristiano tocando la cítara y cantando. Los ojos del moro han sido destruidos posteriormente a propósito.*

Poeta, filósofo y místico, Raimundo Lulio o Ramón Llul (en catalán) es uno de los principales representantes de la cultura catalana medieval.

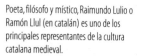

sentido del humor y dedicada a los placeres de la vida, ahora que el avance de la reconquista había traído paz y prosperidad a las ciudades.

Durante este renacer de la cultura urbana de los siglos XIII y XIV, el **vitalismo** del *Libro de Buen Amor*, y la **espiritualidad mística** de autores como el catalán Ramón Llul encuentran su correlación artística en el nuevo estilo internacional que sucede al románico: **el arte gótico**. Las construcciones religiosas góticas cambian el aspecto macizo del románico por una gran **luminosidad** y una vertiginosa elevación **vertical** (como si quisieran llegar al cielo con sus arcos apuntados, torres y pináculos). Una forma de diferenciar rápidamente el estilo románico del gótico es por la forma de los arcos. Los arcos románicos son semicirculares o "de medio punto", y los góticos son apuntados u "ojivales". La arquitectura gótica, con sus superposiciones de niveles espaciales y proliferación de decoración, es equiparable a la compleja superposición de voces en la música polifónica, que alcanza ahora un momento de esplendor.

A su vez, la escultura y la pintura se llenan de **humanidad y naturalismo**. Las figuras aparecen ahora moviendo su cuerpo, sonriendo, mirándose o conversando (es decir, mantienen relaciones y actitudes humanas), a diferencia del hierático y rígido arte románico. En las miniaturas de los libros, como en las *Cantigas de Santa María*, se representan escenas de la vida cotidiana, llenas de realismo y colorido.

En esta época nacen, asociadas a las ciudades, **las primeras universidades** (Salamanca, Valladolid, Palencia): el saber ya no es monopolio de la Iglesia.

Pero este optimismo y florecimiento se truncó a mediados del siglo XIV. Se generalizan las guerras intestinas, con levantamientos de los nobles contra el rey, mientras el resto de Europa se desangra en la guerra de los Cien Años. Terribles plagas, como la peste negra, destruyen una gran parte de la población y provocan gran escasez en el campo. **El siglo XIV termina así con una crisis generalizada** que augura grandes cambios para la próxima centuria.

❖ *Exterior de la catedral gótica de León. ¿Qué diferencias hay entre la arquitectura gótica y la románica?*

❖ *Cantigas de Santa María. Imagen de una feria; mujeres comprando objetos preciosos, la mayoría de origen oriental (como la tela que dos de ellas sostienen).*

Fechas importantes de la España Medieval		Fechas importantes en el desarrollo cultural
Comienza la predicación de la nueva religión del Islam por Mahoma.	630	
Comienza la invasión musulmana de la Península.	711	
Resistencia cristiana en el norte: victoria en Covadonga (don Pelayo). Orígenes del reino de Asturias y principio de la guerra de reconquista.	722	
Formación de al-Andalus como emirato independiente (Abderramán I)	756	Se inicia la construcción de la Gran Mezquita de Córdoba (Abderramán I).
	807	Presunto descubrimiento de la tumba del apóstol Santiago en Galicia
	870	Se consagra la iglesia prerrománica (arte asturiano) de Santa María del Naranco en Oviedo.
Al-Andalus, califato independiente con capital en Córdoba (Abderramán III)	929	
	936	Esplendor de Córdoba. Abderramán III inicia la construcción del gran palacio de Madinat-al-Zahira.
El Condado de Castilla se separa del reino astur-leonés (Fernán González).	961	
El caudillo moro Almanzor destruye Barcelona, León y Santiago de Compostela.	985	
Rebelión de la nobleza cordobesa contra el califa y fin del Califato. Comienzo de los reinos independientes o de taifas.	1031	
Unión de los reinos de Castilla y León (Fernando I)	1037	
	Hacia 1067	Código catalán de los *Usatges*, que garantiza la independencia de los nobles ante el rey (feudalismo)
	1070	Comienza la construcción de la catedral románica de Santiago de Compostela.
Alfonso VI de Castilla conquista Toledo, la antigua capital visigoda.	1085	

TEXTOS Y CONTEXTOS

I. El proyecto nacionalista de Alfonso X

La reconquista cristiana de la Península fue no sólo una lucha física, sino también un proyecto intelectual. Desde los primeros años de la invasión, los cristianos se ven a sí mismos como los dueños legítimos de España, una España que antes de la llegada de los árabes destructores había sido perfecta y paradisíaca. Más tarde, con la aparición de

Llegada de un nuevo pueblo africano, los almorávides, y más tarde los almohades, que unifican por un tiempo los reinos de taifas.	**1090**	
El Cid conquista Valencia.	**1094**	
Alfonso VI divide su reino y da Portugal a su hija Teresa; origen del reino portugués.	**1097**	
Unión del reino de Aragón y el condado de Cataluña	**1164**	
Reunión de las primeras Cortes (con representantes de las ciudades) en León	**1188**	El Maestro Mateo termina el Pórtico de la Gloria en la catedral de Santiago.
	Mediados/fines del siglo XII	Posible época de escritura del *Cantar de Mío Cid* por un autor (o autores) anónimo(s).
	Principios del siglo XIII	Florece la poesía gallego-portuguesa.
Victoria cristiana sobre los almohades en las Navas de Tolosa. Comienza la supremacía cristiana.	**1212**	
Conquista cristiana de Córdoba	**1236**	
	1243	Fundación de la Universidad de Salamanca (Fernando III)
	1252–1284	Reinado de Alfonso X el Sabio, de Castilla-León, patrocinador de la Escuela de Traductores de Toledo (proyecto común judío, moro y cristiano)
	1255	Comienza la construcción de la catedral gótica de León.
Alfonso X el Sabio crea la poderosa Mesta (asociación de ganaderos).	**1273**	
	1335	Don Juan Manuel escribe el *Libro de Patronio o conde Lucanor*.
	1343	*Libro de Buen Amor*, de Juan Ruiz, Arcipreste de Hita
Peste negra	**1348**	
	1377	Comienza la construcción del Patio de los Leones en el palacio de la Alhambra en Granada.
Ataques cristianos a los barrios judíos (aljamas)	**1391**	
El rey de Castilla jura los Fueros de Vizcaya (origen de la autonomía política y administrativa vasca).	**1393**	
Levantamientos de campesinos contra los señores feudales en Aragón y en Galicia	**1462/1467**	

Muchos de los textos en este capítulo fueron escritos originalmente en castellano antiguo, que en ocasiones es difícil de entender, por eso se dan en su versión modernizada por la autora a menos que se indique lo contrario.

Nos: *Nosotros* (= Yo). Se utiliza "nosotros" para indicar que la persona que habla es de gran dignidad e importancia.

Noé: *Noah*

maltrecha: maltratada, destruida

los diferentes reinos cristianos, es el reino de Castilla, líder de la reconquista, el que va a estimular más este mito nacionalista. La *Estoria de España* del rey castellano Alfonso X el Sabio (1252–1284) confirma esta interesada versión de la historia escribiendo lo siguiente.

Nós° don Alfonso, rey por la gracia de Dios [...], mandamos juntar cuanto libro de historia pudimos encontrar en que se contase alguna cosa de los hechos de España [...], y compusimos este libro de todos los hechos que se pudieron hallar, desde el tiempo de Noé° hasta este nuestro. Y esto hicimos para que fuese sabido el comienzo de los españoles, y de qué gentes había sido maltrecha° España [...]; cómo fueron los

tiempo de visigodos
la forma de get along

habla de la reconquista

cristianos después cobrando la tierra [...]; después cómo la unió Dios, de qué manera y en qué tiempo, y qué reyes ganaron la tierra hasta el mar Mediterráneo. [...]

Este reino tan noble, tan rico, tan poderoso, tan honrado, fue perdido y destruido por desavenencia° de los de la tierra que tornaron sus espadas° en sí mismos unos contra otros, como si no tuviesen otros enemigos; y así lo perdieron todo. [...]

Se quedó toda la tierra vacía del pueblo, llena de sangre, bañada de lágrimas°, [...] viuda y desolada° de sus hijos, confundida por los bárbaros [...] *musulmanes*

Dios todopoderoso, que había estado airado° contra ella, no quiso olvidarse de su misericordia, le concedió su merced°, y quiso por tanto guardar° al infante° don Pelayo [...] como una pequeña centella° de la que se levantase después fuego en la tierra.

[A los asturianos, vascos y aragoneses] los quiso Dios guardar por que la lumbre° de la cristiandad y de sus siervos no se extinguiese en toda España.

desavenencia: enemistad / **espadas:** *swords*

lágrimas: *tears*
desolada: privada de sus hijos, sin hijos
airado: enojado
merced: su gracia / **guardar:** proteger /
infante: título de nobleza / **centella:** *spark*
lumbre: fuego

❖ **Primera lectura**

1. ¿Quién ha dado a Alfonso el poder real? ¿Qué nos dice esto sobre el carácter de la monarquía castellana?

2. ¿Es ésta una obra histórica individual—del rey solo—o colectiva? ¿Es creación o investigación?

3. ¿Cuándo empieza la historia de España según los historiadores alfonsinos? ¿Puedes deducir cuál es una de las fuentes en las que se basa este libro de historia?

4. ¿Qué acontecimientos va a narrar en esta historia? ¿Quiénes son las "gentes" que destruyeron España?

5. ¿Cómo era España en el pasado? ¿A quiénes se refiere el texto cuando habla de "los de la tierra"? ¿Cuál fue el error de este pueblo que hizo que España se perdiera?

6. ¿Cuáles fueron los efectos de la invasión? En la frase "viuda y desolada de sus hijos" (último párrafo), ¿cuál es el género sexual y estado civil de la imagen de la España vencida que nos da aquí el rey Alfonso?

7. ¿A qué persona y pueblos salvó Dios de esta destrucción? ¿Cuáles eran los planes divinos al protegerlos?

❖ **Para conversar
o escribir**

1. ¿De qué forma confiere el rey autoridad y seriedad a su obra histórica? ¿Cuáles son las características que generalmente nos hacen "creer" un texto historiográfico? (Es decir, que pensemos que la historia que se nos cuenta es real y cierta.)

2. Compara la visión alfonsina del dominio islámico de la Península con la información histórica que has leído en este capítulo. ¿Quiénes eran los "bárbaros" en este caso, los cristianos o los musulmanes? Discutid los conceptos de civilización y barbarie y cómo pueden ser manipulados según los intereses de cada grupo. Pensad en ejemplos históricos del uso del argumento de "civilizar a los bárbaros" como disculpa de conquistas o intervenciones militares (caso de los españoles en América, los colonos contra los indios en EE.UU., la guerra de Cuba entre España y EE.UU. etc.).

3. ¿Por qué crees que el rey insiste tanto en que la pérdida de España se produjo por su desunión interna? ¿Podemos ver en esto una insinuación del proyecto del rey Alfonso de unir toda la España cristiana bajo su mando?

4. El rey compara España bajo el dominio islámico con una mujer indefensa, viuda y sin hijos. ¿Quién o quiénes eran entonces los legítimos esposos de esta "viuda"? ¿Es frecuente comparar naciones con mujeres? (Piensa en otros ejemplos que conozcas.) ¿Por qué crees que se usa esta imagen, y qué consecuencias sobre el estatus de la mujer en la sociedad se pueden deducir de ella?

5. Reflexiona sobre el papel de la Divina Providencia en la historiografía medieval según se presenta en este texto, y compáralo con el concepto moderno de historia. ¿Cuál se considera el motor de la historia hoy en día? Analiza el papel de la historia en la construcción de un sentimiento de comunidad nacional. ¿Es importante la historia en el nacionalismo de los EE.UU.? ¿Puede la historia ser totalmente cierta u objetiva?

II. Nace un mito nacional: el *Cantar de Mío Cid*

Como acabamos de ver en este ejemplo de Alfonso X, la tradición y la historia posterior pintaron la reconquista como una oposición constante entre cristianos (dueños de España por la gracia de Dios) y musulmanes (invasores, bárbaros intrusos). Sin embargo las guerras medievales fueron complejas y la religión no era siempre un factor decisivo en la formación de bandos. Así, en muchas ocasiones los guerreros cristianos lucharon a favor de los musulmanes, por dinero o porque les convenía para sus propios intereses territoriales. Este es el caso del castellano Rodrigo (Ruy) Díaz de Vivar (h. 1043–1099), conocido por el sobrenombre que le dieron los moros, "el Cid ("señor" en árabe) Campeador". El Cid era un guerrero formidable, pero no un héroe cristiano, como lo pinta su leyenda, sino básicamente un mercenario que sirvió tanto a señores moros como a cristianos. A finales del siglo XI, el Cid conquistó el reino moro de Valencia, no para aumentar la grandeza de la Castilla cristiana, sino para convertirlo en su propio reino (que seguía siendo básicamente árabe). Pero la tradición oral y los intereses nacionalistas magnificaron su figura y lo convirtieron en un héroe caballeresco. A fines del XII (es decir, casi un siglo después de la vida del Cid), un autor anónimo compuso un largo poema épico o "cantar de gesta" en el que el Cid se representa como perfecto cristiano, perfecto y noble guerrero, perfecto y leal vasallo de su rey (Alfonso VI), y perfecto y amante padre y esposo. En el fragmento que vamos a leer ahora, el Cid, desterrado injustamente por el rey de Castilla, llega con sus tropas a tierras del rey moro de Valencia y conquista la ciudad de Alcócer. Aquí lo encontramos en medio de una fiera batalla contra las tropas del rey moro de Valencia, que han venido a recuperar su plaza.

tambores: *drums* (Los cristianos no conocían este instrumento, y se llenaban de terror cuando los moros los tocaban antes de las batallas.) / **quebrar:** romper / **armarse:** ponerse las armaduras y tomar armas / **haz:** formación militar / **criador:** Dios

"El que en buen hora nació" es uno de los llamados "epítetos épicos", frases descriptivas que se unen siempre a un personaje.

lanzas: *spears* / **adarga:** escudo (*shield*) de cuero / **horadar:** perforar

¡Con qué prisa los moros se comienzan a armar;
ante el ruido de los tambores° la tierra quería quebrar°
vierais armarse° a los moros, aprisa entrar en haz°! [...]
A grandes voces llama el que en buen hora nació:
"¡Atacadlos, caballeros, por amor del Criador°!
¡Yo soy Ruy Díaz de Vivar, el Cid Campeador!"[...]
Allí vierais tantas lanzas° subir y bajar,
tanta adarga° horadar° y pasar,

loriga: armadura hecha de pequeñas piezas de metal unidas / **rajar:** cortar / **pendones:** *banners*

Yacían por: *They were laying about*

tanta loriga° romper y rajar°,
tantos pendones° blancos, rojos de sangre quedar,
tantos buenos caballos sin sus dueños andar.
Oyerais a unos, "¡Mahoma!"; a otros "¡Santiago!" gritar.
Yacían por° el campo en poco lugar
mil y trescientos moros muertos, ya.

las cruzadas

❖ **Primera lectura**

1. Lee el poema en voz alta. ¿Cómo es el ritmo de estos versos? ¿Con qué medios consigue el autor transmitir la animación de la batalla? ¿Qué ejemplos de repeticiones o paralelismos hay en este poema? ¿Qué efecto consiguen? ¿Recurre más a imágenes visuales o auditivas? ¿A quién se dirigen estos versos? ¿Cuáles son los dos verbos con los que el narrador habla directamente con el público? ¿Crees que éste era un poema para ser leído o escuchado? ¿Qué tipo de público te imaginas que lo escucharía?

2. ¿Cuál es la estrategia militar de los moros? ¿Cómo anima el Cid a los suyos? ¿Qué gritan los musulmanes y los cristianos? ¿Por qué gritan "Santiago" los cristianos? Según lo que dice el último verso, ¿quién crees que está ganando la batalla?

❖ **Para conversar o escribir**

1. Juglares modernos. En grupos de tres o cinco, imaginad que sois un grupo de juglares y actores en la plaza de un pueblo de la Castilla medieval. La clase es vuestro público. Una persona hace de narrador, y los otros dos o cuatro representan la acción (las acciones y los gritos de los combatientes moros y cristianos); si sois buenos músicos podéis cantar el poema (pues los juglares los cantaban; por eso el título de esta obra es *Cantar de Mío Cid.*) Debéis ser muy exagerados en vuestras palabras y gestos para captar la atención y el favor de vuestro público. Al final, la clase/público vota por los mejores juglares.

2. Cine de acción. Las actuaciones de los juglares eran uno de los entretenimientos principales de la Edad Media, como el cine lo es en nuestros días. Parece que los temas de guerra y de acción siempre han sido populares. En una pequeña presentación individual o en parejas, compara los recursos expresivos en el poema del Cid con "videoclips" de imágenes de batallas cinematográficas. ¿Con qué películas de acción puedes compararlo? ¿Por qué crees que los temas de violencia han sido populares a través de los siglos?

3. Partiendo del texto de Alfonso X y el fragmento del Cid, examina el papel de la religión en el proyecto nacional español.

III. Otros nacionalismos: Cataluña

El nacionalismo catalán se desarrolla al mismo tiempo que el español castellanocéntrico que vimos en Alfonso X o el *Cantar de Mío Cid.* En la *Crónica* del catalán Ramón Muntaner (1265–1336) se encuentran abundantes ejemplos de este patriotismo. Su crónica, escrita en catalán (lengua oficial del reino), abarca más de un siglo de conquistas y expansión catalana por el Mediterráneo, de la que el propio Muntaner había sido protagonista. Muntaner provenía de una familia noble emparentada con el gran rey catalán Jaime I, conquistador de Valencia y Mallorca (con cuyas hazañas empieza la crónica de Muntaner).

Este párrafo de su *Crónica* refleja la mentalidad de autoconfianza y poderío que esta época de prosperidad había generado en Cataluña.

> Y que nadie piense que Cataluña es una provincia pobre, sino que yo preferiría que todos los hombres supiesen que en Cataluña se encuentra, en general, una gente tan noble como cualquier otra que yo conozca [...] Hay que observar que en Cataluña no existen ninguno de esos grandes tesoros de dinero que ciertos hombres estiman [...] pero el pueblo es el mejor dotado° de todos los que habitan la tierra y viven mejor y en mejores condiciones en sus viviendas° con sus mujeres e hijos que cualquier otro pueblo que exista en el mundo [...] de todos los pueblos que tienen una única lengua, no hay otro tan numeroso como el de los catalanes.

dotado: *gifted*

viviendas: casas

❖ *Primera lectura*

1. ¿En qué es rica Cataluña?
2. ¿Cuál es la "única lengua" que se habla en Cataluña?
3. ¿Crees que Muntaner considera la posibilidad del castellano como otra lengua en Cataluña?
4. ¿Qué opinas de la última afirmación de Muntaner? ¿Crees que era verídica, o es una exageración nacionalista?

❖ *Para conversar o escribir*

1. ¿Qué conflictos pronosticas en la futura unión de Castilla y Cataluña?
2. Analiza el papel de las lenguas en la formación de los nacionalismos. Puedes utilizar casos contemporáneos, como el movimiento *"English Only"* en los EE.UU.

IV. El conflicto entre la Corona y los nobles en Castilla

Las tierras del Duero fueron repobladas por hombres libres del norte, que a menudo se enfrentaron con los reyes cuando estos querían cortar sus libertades. Una de las consecuencias de este enfrentamiento entre Corona y nobleza fue la **independencia del condado de Castilla en el año 916.** La tradición consagró al conde Fernán González como héroe de la independencia castellana. De hecho, la historia del reino de Castilla-León es la de un largo enfrentamiento entre los nobles y el rey. Por lo general, los juglares medievales que ponen en verso estas historias están del lado de los nobles, que sentían más próximos al pueblo. La historia de la rebelión de Fernán González, que rompe su "contrato" de vasallo con el rey de León al negarse a acudir a las cortes, la encontramos reproducida en un **romance histórico** del siglo XV, basado en un poema más antiguo que se perdió. Los romances, por ser de carácter fragmentario, suelen tener un principio y final abruptos. Nos sitúan de golpe en medio de la acción y al final la dejan suspensa. Éste comienza con la llegada de un mensajero que trae al conde la orden del rey de que vaya a las cortes (lo que podría ser, como podemos deducir de la firme negativa del conde, una trampa para encarcelarle o matarle, como sucede en otros romances).

romance: *ballad*

ROMANCE° DEL CONDE FERNÁN GONZÁLEZ

—Buen conde Fernán González,
el rey envía por vos°,
que vayades° a las cortes
que se hacían en León;
que si vos allá vais, conde,
daros han° buen galardón°,
daros han a Palenzuela
y a Palencia la mayor […]
Buen conde, si allá non ides°,
os darían por traidor.
    Allí respondiera° el conde
y dijera° esta razón:
—Mensajero eres, amigo,
no mereces culpa, no.
Yo no tengo miedo al rey,
ni a cuantos con él son.
Villas y castillos tengo,
todos a mi mandar son;
de ellos me dejó mi padre,
de ellos me ganara yo;
los que me dejó mi padre
poblélos° de ricos hombres°
las que yo me hube ganado,
poblélas de labradores°;
quien no tenía más de un buey°,
dábale otro, que eran dos;
al que casaba su hija
doile° yo muy rico don°.
Cada día que amanece°
por mí hacen oración°;
no la hacían por el rey,
que no la merece, no;
él les puso muchos pechos°
y quitáraselos° yo.

vos: equivalente al "usted" moderno; forma respetuosa o cortés de "tú" medieval / **vayades:** forma antigua de "vayáis"

Aquí "hacían" significa "se hacen" o "se van a hacer". Los tiempos verbales en los romances no siempre siguen la lógica, sino las necesidades rítmicas del poema.

[…]: Aquí sigue una enumeración de villas y ciudades del reino de León que el rey promete dar al conde.

daros han: os van a dar / **galardón:** premio
ides: vais / **respondiera:** respondió / **dijera:** dijo

poblélos: los poblé / **ricos hombres:** nobles

labradores: campesinos
buey: *ox*

doile: le doy / **don:** regalo
amanece: *dawns*
por mí hacen oración: *they pray for me*

pechos: impuestos, tributos
quitáraselos: se los quité

❖ *Primera lectura*

1. ¿Cuál es el mandato del rey que transmite el mensajero al conde? ¿Cuál es el calificativo con el que se dirige al conde? ¿Cuáles son los beneficios de ir y los peligros de no ir a las cortes?

2. ¿Cuál es la respuesta del conde a los intentos de soborno y amenaza del rey?

3. ¿Cuál es el origen de las villas y castillos del conde? ¿Qué podemos deducir sobre el origen de la propiedad señorial en la España medieval?

4. ¿Cuál es el comportamiento de Fernán González con sus vasallos? ¿La sociedad señorial es urbana o rural? ¿Por qué crees que le interesaba al conde mantener contentos a sus vasallos y estimula con regalos los casamientos de las hijas de los labradores?

5. ¿A quién prefieren los vasallos de Fernán González como señor, al conde o al rey de León? ¿Por qué?

❖ *Para conversar o escribir*

1. Según el conde, los nobles y labradores que dependen de él reciben más beneficios y cuidados que si dependieran del lejano y abstracto rey leonés, al que conocen sólo por los impuestos que tienen que pagarle. Algunos conflictos contemporáneos pueden relacionarse con esta problemática medieval. Discutid en la clase o por escrito si la situación de Fernán González y el rey de León es comparable con la de una pequeña compañía que se resiste a ser parte de una gran corporación, o con la actitud de grupos libertarios que se niegan a pagar impuestos o reconocer la autoridad del gobierno de los EE.UU.

2. Según la versión de la historia que se cuenta en este romance, ¿las Cortes del reino de Castilla-León se establecen como una colaboración de rey y nobleza para gobernar el territorio, o como una forma de imponer la autoridad real sobre los nobles?

V. Restricción del poder real por las Cortes en la Corona de Aragón

A diferencia de los continuos conflictos entre los nobles independentistas y la tendencia al absolutismo de los reyes castellanos, en la Corona de Aragón se había llegado a un estable principio de mutuo respeto. A principios del siglo XV (1421), las Cortes de Tortosa recordaban al monarca las limitaciones sobre su poder, que se habían establecido desde los orígenes de la monarquía.

Tortosa es una ciudad en Tarragona. En la Edad Media no había capital fija, así que las cortes o parlamentos eran itinerantes.

Los diferentes estados en la sociedad jerárquica medieval reciben aquí el nombre de "brazos".

bienaventurados: *blessed* / **progenitores:** ancestros, antepasados / **Usatges:** antiguas leyes catalanas, palabra catalana ("Usos" en castellano) / **cetro:** *scepter*

> Y todos estos brazos [el eclesiástico, el noble-militar y el de las comunidades de hombres libres] debéis tratar caritativamente y en sus privilegios y libertades debéis mantener y conservar, y así lo han hecho vuestros bienaventurados° progenitores° los condes de Barcelona y los reyes de Aragón, según lo demuestran los Usatges° y Constituciones de Cataluña, y de esta manera el cetro° real hallará gran estabilidad.

❖ *Primera lectura*

1. ¿Cuáles son los tres estamentos o "brazos" que la Corona debe respetar?

2. ¿Es esto un concepto nuevo o avalado por la tradición?

3. ¿Cuáles son las dos grandes familias nobles de las que descienden los reyes de Aragón a los que se dirige este documento?

4. ¿De cuál de los dos territorios (Cataluña y Aragón) provenían las leyes que garantizaban las libertades de los tres brazos y daban estabilidad a la Corona?

VI. Otras formas de poder y organización territorial: la Iglesia y el sistema monástico

Durante gran parte de la Edad Media la Iglesia dominaba no sólo el mundo espiritual; también era un gran poder terrenal, al mismo nivel (y a veces más poderosa) que los nobles y la realeza. A través de donaciones de tierras de reyes, nobles o particulares, los monasterios se convirtieron en terratenientes, es decir, dueños de grandes cantidades de tierras, y funcionaban como unidades económicas autónomas que organizaban la vida campesina. En este texto vamos a ver un contrato de alquiler que tuvo lugar en el año 1271 (siendo rey Alfonso X el Sabio en Castilla-León) entre el Abad del convento de San Andrés de Vega de Espinareda, en León, y un campesino y su esposa. Como en la mayoría de los casos, estos campesinos no tenían tierras propias, y tenían que trabajar para otros.

carta: se da el nombre de "carta" a un documento legal / **Abad:** *Abbot*

solar: terreno

bodega: *wine cellar* / **palomar:** *dovecote*

lagar de vino: *wine press*

maravedí: unidad monetaria medieval. (Además del maravedí, el contrato estipulaba que los esposos debían trabajar en el lagar para proporcionar vino al convento.)

Notauit: Anotó. Fernando es el notario que escribió este documento.

Sepan cuantos esta carta° vieran y oyeran: Que yo, Don Arias, por la gracia de Dios, Abad° de San Andrés, con el Convento de ese mismo lugar, damos y otorgamos a vosotros nuestro criado Alonso Fernández y a vuestra mujer Urraca González nuestro solar° que habemos en Veiga que fue de Ruy Pérez, con sus casas y con su bodega° y con su corral y con sus árboles y con su palomar°, salvo en aquel lugar la casa con su lagar de vino° que está al extremo del puente que se mantenga para la utilidad de la cocina [del convento] que hace su vino. [...] Y que nos dierais cada año por este solar en renta 1 maravedí°, por la fiesta de San Juan Bautista [...] Hecha esta carta a dos días por el andar de mayo, era mil CCCVIII (1271). Reina el Rey Don Alfonso de León en Castilla y en todos sus reinos [...] Aquellos que presentes fueron y esto vieron y oyeron: Miguel García prior, Don Stevan García, monje [etc. hasta 15 testigos, miembros del monasterio] y otros muchos que esto vieron y oyeron.

    Fernandus Notauit°.

❖ *Primera lectura*

1. ¿Por qué dice la fórmula notarial "vieran y oyeran" y no simplemente "leyeran"? ¿Qué podemos deducir de esta fórmula sobre la capacidad de leer en la Edad Media?

2. ¿De dónde emanaba la autoridad del abad? ¿Qué otro texto en esta sección usaba la misma fórmula? ¿Qué nos dice esto sobre el concepto de autoridad o poder en la Edad Media?

3. ¿Por qué crees que especifica el nombre del marido *y* el de la mujer? ¿Cómo son sus apellidos? ¿Qué podemos deducir de este documento sobre la consideración legal de la mujer en el matrimonio?

4. ¿Qué elementos del terreno o granja se incluyen en el contrato de alquiler? ¿Qué se excluye? ¿Qué te dice esto sobre la importancia del vino en la cultura y la economía medieval?

5. ¿Cuándo tenían que pagar su alquiler? ¿Qué indica esto sobre la mentalidad campesina medieval? ¿Cómo se establecían las fechas en el mundo agrícola?

6. ¿Qué verbos se vuelven a repetir en la fórmula final? ¿Cuántos testigos hay? ¿Hay alguno de la parte de los colonos? ¿Crees que éstos tenían alguna posibilidad de romper este contrato?

❖ *Para conversar
o escribir*

Partiendo de los elementos y factores de la vida y economía campesinas, que se enumeran o desprenden de este contrato, describe, en primera persona, cómo sería un día en la vida de Alonso Fernández o Urraca González.

pavimentado: *paved* / botas de vino: *wineskins* / morrales: bolsas pequeñas para llevar los alimentos / ciervo: *deer* / correas: *straps* / cambiadores: *moneychangers* / hospederos: *innkeepers* / el camino francés: la parte del camino por la que llegaban los peregrinos franceses, el grupo más numeroso / confines del orbe: *ends of the world* / escoceses: *Scottish* / teutones: pueblo germánico que habitaba en lo que hoy es Alemania / falanges: formas de agruparse para el viaje, en pequeños grupos adelantados (falanges) o en grandes grupos (caravanas) / coros: *choirs* / cítaras. . . galas: varios instrumentos medievales. En inglés: *zithers, lyres, kettledrums, flutes, small flutes, trumpets, harps, violins, rattles.*

La típica concha era la venera o vieira, un tipo de concha que abundaba en las playas de Galicia y que los peregrinos recogían como prueba de su peregrinación hasta "el fin de la tierra". Con el tiempo la vieira se convirtió en un emblema de Santiago y su culto.

En esta enumeración puede verse cómo el concepto de "nación" en la Edad Media significaba "origen étnico" más que unidad política-territorial. Así, en esta lista tenemos varios pueblos de lo que hoy es Francia: francos, normandos, galos, provenzales, y de Alemania: godos y teutones. Los pueblos peninsulares, como los navarros y los vascos, se tratan como si fueran tan extranjeros como los irlandeses.

limosna: *alms* / ciegos: *blind people*

❖ *Para conversar
o escribir*

VII. Integración Europea: el Camino de Santiago

La invasión y reconquista habían cortado la península del resto de Europa. Con el establecimiento de la ruta de peregrinación a Santiago, el contacto se restablece, y la vida económica y cultural española se fertiliza con la presencia de una multiplicidad de pueblos europeos. El **Códice Calixtino**, escrito en latín por un clérigo francés en el siglo XII, describe las diferentes etapas del Camino y la meta final, Santiago de Compostela. Aquí veremos dos fragmentos, uno en que se describe la Plaza en el lado norte de la gran catedral de Santiago (llamada "del Paraíso"), y otro en que se enumeran todas las naciones que acuden a Compostela a honrar al apóstol.

DEL PARAÍSO DE LA CIUDAD

Después de la fuente está el atrio o paraíso, según dijimos, pavimentado° de piedra, donde entre los emblemas de Santiago se venden a los peregrinos las típicas conchas, y hay allí para vender botas de vino°, zapatos, morrales° de piel de ciervo°, bolsas, correas°, cinturones y toda suerte de hierbas medicinales y además drogas, y otras muchas cosas. Los cambiadores°, los hospederos° y otros mercaderes están en el camino francés°. […]

A este lugar vienen los pueblos bárbaros y los que habitan en todos los [confines] del orbe°, a saber: francos, normandos, escoceses°, irlandeses, los galos, los teutones° […], los navarros, los vascos, los godos, los provenzales [hasta 74 pueblos más] y las demás gentes innumerables de todas las lenguas, tribus y naciones vienen junto a él en caravana y falanges° […] Causa alegría y admiración contemplar los coros° de peregrinos al pie del altar venerable de Santiago en perpetua vigilancia: los teutones a un lado, los francos a otro, los italianos a otro […] Unos tocan cítaras, otros liras, otros tímpanos, otros flautas, caramillos, trompetas, arpas, violines, ruedas británicas o galas, […] otros leen los salmos, otros dan limosna° a los ciegos°. […] No existen palabras ni lenguaje en los que no resuenen sus voces.

1. En grupos de cuatro ó cinco, escribid un diálogo para representar la llegada de unos peregrinos al mercado y a la catedral de Santiago. Debéis asumir diferentes papeles: unos deben ser peregrinos (decidid de qué nacionalidad, sexo, edad y estatus social), otros, los mercaderes, cambiadores u hospederos. Los peregrinos necesitan cambiar su dinero a maravedíes (la moneda de Castilla), para así comprar recuerdos

para mostrar en su pueblo a su familia y amigos. También deben encontrar un lugar donde comer (pensad en un posible menú medieval) y dormir (llevan más de dos o tres meses caminando). ¡El problema es que los cambiadores, mercaderes y hospederos no siempre son muy honestos!

2. Una vez resueltos estos problemas, los peregrinos entran en la catedral para rezar ante la tumba del apóstol, cantar, tocar instrumentos y pedirle sus deseos al santo. ¿Qué le pedirían? ¿Por qué motivos creéis que viajarían hasta Santiago unos peregrinos italianos o escoceses en la Edad Media? ¿Por qué viajaríais vosotros?

VIII. Evolución del grado de tolerancia hacia las minorías religiosas

En los primeros siglos de la reconquista, la escasez de población y la necesidad urgente de repoblar el nuevo territorio, hizo que los reyes cristianos toleraran la presencia de

❖ *Esculturas del* <u>*Pórtico de la*</u> <u>*Gloria*</u> *(Santiago). Ésta era la gran entrada a la que llegaban los peregrinos después de meses de caminar. Les recibía la escultura de Santiago, de Cristo en su Gloria, y en el arco, los 24 ancianos del Apocalipsis tocando instrumentos semejantes a los descritos en el pasaje del* Códice Calixtino. *Esto nos indica cuán importante y elaborada era la música en los ritos medievales.*

moros y judíos en las nuevas ciudades que se estaban creando. Sin embargo, conforme avanza la Edad Media y los reinos cristianos se consolidan, la tolerancia empieza a disminuir. En especial tras la crisis abierta por la Peste Negra de 1348, los judíos empezaron a ser perseguidos con violencia. Vamos a ver aquí dos textos que marcan el principio y el final de la convivencia de las tres culturas.

Una "carta puebla" era un documento que entregaba el rey o noble encargado de repoblar unas tierras, por el que garantizaba una serie de libertades y exenciones fiscales a los que vinieran a poblarlas. Este texto está traducido del latín.

Pedro I: Rey de Castilla conocido como "Pedro el Cruel"

idea principal tensión que hay de culturas y religiones

A. *Carta puebla de Santa María de Cortes,* 1180
Así mismo, los infanzones y los caballeros, y los judíos y los sarracenos que vinieran a poblar Santa María de Cortes, tendrán […] el mismo fuero [leyes] que todos los pobladores.

B. *Pedro I°, Cortes de Valladolid de 1351.* **Cortes 2, 19.** *siglo XIV (14)*
Me pidieron por merced que porque muchos judíos y moros andan en mi corte y en mis reinos llamándose por nombres cristianos y vistiéndose con ropas de viaje o con adornos tales que no se puede saber quienes son, y de esta forma se hacen muchos engaños que ofenden a Dios y dañan la tierra, que tenga por bien y mande que ningún judío ni moro varón de edad de trece años en adelante use nombre de cristiano ni se vista con ropas de cristiano, ni use adornos de oro ni de plata en las ropas que vista, y que cualquiera que incumpla esta ley, […] tengo por bien y mando que cada vez que les hallasen este tipo de vestiduras a los dichos judíos y moros, que se las quiten. Y por segunda vez, que pierdan las vestiduras y que vayan a la cárcel por sesenta días, y por la tercera que les den cien azotes.

❖ *Primera lectura*

1. ¿Qué se promete en la carta puebla de Santa María de Cortes?
2. ¿Cuál es la situación de moros y judíos en el reino de Castilla casi dos siglos más tarde?
3. ¿Qué es lo que les prohíbe Pedro I?

❖ *Para conversar o escribir*

1. ¿Por qué crees que Pedro I pensaba que la indiferenciación de cristianos, moros y judíos causaba tantos problemas ("ofenden a Dios y dañan la tierra")? Discutid si esta situación es comparable a las leyes de segregación racial que hubo en los EE.UU.
2. Compara esta ley de Pedro I con las leyes antijudías de los primeros cristianos y los visigodos. ¿Qué continuidades y diferencias encuentras?

IX. Una respuesta judía a la intolerancia

Yehuda Ha-Levi (1075–1141) es uno de los principales intelectuales judíos de la Edad Media española, y también un brillante exponente de la colaboración cultural. Teólogo, filósofo y poeta, Ha-Levi vivió en el Toledo cristiano, donde compuso tanto poemas sionistas (de nacionalismo judío) como "moaxajas", poemas árabes con estribillos en primitivo castellano ("jarchas"). Una de sus obras más reputadas es el *Libro de la prueba y demostración en defensa de la religión menospreciada* o *Cuzari.*

Los cuzari o kázaros eran un pueblo de origen turco que impidieron a los árabes conquistar Europa y el Imperio Bizantino. Se convirtieron al judaísmo en el siglo IX.

❖ *Foto de Santa María la Blanca, antigua sinagoga judía convertida en iglesia cristiana en Toledo. El estilo es muy cercano al árabe, que permea todas las manifestaciones artísticas de esta época.*

Basado en el hecho histórico de la conversión de los kázaros al judaísmo, este libro es un diálogo entre un filósofo judío y el rey de los kázaros, que quiere encontrar la religión verdadera; el filósofo, usando argumentos racionales, le demuestra la superioridad del judaísmo.

Kázaro: el rey de los kázaros

2. […] Dijo el Kázaro°: […] Sin duda debe de haber una forma de actuar que sea agradable a Dios por su propia naturaleza, no sólo por las intenciones. Si esto fuera así, ¿por qué entonces, los cristianos y los musulmanes, que se dividen entre ellos el mundo habitado, luchan unos con otros sirviendo a su Dios con la más pura intención, viviendo como monjes o ermitaños°, ayunando° y rezando? Pese a todo compiten en matarse mutuamente, creyendo que ésta es la obra más piadosa° y que les trae más cerca de Dios. Luchan creyendo que el paraíso y la felicidad eterna será su premio. Sin embargo, es imposible estar de acuerdo con los dos bandos al mismo tiempo.

ermitaños: *hermits /* **ayunando:** *fasting*
piadosa: *pious*

3. El filósofo contestó: El credo° de los filósofos no incluye matar, pues sólo cultivan su intelecto.

credo: *creed*

[…]

Tras esto el Kázaro pensó: Les preguntaré a los cristianos y a los musulmanes, puesto que una de estas creencias es, sin duda, la que agrada a Dios. En cuanto a los judíos, es suficiente saber que son seres inferiores socialmente, pocos en número y despreciados por todos.

❖ *Primera lectura*

1. ¿Por qué duda el rey de los kázaros que el cristianismo y el islamismo sean agradables a Dios en sí mismos? ¿Cuál es la diferencia que establece entre "naturaleza" e "intenciones"?

2. ¿Con qué argumento se mantiene al margen de esta cuestión el filósofo?

3. ¿Qué opina el rey de los judíos? ¿Es su propia opinión o está basada en lugares comunes?

❖ *Para conversar o escribir*

Comparando la actitud pacifista del filósofo con la imposición violenta de su fe que hacían cristianos y musulmanes, ¿qué puedes deducir de este pasaje sobre el papel, la situación y actitud de los judíos en la Edad Media española?

X. La nostalgia cristiana del moro

Cuando la reconquista estaba en su etapa final, paradójicamente la literatura empieza a reflejar una cierta nostalgia y admiración por la grandeza del "Otro" árabe, ahora en vías de desaparición. Este "romance morisco" se refiere a los intentos de capturar Granada en 1431 por el rey don Juan. Ante la espléndida vista de la ciudad, el rey le pide a su aliado moro Abenámar que identifique los maravillosos edificios. Como muchos otros romances, éste adopta la forma de un pequeño drama dialogado, que termina con la declaración de amor del rey a la ciudad, y la orgullosa respuesta de ésta.

ROMANCE DE ABENÁMAR Y EL REY DON JUAN

[...] soy don Juan)
—¿Qué castillos son aquéllos?
¡Altos son y relucían°!
—El Alhambra° era, señor,
y la otra la mezquita;
los otros los Alixares°,
labrados° a maravilla.[...]
Allí habló el rey don Juan,
bien oiréis lo que decía:
—Si tú quisieses, Granada,
contigo me casaría;
daréte en arras y dote°
a Córdoba y a Sevilla.
—Casada soy, rey don Juan,
casada soy, que no viuda;
el moro que a mí me tiene,
muy grande bien me quería.

relucían: *they are gleaming*

Alhambra: gran complejo palacial, de extraordinario esplendor decorativo, que todavía existe en Granada / **Alixares:** palacio de verano de los reyes de Granada, que ya no existe / **labrados:** trabajados, decorados

arras y dote: *dowry*

❖ *Primera lectura*

1. Lee el poema en voz alta, con una persona diferente para cada una de las voces del diálogo, y analiza el potencial teatral de este romance.

2. ¿Cuál es la actitud del rey hacia la ciudad de Granada? ¿Cuáles son las cosas que le admiran, y por qué? ¿Cómo se personifica la ciudad? ¿Qué le va a dar el rey en dote a Granada si acepta casarse con él? ¿Qué nos indica esto sobre el estatus de la reconquista en estos momentos? ¿Cómo interpretas el rechazo de Granada a la propuesta del rey?

❖ *Para conversar o escribir*

1. Compara la imagen de "Granada como esposa fiel" y la de "España como viuda" que usa Alfonso X en el primer texto de esta sección.

2. Compara la violencia del poema del Cid con el tratamiento poético (amoroso incluso) del tema de la reconquista en este romance. ¿Qué habrá cambiado en la sociedad para que se produzca esta evolución?

XI. Protagonismo de la sensibilidad femenina

La poesía trovadoresca, que se inicia en el sur de Francia (Provenza), e influye en la poesía cortesana y juglaresca de los siglos XIII a XV en Cataluña y Galicia, está protagonizada en muchos casos por una voz de mujer, que se lamenta o celebra su amor por un hombre. En este tipo de poesía encontramos, como en las jarchas, un mundo de confidencias femeninas en el que la naturaleza tiene un importante papel simbólico. Vamos a ver aquí una sencilla "**Cantiga de amigo**" (el término "cantiga" indica que eran escritas para ser cantadas) de la poesía gallego-portuguesa. Recuerda que Galicia y Portugal fueron por mucho tiempo una misma unidad cultural. Fue escrita (en gallego) por el poeta Martín Codax en el siglo XIII.

CANTIGA DE AMIGO

Mia irmana fremosa, treides comigo
a la igreja de Vig', u é o mar salido
E miraremos las ondas! […]

A la igreja de Vig', u é o mar levado,
e verra i, mia madre, o meu amado:
E miraremos las ondas!

[En castellano moderno el poema se traduce así:]
Mi hermana hermosa, venid conmigo
a la iglesia de Vigo, donde está el mar crecido
¡y miraremos las olas! […]

A la iglesia de Vigo, donde está el mar airado
Y veremos allí, madre mía, a mi amado:
¡y miraremos las olas!

❖ *Primera lectura*

1. ¿Con quién/es habla la voz protagonista?

2. ¿A dónde quiere ir, y qué quiere ver allí?

3. ¿A qué persona espera encontrar?

❖ *Para conversar o escribir*

1. Discutid los posibles simbolismos de la figura del mar en esta Cantiga.

2. ¿Es frecuente encontrar voces femeninas en la poesía? ¿Qué motivos crees que tendrá un hombre poeta (Martín Codax en este caso) para asumir el papel de mujer en sus versos?

XII. La exquisitez del sentimiento amoroso en la cultura árabe-española

La poesía amorosa y el culto a la mujer (también al amor homosexual) eran una parte esencial de la cultura árabe. Aunque la mujer en sí misma no tenía un elevado estatus social, en los poemas y tratados sobre el amor se le da categoría casi de diosa. En uno de los más famosos de estos tratados, *El collar de la paloma* del cordobés **Ibn Hazm** (994–1064), el amor se trata desde un punto de vista platónico (conexión de las almas que se han conocido en su más perfecta existencia anterior), pero se expresa con una sensibilidad árabe, con figuras de enorme belleza natural y sensorial. Este ideal de belleza todavía hoy lo podemos ver materializado en los jardines árabes que subsisten en el sur de España (recuerda que los árabes procedían de una zona desértica). Este pasaje nos sirve también como ejemplo de las conexiones que los hispano-árabes establecieron entre el pensamiento oriental y occidental.

esponjarse: *revivir*

arriates: *flower beds*
alcázares: castillo o palacio / **orillados:** bordeados / **agradan:** gustan

destreza: *skill*
se engolfa: *becomes absorbed*

> Difieren entre sí las gentes sobre la naturaleza del amor y hablan y no acaban sobre ella. Mi parecer es que consiste en la unión entre partes de almas que, en este mundo creado, andan divididas, en relación a cómo primero eran en su elevada esencia. […] Ni el esponjarse° de las plantas después del riego de la lluvia; ni el brillo de las flores luego del paso de las nubes de agua en los días de primavera; ni el murmullo de los arroyos que serpentean entre los arriates° de flores; ni la belleza de los blancos alcázares° orillados° por los jardines verdes, causan placer mayor que el que siente el amante en la unión amorosa, cuando te agradan° sus cualidades, y te gustan sus prendas, y tus partes han sido correspondidas en hermosura. Las lenguas más elocuentes son incapaces de pintarlo; la destreza° de los retóricos se queda corta en ponderarlo; ante él se enajenan las inteligencias y se engolfa° el entendimiento.

perdida del sentido

Primera lectura

1. ¿Cuál es, en opinión del autor, la naturaleza del amor? ¿A qué lo compara?

2. ¿Qué dos elementos predominan en las figuras que utiliza para describir el placer de la unión amorosa?

3. ¿Por qué se ve obligado a hablar en metáforas?

4. ¿Puede el amor explicarse lógica o científicamente?

❖ *Para conversar o escribir*

1. Compara la fotografía de los jardines árabes del Generalife al comienzo del capítulo 3 con las imágenes con que Ibn Hazm compara el amor. ¿Qué características podemos deducir sobre la mentalidad y civilización árabes?

2. Trata de escribir un poema de amor al modo árabe, comparando al ser amado, o la alegría de amar, con los elementos de la naturaleza que más placer te causan a ti.

XIII. La mentalidad práctica de la burguesía castellana: amor como instinto sexual

En el ***Libro de Buen Amor*** del Arcipreste de Hita, encontramos casi la visión opuesta del amor árabe. Basándose en la autoridad de Aristóteles, el filósofo realista (frente a Platón, que era idealista), el poeta declara en este pasaje que el amor no es sino instinto sexual que compartimos con todos los animales, y termina dando un consejo práctico (¡y amoral!) a sus lectores. La estrofa que usa el Arcipreste es la "cuaderna vía", grupos de cuatro versos de 14 sílabas que riman entre sí, un tipo de poesía culta usada sobre todo en el "mester de clerecía", es decir, para temas religiosos. Su uso aquí en un tema profano y burlesco subraya el carácter de parodia de la obra.

Aristóteles dijo, y es cosa verdadera,
que el hombre por dos cosas trabaja: la primera,
por el sustentamiento°, y la segunda era
por conseguir unión con hembra placentera°.

sustentamiento: conseguir comida
hembra placentera: *a pleasing woman*

Si lo dijera yo, se podría tachar°,
más lo dice un filósofo, no se me ha de culpar.
De lo que dice el sabio no debemos dudar,
pues con hechos se prueba su sabio razonar.

tachar: criticar

 Que dice verdad el sabio claramente se prueba;
hombres, aves y bestias, todo animal de cueva
desea, por natura, siempre compaña nueva
y mucho más el hombre que otro ser que se mueva.
[…]

Yo, como soy humano, y por tal, pecador°,
sentí por las mujeres, a veces, gran amor.
Que probemos las cosas no siempre es lo peor;
el bien y el mal sabed, y escoger lo mejor.

pecador: *sinner*

❖ *Primera lectura*

1. ¿Cuáles son, según Aristóteles, los dos instintos básicos que mueven al hombre? ¿Por qué debe recurrir el poeta a la autoridad del filósofo? ¿Qué nos indica esto sobre el sistema de pensamiento medieval?

2. ¿A quién equipara el hombre en la tercera estrofa? Con esta premisa, ¿es posible entonces la monogamia?

3. Tras las estrofas de introducción, ¿a qué puede estar refiriéndose el poeta cuando dice que sintió "gran amor" por las mujeres? ¿Qué tipo de amor será éste?

4. ¿Cuál es el consejo "moral" que da al final del poema?

❖ *Para conversar o escribir*

1. Compara el concepto del amor y de las mujeres en este poema y en los dos textos anteriores.

2. Un debate amoroso. La mitad de la clase debe adoptar la postura idealista de Ibn Hazm y la otra mitad la "realista" de Juan Ruiz, Arcipreste de Hita. El/la profesor/a debe hacer de moderador y decidir quién ha empleado los mejores argumentos.

REPASO Y SÍNTESIS

1. ¿Por qué la Edad Media española es diferente de la europea? En opinión de algunos historiadores, ¿qué efecto tuvo esto en las futuras relaciones entre España y el resto del continente?

2. ¿Cuáles son las dos grandes fases de la Edad Media española? Describe la relación entre moros, cristianos y judíos en cada fase.

3. Describe las diferentes etapas de evolución de al-Andalus, desde su formación a su decadencia. Describe el tipo de población y cultura que se formó en al-Andalus.

4. ¿Cuáles son los dos grandes reinos cristianos que se forman durante la Edad Media? Indica sus diferencias.

5. Describe el origen y las características del arte mudéjar, mozárabe, románico y gótico. ¿Cuáles son exclusivos de la circunstancia cultural española? ¿Cuáles son estilos internacionales, extendidos por toda Europa?

6. ¿Qué fue la Escuela de Traductores de Toledo? ¿Qué otros ejemplos de colaboración o de mutua influencia cultural has visto en este capítulo? Menciona algunas diferencias culturales que has podido apreciar en los ejemplos de este capítulo.

7. Traza una evolución de la literatura y cultura medieval desde el *Cantar de Mío Cid* al *Libro de Buen Amor*.

MÁS ALLÁ

1. En las páginas-web de ciudades históricas españolas, como Córdoba o León, muchas veces se encuentra interesante información documental y gráfica sobre la Edad Media. Investiga en Internet sobre alguna de las ciudades mencionadas en este capítulo para escribir un trabajo o preparar una presentación para la clase.

2. Especialistas. Individualmente o en parejas, investiga sobre alguna de las obras literarias o estilos artísticos medievales para presentar a la clase.

3. Peregrinos a Santiago. El Camino de Santiago, a pie, en bicicleta o a caballo, se ha convertido en un viaje muy popular en los últimos años. En Internet hay miles de páginas sobre el tema, y también se han publicado muchos libros, de especialistas o de peregrinos que querían contar su experiencia. Imaginad que la clase va a hacer una peregrinación a Santiago, y buscad información para planear el viaje: ¿Qué necesitaríais? ¿Por qué lugares pasaríais? ¿Cuáles serían los principales monumentos que veríais? ¿Cuánto tiempo necesitaríais para recorrer sólo la parte española del Camino—de los Pirineos a Santiago de Compostela? ¿Cómo es Santiago? ¿Cómo se diferenciaría vuestra experiencia de la de un peregrino medieval?

❖ *La poética belleza de la Alhambra y los jardines del Generalife ha capturado desde siempre la imaginación de los visitantes de Granada.*

CAPÍTULO 3

HACIA LA UNIDAD DE ESPAÑA Y LA FORMACIÓN DE UN IMPERIO

EL REINADO DE LOS REYES CATÓLICOS Y EL DESCUBRIMIENTO EUROPEO DE AMÉRICA

❖ EL SIGLO XV DE UN VISTAZO ❖

Política de los Reyes Católicos

Proyecto de unificación de España

Unidad política: teórica. En realidad todavía es un conglomerado de reinos unidos bajo la persona de los Reyes (Isabel de Castilla y Fernando de Aragón).

Unidad religiosa: Tras ocho siglos de guerra de reconquista, los Reyes Católicos conquistan el último reino moro: Granada. Para ultimar esta unidad (base de la identidad española): expulsan a los judíos, obligan a cristianizarse a los moriscos (moros que se quedaron en España) y continúan la expansión por África.

◆ Necesidad de capital para financiar sus empresas políticas: apoyo al proyecto de **Cristóbal Colón** de llegar a las Indias. Europa descubre así un nuevo continente, pero no tendrá grandes consecuencias hasta el siglo XVI.

Cultura ◆ Renacimiento superficial, perviven la mentalidad y las formas medievales (religiosidad, espíritu de la reconquista).

◆ Arte: evolución y refinamiento de formas góticas: plateresco, gótico florido. Más naturalismo y humanización.

◆ Primera gran obra literaria moderna: *La Celestina.*

LOS REYES CATÓLICOS

En el capítulo anterior hemos visto como el mito de una España unida sobrevivió a la invasión árabe e impulsó la "re-conquista" cristiana. En este capítulo veremos como, tras la fragmentación medieval, los reinos peninsulares finalmente se unen de nuevo (al menos nominalmente) con el matrimonio de Isabel de Castilla y Fernando de Aragón, conocidos como los **Reyes Católicos**. Su defensa de **la religión católica como factor de unión nacional** les llevó a expulsar a los judíos de España y obligar a los moros a convertirse al cristianismo, acabando con el sistema de coexistencia medieval. Durante su reinado tuvo lugar un acontecimiento revolucionario que cambió la historia de España y la del mundo: el **descubrimiento europeo de América**.

En la época de los Reyes Católicos, que ocupa más o menos la segunda mitad del siglo XV y principios del siglo XVI, **en Europa triunfan los valores del Renacimiento**, movimiento cultural y artístico que se había iniciado dos siglos antes en Italia. El Renacimiento se caracteriza por un renacer de la cultura clásica grecolatina (humanismo) y la **secularización** progresiva de las formas de vida y el pensamiento. La cultura española recibe las **influencias del Renacimiento italiano y flamenco**, pero en la sociedad hispana post-reconquista **sobreviven muchas características de la cultura medieval**, como la preeminencia de los valores religiosos o la influencia musulmana y judía en arte y literatura.

Los flamencos (*Flemish*) son de Flandes, territorio del norte de Europa que más o menos se corresponde a lo que hoy son los Países Bajos (*the Netherlands*).

El reinado de los Reyes Católicos es una etapa crucial de la historia de España, donde empieza a configurarse la **identidad nacional de la España moderna**. Es también el **origen de muchos problemas** que afectarán a la España del futuro:

◆ la intolerancia religiosa (que limita el desarrollo intelectual y científico)

◆ la imposición de Castilla y los valores "castellanos" sobre la periferia

◆ los desequilibrios económicos interiores y dependencia de la industria europea

◆ los problemas de administración de unos territorios que, con el descubrimiento de América, adquieren dimensiones continentales

❖ *Torre de San Martín en Teruel. Es un ejemplo del arte mudéjar aragonés.*

PANORAMA HISTÓRICO

El proyecto de unión nacional de los Reyes Católicos

La guerra civil más reciente había sido entre los nobles partidarios de Juana "la Beltraneja", hija ilegítima del rey Enrique IV y los partidarios de Isabel, hermana del monarca.

Durante la primera mitad del siglo XV, los reinos de Castilla y Aragón vivieron dos procesos políticos muy diferentes. En **Castilla**, tras una etapa de anarquía y guerra civil entre diferentes bandos de nobles, la corona triunfó sobre la nobleza y se hizo más **fuerte**. En **Aragón**, por el contrario, la monarquía **se había debilitado** frente al poder creciente de los nobles. Por eso cuando en 1469 los dos reinos se unen con el matrimonio de Isabel de Castilla y Fernando de Aragón, **será Castilla** (fuerte también demográfica y económicamente) **la que lidere la política del reinado**, "castellanizándose" también culturalmente la península. A partir del reinado de los Reyes Católicos entran en decadencia, hasta casi desaparecer, las literaturas en catalán y gallego, que habían florecido durante la Edad Media.

Aunque en teoría los dos reinos estaban unidos en las personas de los dos reyes, en gran parte **la unión administrativa, política y legal de los distintos reinos peninsulares no pasaba de ser un proyecto**. En la práctica, se mantuvieron los sistemas fiscales, leyes y costumbres de cada uno de los antiguos reinos. De hecho, el título oficial de los reyes de España fue, durante los dos próximos siglos, una larga enumeración de los diferentes reinos que componían el territorio. Los reyes de España eran en realidad **reyes de "las Españas"**.

El sistema de gobierno de los Reyes Católicos apuntaba a la **creación de un estado moderno**. Bajo el mando de los dos reyes, la autoridad real se reafirmó sobre la nobleza y limitaron el poder de las antiguas cortes medievales. El aumento de poder les permitió a los reyes maniobrar con más libertad para reformar el sistema administrativo, creando un **Consejo Real** dividido en diferentes sectores especializados: justicia, hacienda, estado etc. El **ejército** también se reforma. Se nacionaliza y profesionaliza, dividiéndose por primera vez en infantería, caballería y artillería. Antes de esta reforma, el ejército consistía en la agrupación de las tropas personales de los distintos nobles. Al crear un ejército nacional, los reyes ya no tienen que depender de los nobles para la defensa del reino. Los Reyes Católicos crearon también el primer sistema de policía rural, la **Santa Hermandad**.

En lo económico, los reyes concedieron todo tipo de privilegios a la **Mesta**, la poderosa sociedad castellana de **ganaderos de ovejas** creada por Alfonso X en el siglo XIII.

❖ *Escudo de los Reyes Católicos.*

La lana española servía como materia prima para la gran industria textil en Flandes e Inglaterra. Esta economía ganadera reportaba grandes beneficios a costa de muy poca inversión, pero a la larga trajo **consecuencias negativas**, como el empobrecimiento de las tierras y la disminución de la producción agrícola, así como la falta de desarrollo de una industria textil española. Pese a la bonanza económica y demográfica de la España del siglo XV, **los Reyes Católicos estuvieron siempre necesitados de dinero para poder financiar las distintas campañas militares** de su reinado, contra los moros primero y de expansión por Europa y África después (de ahí su apoyo a un oscuro aventurero llamado Cristóbal Colón, que les prometía el acceso a las riquezas sin límite de las Indias).

En este proceso de creación de un estado moderno basado en el poder absolutista de la monarquía, los Reyes Católicos seguían la tendencia general de la Europa del Renacimiento. Pero mientras el resto de Europa tendía a secularizarse, los Reyes Católicos, por el contrario, buscaban lograr la **unidad nacional a través de la religión**. Recordemos que la Península Ibérica de fines de la Edad Media era un territorio fragmentado política y culturalmente (un "mosaico"). La religión católica, que había impulsado el nacionalismo de la reconquista, parecía ser la única fuerza capaz de unir a sus habitantes. Este proyecto de homogeneización religiosa significaba terminar con las dos minorías religiosas que habían co-existido en la España medieval: los musulmanes y los judíos.

Hacia la unidad nacional en la religión: la eliminación de las minorías religiosas medievales

La política de los Reyes Católicos se orientó primero a cumplir los objetivos de Castilla: completar el proceso de la reconquista. A Aragón le interesaba más asegurar su control sobre el Mediterráneo (expansión por Italia, guerra contra Francia). Tras la conquista de Granada, los Reyes acometieron el proyecto aragonés de expansión italiana, aunque la reina Isabel no estaba totalmente conforme con esto. Tras varios años de guerras, en 1492 finalmente **conquistaron Granada**, el último reino islámico de la Península. Al principio, los Reyes, temiendo un posible ataque de los musulmanes del Norte de África, concedieron a los moros granadinos generosas condiciones de rendición, garantizándoles la posesión de sus propiedades y la libertad para practicar su religión.

Sin embargo, esta tolerancia hacia los vencidos no duró mucho tiempo. El celo religioso del influyente cardenal Cisneros, brazo derecho de los Reyes, el fanatismo de los predicadores populares y la codicia de los cristianos, que llegaban a instalarse en el nuevo territorio, hicieron que pronto comenzaran las presiones e injusticias sobre los habitantes moros, llamados ahora **"moriscos"**. En 1499 los moriscos, en protesta por los abusos, se rebelaron contra las autoridades cristianas. Esto dio ocasión a los Reyes para revocar su tratado y obligarles a convertirse al cristianismo o salir de España. Muchos moriscos se bautizaron y permanecieron en sus tierras, pero continuaron practicando su religión y formas de vida en secreto, por lo que fueron perseguidos y marginados.

En el reino de Aragón la situación fue más favorable para los moriscos. A los poderosos señores feudales aragoneses y valencianos les interesaba protegerlos, pues

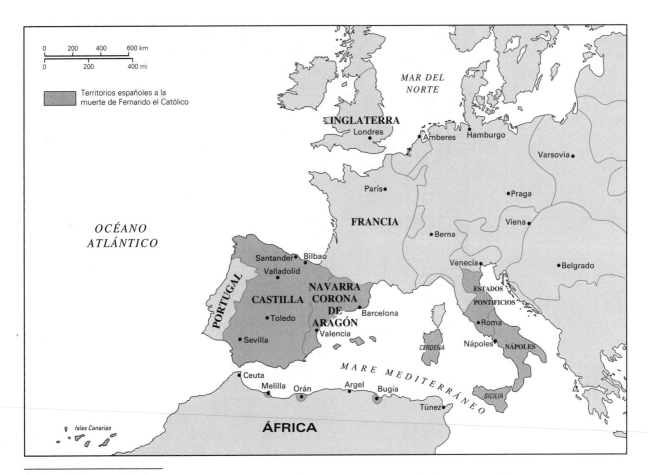

❖ *Mapa de España a finales del reinado de Fernando el Católico.*

eran excelentes campesinos y les proporcionaban muchos beneficios. Por eso algunas de las principales concentraciones de moriscos estuvieron en tierras de Valencia y Aragón.

El **proceso de eliminación de los judíos** había comenzado bastante antes. Nunca vistos con demasiada simpatía, las pestes y crisis del siglo XIV convirtieron a la minoría judía en chivo expiatorio para las tensiones sociales. En **1391** los cristianos atacaron las **aljamas** o barrios judíos de las principales ciudades, masacrando a miles de ellos. Una gran cantidad de judíos se convirtió al cristianismo para salvarse de la violencia cristiana. Comenzó así el problema de los llamados **"falsos conversos"** o **"conversos judaizantes"**, judíos sólo aparentemente convertidos al cristianismo. Para descubrir y erradicar a los conversos judaizantes, los Reyes Católicos pidieron y obtuvieron del Papa, en 1478, permiso para la creación en España del **Tribunal de la Inquisición**, que en España, a diferencia de los otros países de Europa en que existía, dependía directamente del estado. Era por tanto un instrumento político y nacionalista.

Inmediatamente después del triunfo en Granada en 1492, los Reyes deciden terminar de forma drástica con su labor de "limpiar" la fe nacional, y publicaron un decreto de **expulsión de todos los judíos** de los reinos españoles. Esta expulsión agudizó los efectos inquietantes que la Inquisición había comenzado a producir en la sociedad española. Como efecto inmediato, la marcha de los banqueros y comerciantes judíos

❖ *Relieves de la sillería de la catedral de Granada con el bautismo de los moriscos.*

provocó el **caos en el sistema económico español**. Como efecto secundario, igual que en el caso morisco, muchos judíos se convirtieron falsamente, generando un clima de sospecha, resentimiento y **tensión social entre los "cristianos viejos" y "cristianos nuevos" (conversos)**. Así, para poder entrar en instituciones como la Iglesia, las órdenes militares o la universidad, se empezó a exigir un certificado de **"limpieza de sangre"**, es decir, de no tener antepasados judíos ni moros.

Los conversos tenían una gran visibilidad y relevancia social. Muchos eran eminentes intelectuales (como Hernando del Pulgar, el cronista oficial de los Reyes Católicos, o Luis Vives, gran humanista famoso en toda Europa) o ricos comerciantes urbanos. Los "cristianos viejos" usaban los "Estatutos de limpieza de sangre" como forma de defender sus privilegios y detener el ascenso social de los conversos.

El "descubrimiento" de América

En 1485, un navegante de origen genovés llamado Cristóbal Colón llegó a entrevistarse con los Reyes Católicos. Venía a presentarles un proyecto que había sido rechazado ya por varios reyes europeos: **llegar a las Indias**, la tierra de las especias y las riquezas fabulosas, **navegando hacia occidente**. Su teoría se basaba en la esfericidad de la tierra, y también en los relatos y cálculos de otros navegantes.

La ruta comercial tradicional (por tierra) hacia las Indias (la que había seguido el famoso viajero veneciano Marco Polo en el siglo XII) estaba ahora cortada por los turcos. Los portugueses, con su avanzada ciencia de navegación, estaban tratando de encontrar una nueva ruta, navegando alrededor de África. En un primer momento los Reyes Católicos, entonces en medio de la guerra contra Granada, rechazaron el proyecto de Colón. Pero una vez finalizada la guerra, decidieron patrocinar la búsqueda de la nueva ruta a las Indias. El 3 de agosto de 1492, tres carabelas (La Pinta, La Niña y la Santa María) salieron del puerto de Palos bajo el mando de Colón.

Tras casi dos meses de navegación, llegaron a una pequeña isla del archipiélago de las Lucayas a la que llamaron San Salvador. Colón, convencido de que había llegado a las Indias, **tomó posesión de los nuevos territorios en nombre de Castilla**. Por tanto sólo el reino de Castilla (no el de Aragón) tendrá derecho en el futuro a explorar, conquistar y comerciar con el Nuevo Mundo. A su regreso a España fue recibido triunfalmente por los reyes en Barcelona. Sin embargo, los decepcionó la pobreza de su descubrimiento. Donde esperaban encontrar montañas de oro y refinadas civilizaciones, Colón y sus hombres sólo encontraron selvas, muy poquito oro y gentes semidesnudas. De hecho, el descubrimiento de lo que en unos años se llamaría "Nuevo Mundo" y "América" tuvo menos difusión y celebración en España y Europa que la conquista de Granada. No será hasta entrado el siglo XVI, con la conquista de los imperios azteca e inca, que las riquezas americanas capturen la imaginación del español y del europeo.

En **1493** el Papa **Alejandro VI** (de origen español) concedió a los reyes de España la **posesión de las nuevas tierras**, confiándoles la misión de propagar la fe católica. Pero en **1494** España firma el **Tratado de Tordesillas** con **Portugal**, su competidor en las exploraciones atlánticas, por el que se reparten la nueva zona descubierta. Por este tratado a Portugal le correspondió colonizar lo que hoy es **Brasil**.

La llegada de los españoles, en su mayoría aventureros sin escrúpulos que sólo querían enriquecerse lo más rápido posible, tuvo **consecuencias desastrosas para las poblaciones indígenas**. Los "indios" (como los llamaron los españoles) fueron diezmados por las nuevas enfermedades traídas por los europeos y por su explotación inhumana en minas y otros trabajos. Ante las denuncias de este genocidio por escritores como el Padre **Bartolomé de las Casas, la Corona española trató de proteger a sus nuevos súbditos, declarando su libertad** (a cambio, claro, de que se convirtieran al cristianismo), pero esto no frenó la trágica desaparición de pueblos enteros.

La cultura renacentista en España

El viaje de Colón y el encuentro del nuevo continente fueron en cierto modo fruto de su época. La nueva mentalidad renacentista, a diferencia de la medieval, tenía un **concepto optimista del hombre y el mundo**. Creía en la capacidad del hombre para expandir sus propios horizontes, por medio de la **experimentación**, y mejorar la sociedad y el mundo. El arte y la literatura renacentistas se caracterizan por el equilibrio de **naturalismo e idealismo** y por la aplicación de las ciencias a las artes de representación para lograr **objetividad y claridad**. El **hombre**, y no Dios, es ahora el **centro del universo**.

Sin embargo, en **la sociedad y el estado españoles, la religión** tenía demasiada importancia, y por eso **la influencia del Renacimiento fue más bien superficial**. Así, en la pintura y escultura españolas de esta época predominan los temas religiosos y apenas hay ejemplos de los desnudos o temas mitológicos que abundan en el renacimiento italiano. La poesía popular del **romancero** (un conjunto de romances) vive todavía en el mundo medieval de las hazañas caballerescas en la reconquista. La poesía culta (el **Cancionero**) desarrolla los juegos lingüísticos e intelectuales del amor cortés, sin contacto con la realidad social. Los poemas cultos o "canciones" (pues la mayoría eran pensados para cantar) de esta época se recogieron en colecciones que reciben el nombre de "Cancioneros". Uno de los poetas que compuso más canciones para la música de la Corte fue Juan del Enzina, que fue además autor teatral de obras influidas por el renacimiento italiano, de tipo mitológico o pastoril. Las obras cumbres de la literatura del siglo XV, como las *Coplas a la muerte de su padre* de Jorge Manrique, o *La Celestina* de Fernando de Rojas presentan características renacentistas, como la importancia de la **fama** (*Coplas*) o el **análisis de la sicología y pasiones humanas** (*Celestina*); pero todavía mantienen vínculos con la mentalidad medieval, evidentes en su **moralismo y pesimismo cristiano** (o de origen converso, como es posible en el caso de *La Celestina*).

La **arquitectura** vive un momento de transición. El estilo gótico medieval llega a sus estadios finales, exagerándose la decoración y la filigrana en el estilo **"gótico flamígero" o "gótico florido"**—llamado así porque sus formas, muy ornamentales y dinámicas, recuerdan llamas en movimiento (flamígero), o plantas en flor (florido).

El estilo gótico, la influencia clasicista renacentista y la exageración decorativa del arte islámico o mudéjar confluyen para formar un estilo característico de las construcciones de la época de los Reyes Católicos, llamado **"plateresco"** porque su decoración en relieve plano recuerda el arte de los plateros, los que trabajaban con la plata.

El plateresco se empleó mucho en los edificios de dos principales centros de estudios universitarios de la época: **Salamanca** y **Alcalá de Henares**.

Aunque las universidades recibieron mucho apoyo de la corona, la ciencia y cultura españolas, demasiado centradas en la teología y limitadas por la vigilancia de la Inquisición, empiezan a quedarse peligrosamente detrás del resto de Europa.

En cierto sentido el reinado de los Reyes Católicos, aunque es el inicio de una época gloriosa de la cultura española (el "Siglo de Oro"), establece también las condiciones para la futura decadencia de España.

El amor cortés es un concepto de amor platónico que se había desarrollado en la zona de Provenza. En el "amor cortés" el caballero se convierte en el "esclavo" de la dama de la que está enamorado, pero su amor nunca se consuma.

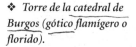

❖ *Torre de la catedral de Burgos (gótico flamígero o florido).*

❖ *Retablo gótico/plateresco de la Cartuja de Miraflores.*

❖ *Fachada de la universidad de Salamanca (plateresco).*

Fechas importantes del siglo XV		*Fechas importantes en el desarrollo cultural*
Ataques a las aljamas o barrios judíos en las ciudades españolas. Gran cantidad de judíos se convierten al cristianismo para protegerse de la furia popular. Comienza el problema de los "falsos conversos" o "judaizantes".	1391	
Matrimonio de la infanta Isabel de Castilla y Fernando de Aragón	1469	
	1471	Primer libro impreso en España
Guerra civil en Castilla entre los partidarios de la hija (ilegítima) del rey Enrique IV y la hermana del rey, la infanta Isabel. Triunfan los partidarios de Isabel.	1474–1479	
Creación del Tribunal del Santo Oficio de la Inquisición con el objetivo de perseguir a los conversos judaizantes.	1478	
	1479	Muere a los 39 años de edad el poeta Jorge Manrique, autor de *Coplas a la muerte de su padre*.
Guerras de Granada	1481–1492	
	1492	*Gramática Castellana* de Antonio de Nebrija
• 2 de enero: Conquista por los Reyes Católicos de Granada, último reino islámico en la península • 31 de marzo: Decreto de expulsión de los judíos de España • 12 de octubre: la expedición dirigida por Cristóbal Colón llega a una isla de lo que creen ser las Indias y que resultará ser un nuevo continente: América. Los nuevos territorios se anexionan a la Corona de Castilla.		
Bula del papa Alejandro VI, que concede a España las nuevas tierras descubiertas	1493	
Tratado de Tordesillas, por el que España y Portugal se dividen las nuevas tierras descubiertas	1494	

TEXTOS Y CONTEXTOS

I. El testamento de Isabel la Católica: absolutismo monárquico y pluralidad de España

A continuación vas a leer unos fragmentos del testamento de la reina Isabel, escrito poco antes de su muerte en 1504. En él se comprueba el carácter plural que tenía la nación española (era un conglomerado de reinos) y los esfuerzos de la monarquía por dominar a los nobles. En el testamento se demuestran también las limitaciones de la supuesta unidad de España bajo los Reyes Católicos. Isabel se considera ante todo Reina de Castilla, a la que reserva la exclusividad de la Conquista y comercio con los territorios americanos.

Viajes del cartógrafo italiano Américo Vespucci al Nuevo Mundo. Vespucci establece que no se trata de las Indias, sino de un nuevo continente. Sus mapas y cartas se popularizan y dan el nombre de "América" al continente.	1497–1504	
	1498	El cardenal Cisneros funda la Universidad de Alcalá de Henares, especializada sobre todo en estudios teológicos y bíblicos.
Rebelión de los moriscos de Granada	1499	Primera edición de la *Tragicomedia de Calisto y Melibea*, más conocida como *La Celestina*, por Fernando de Rojas
Primeras leyes prohibiendo la esclavitud de los indios	1500	
Decreto que obliga a los musulmanes a convertirse o dejar España	1502	
Muere Isabel la Católica.	1504	Comienza la censura de libros en España para vigilar la ortodoxia católica de todo lo publicado.
Breve reinado de la hija de los Reyes Católicos, Juana "la Loca"	1504	
Regencia de Fernando el Católico	1504–1516	
Fernando el Católico se anexiona Navarra.	1512	
El explorador Núñez de Balboa cruza el continente americano y llega a un nuevo océano: el Pacífico.	1513	
	1514–1517	Se imprime en la universidad de Alcalá la *Biblia Políglota Complutense*, proyecto dirigido por el cardenal Cisneros.
Muerte de Fernando, y llegada a España de su nieto Carlos I de Habsburgo, hijo de Juana "la Loca" y Felipe "el Hermoso". Carlos es heredero de la Corona real de Castilla y de Aragón, por su madre, y de la Corona imperial de Alemania, por su padre.	1516	

ende: *thereby* / **mercedes:** regalos, premios; Los Reyes regalaron estas ciudades, fortalezas etc. a nobles que les ayudaron durante la época de la consolidación de su poder.

Por cuanto … "And since these gifts would impoverish and lessen the Royal Crown and damage the public good, and it would be a burden in my soul and conscience not to address this issue; thereby, it is my determined will that these gifts and bequests be abolished and have no validity or effect whatsoever."

I. En el nombre de Dios todopoderoso.

II. Por ende° sepan cuantos esta carta de testamento vieren como yo Doña Isabel por la gracia de Dios, Reina de Castilla, de León, de Aragón, de Sicilia, de Granada, de Toledo, de Valencia, de Galicia, de Mallorca, de Sevilla, de Cerdeña, de Córdoba, de Córcega, de Murcia, de Jaén, de los Algarves, de Algeciras, de Gibraltar y de las islas de tierra de Canaria, Condesa de Barcelona y Señora de Vizcaya […].

[P]or cuanto el Rey mi Señor y yo, por necesidades e importunidades, confirmamos algunas mercedes° e hicimos otras de nuevo, de Ciudades y Villas y lugares y fortalezas […]; y porque aquéllas redundan en detrimento y disminución de la Corona Real de dichos mis Reinos y del bien público de ellos, y será muy cargoso a mi ánima y conciencia no proveer cerca de ello; por ende quiero y es de mi determinada voluntad, que las dichas confirmaciones y mercedes [...] sean en sí ningunas, y de ningún valor ni efecto [...]

Otrosí, por cuanto las islas y tierra firme del mar Océano [es decir, las islas del Caribe y la zona de México] e islas Canarias fueron descubiertas, y conquistadas a costa de estos mis Reinos, y con los naturales° de ellos, y por ello es razón que el trato y provecho de ellas se haya, y trate y negocie de estos mis Reinos de Castilla y León y en ellos y a ellos venga todo lo que de allá se trajere.

Otrosí: también (español antiguo)

naturales: nativos

❖ *Primera lectura*

1. ¿Cuál es el origen del poder de reinar de Isabel?

2. ¿Cuáles son los reinos de Isabel? ¿Cuáles están en España? Mira el mapa de la España medieval en el capítulo anterior. ¿Qué reinos pertenecen a la Corona de Castilla? ¿Cuáles a Aragón? ¿Por qué crees que no se incluyen los territorios americanos en esta enumeración de reinos?

3. ¿Qué orden da Isabel en su testamento sobre las ciudades y fortalezas que regaló a los nobles que la ayudaron a ser reina?

4. ¿Para qué reino se reserva el trato con América? Mira un mapa. ¿Cuáles eran los principales puertos castellanos a los que llegarían los barcos de América?

5. ¿Cómo es el lenguaje legal de esta época? ¿Es sencillo o complejo? ¿Crees que un hombre de la calle sería capaz de entenderlo? ¿Indica esto que se está creando una "clase" o "cultura" legal y burocrática con un lenguaje y vocabulario específicos?

❖ *Para conversar o escribir*

En parejas o en grupos, discutid los pros y contras de la política de Isabel de Castilla en relación al objetivo de lograr una España unida.

II. Proyecto de unidad religiosa: la expulsión de los judíos

Como vimos, la religión católica parecía ser el único medio de unificar la realidad plural española. El 31 de marzo de 1492 los Reyes Católicos decidieron dar un paso drástico: expulsar a todos los judíos de sus reinos. Vamos a leer dos documentos relacionados con este tema: 1) un fragmento del edicto de expulsión y 2) un ejemplo de los gastos logísticos causados por la expulsión (que debían de pagar los propios judíos) en el caso específico en la ciudad de Zaragoza, en el reino de Aragón. Este segundo documento es una lista de todas las personas relacionadas con el proceso de expulsión de los judíos en Zaragoza. Los números a la izquierda son la fecha en que se hizo el trabajo, y la cantidad a la derecha es el dinero que cobraron por él. El edicto era anunciado por las calles y plazas de Zaragoza por una procesión formada por cuatro personas: primero llamaban la atención del público tocando la trompeta y el tambor, y luego Jaime de Monclús leía el edicto en voz alta. Un fraile estaba encargado de anunciarlo en la Seo (Catedral).

A. [M]andamos a todos los judíos y judías de cualquier edad que sean que viven y moran° y están en los dichos nuestros reinos y señoríos°, [...], que hasta en fin del mes de julio primero que viene de este presente año, salgan de todos los dichos nuestros reinos y señoríos, con sus hijos e hijas, criados y criadas y familiares judíos, [...]

moran: viven / **señoríos:** *estates*

so pena° que si no lo hiciesen y cumpliesen así […] incurran en pena de muerte y confiscación de todos sus bienes para la nuestra cámara y fisco°.

B. *Propagadores del Edicto de la Expulsión de los Judíos de Zaragoza*

Jaime Monclús, corredor° de Zaragoza, dos trompetas, un atabalero° y un fraile de la Seo:

8-I-1493 . . . . 16 sueldos°

Maestros de casas: tasadores de fincas

Ybrahem Palencia:

16-VII-1492 . . . . 10 días x 10 s.=100 sueldos […]

Correos°

Arnau Guillem, habitante en Zaragoza, por llevar un correo a Fernando II [el Católico] al reino de Castilla en interés y necesidad de la aljama judía° de Zaragoza:

11-VII-1492 . . . . 14 días = 224 sueldos […]

Guardianes de las puertas de la ciudad

Martín de Carate, portero° de la Puerta del Puente, especialmente para que los judíos no evadan bienes° […]:

16-VIII-1492 . . . . 5 días x 4 s.= 20 sueldos […]

Encargados del inventario de bienes

Nofre Blanch, comisario del Rey y la Inquisición [y hasta 38 personas más]

8-VI-1492 . . . . 13 días x10 s.=130 sueldos […]

Judicaturas° y actos complementarios

Juan Aznar Guallart, notario de Zaragoza, por su intervención en los procesos y causas, despachos, comisiones, pensiones, cartas y consultas de la aljama y agilización° de tales procesos:

25-VII-1492 . . . . Dos portales° y corral que fueron de maestre Bonjua del Portal, judío. [y 11 personas más]

so pena: *under the penalty*
fisco: *treasury*

corredor: *town hall clerk /* **atabalero:** *tambourine player*

Recuerda que en las fechas en español, primero viene el día de la semana, luego el número del mes y finalmente el año. Así que "8-I-1493" sería el 8 de enero de 1493.

Los tasadores de fincas son las personas que decidían el valor o precio de las casas o fincas. Los judíos tenían que vender todas sus propiedades antes de salir, por lo que se necesitaba un especialista para calcular su valor.

sueldo: unidad monetaria de oro / **Correos:** *mailmen /* **aljama judía:** *Jewish ghetto or quarter*

portero: *guard of the city gate*
evadan bienes: *smuggle goods*

Estos encargados son las personas que hacían el inventario o lista de los bienes que los judíos tenían que dejar en España.

Judicaturas: *Court decisions, legal processes*

agilización: *facilitation*

portales: casas

❖ *Primera lectura*

1. ¿Había alguna excepción de sexo o edad para la expulsión de los judíos? Si el edicto de expulsión es del 31 de marzo, ¿cuánto tiempo tenían los judíos para vender sus propiedades y prepararse para empezar una nueva vida en otro país?

2. En el segundo documento, ¿cuántos oficios se mencionan como implicados en el proceso de la expulsión?

3. ¿Qué diferentes pasos legales relacionados con el proceso de expulsión puedes deducir del segundo documento? ¿Qué conclusiones puedes extraer sobre el grado de complejidad y/o efectividad del sistema legal o burocrático en la España del siglo XV?

4. En teoría los judíos no sufrían económicamente con la expulsión, pues podían vender todos sus bienes. Pero ellos debían pagar todos los gastos legales relacionados

con su salida de España. A la luz de este documento, ¿crees que el Estado se benefició económicamente con la salida de los judíos?

❖ *Para conversar o escribir*

En parejas o individualmente, trata de reconstruir el proceso de expulsión desde el punto de vista de una familia judía. En forma de carta, de diario o de conversación, imagina y describe sus reacciones al oír el edicto anunciado en la calle, sus sentimientos al tener que dejar "Sefarad" (el nombre judío para España), los diferentes pasos legales por los que tienen que pasar hasta que salen de España, sus interacciones con los oficiales cristianos y los posibles abusos que tienen que sufrir.

III. La "conversión" de los moriscos

Vamos a ver ahora dos documentos muy diferentes que ilustran la situación de la población morisca de Granada después de su conquista. El primero es una carta del cardenal Cisneros, arzobispo de Toledo, contando a sus hermanos religiosos las buenas noticias de la "pacífica" dominación cristiana sobre los moriscos de la zona de Granada. El segundo es una carta de los moriscos al sultán turco Bayacid II pidiéndole ayuda y quejándose de la traición y ruptura de los términos de rendición de los cristianos.

A. Reverendos, venerables y amados hermanos nuestros: [...] Nuestro Señor quiso que los moros que había en esta ciudad y en el Albaicín° pidieran ser bautizados y que las mezquitas se consagrasen y se hiciesen iglesias [...].

[...] Ciertos lugares de una serranía° que se llama Guejar se rebelaron, y quiso Nuestro Señor que los cautivaran a todos, de manera que fueron hechos cautivos cerca de tres mil, y muchos otros murieron, y todos ellos piden ser bautizados, pero vale el despojo° de estos más de cincuenta cuentos°. Ha sido gran escarmiento° para las cosas que puedan ocurrir de aquí en adelante. Los de las Alpujarras° hicieron también un levantamiento°, y desde que han visto esto, andan en tratos con sus Altezas°; [...]

De Granada, III de febrero. Vuestro, F. Toledano°

B. Nos quejamos ante ti, mi Señor, del perjuicio, la desgracia y la enorme calamidad que nos aflige. Hemos sido traicionados y convertidos al cristianismo rompiendo con nuestra religión; hemos sido oprimidos con deshonor. Y, sin embargo, bajo la religión del profeta combatimos a los gobernadores de la cruz° con nuestra intención interna [...].

Nos dijo entonces su príncipe y sultán°: "Lo que habéis estipulado [en las Capitulaciones] se os garantiza en su integridad".

Y nos mostró documentos conteniendo pactos y tratados, diciéndonos: ésta es mi amnistía y mi protección, por la cuál quedáis en goce° de vuestras posesiones y hogares, como estabais antes, pero sin armas.[...]

Transgredió las Capitulaciones° con que nos había engañado y nos hizo convertirnos a cristianos por la fuerza, con dureza y severidad.

Quemando los libros que teníamos y mezclándolos con excrementos e inmundicias°. [...]

Albaicín: barrio de Granada

serranía: *mountain range*

despojo: *booty* / **cuentos:** unidad monetaria / **escarmiento:** castigo / **Alpujarras:** otra zona montañosa cerca de Granada / **levantamiento:** *uprising* / **altezas:** *Highnesses* (los Reyes Católicos)

F. Toledano: Fray Toledano. Cardenal Cisneros pertenecía a la orden franciscana y era arzobispo de Toledo.

En la religión islámica era admisible fingir la conversión con tal de que interiormente se siguiera siendo fiel al islam.

gobernadores de la cruz: los cristianos / **sultán:** Fernando el Católico

quedáis en goce: podéis tener

Capitulaciones: *the treaty of surrender*

inmundicias: *filth*

se están lamentando

Ay de nuestros nombres que fueron sustituidos por los de estos bárbaros ignorantes. [...]

Ay de aquellas mezquitas que han sido tapiadas° y convertidas en estercoleros° del infiel° [...]

Y ay, ay de nosotros, ay de la desgracia que nos aflige, el deshonor, el dolor y la opresión. [...] Cuando su pueblo, que había sido conquistado, estuvo bajo la salvaguarda° de nuestra religión y bajo la protección de nuestros gloriosos reyes que cumplían sus promesas, no fueron obligados a abandonar su fe ni sus hogares° ni sufrieron traición ni deshonor alguno.

Los moriscos tuvieron que cambiar sus nombres árabes a cristianos.

tapiados: *boarded up* / **estercoleros:** *dungheaps* / **infiel:** *the unfaithful* (los cristianos)

salvaguarda: protección

hogares: *homes*

❖ **Primera lectura**

1. ¿A quién dirige su carta el cardenal Cisneros? Según él, ¿cuál es la situación religiosa en Granada?

2. ¿Qué ha sucedido en la serranía de Guejar? ¿Cuáles han sido las consecuencias de la rebelión? ¿Por qué se alegra Cisneros de esta rebelión? ¿Son sus motivos exclusivamente espirituales?

3. En contraste, ¿cuál es la percepción de los moriscos de la situación en Granada? ¿Crees que es cierto que, como dice Cisneros en su carta, "pidieron ser bautizados" o fueron bautizados por la fuerza? ¿Los moriscos son ahora cristianos o siguen siendo musulmanes?

4. ¿Qué les había prometido el príncipe cristiano a los moros de Granada? ¿Cumplió sus promesas?

5. ¿Cuáles son algunos ejemplos de la intolerancia y la violencia religiosa de los cristianos que describen los moriscos en su carta?

6. A diferencia de los cristianos hacia los moros, ¿cómo había sido la actitud de los reyes moros hacia los habitantes cristianos? (Recuerda lo que aprendiste en el capítulo anterior sobre este tema.)

❖ **Para escribir o conversar**

1. Hoy en día existen estereotipos sobre el "fanatismo" del Islam. A la luz de estos documentos históricos, discute sobre el nivel de tolerancia del cristianismo y el Islam a través de la historia.

2. Proceso a Cisneros. Imagina que el cardenal Cisneros es capturado y juzgado por el sultán turco a quien dirigen su carta los moriscos españoles. Escribe una transcripción del juicio imaginario. ¿Cuáles serían los argumentos de acusación y defensa sobre su actuación respecto a los moriscos tras la conquista de Granada? ¿Podría haber una justificación dentro de la mentalidad y proyecto político de la época?

IV. La primera carta de Colón: construcción imaginaria y explotación económica de los nuevos territorios

En 1493, volviendo de su primer viaje de descubrimiento, Colón escribió una carta a sus patrones, los Reyes Católicos, dándoles noticia de los nuevos territorios que había encontrado. El lenguaje de Colón en esta carta es fascinante, mezcla de imaginación y leyendas, y pragmatismo económico. Todo lo que encuentra en las islas del Caribe es inmediatamente traducido a sus posibilidades de explotación económica. Con su imaginación,

Colón construye ciudades y siembra fértiles campos dónde sólo existe naturaleza salvaje. Insiste en la docilidad y hermosura de los nativos ("indios"), pensando en su uso como esclavos. En realidad, Colón no encontró las enormes riquezas que esperaba encontrar; por eso exagera y habla de "grandes minas de oro" para así conservar el apoyo de los Reyes y justificar su viaje. También usa viejas leyendas europeas (como el mito de las Amazonas—un pueblo de mujeres guerreras—o las riquísimas "gentes sin pelo") que durante los próximos siglos seguirán estimulando la imaginación de los europeos e impulsando la colonización americana. En esta carta de Colón encontramos recursos retóricos que ya vimos al hablar de la conquista romana de la Península Ibérica: las "Indias" son un riquísimo paraíso natural, pobladas por gentes bárbaras (desnudos, primitivos, sin armas, idólatras), lo que legitima su conquista por parte de una sociedad más avanzada (civilización vs. barbarie). Ahora encontramos además un nuevo argumento que justifica la apropiación de las tierras: la propagación de la fe cristiana.

La Española: es la isla que hoy comparten Haití y la República Dominicana / **vegas:** *fertile river valleys* / **campiñas:** *prairies* / **criar ganado:** *raise cattle* / **Juana:** Cuba

La Española° es una maravilla: sierras, montañas, vegas°, campiñas° y tierras hermosas y fértiles para plantar y sembrar, para criar ganado° de toda suerte y para construir edificios, villas y lugares. […] Sus árboles, frutos e hierbas difieren mucho de las de la Juana°; en ésta [en La Española], hay muchas especias y grandes minas de oro y otros metales. Las gentes de esta isla, así como de todas las que he hallado y tenido noticia, andan desnudas, hombres y mujeres […] No tienen ni hierro, ni acero° ni armas, ni están hechos para eso, no porque no sea gente bien dispuesta y de hermosa estatura, sino porque es harto temerosa°. […] Si se les pide algo, jamás dicen que no de cosa alguna que tengan. […] [Yo] Les daba graciosamente de mil cosas buenas que yo llevaba para que me tomaran afecto. Además, así se harán cristianos y se inclinarán al amor y al afecto de Sus Altezas y de toda la nación castellana. De momento procuran ayudarnos dándonos las cosas que tienen en abundancia y que nos son necesarias. No conocen secta ni idolatría algunas, pero creen que las fuerzas y el bien están en el cielo. Creían muy en serio que yo, con los navíos° y mi gente, veníamos del cielo.

acero: *steel*

es harto temerosa: *they are such cowards*

navíos: *ships*

[…] Tienen tratos [los caníbales que acaba de describir] con las mujeres de Matinino° […] en ella no hay un solo hombre. No tienen costumbres femeninas, llevan arcos y flechas°, de caña°, como ya he dicho, y se cobijan bajo planchas de cobre°, del que tienen mucho.

Matinino: Martinique

arcos y flechas: *bows and arrows* / **caña:** *reed* / **cobre:** *copper*

Me aseguran que hay otra isla mayor aún que la Española, donde las personas no tienen pelo. En ésta hay oro sin límite y, de ésta y de las otras, traigo conmigo a indios como testimonio.

En conclusión, […] pueden ver Sus Altezas que les daré todo el oro que hubiere menester con muy poquita ayuda más que puedan darme ahora, todas las especias y el algodón que Sus Majestades mandaren cargar, y resina, y [….] esclavos idólatras. […]

carabela: el tipo de barco en el que se hizo el viaje a América

En las negociaciones que precedieron al viaje de Colón, los Reyes Católicos le habían prometido el título de "Almirante de la Mar Océana", que Colón usa para firmar su carta.

Fechado en la carabela°, a la altura de las Islas Canarias, el 15 de febrero de 1493.

Cumplirá lo que mandáreis

El Almirante

❖ *Primera lectura*

1. ¿Cuáles son las riquezas presentes y futuras que Colón encuentra y proyecta en La Española?

2. ¿Cómo son sus habitantes? ¿Cómo se comportan con los españoles? ¿Por qué les hace regalos Colón? ¿Cuál es la religión de los nativos? ¿De dónde creen estos nativos que vienen Colón y sus hombres? ¿Crees que esto influyó en la "docilidad" de los nativos?

3. El párrafo sobre "las mujeres de Matinino" está basado en el mito griego de las Amazonas, pero está expresado de una forma muy curiosa. ¿Cuáles son los posibles usos económicos que Colón sugiere al tiempo que describe a estas mujeres?

4. ¿Cuál es el sujeto de "Me aseguran que…"? ¿Quién le da información a Colón? ¿Crees que era posible la comunicación con los nativos? ¿Cuánta credibilidad puede tener la descripción del Nuevo Mundo?

5. ¿Qué promete Colón a los reyes en el párrafo final? ¿Hay alguna referencia a algún tipo de misión civilizadora o evangelizadora en el Nuevo Mundo, o sólo a la pura explotación económica?

❖ *Para conversar*
   o escribir

1. Como dice en su carta, Colón llevó consigo a varios "indios" para mostrar a los Reyes en la gran recepción de 1493 en Barcelona. Escribe los pensamientos imaginarios de uno de estos indios, describiendo el encuentro con los españoles en la isla, su captura y viaje, y la sociedad y las extrañas costumbres de los cristianos.

2. Según lo que has aprendido en la introducción de este capítulo, busca en esta carta referencias a la misión inicial de Colón (encontrar una nueva ruta a las Indias) y signos del triste futuro que les espera a los nativos de las islas del Caribe.

V. Coplas de Jorge Manrique a la muerte de su padre: coexistencia de valores medievales y renacentistas

Jorge Manrique fue el perfecto caballero renacentista. Noble guerrero y hombre de letras al mismo tiempo, Manrique escribió poesía culta de tipo cancioneril, y murió muy joven en la guerra civil de Castilla que llevó al poder a la Reina Católica. Su obra más famosa es el largo poema que escribió para lamentar la muerte y celebrar la vida de su padre, don Rodrigo Manrique. Escrito en "coplas de pie quebrado" (combinación muy rítmica y fluida de versos de ocho sílabas y cortos de cuatro sílabas), el poema tiene un tono solemne y melancólico, que combina reflexiones morales-cristianas sobre la fugacidad de la vida humana y la nueva mentalidad renacentista y humanista que exalta la "vida de la fama". Pero las coplas pertenecen a un mundo específicamente hispano. Don Rodrigo ganó la fama que le hará inmortal en la guerra de reconquista contra los moros.

avive el seso: *stir up your mind*

Recuerde el alma dormida — let the soul wake up
avive el seso° y despierte
contemplando
cómo se pasa la vida
cómo se viene la muerte,
tan callando;

cuán presto°: *how soon*

> cuán presto° se va el placer,
> *— how quickly pleasure passes*
> cómo, después de acordado
> da dolor,
> cómo a nuestro parecer
> cualquiera tiempo pasado
> fue mejor

> [...]
> [La Muerte habla a Don Rodrigo, padre del poeta]
> "No se os haga tan amarga *— don't let it be bitter*
> la batalla temerosa *don't let your... bottle your... about to face... be bitter*
> que esperáis,
> pues otra vida más larga
> de fama tan gloriosa *La Fama*
> acá dejáis; *la vida que continúa después de la muerte*
>   aunque esta vida de honor
> tampoco no es eternal
> ni verdadera,

mas°: pero

> mas° con todo es muy mejor
> que la otra temporal
> perecedera°"

perecedera: *perishable*

peleó por granada el papá de manrique

> "El vivir que es perdurable
> no se gana con estados
> mundanales
> ni con vida delectable
> en que moran los pecados
> infernales;
>   mas los buenos religiosos
> gánanlo con oraciones
> y con lloros;
> los famosos caballeros *batallas de los cristianos*
> con trabajos y aflicciones *contra los moros*
> contra moros." *conección con la reconquista*

❖ *Primera lectura*

1. ¿Cuál es el mandato de la primera estrofa? ¿Cuál es el concepto de la vida que se expresa en ella?

2. ¿Cuáles son las "tres vidas" a las que hace referencia la Muerte? ¿Cuál es su orden de importancia?

3. ¿Cómo se gana la vida de la fama o la vida eterna del cielo, según el poeta? ¿Cuáles son los dos estados sociales con más posibilidades de conseguir "el vivir perdurable"? ¿Cómo lo ganan los caballeros?

❖ *Para conversar y escribir*

1. Señala en el poema los versos que reflejan la mentalidad medieval (la brevedad de la vida humana) y los que indican ideas renacentistas (la vida de la fama).

2. En tu opinión, ¿en cuál de las "tres vidas" (mundana, de la fama, eterna) pone más énfasis la mentalidad contemporánea?

VI. Modernidad literaria de *La Celestina*

La *Tragicomedia de Calisto y Melibea*, más conocida como *La Celestina*, escrita por Fernando de Rojas en 1499, es una novela dialogada que narra el fin trágico de los amores de Calisto por la hermosa Melibea. Se considera una de las obras más importantes de la literatura española. Tiene un riquísimo registro de lenguaje, que va del culto y complicado de los amantes al realista y vivo del inframundo de Celestina (la vieja astuta contratada por Calisto para satisfacer su amor). Este lenguaje y el fino tratamiento sicológico de los personajes, da a esta obra una gran modernidad. A diferencia de las novelas sentimentales de la época (a las que probablemente parodia), los amantes de *La Celestina* no siguen las reglas del amor cortés (su amor se transparenta como deseo sexual) y su mundo no es el ideal (y artificial) de la nobleza, sino el de las clases ricas urbanas y el submundo de criados, prostitutas y rufianes. El mensaje de la obra (si lo hay) es sumamente pesimista: ningún personaje es redimible, nadie es leal a nadie y todos se mueven por los más bajos instintos (lujuria, avaricia, venganza). Este pesimismo, así como la aparente parodia de creencias cristianas y de los métodos de interrogación de la Inquisición en algunos pasajes, hicieron que algunos críticos establecieran la teoría de un autor converso para *La Celestina*. Su amargura y escepticismo estarían motivados por la situación de marginación en que vivían los conversos españoles.

[Calisto llega a su casa desesperado por el rechazo de Melibea. Se queja de su sufrimiento amoroso en un diálogo con su criado Sempronio y afirma que daría la gloria eterna a cambio del amor de Melibea.]

herejía: *heresy*

SEMPRONIO:　Digo que nunca Dios quiera tal; que es especie de herejía° lo que ahora dijiste.

CALISTO:　¿Por qué?

SEMPRONIO:　Porque lo que dices contradice la cristiana religión.

CALISTO:　¿Qué a mí?

SEMPRONIO:　¿Tú no eres cristiano?

Melibeo: Nota el cambio de género.

CALISTO:　¿Yo? Melibeo° soy y a Melibea adoro y en Melibea creo y a Melibea amo. [...]

[Calisto pregunta a Sempronio si conoce alguna forma de poner remedio a su mal de amores.]

Días ha grandes: Hace mucho tiempo / **vieja barbuda:** *an old hag* (literalmente una vieja con barbas) / **hechicera:** bruja / **virgos:** *virginities*

peñas: rocas

SEMPRONIO:　Yo te lo diré. Días ha grandes° que conozco en fin de esta vecindad una vieja barbuda° que se dice Celestina, hechicera°, astuta, sagaz en cuantas maldades hay. Entiendo que pasan de cinco mil virgos° los que se han hecho y deshecho por su autoridad en esta ciudad. A las duras peñas° promoverá y provocará a lujuria, si quiere.

CALISTO:　¿Podríala yo hablar?

SEMPRONIO:　Yo te la traeré hasta acá.

❖ *Primera lectura*

1. La primera parte del diálogo entre Calisto y su criado Sempronio imita y parodia los catecismos y las preguntas que los inquisidores hacían para comprobar el cristianismo de los españoles. (La primera pregunta era siempre "¿Eres cristiano?"). ¿Cuál es la "religión" a la que dice pertenecer Calisto?

2. ¿Cuál es la solución que propone Sempronio para el "mal de amores" de su señor? ¿Acepta Calisto usar esta intermediaria de descripción más bien siniestra? ¿Podemos creer entonces en su "adoración" y total respeto por su "dios" Melibea? ¿Es amor o lujuria lo que siente Calisto? ¿Se nos dice directamente o lo inferimos por el diálogo?

❖ *Para conversar o escribir*

1. A la luz de este pasaje, ¿por qué crees que se considera *La Celestina* una de las primeras obras modernas de la literatura española? ¿En qué consiste su modernidad?

2. Pensando en posibles ejemplos contemporáneos, discute el papel de la parodia como instrumento de crítica social de las clases marginadas (los conversos en este caso).

REPASO Y SÍNTESIS

1. ¿Quiénes eran los Reyes Católicos y por qué se les llamaba así?

2. Describe el proyecto de unificación de España de los Reyes Católicos. ¿Hubo una auténtica unidad? ¿Cuáles eran sus limitaciones?

3. ¿En qué aspecto de la unificación pusieron énfasis los Reyes? ¿Cuáles fueron tres de las medidas más drásticas que tomaron para conseguir la unidad religiosa?

4. Describe el proceso y consecuencias de la expulsión y "conversión" de judíos y moriscos.

5. ¿Cuáles fueron las circunstancias históricas y culturales que llevaron al "descubrimiento" de América? Describe la exploración de Colón y la perspectiva europea sobre las nuevas tierras descubiertas según se deduce de su carta.

6. Explica algunas de las consecuencias negativas para el futuro de España de la política de los Reyes Católicos.

7. ¿Cuáles son las características del Renacimiento? ¿Hubo un auténtico Renacimiento en España? ¿Por qué?

8. Cita dos obras literarias del siglo XV español. ¿Qué aspectos de estas obras pertenecen a la mentalidad renacentista y cuáles a la medieval?

9. ¿Cuáles son y cómo son los estilos artísticos más importantes del reinado de los Reyes Católicos?

MÁS ALLÁ

1. ¿Cuál fue el destino de los judíos españoles o "sefarditas" después de la expulsión de 1492? Investiga sobre los lugares a los que fueron a vivir y el desarrollo de una cultura sefardita.

2. Prepara una presentación o un tour virtual para la clase sobre la historia y arte de las universidades de Salamanca y Alcalá de Henares. Busca ejemplos de música de la época como "fondo musical" de tu presentación.

3. Biógrafos. Individualmente o con otros estudiantes, prepara un pequeño trabajo sobre la vida de Cisneros, Colón y/o Jorge Manrique.

4. *La Celestina* es una obra muy polémica, sobre todo en lo que se refiere a la personalidad e identidad de su autor y al sentido de su mensaje. Busca información sobre este tema misterioso y compártela con la clase. Si puedes llegar a una conclusión, expresa tu opinión sobre cuál crees que es la teoría más acertada.

5. ¿Es España diferente? Individualmente o con otros estudiantes, prepara un informe sobre el desarrollo y características del Renacimiento en Italia y los Países Bajos, y compáralo con su difusión en España.

❖ *Felipe II construyó este palacio-monasterio de El Escorial como centro espiritual y burocrático desde donde dirigir su Imperio.*

CAPÍTULO 4

EL IMPERIO ESPAÑOL

CARLOS I Y FELIPE II

❖ **EL IMPERIO ESPAÑOL DE UN VISTAZO** ❖

Reyes y principales acontecimientos políticos

- ◆ Reinado de Carlos I (1517–1556)
- ◆ Reinado de Felipe II (1556–1598)

Política

- ◆ **Carlos I:** Ideal de monarquía universal. Política de expansión por Europa. Inicia la contrarreforma: lucha contra los protestantes. Creación de un Imperio plurinacional.
- ◆ Desgaste de recursos humanos y económicos de España (Castilla) en las guerras por la supremacía europea.
- ◆ En América: conquista de los imperios azteca e inca. Llegada de grandes riquezas a España, pero se gastan rápidamente en guerras.
- ◆ **Felipe II:** No europeísmo sino españolismo. Guerras más defensivas que de expansión. Se cierran las fronteras a las influencias exteriores. Fuerte actividad de la Contrarreforma y la Inquisición.
- ◆ Trata de centralizar el Imperio burocráticamente desde la nueva capital, Madrid.

- ◆ Derrota ante Inglaterra de la Armada Invencible. Empieza la decadencia del Imperio (pierde su poder marítimo).

Cultura y sociedad
- ◆ En el arte y la literatura cortesanos triunfan los valores renacentistas (serenidad, humanismo, optimismo). Corriente crítica: el erasmismo.
- ◆ El monasterio-palacio-mausoleo de El Escorial (Felipe II), severo y centralizado, máxima expresión del renacimiento cristiano español.
- ◆ Aumento de la pobreza y el número de marginados. Se refleja en la aparición de un nuevo género literario: la novela picaresca, que refleja con realismo el mundo de los marginados. Primer paso hacia la novela moderna.
- ◆ Literatura y espiritualidad mística y ascética: Santa Teresa, San Juan de la Cruz, Fray Luis de León.
- ◆ Finales de siglo: manierismo, estilo de transición entre el renacimiento y el barroco. Principal representante: el pintor El Greco.

EL PRIMER IMPERIO MODERNO

¿Sabías que un día España tuvo en el mundo el papel de líder que hoy tienen los Estados Unidos? ¿Y que igual que hoy en día podemos hablar de una "americanización" en la cultura mundial, en el siglo XVI existió una "españolización" del mundo?

El **Imperio español**, a medio camino entre el viejo modelo romano y el modelo de Imperio colonial del siglo XIX (como el Imperio británico), fue el primer gran Imperio de la Edad Moderna, pero tuvo relativamente una corta duración: **su hegemonía duró apenas un siglo**. El Imperio de los reyes Austrias españoles se formó con excesiva rapidez, y era demasiado extenso para el rudimentario sistema de gobierno de la época. Piensa, por ejemplo, en la lentitud de las comunicaciones y transportes. ¡Podían pasar meses hasta que el rey español se enterara de algo que había pasado en sus colonias americanas! Además, en este siglo **se consolidan las modernas nacionalidades europeas** (Inglaterra, Francia, Alemania). Estos nacionalismos individuales **se opondrán al ideal universalista** (basado en el principio medieval de la universalidad del cristianismo) del Imperio español.

Es también importante resaltar que, aunque para facilitar las cosas hablamos de "España" y de "Imperio español", hasta el siglo XVIII lo que llamamos "España" es en realidad un **estado plurinacional**. Es decir, tras la unificación conseguida por los Reyes Católicos, bajo la autoridad del rey español convivían un conjunto de antiguos reinos y tierras que conservaban sus leyes, costumbres, organización y hasta lenguas diferentes. Por ejemplo, los territorios vascos, en la Corona de Castilla, o Cataluña y Valencia, en la Corona de Aragón, conservaban todavía sus antiguas libertades y privilegios.

Con la subida al trono español de **Carlos I, esta plurinacionalidad llegará a tener dimensiones mundiales**. Durante su reinado (1517–1556), España pasa a formar parte de un inmenso Imperio, que unía, en la persona del emperador Carlos, territorios tan dispares como los Países Bajos, Alemania, parte de Italia, o los dominios españoles en América.

El esfuerzo por mantener las gigantescas dimensiones del Imperio y la hegemonía en Europa **acabará agotando la energía humana y la economía de España**. Carlos I deja a su hijo y heredero **Felipe II** un poderoso Imperio "en el que no se ponía el sol", pero un **Imperio en bancarrota**.

A diferencia de la monarquía universal de su padre, **Felipe tendrá una monarquía eminentemente hispánica**. Durante el reinado de Felipe II (1556–1598), España es todavía el país más poderoso del mundo, pero tras la muerte de este rey comenzará una rápida decadencia que se había venido gestando a lo largo del siglo.

Culturalmente este es un siglo brillante, que junto al siglo XVII se ha considerado la "**época de oro**" de la cultura española. Como el inglés hoy en día, el español era en el siglo XVI la lengua diplomática e internacional por excelencia, y en todas las Cortes europeas se seguían las modas y costumbres españolas. Desde principios de siglo hubo un **florecimiento intelectual** en la Península propiciado por la apertura de España hacia Europa durante la "monarquía universal" de Carlos I. La actitud crítica, racional y humanista del **erasmismo** influye en algunas de las mejores mentes del momento.

Un movimiento de renovación espiritual dentro de la Iglesia Católica liderado por Erasmo de Rotterdam.

Así en 1559 se celebran autos de fe de la Inquisición en Valladolid y Sevilla para erradicar los focos de "alumbrados", que se alejaban de la religión católica en una especie de misticismo.

Desde mediados del siglo XVI se produce una reacción contraria: a causa del **avance de la Reforma protestante** en Europa, **España**, principal defensora de la fe católica, se pone a la defensiva y **cierra sus fronteras a las influencias intelectuales y científicas europeas**. En el interior la Inquisición reprime cualquier desvío de la ortodoxia. A mediados de siglo el gobierno de Felipe II prohibe a los moriscos usar su lengua y vestimenta, por lo que estos se rebelaron en las Alpujarras, las montañas de Granada (fueron vencidos y dispersados). El aislamiento cultural de España traerá, a la larga, grandes problemas para el desarrollo intelectual y la modernización del país.

PANORAMA DE LOS REINADOS DE CARLOS I Y FELIPE II

Carlos I

Carlos de Habsburgo, hijo de Juana de Castilla (Juana "la Loca") y Felipe de Borgoña (Felipe "el Hermoso"), recibió de sus abuelos, los Reyes Católicos, una **fabulosa herencia** que lo convertía en el monarca más poderoso de Occidente:

❖ de su abuela materna, Isabel la Católica: **Castilla, las Islas Canarias, el Nuevo Mundo y ciudades estratégicas en el norte de África.**

❖ de su abuelo materno, Fernando el Católico: **la Corona de Aragón, Nápoles, Sicilia y Cerdeña.**

❖ de su abuelo paterno, Maximiliano de Austria: **Austria y los derechos al título de emperador de Alemania.**

❖ *Tiziano, retrato de Carlos I (Carlos V).*

El rey Carlos recibe cuatro diferentes denominaciones en los libros de historia. Por la familia de su padre, Carlos es llamado "**Carlos de Habsburgo**" y también "**Carlos de Austria**". Carlos era rey de España y emperador de Alemania (dos reinos diferentes aunque unidos bajo un mismo soberano), por lo que tiene distinta numeración en ambos países: es **Carlos I** en España y **Carlos V** en Alemania. Nosotros usaremos más Carlos I, pues nuestro enfoque es sobre todo en España.

Flamenco: de Flandes (hoy Países Bajos).

❖ de su abuela paterna, María de Borgoña: **el ducado de Borgoña, Luxemburgo, el Franco Condado y los Países Bajos** (**Holanda y Flandes**). Estos territorios rodeaban Francia, dejándola encerrada entre posesiones españolas. Esta será una de las principales causas del largo conflicto entre España y Francia.

Si localizas todas estas posesiones en el mapa del Imperio de Carlos V, verás que él era dueño de casi tres cuartos de Europa (sólo Francia e Inglaterra estaban totalmente libres de su influencia), más el continente americano y zonas puntuales en África.

El joven Carlos creció y fue educado fuera de España, en la ciudad flamenca de Gante. Por eso cuando llegó a España en 1517 para tomar posesión del trono, apenas sabía hablar español. Llegó rodeado de **consejeros flamencos**, a los que concedió importantes puestos en el gobierno de España. Esto provocó el descontento de la población castellana, en especial de la pequeña nobleza urbana, que veía sus prerrogativas tradicionales en peligro (la pequeña nobleza había ocupado la mayoría de los cargos burocráticos en el gobierno desde los Reyes Católicos). En 1520 Carlos I exige dinero de las Cortes para poder reclamar su derecho al trono alemán, y se va a Alemania para ser coronado emperador, dejando a sus ambiciosos consejeros extranjeros a cargo del reino. Por primera y última vez, **Castilla se resiste a la política de expansión europea de los**

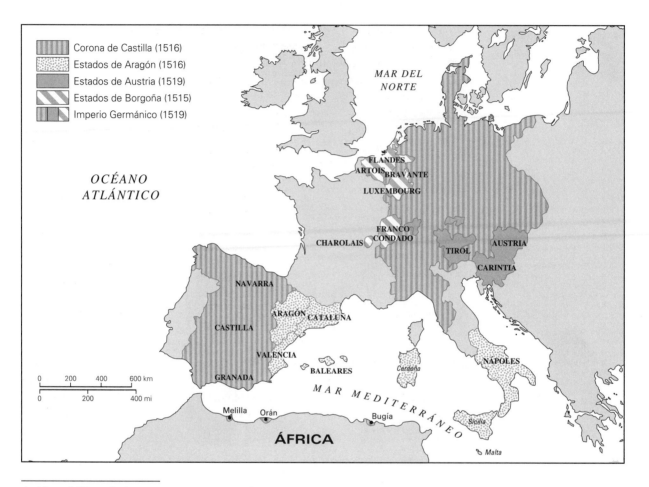

Corona de Castilla (1516)
Estados de Aragón (1516)
Estados de Austria (1519)
Estados de Borgoña (1515)
Imperio Germánico (1519)

MAR DEL NORTE

OCÉANO ATLÁNTICO

FLANDES
ARTOIS
BRAVANTE
LUXEMBOURG
FRANCO CONDADO
CHAROLAIS
TIROL
AUSTRIA
CARINTIA

NAVARRA
ARAGÓN
CATALUÑA
CASTILLA
VALENCIA
GRANADA
BALEARES
Cerdeña
NÁPOLES
Sicilia
MAR MEDITERRÁNEO
Malta

0   200   400   600 km
0   200   400 mi

Melilla   Orán   Bugía

ÁFRICA

❖ *Mapa del Imperio de Carlos V.*

Habsburgo. Las **Comunidades de las principales ciudades castellanas se rebelan** contra la autoridad del rey, pero **serán vencidas**, reforzándose así el absolutismo del monarca.

En el reino de Aragón también hubo violentas sublevaciones contra el nuevo rey por parte **de las "germanías"** valencianas (hermandades de artesanos y comerciantes). A diferencia de las Comunidades castellanas, las sublevaciones valencianas fueron de carácter popular. La propia nobleza aragonesa, que en un principio apoyó a las "germanías", asustada con la violencia del pueblo, ayudó al rey a sofocar la rebelión.

La consecuencia del fracaso de estas dos rebeliones, la de los comuneros y las germanías, es que **el poder del rey y de la alta nobleza se vio reforzado**.

Pacificado el interior de España, un nuevo problema comienza entonces en Alemania: el **protestantismo** gana cada vez más adeptos entre el pueblo y las clases altas. Frente al institucionalismo, dogmatismo y exterioridad ceremonial del catolicismo, la reforma protestante iniciada por Lutero proponía una religiosidad interior, una relación íntima con Dios. **El conflicto religioso era también político**, al apoyar algunos príncipes alemanes la nueva religión como forma de independizarse del emperador católico. El emperador Carlos trató de encontrar sin éxito una solución pacífica. Después de luchar contra ellos durante todo su reinado, Carlos V tuvo finalmente que admitir la presencia protestante en Alemania.

Los otros **problemas principales en la política exterior** de Carlos I fueron el continuo enfrentamiento con su rival **Francia**, las fricciones con el **Papado** (receloso de la presencia española en Italia) y la lucha contra los **turcos** por el dominio del Mediterráneo.

El **núcleo castellano** del Imperio fue el que **tuvo que sufragar los gastos de todas estas guerras**, con gran perjuicio de la economía (sobre todo para las clases trabajadoras, pues la nobleza y la Iglesia estaban exentos de impuestos). De **América** llegaban a Sevilla **tesoros fabulosos** como resultado de la reciente conquista de los ricos Imperios azteca e inca en México y Perú, y la explotación de las minas de metales preciosos. Pero las riquezas que llegaban de América **no favorecían a España, sino todo lo contrario**. La gran afluencia de oro y plata hizo que **la moneda se devaluara y los precios subieran**. Los productos españoles dejaron de ser competitivos con los europeos, y todo el sistema económico español comenzó a caerse. La Corona, en vez de aprovechar las riquezas americanas para mejorar la infraestructura de la economía española, las gastaba inmediatamente en sus campañas militares europeas. Al no existir una banca española, tanto Carlos como Felipe tuvieron que recurrir a **banqueros italianos y flamencos** para recibir **préstamos**, con lo que toda la riqueza se iba fuera de España.

Al final de su reinado, agotado por casi 50 años de luchas continuas por mantener la integridad de su Imperio y la unidad del cristianismo, Carlos I se retiró al monasterio de Yuste, renunciando al título de emperador alemán y pasó el título de emperador de Alemania a su hermano Fernando. Desde entonces dos ramas de la misma familia Habsburgo gobernaron España y Alemania, y sus descendientes a menudo se casaron entre sí. Dejaba a su hijo y sucesor Felipe II (ahora sólo rey de los dominios españoles) **una herencia contradictoria**.

Por un lado, la **realidad política y cultural** del Imperio era todavía **brillante**. España era dueña de medio mundo y había absorbido con provecho las corrientes del humanismo y erasmismo. Así, el palacio renacentista que Carlos I ordena construir en medio del conjunto árabe de la Alhambra expresa a un tiempo su poderío y el triunfo de la ordenada cosmovisión renacentista europea frente al pasado árabe español.

En literatura se pueden percibir dos tendencias: por un lado, triunfa la **moda pagana y renacentista** de las novelas de caballerías, pastoriles o moriscas. Las novelas de caballerías contaban las aventuras maravillosas de nobles caballeros. (Cervantes escribió *Don Quijote* más tarde como una parodia de estas novelas.) Las novelas pastoriles eran obras líricas en las que pastores y pastoras imaginarios y refinados contaban sus problemas amorosos. Las novelas moriscas son un producto del cercano pasado de coexistencia de árabes y cristianos en la Península, que ahora se idealiza. También, triunfa la poesía italianizante de poetas cortesanos como Garcilaso de la Vega. Es ésta una literatura **idealizada**, alejada de la realidad del momento. Junto a ella existe **otra tendencia más realista y pragmática**, como la aguda visión política de los diálogos erasmistas de los hermanos Valdés, o el dramatismo y plasticidad de los cronistas de Indias.

Sin embargo, frente a esta riqueza cultural, Felipe II hereda una **realidad socioeconómica desastrosa**. Las grandes ciudades del momento (Sevilla, Toledo, Valladolid) se llenan de masas de **mendigos**, muchos de ellos **pequeños campesinos arruinados**

Hoy en día el Papa es jefe de estado del minúsculo territorio del Vaticano, pero en esta época era señor de los Estados Pontificios, que incluían toda la ciudad de Roma y gran parte del centro de Italia.

Sevilla tenía la exclusiva del comercio americano. Esto era necesario para que la Corona pudiese controlar sus beneficios; recibía un quinto de las riquezas que llegaban en "la flota de Indias".

Las minas más famosas y productivas eran las minas de plata de Zacatecas, en México, y la de Potosí, en lo que hoy es Bolivia.

❖ *Palacio de Carlos V en la Alhambra. Se encuentra este palacio en medio del complejo palacial musulmán de la Alhambra.*

por la enorme carga fiscal y militar del Estado. La **represión inquisitorial**, que aumenta desde la mitad de siglo, crea en el pueblo una mentalidad de sospecha, resentimiento social y una obsesiva religiosidad que **seca el desarrollo intelectual de la nación**.

El realismo innovador de la novela picaresca, como *El Lazarillo de Tormes* (1554), representa con humor crítico esta situación de crisis de mediados de siglo. La picaresca es un tipo de novela que adquiere popularidad en este período. En ella, a diferencia de los mundos idealizados y artificiales que se presentaban en otros tipos de novela (como la de caballerías o pastoril), se presenta, de forma crudamente realista, un protagonista antiheroico (un "pícaro") en lucha contra un mundo cruel, de hambre, miseria, hipocresía y vanas ambiciones.

Felipe II

El reinado de Felipe II, al continuar básicamente la política internacional y doméstica de su padre, pero duplicando la represión interna, no hará sino empeorar estas circunstancias. Con respecto a la política doméstica, las causas sentenciadas por la Inquisición aumentan. El número fue creciendo hasta alcanzar su máximo entre los años 1580 y 1600.

"Isabel I": "Elizabeth the First", la reina bajo la que Inglaterra se convirtió en una gran potencia económica, política y cultural.

En la política internacional, además de Francia, Felipe tiene ahora como **enemigos** a los **Países Bajos**, que quieren independizarse de España, e **Inglaterra**, que se ha separado definitivamente de la Iglesia Católica al subir al trono Isabel I. Contra Inglaterra manda Felipe su "Gran Armada" (más tarde llamada, en tono de burla, "la **Armada Invencible**"). Una conjunción de adversidades naturales e ineptitud llevó a la destrucción de la mayoría de los barcos, lo que supuso el principio del **fin del dominio marítimo español**.

Felipe II, a diferencia de su padre (rey de España, emperador de Alemania), contaba con **un solo centro del Imperio, España**, y dentro de España, **Castilla**. Y en el centro de Castilla, Felipe II establece un nuevo centro: la capital del Imperio, **Madrid**, que pasa de ser un pueblo más a una enorme ciudad en la que, a imagen del Imperio español, todo se construía rápidamente, de forma precaria e imprevisora.

❖ *Gráfica del nivel de actividad de la Inquisición entre 1540–1620.*

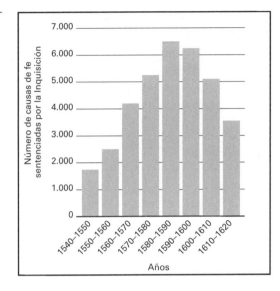

Cerca de Madrid, Felipe ordena construir un enorme palacio-monasterio-mausoleo-biblioteca-museo, **El Escorial**, en el que vivirá la mayor parte de su vida. Este edificio se convierte en el prototipo de las construcciones de los Austrias (y, en el futuro, de cualquier intento estatal de evocar "el Imperio"). Fíjate en la foto al principio de este capítulo: El Escorial, con su **rígida y austera simetría** en torno a una **iglesia central, representa** en buena medida la mentalidad de Felipe II y su época: **una política de centralización** y control burocrático del Imperio, y una **vida centrada en la religión**, de espiritualidad ascética.

El ascetismo es evitar los placeres de los sentidos como forma de purificar el alma y acercarse más a Dios.

❖ *Retrato de Felipe II. ¿Cómo describirías la sicología de este rey basándote en esta imagen?*

Fechas importantes del imperio español   Fechas importantes en el desarrollo cultural

Fechas importantes del imperio español	Fecha	Fechas importantes en el desarrollo cultural
	¿1500?	Nacimiento de los hermanos **Juan y Alfonso de Valdés**, prototipos del intelectual erasmista y defensores en sus escritos ("Diálogos" razonados, según la moda renacentista) de la política de Imperio cristiano de Carlos I
	¿1501?–1536	Vida del poeta cortesano **Garcilaso de la Vega**
	1515–1582	Vida de **Santa Teresa de Jesús** (Teresa de Cepeda y Ahumada), escritora mística y reformadora de la orden carmelita
Carlos de Habsburgo, nieto de los Reyes Católicos, llega a España para ser coronado **Carlos I de España**.	1517	
El mismo Carlos de Habsburgo es elegido **emperador de Alemania** (con el nombre de Carlos V).	1519	
Hernán Cortés inicia la conquista del Imperio azteca en **México**.		
Comienza el "**protestantismo**" en Europa, movimiento de reforma religiosa y separación de la Iglesia Católica iniciado por **Lutero** e impulsado por los príncipes alemanes como forma de preservar su autonomía frente al emperador Carlos V. España y el rey español se convierten en los grandes defensores de la fe católica.	1519 (aprox.)	
Rebelión contra el gobierno de Carlos I de los **comuneros** en Castilla y las **germanías** en Aragón.	1520–1521	
El barco capitaneado por Juan Sebastián **Elcano** **circunnavega el mundo** por primera vez.	1522	
Batalla de Pavía. Carlos I derrota a las tropas francesas y hace prisionero al rey francés, Francisco I. Por esta victoria, Carlos se asegura el Ducado de Milán (Italia), uniendo así sus dominios en el norte y sur de Europa y rodeando completamente Francia.	1525	
	1527–1591	Vida de **Fray Luis de León**, monje agustino, profesor en la Universidad de Salamanca, escritor ascético y humanista
	1530	Pedro Machuca construye el **palacio renacentista de Carlos V en la Alhambra**. Prohibida la entrada de libros luteranos en España.
Francisco Pizarro conquista el Imperio inca de **Perú**.	1532	
Carlos I, continuando la política africana de su abuelo Fernando el Católico, se apodera de **Túnez** (Norte de África), para tratar de parar los ataques de los piratas berberiscos a las costas y los barcos españoles.	1535	
	1540	Fundación de la **Compañía de Jesús** (los jesuitas) por **Ignacio de Loyola**
	1541/2–1614	Vida del pintor Doménico Theotokópulos, llamado **El Greco** (el griego), por haber nacido en la isla de Creta (parte de Grecia)
	1542–1591	Vida de **San Juan de la Cruz**, poeta místico y reformador carmelita
Concilio de Trento, promovido por el emperador Carlos, que establece las bases de defensa del catolicismo frente a la Reforma protestante (la Contrarreforma).	1545–1563	

Batalla de Mühlberg. Carlos V vence a los príncipes protestantes alemanes.	1547	
	1554	Publicación del *Lazarillo de Tormes*, prototipo de **novela picaresca**
Paz de Augsburgo entre protestantes y católicos alemanes. Carlos V pasa el título de emperador a su hermano Fernando. **Alemania y España** son ahora **reinos independientes**, aunque regidos por la misma familia, los Habsburgo o casa de Austria.	1555	
Carlos I se retira al monasterio de Yuste (España), y **abdica en su hijo, Felipe II**. La monarquía de Felipe no será ya universal como la de su padre, sino hispánica, centrada en España y sobre todo en Castilla.	1556	
Felipe II sube al trono de España.	1556	
Batalla de San Quintín. Victoria española sobre los franceses, que consolida la hegemonía española en Europa. Primera **bancarrota** de la Corona española.	1557	
	1558	**Se prohíbe la importación de libros extranjeros.** Todos los libros publicados en España debían tener la aprobación del Consejo de Castilla.
	1559	**"Autos de fe"** (castigos públicos) para eliminar focos de protestantismo en **Valladolid y Sevilla. Se prohíbe a los estudiantes españoles ir a estudiar al extranjero.**
Felipe II establece la **capital de España en Madrid**.	1561	
	1563–1584	Construcción del **palacio-monasterio de El Escorial** para Felipe II, terminado por el arquitecto Herrera, cuyo estilo severo y desnudo se impone como moda arquitectónica.
Rebelión en Flandes, apoyada por los protestantes alemanes y por Inglaterra	1566	
Sublevación de los moriscos en las Alpujarras	1568	
Batalla de Lepanto. Triunfo de la coalición llamada la "Santa Liga" (España, Venecia y el Papa) contra la flota turca. Esta victoria dificultó el dominio turco del Mediterráneo.	1571	
Felipe II se convierte en **rey de Portugal**, pues el último rey portugués, don Sebastián, muere sin descendientes. Se completa así la unidad de la Península soñado por sus bisabuelos, los Reyes Católicos.	1580	
Catástrofe de la "Gran Armada" (o "**Armada invencible**") que Felipe II había enviado a invadir la Inglaterra de Elizabeth I. Inglaterra se convertirá en la nueva gran potencia marítima.	1588	
Guerra con Francia.	1589–1598	
Disturbios, intervención militar y **restricción de las libertades jurídicas de Aragón**. Se inicia así el proceso de unificación jurídica de los reinos españoles.	1591	
Muere Felipe II, que deja como heredero a su poco preparado hijo, Felipe III.	1598	

❖ *El Greco,* El entierro del
Conde Orgaz *(1586–1588).*
¿Puedes ver en este cuadro
características renacentistas—
serenidad, armonía,
antropocentrismo—y
del futuro barroco—
espectacularidad, contrastes,
religiosidad?

Fíjate ahora en el retrato de Felipe II. El rey más poderoso de la tierra era exteriormente, como su palacio de El Escorial, muy sobrio y serio ("un rey burócrata"). Pero Felipe II en realidad era también, como su padre, un gran coleccionista y conocedor de arte, que reunió en el interior de su palacio una espléndida colección del mejor arte europeo de su tiempo (que hoy podemos disfrutar en el Museo del Prado en Madrid).

Si en la época de Carlos I artistas y escritores, siguiendo la moda renacentista italiana, usaron temas paganos, la época de Felipe II se caracteriza por una intensa religiosidad y defensa del catolicismo en las artes y letras. El **arte del Greco** se ha identificado muchas veces con el espíritu de esta época por su **estilo manierista** de exacerbada espiritualidad, con personajes que siempre parecen estar en un éxtasis místico. El Greco, sin embargo, no contó con el favor de Felipe II y pintó mayormente para los nobles y la poderosa Iglesia de Toledo.

El manierismo es un estilo de transición entre la serenidad renacentista y la exageración barroca.

En esta línea de espiritualidad se desarrolla también la mejor literatura de la segunda mitad de siglo: la prosa y poesía mística de **San Juan de la Cruz** y **Santa Teresa**, y la obra humanista y ascética de **Fray Luis de León**.

El esplendor cultural continuará durante el siglo siguiente, acentuándose las características de esta segunda mitad de siglo: artes y letras dedicadas sobre todo a defender la religión católica y la monarquía, que recurren cada vez más a lo emocional, la sorpresa o el impacto para captar la atención del público.

TEXTOS Y CONTEXTOS

I. Triunfo del Renacimiento: secularización, subjetividad, idealismo

Garcilaso de la Vega, noble capitán y poeta ("hombre de armas y de letras"), es quizás el mejor representante del triunfo de los valores del renacimiento italiano en la cultura española de la primera mitad del siglo XVI: secularización, uso de temas clásicos (pastoriles, mitológicos etc.), exaltación del ser humano, de la perfección de su cuerpo (sobre todo del femenino), y análisis introspectivo de sentimientos y emociones (de su subjetividad). Sin embargo, en muchos de sus poemas, más que un feliz optimismo renacentista (la perfección de hombre y mundo, la armonía del cosmos), encontramos una reflexión melancólica producida sobre todo por el paso del tiempo y la fugacidad de los placeres mundanos. Algunos críticos han visto en esta melancolía poética de Garcilaso casi una profecía de la fugacidad del Imperio, cuya triunfante "primavera" (que el propio poeta vivió como capitán victorioso en Italia) pronto se convertiría en decadente "otoño". El siguiente texto es el "Soneto XXIII" de Garcilaso. El soneto es una composición poética que procede de Italia. Consta de 14 versos endecasílabos (de 11 sílabas) organizados en dos cuartetos (estrofa de 4 versos que riman ABBA) y dos tercetos (estrofa de 3 versos de rima variable). La brevedad y estricta organización del soneto obliga a condensar y disciplinar mucho el pensamiento poético. Introducido en el Renacimiento, el soneto es un tipo de composición que se hizo muy popular en la literatura española hasta nuestros días.

Soneto XXIII

azucena: *white lily*
gesto: cara

En tanto que de rosa y azucena°
se muestra la color en vuestro gesto°,
y que vuestro mirar ardiente, honesto,
enciende el corazón y lo refrena,

cabello: pelo
presto: rápido
enhiesto: *straight and long*

y en tanto que el cabello°, que en la vena
del oro se escogió, con vuelo presto°,
por el hermoso cuello, blanco, enhiesto°,
el viento mueve, esparce y desordena,

airado: enfadado, enojado
cumbre: *peak*

coged de vuestra alegre primavera
el dulce fruto, antes que el tiempo airado°
cubra de nieve la hermosa cumbre°.

marchitará: *will wilt, wither*
edad ligera: *fleeting time*

Marchitará° la rosa el viento helado,
todo lo mudará la edad ligera°
por no hacer mudanza en su costumbre.

Primera lectura

1. Las dos primeras estrofas son una sola oración que no se termina. Describen de forma selectiva la belleza de una joven, pero la sitúan en una duración temporal indefinida y pendiente de conclusión, marcada por "en tanto, en tanto". Podemos entonces deducir desde el principio que esa belleza no va a durar siempre, que existe en un transitorio paréntesis temporal. ¿Cuáles son las imágenes de la belleza femenina que seleccionan y describen estas estrofas? ¿Crees que es una mujer específica o una belleza femenina ideal y abstracta? ¿Puedes pensar en alguna imagen de mujer de un cuadro del Renacimiento, por ejemplo—la Venus de Botticelli— que se corresponda con esta descripción?

2. ¿Qué tipo de imágenes o metáforas se usan para describir a la mujer? ¿Cuál crees que es el prototipo de belleza femenina en el Renacimiento? ¿Existen hoy los mismos gustos?

3. ¿Hay algo en estas imágenes que "feche" el poema, lo sitúe en esta época específica (S. XVI), o podría ser de cualquier época o lugar?

4. ¿Tiene la mujer que es objeto de este poema un papel activo o pasivo? ¿Hay un cambio de pasividad a actividad a lo largo del soneto? ¿Por qué se produce este cambio?

5. Las dos últimas estrofas son la conclusión de la larga frase o paréntesis temporal de los dos primeros cuartetos. ¿Qué es lo que aconseja el poeta que la mujer haga mientras es todavía joven y bella? Interpreta la metáfora "el tiempo airado cubra de nieve la hermosa cumbre". ¿A qué se refiere aquí esta "hermosa cumbre"? ¿Qué conclusiones puedes extraer de este tipo de imágenes sobre la armonía o correlación entre ser humano y naturaleza que veían los hombres del Renacimiento?

6. La última estrofa, ¿es una referencia específica a la mujer del poema o una reflexión general sobre el inflexible paso del tiempo? Después de completar su lectura, ¿cuál es, en tu opinión, el tema de este poema?

Para conversar o escribir

Este soneto desarrolla un tema tradicional de la literatura clásica grecolatina, el del "Carpe Diem" (*Seize the Day*). Como puedes ver en este poema, el deseo renacentista de emular la literatura clásica hace que se evite cualquier referencia a la moralidad o religión cristiana. Compara las reflexiones y conclusiones filosóficas sobre la fugacidad de la vida en este soneto y en las *Coplas a la muerte de su padre* de Jorge Manrique que vimos en el capítulo anterior. Analiza a la luz de estos dos poemas las diferencias (o posibles continuidades) entre la mentalidad medieval y la renacentista.

II. Humanismo cristiano: la poesía ascética de Fray Luis de León

Fray Luis de León fue profesor de Escritura en la prestigiosa Universidad de Salamanca. Tenía una gran formación humanística. Tradujo clásicos griegos y latinos, y también partes de la Biblia, como el Cantar de los Cantares. Este último resultó en un grave conflicto con la institución eclesiástica. Uno de los puntos de la reforma protestante era el derecho a la libre interpretación personal (no institucional) de la Biblia; por eso la Iglesia Católica había aumentado su intolerancia hacia las traducciones bíblicas no oficiales. Fray Luis fue denunciado a la Inquisición por haber traducido el Cantar de los Cantares y pasó varios años en una terrible prisión. Sin embargo, su poesía, de una increíble serenidad y dulce armonía, no refleja el sufrimiento de su vida más que con veladas alusiones. La mayoría de sus poemas, aunque tengan una inspiración clásica, son de contenido cristiano, moral o religioso. Vamos a ver aquí el comienzo de uno de sus poemas más famosos, la "Oda a la vida retirada". Se trata de una traducción y adaptación libre del famoso poema "Beatus Ille" del autor latino Horacio, pero Fray Luis lo ha reconvertido en un poema muy personal y muy de su tiempo. A la vez que expresa sus ansias de soledad y de perfección ascética, está rechazando la sociedad de su época, en la que la abundancia de riqueza todo lo corrompe, y en la que anónimas "lenguas" (como la que le llevó a él a la cárcel) crean o destruyen reputaciones en un instante. Recuerda al leer este poema lo que leíste en la introducción sobre los peligros de la abundancia de riqueza en España y la mentalidad de sospecha que había creado la represión religiosa en la sociedad española.

> ¡Qué descansada vida
> la del que huye del mundanal° ruido
> y sigue la escondida
> senda°, por donde han ido
> los pocos sabios que en el mundo han sido!
>
> Que no le enturbia° el pecho
> de los soberbios° grandes el estado°,
> ni del dorado techo
> se admira fabricado
> del sabio moro, en jaspes sustentado°.
>
> No cura° si la fama
> canta con voz su nombre pregonera°,
> ni cura si encarama°
> la lengua lisonjera°
> lo que condena la verdad sincera.

mundanal: del mundo
senda: pequeño camino

enturbia: *clouds*
soberbios: *proud* / **estado:** casa grande

en jaspes sustentado: *supported by jasper columns* / **no cura:** no se preocupa

pregonera: *of a town crier* ("pregonera" modifica, "voz") / **encarama:** *helps to succeed* / **lisonjera:** *flattering*

Primera lectura

1. ¿A quién o qué admira la voz poética? ¿Qué es lo que han hecho "los pocos sabios que en el mundo han sido"?

2. ¿Por qué bienes, materiales y no materiales, **no** se tiene que preocupar la persona de vida retirada?

3. ¿Quién es el sabio autor de los "dorados techos" de las mansiones de los ricos? ¿Qué nos dice esto sobre la pervivencia y prestigio de la presencia cultural de los árabes en la Península?

4. ¿Por qué no le importa la fama a la persona de vida retirada? ¿Cómo se consigue la fama, y qué opinión tiene de ella el autor del poema? ¿A qué se contrapone la "verdad sincera"?

Para conversar o escribir

1. Contrasta el valor de la fama en este poema y en las *Coplas a la muerte de su padre* de Jorge Manrique. ¿Por qué crees que Fray Luis tiene esta visión negativa de la fama, cuando era tan positiva para Manrique? ¿Cuál de ellas te parece más próxima a la idea actual de "fama"?

2. Lee en voz alta el soneto de Garcilaso y la "Oda a la vida retirada" de Fray Luis de León. Compara su sonoridad, ritmo y complejidad gramatical con los de la poesía del siglo anterior (Manrique) o de la Edad Media. Establece deducciones sobre el tipo de evolución que produce la influencia del renacimiento italiano en la literatura y lengua culta españolas.

III. El erasmismo en España: crítica racional a la superstición en el catolicismo

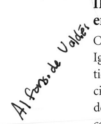

Al foro de Valdés

Como leíste en la introducción, la doctrina de Erasmo no buscaba la ruptura con la Iglesia Católica, sino que intentó renovarla espiritualmente para adecuarla a los nuevos tiempos. Uno de los principales puntos de crítica del erasmismo era el de las supersticiones, como el culto a las reliquias de santos, que muchas veces no eran sino una forma de sacar dinero a los ignorantes. Alfonso de Valdés, secretario del rey Carlos I, fue, junto con su hermano Juan, uno de los más distinguidos e inteligentes erasmistas españoles. En su obra *Diálogo de las cosas ocurridas en Roma*, Alfonso de Valdés censura estos aspectos de la Iglesia Católica. De este modo, defiende de paso la política del emperador Carlos V al guerrear contra el Papa por las posesiones italianas. Valdés argumenta que el Papa no es un buen líder de la Iglesia, pues es incapaz de solucionar esta situación de corrupción e ignorancia, con lo que trata de justificar el ataque del emperador.

corremos toros: *we have bullfights* / **en su día:** *on the Saint's day* / **apedreará:** *(Saint Bartholomew) will send hailstorms* / **viñas:** *vineyards* / **gentilidad:** no ser cristiano / **oficios:** profesiones / **Mars:** (Marte) dios de la guerra en la mitología romana

Según la creencia de la época, Santiago y San Jorge eran santos guerreros que ayudaban a los cristianos en la batalla (igual que los romanos creían que el dios Marte intervenía en las batallas). María Magdalena, según el evangelio y la tradición, era una mujer pública que se hizo penitente tras conocer a Jesucristo. Las prostitutas la tenían por santa patrona, igual que en la época clásica tenían a Venus.

[…] El que quiere honrar a un santo debería trabajar de seguir sus santas virtudes, y ahora en lugar de esto corremos toros° en su día°, […] y decimos que tenemos por devoción de matar cuatro toros el día de San Bartolomé, y si no se los matamos, habemos miedo que nos apedreará° las viñas°. ¿Qué mayor gentilidad° queréis que esta? ¿Qué se me da más tener por devoción matar cuatro toros el día de San Bartolomé que de sacrificar cuatro toros a San Bartolomé? […] ¿Queréis ver otra semejante gentilidad, no menos clara que esta? Mirad cómo habemos repartido entre nuestros santos los oficios° que tenían los dioses de los gentiles. En lugar de dios Mars°, han sucedido Santiago y San Jorge […] en lugar de Venus, la Magdalena.

Primera lectura

1. Según el autor, ¿cómo se debe dar culto propiamente a los santos? ¿Qué es lo que hacen los cristianos en España?

2. ¿Por qué ofrecen matar cuatro toros a San Bartolomé? Según el autor, ¿es esto devoción o superstición?

3. ¿Cuál es otro ejemplo de paganismo o gentilidad entre los cristianos, según el autor?

4. ¿Qué santos cristianos ocupan el lugar del dios de la guerra y la diosa del amor de los romanos?

Para conversar o escribir

1. ¿Qué características de la cultura popular podemos deducir de este fragmento? ¿Cuál parece ser una de las diversiones favoritas del pueblo en España? ¿Conoces alguna muestra actual de la supervivencia de esta costumbre española de correr los toros para honrar a un santo? ¿Crees que en esta época de continua inseguridad económica (sobre todo para los campesinos) la religión podía ser la única solución o consuelo para los problemas de la gente sencilla?

2. ¿Puedes pensar en algún ejemplo de diversiones o celebraciones populares en EE.UU. que tengan un origen o vinculación con la religión? Partiendo de los argumentos de Valdés a favor de una religión más pura y espiritual, discutid si la religión debe ser, o no, organizadora de la vida social.

3. En grupos o parejas, haced una pequeña investigación entre las personas de la clase, o buscad información fuera de ella para descubrir si en el catolicismo todavía hay santos patrones de las profesiones o para curar distintas enfermedades, y presentad un informe a la clase, tratando de explicar la razón de la vigencia de este fenómeno.

IV. Crítica social de raíz erasmista: *La vida de Lazarillo de Tormes*

La vida de Lazarillo de Tormes se ha considerado como el primer ejemplo de novela picaresca: narración contada en primera persona por un pobre muchacho ("antihéroe") que debe esforzarse por sobrevivir, a menudo recurriendo al engaño o a la abyección. El *Lazarillo* no presenta una imagen tan oscura y pesimista de la sociedad española como la de las novelas picarescas del próximo siglo (siglo XVII), ni su protagonista es tan amoral como lo serán los "pícaros" de esas novelas. Está escrito en un jovial tono humorístico, predominando, en las aventuras del muchacho con sus distintos amos, la sátira y crítica de la hipocresía social. Probablemente, su anónimo autor recibió influencias del erasmismo—aunque también se ha especulado la posibilidad de que se tratara de un judío converso—por su visión sarcástica del materialismo e ignorancia del clero, y del orgullo suicida de los hidalgos, "cristianos viejos", que prefieren morir de hambre antes que humillarse y trabajar. Vamos a ver aquí un fragmento del capítulo en el que Lázaro entra a servir a un escudero, de apariencia rica y noble, pero que en realidad no tiene ni qué comer.

Un hidalgo es una persona de noble familia, abreviación de "hijo de algo"

topé: encontré

do: donde

tendido paso: *slow pace*

desta: de esta

vuestra merced: título de respeto que derivó en el moderno 'usted'

ansí: así

Era de mañana cuando este mi tercero amo topé°. Y llevóme tras sí gran parte de la ciudad. Pasábamos por las plazas do° se vendía [el] pan y otras provisiones. Yo pensaba y aun deseaba que allí me quería cargar [con] lo que se vendía, porque esta era propia hora, cuando se suele proveer de lo necesario; mas muy a tendido paso° pasaba por estas cosas. […]

Desta° manera anduvimos hasta que dio las once. Entonces se entró en la iglesia mayor, y yo tras él, y muy devotamente le vi oír [la] misa y los otros oficios divinos […]

En este tiempo dio el reloj la una después de mediodía, y llegamos a una casa ante la cual mi amo se paró, y yo con él […]

—Tú, mozo, ¿has comido?
—No, señor —dije yo—; que aún no eran dadas las ocho cuando con vuestra merced° encontré.
—Pues, aunque de mañana, yo había almorzado, y cuando ansí como algo, hágote saber que hasta la noche me estoy ansí°. Por eso, pásate como pudieres, que después cenaremos.

[*Ambos pasan el día sin comer ni cenar, y duermen en una cama terrible, único mueble de la casa; al día siguiente, viendo salir a su amo —sin desayunar— muy elegante a la calle, Lázaro exclama:*]

—[…] ¿A quién no engañara aquella buena disposición y razonable capa y sayo°? ¿Y quién pensara que aquel gentil hombre se pasó ayer todo el día sin comer […]? Nadie por cierto lo sospechara. ¡Oh Señor°, y cuántos de aquestos debéis vos tener por el mundo derramados°, que padescen por la negra que llaman honra lo que por vos° no sufrirán!

sayo: *robe*

Señor: *Lord, God*
derramados: *are spread*
vos: tú

Primera lectura

1. ¿En qué momento del día empieza Lázaro a servir a su nuevo amo? ¿Cómo pasan la mañana? ¿Dónde se vendían las provisiones en la ciudad? ¿Compran algo? ¿Dónde van después de pasear? ¿Qué nos dice esto sobre la personalidad del escudero?

2. Cuando llegan a la casa del hidalgo, ¿qué le pregunta éste a Lázaro? ¿Por qué le dice que hoy se pasará sin comer? ¿Crees que esta respuesta es sincera o es una excusa?

3. ¿Qué exclama Lázaro cuando sale el hambriento escudero? ¿Cuál es la conclusión ético-religiosa que extrae de este deseo de "guardar las apariencias" de los pobres hidalgos?

Para conversar o escribir

1. Compara este fragmento con el exquisito soneto de Garcilaso. ¿Cuál de los dos tipos de literatura crees que refleja mejor la realidad de la época? ¿Cómo se produce la sensación de realismo en el *Lazarillo*?

2. Recordando lo que leíste en la introducción y buscando más información sobre el tema, explica cuál era la problemática de la pequeña nobleza castellana en esta época. Don Quijote de la Mancha era otro famoso hidalgo literario que se volvió loco al leer libros y se creyó que era un gran caballero de otros tiempos. ¿Qué crees que indican estos ejemplos literarios sobre la adecuación (o la falta de adecuación) de los valores nobiliarios a los tiempos modernos?

V. Choque de dos culturas: el (des)encuentro de los españoles y los indígenas americanos

Desde el descubrimiento de América, la conquista había avanzado a una increíble velocidad. Era tanta la diferencia de tecnología y mentalidad, que muchas veces eran sólo unos pocos hombres, aventureros y sin mucha educación, los que se enfrentaban y masacraban grandes civilizaciones (como fue el caso de Francisco Pizarro en el Perú). Los españoles tenían armas de fuego, armaduras de acero, perros y caballos, que los indígenas desconocían. Esto los hacía superiores en la lucha, pese a la superioridad numérica de los indios. La total falta de comprensión entre unos y otros solía ser fatal para los indios. Vamos a ver aquí un caso en el que los conquistadores españoles, completamente seguros de su misión y derecho de conquista, aplican su lógica legal y cristiana en su encuentro con los indios. Antes de realizar una conquista, había que pasar

❖ *Murillo, El joven mendigo. Aunque idealizado, este cuadro refleja la realidad de los mendigos, muchos de ellos niños, que, como el Lazarillo, poblaban las cuidades españoles.*

por un procedimiento jurídico llamado "requerimiento," que consistía en la lectura de un largo y complejo documento. El requerimiento explicaba porqué el Rey de Castilla tenía derecho divino sobre las nuevas tierras. Los indios, como es lógico, no entendían nada. En este ejemplo, los indios dan una divertida (¡y razonable!) respuesta al requerimiento; no obstante, el caso acaba en tragedia para los indios.

caciques: *jefes indios*

Yo requerí de parte del Rey de Castilla a dos caciques° destos del Cenú [en el golfo de Darién], que fuesen del Rey de Castilla, y que les hacía saber cómo había un sólo Dios [...] [sigue un resumen del Requerimiento]

Respondiéronme que en lo que decía no había sino un Dios y que éste gobernaba el cielo y la tierra y que era señor de todo, que les parecía bien y que así debía ser. Pero que en lo que decía que el Papa era Señor de todo el Universo, en lugar de Dios, y que él había hecho merced° de aquella tierra al Rey de Castilla, dijeron que el Papa debía estar borracho cuando lo hizo, pues daba lo que no era suyo; y que el Rey, que pedía y tomaba la merced, debía ser [un] loco, pues pedía lo que era de otros. Y que fuese allá a tomarla, que ellos le pondrían la cabeza en un palo [...] y dijeron que ellos eran señores de su tierra, y que no habían menester° otro señor.

Yo les torné a° requerir que lo hiciesen; si no, que les haría la guerra y les tomaría el lugar, y que mataría a cuantos tomase, o los prendería° y los vendería por esclavos. Y respondiéronme, que ellos me pondrían la cabeza en un palo, y trabajaron por lo hacer; pero no pudieron, porque les tomamos el lugar por [la] fuerza [...].

merced: *regalo, donación*

menester: *necesidad*

torné a: *volví a*

los prendería: *I would take them for my prisoners*

Primera lectura

1. El "Requerimiento", ¿es sólo un documento legal o también religioso? ¿Qué nos indica esto sobre la relación entre la religión y el derecho en esta época?

2. ¿Qué se pide básicamente a los indios en el Requerimiento?

3. ¿En qué estaban los indios de acuerdo, o dispuestos a aceptar? ¿Qué es lo que les parecía totalmente ilógico? ¿Qué argumentos dan? ¿Están dispuestos a dejarse conquistar pacíficamente?

4. ¿Con qué les amenaza el capitán español si no se someten a su requerimiento? ¿Está él convencido de la justicia de su acto al conquistar a los indios?

Para conversar
o escribir

1. Compara el proceso de conquista de los indígenas durante la conquista española y la conquista y colonización de EE.UU. El encuentro de dos culturas con grados muy diferentes de civilización y avance tecnológico, ¿está destinada forzosamente a la incomprensión y el desastre? Compara estos desastres históricos con ejemplos de películas de ciencia ficción sobre el encuentro con seres de otros planetas, como *Independence Day* o *La Guerra de los Mundos* (*The War of the Worlds*, de Orson Welles). ¿Crees que estas ficciones son comparables al choque de culturas y masacre en el continente americano?

2. En grupos, escribid un pequeño diálogo teatral para representar la escena del requerimiento delante de la clase. Debéis darles el tono humorístico que hay en el fragmento leído, pero también debéis representar los aspectos trágicos e inhumanos del conflicto.

VI. Represión y aislamiento intelectual: la Pragmática de Felipe II prohibiendo estudiar en el extranjero

Tras la primera época de apertura a Europa e influencia del erasmismo en los círculos intelectuales, el avance de la Reforma protestante obliga a la Corona española a adoptar medidas defensivas contra las ideas que vienen del exterior. Se prohibe la entrada de libros extranjeros en España, se vigilan y censuran los que se producen en el interior y finalmente incluso se prohibe a los estudiantes universitarios ir a estudiar a universidades extranjeras. Vamos a ver aquí un texto legal ("Pragmática" o decreto) de 1559, en el que el rey Felipe II da un nuevo paso hacia el aislamiento cultural de la Península, como forma de conservar pura la fe cristiana (aquí excusado con argumentos económicos proteccionistas).

insignes: *famosas*

súbditos: *subjects* / **legos:** *lay people*

quiebra: *go bankrupt* / **otrosí:** *también*

Porque somos informados que, como quiera que en estos nuestros Reinos hay insignes° Universidades y Estudios y Colegios donde se enseñan y aprenden y estudian todas artes y facultades y ciencias, en las cuales hay personas muy doctas y suficientes en todas ciencias que leen y enseñan las dichas facultades, todavía muchos de los nuestros súbditos° y naturales, frailes, clérigos y legos°, salen y van a estudiar y aprender a otras Universidades fuera de estos Reinos y que las dichas Universidades van de cada día en gran disminución y quiebra°; y otrosí°, los dichos nuestros súbditos que salen fuera de estos Reinos se distraen y divierten, y vienen en otros inconvenientes; y que ansimesmo la cantidad de dineros que por esta causa se sacan y se expenden fuera de estos Reinos es grande, de que al bien público de este Reino se sigue daño.

[…] mandamos que de aquí adelante ninguno de los nuestros súbditos […] no puedan ir ni salir de estos Reinos a estudiar ni enseñar ni aprender, ni estar ni residir, en Universidades, Estudios ni Colegios fuera de estos Reinos; […].

Primera lectura

1. ¿Sabes cuáles son algunas de las buenas y famosas universidades españolas a las que se refiere Felipe II?

2. ¿Cuáles son los inconvenientes económicos y morales de la salida de los estudiantes al extranjero? ¿Qué crees que quiere decir realmente el rey cuando habla de "otros inconvenientes"?

3. Nota que Felipe II habla de "sus Reinos" en plural. ¿Cuáles eran estos reinos? ¿Qué nos confirma esto sobre el sistema de organización de territorios y gobierno bajo el reinado de los Austria?

Para conversar o escribir

Hoy en día gran cantidad de estudiantes estadounidenses salen al extranjero para completar sus estudios y adquirir experiencia en otra lengua o cultura. Quizás tú mismo te has beneficiado y disfrutado de este sistema de estudios internacionales. Poniéndote en la mentalidad de la época, imagina que eres un estudiante que desea ir a estudiar fuera de España. Escribe una carta (pero usando la lengua moderna) a Felipe II tratando de convencerle de los beneficios del intercambio cultural. Rebate sus argumentos económicos y expón los males que traerá a España su política de aislamiento.

VII. El corazón del Imperio: creación de Madrid como nueva capital

Felipe II había decidido fijar la capital de sus reinos en la pequeña ciudad de Madrid (que más o menos estaba situada en el centro geográfico de la Península). La siguiente descripción de Madrid, por un viajero de la época, nos da una buena idea de los problemas que tenía esta ciudad (y por extensión el conjunto de España): desequilibrio en la estructura social (con demasiados nobles y religiosos improductivos y sin una burguesía que generara riqueza); una burocracia cada día más compleja; una falta de infraestructura urbana para un crecimiento acelerado; un sistema económico anticuado, que dificultaba el movimiento de los productos y los gravaba excesivamente con todo tipo de impuestos; y una moneda cada día más baja, lo que hacía todo más caro e imposibilitaba la competencia económica con el resto de Europa.

burguesía: clase media
consejos: *committees*

carrozas: *carriages*
barrizales: *muddy places* / **polvo:** *dust*
insoportable: *unbearable* / **policía:** *leyes*
arrastrar las inmundicias: *to carry away the trash*

Aunque Madrid está poblado, hay en él, sin embargo, poca burguesía°. La casa del rey, los cortesanos, el gran número de consejos°, de tribunales y de personas que de ellos dependen, una cantidad extraordinaria de conventos del uno y del otro sexo, es lo que compone la mayor parte de la ciudad. Fuera de eso no hay más que algunos obreros para las cosas necesarias y algunos comerciantes. Es la ciudad del mundo más llena de carrozas° en proporción a su tamaño; a causa de la suciedad que allí se encuentra, en invierno los barrizales° son en Madrid horribles, y el polvo° en verano insoportable°. No se observa policía° ninguna para limpiar la ciudad; no hay agua en el río para arrastrar las inmundicias°, que permanecen en la calles durante todo el año. Sólo la bondad del aire puede remediar las consecuencias que debería causar esa

❖ *Pedro Texeira, grabado del centro de Madrid de la época de los Austrias.*

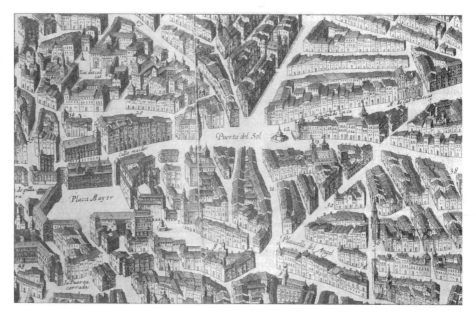

Los vendedores de productos y alimentos tenían que pagar toda una serie de impuestos (*taxes*) al entrar en una ciudad.

descrédito: *devaluation* / **carestía:** *high cost of living*

infección; por eso se puede decir que el aire y el agua son las únicas cosas buenas que hay en Madrid. Lo que depende del cuidado de los hombres está allí en un desarreglo extremado; las cosas necesarias a la vida llegan allí desde muy lejos, en coches de mulas y en carros, que las traen con grandes gastos y en pequeña cantidad; las entradas y los otros derechos son inmensos; el monopolio de los magistrados se extiende a todo, y desde el descrédito° de la moneda de cobre, la carestía° ha llegado a tal punto que excede en dos veces la de la ciudad más cara de Europa.

Primera lectura

1. ¿Qué grupos sociales componen la mayor parte de la población de la ciudad? ¿Qué es lo que la distingue de otras ciudades del mundo?

2. ¿Por qué existe este deseo general por pasear en carroza? Compara este deseo con la actitud orgullosa del hidalgo del Lazarillo, para quien era más importante salir a la calle a mostrar su buena figura que alimentarse. ¿Qué consecuencias puedes extraer de esto sobre la mentalidad de la nobleza española?

3. Hay gran cantidad de carrozas, pero ¿cuál es el estado físico de las calles? ¿Es Madrid una ciudad bien planificada?

4. ¿Cómo llegan y de dónde vienen los productos necesarios para la vida de la gran ciudad? ¿Qué es lo que los hace escasos y caros? ¿Por qué es Madrid la ciudad más cara de Europa?

Para conversar o escribir

1. En parejas y con este plano actual de Madrid, buscad la parte del "Madrid de los Austrias", el núcleo original de la ciudad que conoció el viajero autor de este texto. Describid a la clase la organización urbana de este sector. Las calles del Madrid de

❖ *Plano actual de Madrid.*

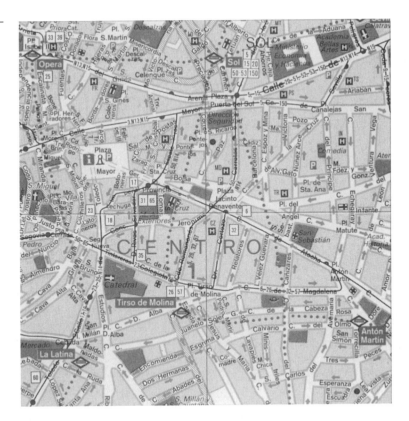

los Austrias, ¿son grandes o pequeñas? ¿Rectas o sinuosas? ¿Sigue la ciudad un plan geométrico, preconcebido o al parecer arbitrario?

2. En grupo o individualmente: eres un ciudadano de Madrid del siglo XVI (de la clase baja, de la burguesía o de la nobleza), y presentas un informe al Consejo de la Ciudad proponiendo soluciones a todos los inconvenientes de vivir en esta ciudad. La clase vota por el mejor plan.

VIII. La mujer en el siglo XVI: la vía religiosa

Quizás por influencia árabe, la mujer en la España post-reconquista encontró muy limitado su acceso a las actividades públicas. En general, las únicas opciones honorables para la mujer eran o el retiro del mundo en el interior de la casa familiar (como esposa, hija o hermana), o el retiro del mundo dentro de un convento. Las mujeres que, como Santa Teresa en España, o más tarde Sor Juana en la colonia de Nueva España (México), estaban dotadas de una excepcional inteligencia y dotes para la escritura escogieron la opción del convento, que al menos les dejaba más posibilidades de realizarse intelectual y espiritualmente. Teresa de Cepeda y Ahumada (más tarde canonizada como Santa Teresa de Jesús) procedía de una notable familia de Ávila. Había alguna sangre judía en su árbol genealógico, por lo que la Inquisición se encargó de investigar posibles "signos

Fundó la austera rama de las Carmelitas
Descalzas.

diabólicos" o "heréticos" cuando la santa comenzó a hacerse famosa por su actividad de reforma conventual. Sus éxtasis místicos, que, a instancias de su confesor, describe en sus libros con prosa sumamente expresiva, eran también sospechosos de herejía.

Vamos a ver ahora dos fragmentos del *Libro de su vida*, la autobiografía espiritual de Teresa de Cepeda. En el primero, la monja describe, con su voz fresca y espontánea, sus años de educación e iniciación a la vocación religiosa, **en pie de igualdad** con sus hermanos. El segundo fragmento es una burlona réplica de Teresa a los hombres intelectuales, "graves varones de la Iglesia", que no podían llegar a comprender como era posible que Dios favoreciese con el privilegio del éxtasis místico a una simple e inferior mujer.

La voz de Santa Teresa era hasta cierto punto artificialmente cándida, pues escribe para las monjas de los conventos fundados por ella, mujeres sencillas y de poca formación.

desayudaban: *they did not impede*

entrambos: los dos (mi hermano y yo)

Se refiere aquí a los libros de las vidas de santos. Eran un género muy popular en esta época, que a veces llegaba a ser tan exagerado en las descripciones de milagros y martirios de los santos como los fantásticos libros de caballería (a los que la niña Teresa también era adicta).

vía: veía / **concertábamos:** decidíamos / **descabezasen:** que no nos quitaran la cabeza / **si viéramos algún medio:** *if we would have had the means to do it* / **embarazo:** *obstacle*

A. Pues mis hermanos ninguna cosa me desayudaban° a servir a Dios. Tenía uno casi de mi edad (que era el que yo más que quería, aunque a todos tenía gran amor y ellos a mí); juntábamos entrambos° a leer vidas de santos.

Como vía° los martirios que por Dios los santos pasaban, parecíame compraban muy barato el ir a gozar de Dios, y deseaba yo mucho morir ansí (no por amor que yo entendiese tenerle, sino por gozar tan en breve de los grandes bienes que leía haber en el cielo); y juntábame con este mi hermano a tratar qué medio habría para esto [para poder sufrir martirio]: concertábamos° irnos a tierra de moros, pidiendo por amor de Dios para que allá nos descabezasen°; y paréceme que nos daba el Señor ánimo en tan tierna edad, si viéramos algún medio°, sino que el tener padres nos parecía el mayor embarazo°.

conviene: *it is appropriate*

porque: para que

Su Majestad: Dios / **hombres de tomo:** *bookish men*

anden señores de sí mismos: *let them be satisfied with just themselves*

B. Para mujercitas como yo, flacas y con poca fortaleza, me parece a mí conviene°, como Dios ahora lo hace, llevarme con regalos: porque° pueda sufrir algunos trabajos que ha querido Su Majestad° tenga. Mas para siervos de Dios, hombres de tomo°, de letras, de entendimiento, que veo hacer tanto caso de que Dios no les da devoción, que me hace disgusto oírlo. No digo yo que no la tomen [la devoción], si Dios se la da, y la tengan en mucho, porque entonces verá Su Majestad que conviene: mas que, cuando no la tuvieren, que no se fatiguen, y que entiendan que no es menester, pues Su Majestad no la da, y anden señores de sí mismos°.

Primera lectura

1. ¿Cómo eran los hermanos de Teresa? ¿A cuál prefería ella y por qué? ¿Qué tipo de libros leían juntos? ¿Qué ideas les inspiraba? ¿Adónde querían ir Teresa y su hermano para ser martirizados? ¿Cuál era entonces todavía la gran antítesis o enemigo de la cristiandad en la mentalidad hispana? ¿Cuál era el impedimento para su plan? ¿Puedes captar el humor en este pasaje?

2. ¿Por qué, dice Teresa, es conveniente que Dios conceda favores especiales a las mujeres? ¿Por qué, según ella, no deben de preocuparse los serios religiosos intelectuales (para los que también se destina este libro) de que Dios no les conceda los mismos favores? ¿Puedes ver en este párrafo un ejemplo de ironía, es decir, un momento en el que ella no es sincera, sino que emplea una estrategia de falsa humildad?

*Para conversar
o escribir*

1. Aunque los libros y el número de personas que podían leer era más bien escaso en esta época, parece que los libros tenían un fuerte impacto sobre los lectores, que in-

cluso trataban de ser iguales a los personajes de sus libros, como Santa Teresa con los mártires, o Don Quijote con los héroes de caballería. ¿Cuál es el medio que influye hoy más en la formación de la identidad de los jóvenes: libros, tiras cómicas, música, cine, TV, videojuegos? ¿Conoces algún caso, cómico o trágico, de identificación hasta la imitación con un héroe personal? ¿Crees que esto es algo propio de la juventud o dura toda la vida? ¿Es locura, rareza o algo inherentemente humano?

2. Discute la estrategia en defensa de los derechos de la mujer que hace Teresa en el segundo párrafo, y juzga el grado de efectividad de esta postura para ganar reconocimiento o espacio a las mujeres de la época. Hoy en día, ¿hay todavía algunos espacios públicos en los que la presencia de la mujer no está bien vista? Por ejemplo, las mujeres que quieren dedicarse a la política, ¿son más efectivas o populares siendo agresivas, o humildes y sumisas como Santa Teresa en este párrafo?

REPASO Y SÍNTESIS

1. ¿Cuáles fueron los dos monarcas que reinaron durante la mayor parte del siglo XVI en España, y cuáles son las continuidades y diferencias entre sus reinados?

2. ¿Qué quiere decir que el Imperio español era un "Imperio multinacional"? ¿Cómo se diferencia el Imperio español del Imperio romano?

3. ¿Por qué tuvo corta duración el Imperio español?

4. Describe los territorios que formaban el Imperio de Carlos I.

5. Explica algunos de los problemas interiores y exteriores del reinado de Carlos I. ¿Cómo afectó la política exterior a la economía del núcleo castellano?

6. Describe brevemente el contraste entre la realidad cultural y política en la época de Carlos I.

7. ¿Cuáles son dos tendencias de la literatura bajo Carlos I?

8. ¿Qué es el erasmismo y cómo influyó en la cultura española?

9. ¿Qué es la novela picaresca? ¿Cuál es su principal diferencia respecto a los géneros renacentistas de la novela de caballerías o pastoril? ¿Qué obra clásica

de la picaresca se escribió a finales del reinado de Carlos V?

10. ¿Qué efecto tuvo el desarrollo de la reforma protestante sobre la cultura española?

11. ¿Por qué se ha dicho que El Escorial representa el ideal de vida y gobierno de Felipe II?

12. ¿Qué fue la "Armada invencible"? Describe las consecuencias de su derrota.

13. Contrasta la poesía de Garcilaso y la de Fray Luis de León para analizar la evolución de la cultura renacentista entre los reinados de Carlos V y Felipe II.

14. Identifica a algunos de los principales protagonistas culturales del reinado de Felipe II. ¿Cuál es la característica común que los une?

15. Describe las consecuencias económicas en la Península de la explotación económica del continente americano. ¿La conquista y colonización de América fue beneficiosa o perjudicial para España?

16. ¿Qué era un "requerimiento"? ¿Qué refleja este proceso legal sobre la mentalidad española en la conquista y el choque cultural con los indígenas?

MÁS ALLÁ

1. Haz un trabajo de investigación sobre los conflictos religiosos (entre el catolicismo y el protestantismo) en Europa en el siglo XVI.

2. Visita páginas-web o consulta una bibliografía sobre la literatura y el arte del Renacimiento en Italia para precisar su influencia sobre la cultura española del siglo XVI.

3. Busca información para presentar a la clase sobre la literatura mística española del siglo XVI, centrándote en San Juan de la Cruz y Santa Teresa de Jesús.

4. Busca equivalentes en la literatura anglosajona a la poesía renacentista y la novela picaresca española.

5. ¿En qué museos de EE.UU. se encuentran hoy cuadros del Greco? ¿Hay alguno en tu ciudad o en sus proximidades? Busca imágenes de sus cuadros y trata de establecer una lista de características generales de su estética.

6. Investiga sobre la influencia de la Inquisición en la obra de San Juan de la Cruz, Santa Teresa o Fray Luis de León.

7. Encuentra ejemplos de la influencia arquitectónica y estética de El Escorial en otras construcciones españolas de la época o posteriores. Por ejemplo, bajo la dictadura de Franco, 1939–1975, muchos edificios oficiales se hicieron imitando la imagen de El Escorial.

8. Investiga sobre la situación, opresión e insurrección de los moriscos granadinos bajo Felipe II.

9. Busca información sobre otras minorías de la época, como los gitanos y los conversos. ¿Cómo les afectó la represión de la Inquisición? ¿Solían condenarse más hombres o más mujeres?

10. ¿Cómo era la situación de la mujer en el siglo XVI? Investiga sobre su situación general y sobre algunas de las mujeres excepcionales que se sobrepusieron al silencio que se les imponía.

❖ *Juan de Valdés Leal, El triunfo de la muerte, 1672. Este cuadro,*
que representa la irrelevancia de los bienes terrenales ante la muerte,
nos da idea de la sensación de fugacidad de la gloria y riqueza que
tenían los españoles que viven la decadencia del Imperio.

CAPÍTULO 5

EL SIGLO XVII
¿UN SIGLO DE ORO?

❖ **EL SIGLO XVII DE UN VISTAZO** ❖

Reyes (Casa de Austria
o Habsburgo)
- ◆ Felipe III: 1598–1621
- ◆ Felipe IV: 1621–1665
- ◆ Carlos II: 1665–1700

Política
- ◆ Pérdida de influencia política y militar en Europa. Francia sustituye a España como gran potencia europea.
- ◆ Los reyes españoles gobiernan a través de sus validos o "favoritos", muchas veces más ambiciosos que capaces.
- ◆ Desunión dentro de la monarquía de España: rebeliones de Cataluña y Portugal.
- ◆ Constante crisis económica: gran empobrecimiento de Castilla (que debe sufragar todas las empresas militares).
- ◆ Carlos II, el último rey Austria, muere sin descendencia. Nueva dinastía: los Borbón.

Cultura y sociedad	◆ Contraste entre el esplendor cultural y la crisis socioeconómica: grandes grupos de marginados, hambre, pobreza y opresión ideológica (Inquisición y Contrarreforma).
	◆ Búsqueda de homogeneidad y control religioso y étnico: expulsión de los moriscos, establecimiento de estatutos de limpieza de sangre.
	◆ Creación de una cultura del espectáculo y el artificio, brillante y extremada: el Barroco, a la que pertenecen algunas de las figuras y obras más universales de la cultura española: Cervantes, Velázquez, Lope de Vega etc.

UNA ACLARACIÓN SOBRE EL TÉRMINO "SIGLO DE ORO"

La época de la monarquía de la familia real de los Habsburgo o Austria (1516 a 1700) se conoce tradicionalmente como el "siglo de oro" de la historia española. Sin embargo, este término no parece ser muy exacto. Primero, no se trata de "siglo", sino de "siglos" (XVI y XVII). Y, segundo, sólo el siglo XVI fue una época dorada en lo político y militar cuando España llegó a ser el imperio más poderoso del mundo. Pero en el siglo XVII, España pierde todos sus territorios en Europa y se convierte en un país pobre, atrasado y débil—un panorama más oscuro que dorado.

¿Por qué se suele entonces hablar de esta época como "siglo" o "edad" de oro? Porque en el siglo XVII, **en contraste con la decadencia política y económica, la producción cultural es riquísima** y con una fuerte personalidad propia. Este es el siglo de pintores, como Velázquez y Zurbarán, y escritores, como Cervantes, Lope de Vega o Calderón de la Barca. Estos artistas y escritores dieron fama mundial a España y tuvieron muchísima importancia en la formación de su identidad cultural. En este sentido, el siglo XVII sí puede ser considerado un "siglo de oro".

La expresión "siglo de oro" implica también cierta **nostalgia nacionalista**. Desde el siglo XVIII, existe en España un gran sentimiento de inferioridad o dependencia cultural de Europa. Por eso se tiende a celebrar al siglo XVII como el último momento "dorado" de la independencia y esplendor cultural español.

PANORAMA DEL SIGLO XVII: CRISIS Y DECADENCIA

Aunque ya había habido varias crisis durante el siglo XVI, la situación económica empeora muchísimo durante el siglo XVII. La crisis era general: los precios subían, la moneda bajaba, cada vez llegaba menos riqueza del Nuevo Mundo, los hombres eran llevados a la guerra (que era constante, con Inglaterra, Francia y Holanda), no se fomentaba la industria y se importaba todo de Europa. La sociedad se polariza entre las **clases altas improductivas y grandes masas de marginados**, con una Iglesia convertida en un gran peso para la economía del país. La enorme población de religiosos no producía nada, y era mantenida por el Estado. Estos y otros factores, como malas cosechas, hambre y peste, **llevaron sobre todo a Castilla** (el antes poderoso "motor" de España) **a la ruina y la despoblación**. La novela picaresca, que se populariza en esta época, refleja esta realidad de hambre y desesperación en la que vivía la clase baja española.

Los reyes que ocupan el trono español en este siglo son los llamados "**Austrias menores**", **Felipe III, Felipe IV y Carlos II**. A diferencia de sus predecesores, estos reyes no gobernaron por sí mismos, sino que **delegaron el poder en sus "validos", nobles favoritos que gobernaban o "valían" en lugar del rey**. Estos realizaron una política suicida de guerras en Europa que malgastó las riquezas de América e hizo aún más débil a España.

❖ *El colapso del Imperio español en Europa, 1640–1714. A lo largo del siglo XVII, España va perdiendo los territorios clave que le garantizaban la hegemonía europea, e incluso tiene serios problemas internos. ¿Conservó España algún territorio en Europa después de 1714?*

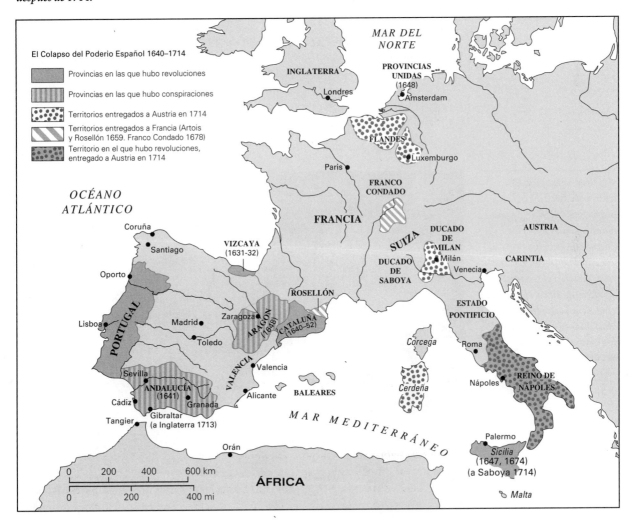

En el mapa que muestra el colapso del Imperio español en Europa se pueden apreciar los muchos problemas internos y la cantidad de territorios que España perdió en Europa en las guerras inútiles de este siglo.

Felipe III (1598–1621) era completamente diferente de su padre, el obstinado y poderoso Felipe II. De **personalidad débil y apática** y poco preparado para gobernar, fue rápidamente dominado por un noble ambicioso, su **valido** o favorito, el **duque de Lerma**, más preocupado por enriquecerse que por cuidar de los intereses de España. Durante el reinado de Felipe III se trató de aumentar la homogeneidad religiosa y étnica de España **expulsando a los 300.000 moriscos** que aún vivían en ella.

Felipe IV (1621–1665) llegó al trono demasiado joven, a los 16 años, y en seguida también lo dejó todo en manos de otro valido, el **conde-duque de Olivares**. Aunque inepto gobernante, Felipe IV tenía un gusto innato por las artes y las letras y por eso se convirtió en un gran protector de artistas y escritores. Su reinado es el **momento de mayor esplendor cultural** del siglo XVII. Además, su valido Olivares creó toda una campaña de propaganda artística para mejorar la imagen del rey. Por ejemplo, convirtió al genial **Diego Velázquez** (1599–1660) en pintor oficial de la Corte. La protección de la Corona permitió que Velázquez, uno de los artistas más importantes de la historia de la pintura mundial, desarrollara un estilo único, a veces próximo al impresionismo, con un sentido asombroso de las sicologías, la luz y la atmósfera.

Para hacer más popular y poderoso al rey, Olivares también patrocinó espectáculos públicos (teatro, toros, procesiones) y ordenó construir en Madrid un nuevo y más grandioso Palacio Real, adornado con suntuosos jardines y obras de arte. Llamados el

❖ *Diego Velázquez,* El triunfo de Baco *o* Los borrachos, *1629. Velázquez muestra aquí los efectos liberadores del vino para los que sufren miserias en esta vida. Observa el contraste agudo entre Baco, el dios del vino, de aspecto divino e ideal, blanco como mármol, con el crudo realismo y detalles cotidianos con que están representados los mendigos que le rodean.*

"Buen Retiro", los jardines de este palacio son hoy un hermoso y enorme parque público en el centro de Madrid. "El Retiro" es para Madrid lo que "Central Park" es para Nueva York.

Uno de los principales objetivos de Olivares era lograr la unidad de España. Hasta ahora el Estado había tratado de fomentar la **homogeneidad nacional en torno al ideal católico** (una de las razones de la creación de la Inquisición en 1478, y de la expulsión de los moriscos bajo Felipe III), pero todavía no existía una auténtica unidad nacional. Los territorios españoles tenían leyes, lenguas, culturas e intereses muy diferentes, y la religión no era suficiente para unirlos. El plan de Olivares era **unificar política y militarmente a toda España, siguiendo el modelo de su región central, Castilla.** Pero Castilla era ahora demasiado débil para el éxito de este plan. Cuando en 1640 Olivares trató de aumentar los impuestos para financiar la guerra contra Francia, se produjeron rebeliones separatistas en varias regiones, y **Cataluña y Portugal llegaron a independizarse de España.** Portugal se separó definitivamente, y para Cataluña (que vuelve a unirse a España en 1652), éste será un importante precedente histórico de separatismo. Así mismo, se perdieron los territorios en el norte de Europa (Holanda) por los que España tanto había luchado (¡y gastado!) en este siglo. Otras reformas que Olivares trató de introducir para sanear la economía y la moral nacional fracasaron por los enormes gastos de la guerra y la pasividad de la clase alta.

Como consecuencia de todos estos desastres y fracasos, **España deja de ser la principal potencia europea y Francia pasa a ocupar su lugar.** La firma de la **Paz de los Pirineos** (1659) con Francia y el matrimonio del rey francés, Luis XIV, con la hija de Felipe IV, marcan un cambio importante en la hegemonía europea.

❖ *J. Carreño de Miranda, Carlos II. Observa el aspecto enfermizo del ultimo rey Austria.*

· afeminado, infeliz, decadente, sin energía

· muere sin descendencia

Problemas mentales

Los miembros de la familia de los Austrias se casaban entre sí para poder mantener su gran imperio en Europa, lo que llegó a provocar evidentes problemas de consanguinidad (Carlos era hijo del matrimonio de Felipe IV con su sobrina, María Teresa de Austria).

Este tratado, que suponía el fin definitivo del poder español en Europa, incluía la boda de Luis XIV con María Teresa, la hija de Felipe IV. En un tapiz de la época se representa la entrega de la princesa española al rey francés. La escena es muy teatral y pone de relieve las diferencias de actitud y de vestir de españoles y franceses. Los fondos detrás de cada grupo son muy significativos: el lado francés muestra un amanecer, con gente y edificios; el español una puesta de sol en un lugar desierto.

El último rey de la dinastía Austria, Carlos II (1665–1700), llamado "el hechizado", era el símbolo viviente del final de una estirpe: degenerado, enfermizo e incapaz de concebir hijos. Sin embargo, pese a la pintura generalmente siniestra del reinado de este pobre rey, recientes investigaciones muestran que en realidad **la economía española**, por primera vez en este siglo de decadencia, **experimentó una ligera mejoría** bajo su reinado.

Cuando Carlos II muere sin descendencia en 1700, el **problema de la sucesión** al trono español se convirtió en objeto de conspiración en todas las cortes de Europa. Para evitar el desmembramiento de España que Austria, Inglaterra y Holanda estaban planeando, Carlos II dejó como heredero del trono a su sobrino, el francés Felipe de Anjou (**Felipe V de Borbón**), nieto de Luis XIV. Esto da lugar a una nueva guerra (la guerra de Sucesión) con los otros países europeos, que destruye la ligera recuperación económica. **Con el cambio de dinastía, la hegemonía europea pasa definitivamente a Francia**. La nueva dinastía de Borbón seguirá ocupando el trono de España hasta nuestros días. Juan Carlos I de Borbón es rey de España desde 1975.

LA SOCIEDAD Y CULTURA DEL "SIGLO DE ORO"

Como vimos en los capítulos anteriores, el ideal católico es el instrumento con el que la monarquía trata de unir a los diferentes reinos y culturas peninsulares; los que no se someten a él, como los judíos, son expulsados (1492) o eliminados por un poderosísimo sistema de control social, la **Inquisición**. Este énfasis obsesivo en la pureza religiosa dio origen a una marcada división social entre "**cristianos viejos**" ("descendientes de los godos" que no se mezclaron con musulmanes ni judíos) y "**cristianos nuevos**" (conversos o descendientes de conversos moros o judíos). Sólo los "cristianos viejos" con "sangre limpia" (que probaban mediante "estatutos de limpieza de sangre" aprobados por la Inquisición) podían acceder a puestos importantes en el Estado y la Iglesia, lo que fomentaba un obvio resentimiento social en el grupo de los "cristianos nuevos". Quizás fue esta situación de marginación la que propició que fueran sobre todo los "cristianos nuevos", buscando canalizar su frustración o crearse un mundo propio, los autores de algunas de las formas culturales y espirituales más ricas de esta época, como la novela picaresca o la religiosidad y literatura mística.

En esta "España católica", uno de los grupos más claramente marginados por su origen étnico y religioso eran los **moriscos**, descendientes de los musulmanes obligados a convertirse al cristianismo en 1492. Los moriscos vivían sobre todo en las zonas agrícolas de Valencia y Aragón. Herederos de los conocimientos agrícolas árabes, los moriscos eran los principales expertos en técnicas de regadío (*artificial irrigation*) y artesanía, como la industria de la seda. Conservaban sus formas tradicionales de vida (como la lengua árabe, forma de vestir, costumbres culinarias y familiares etc.), lo que les hacía sospechosos de no ser auténticos cristianos ni fieles al rey. Su "diferencia" hizo que fueran perseguidos, explotados y finalmente expulsados de España por un decreto de Felipe III en 1609. La expulsión de aproximadamente 300.000 moriscos que vivían en España fue en realidad una maniobra de propaganda política de la Corona en un momento de crisis y descontento social, y tuvo repercusiones muy negativas en la economía, sobre todo en Aragón y Valencia (despoblación y decadencia de la agricultura, evasión de capitales). Tras salir de España, la mayoría de los moriscos pasó a vivir al norte de África, donde todavía hoy en día se encuentran comunidades que han preservado la lengua y el recuerdo de España.

Con respecto a la situación social de la **mujer**, la literatura de esta época suele presentarnos un ideal de mujer sumisa, totalmente dependiente y vigilada por las figuras masculinas que la rodean (padre, marido, hermanos), pues en la mujer (en su integridad sexual) reside el frágil "honor familiar". Sin embargo, en la realidad social, la mujer llegó a tener papeles bastante más activos. Las mujeres de la clase baja, que debían trabajar para sobrevivir (a menudo recurriendo a la prostitución, abundantísima en la época), tenían por fuerza más libertad social que las mujeres nobles y ricas, muy controladas y guardadas en sus hogares; pero entre éstas también hubo mujeres que lograban escapar del control patriarcal. Así las viudas, que se encargaban de los negocios del marido muerto, o ausente en la guerra o las colonias, o las monjas, entre las que hubo figuras de gran importancia intelectual y religiosa, como la escritora mística y fundadora de la orden Carmelita Santa Teresa de Jesús, o la Madre de Agreda, que con sus cartas se convirtió en guía espiritual (y política) de Felipe IV.

Comentábamos al principio del capítulo como el siglo XVII fue fundamentalmente un siglo de crisis que vio multiplicarse el número de pobres, marginados sociales y desposeídos. Para contener el creciente descontento social, uno de los instrumentos principales del poder fue fomentar una **cultura del espectáculo**. En especial, el teatro funcionaba como un escape de la dura realidad. Con sus temas de amor, religión y heroísmo militar, los espectáculos teatrales contribuían a mantener al pueblo y la Corte entretenidos en el espejismo (*mirage*) de un orgullo nacional que cada vez tenía menos razón de ser. Tanto los reyes como la Iglesia protegían y encargaban obras de teatro, que eran, además de una forma de divertir a la población para tenerla contenta y bajo control, una forma estupenda de transmitir propaganda política (el rey como fuente de Derecho y Justicia, el amor incondicional del pueblo por su rey), religiosa (las ideas de la Contrarreforma, los privilegios de los "cristianos viejos") y establecer normas de comportamiento social (como el papel de sumisión de la mujer, o el respeto a las estructuras jerárquicas).

Sin duda el autor teatral más popular del Siglo de Oro español fue el increíblemente prolífico **Félix Lope de Vega** y Carpio (1562–1635). Lope, perfecto representante de esta "cultura del espectáculo de masas" que se desarrolla en el Siglo de Oro, afirma en su "manifiesto" *Arte nuevo de hacer comedias* que lo que a él le interesaba no era tanto crear "arte" como conseguir la aprobación del público. Y efectivamente, con sus más de 1.000 comedias de tramas rápidas y animadas con bailes y música, Lope se convirtió en el ídolo teatral del pueblo, y consiguió la protección de la Corona. Sus obras, como corresponde a su carácter popular, se representaban sobre todo en los rudimentarios "corrales de comedias". Estos corrales eran patios interiores de casas, con un decorado muy elemental y asientos divididos según rango (*social rank*) y sexo (reproduciendo así en la realidad física del teatro la jerarquización que el público veía representada una y otra vez en las comedias).

Otra de las grandes figuras del teatro de esta época es **Calderón de la Barca** (1600–1681). Calderón fue el autor teatral oficial de la corte del rey Felipe IV, gran apasionado del teatro (las representaciones de la Corte eran, claro está, mucho más lujosas y complejas que las populares de los "corrales de comedia"). La personalidad y producción teatral de Calderón son también bastante diferentes del más popular Lope. Calderón (que era sacerdote) suele ser más intelectual y filosófico en sus obras; una de las más famosas es *La vida es sueño*, en la que trata una idea típica de esta época de escepticismo, desengaño y evasión de la realidad mundana: la vida en la tierra como teatro, artificio o sueño. Sólo Dios, concluye esta obra, es la única realidad en la que se puede confiar. Calderón es también autor de gran número de "autos sacramentales"; éstas eran obritas que exaltaban alegóricamente dogmas católicos (en especial el sacramento de la Eucaristía), y que se representaban el día de "Corpus Christi". El carácter espectacular de la cultura de la contrarreforma se refleja en las complejísimas maquinarias, decorados, simbolismos y coreografías con que se representaban estas obras dogmáticas.

UNA CULTURA DE CONTRASTES: EL BARROCO

Este siglo de crisis política, económica y social produjo paradójicamente un brillante movimiento artístico y cultural que se denomina **"barroco"**. Hay diferentes teorías sobre el origen de la palabra "barroco". Quizá se derive de un término filosófico, "baroco", que significaba "razonamiento extravagante", o tal vez proviene del portugués "barrueco", una perla de forma irregular. En todo caso, su significado apuntaba a las características de "extraño", "irregular", "exagerado" propias del arte barroco. El barroco, como exageración y dinamización del clasicismo renacentista, fue un estilo común a toda Europa, pero la cultura barroca española tendrá una personalidad diferente, ayudada por las especiales circunstancias históricas que vive la España del Siglo de Oro.

Por una parte la cultura española del siglo XVII está fuertemente determinada por la **Contrarreforma** ("contra la reforma"), el movimiento institucional de defensa de la fe católica frente a la reforma protestante. Puesto que España se había autoconvertido en la principal defensora del catolicismo en Europa, el arte y la literatura van a ser importantes medios de propaganda católica. Así, afirman los dogmas de fe negados por los protestantes (el culto a la Virgen y a los santos, Eucaristía, supremacía del Papa de Roma etc.) y el poder de la Iglesia, con un arte destinado a impactar y maravillar. El aspecto más negativo del movimiento contrarreformista será el aislamiento de España de los cambios y avances que se producen en el pensamiento, la cultura y la ciencia del resto de Europa.

El otro factor que influye en la especial personalidad del barroco español es la **decadencia política y económica**, el veloz y progresivo derrumbamiento del Imperio español. Esto producirá un intenso pesimismo y "desengaño" en la cultura española de esta época. "Desengaño" indica desilusión (*disappointment*), pero también "des-engaño", la revelación de la falsedad o el error de algo en lo que se creía antes.

Teniendo en cuenta estos factores, podemos resumir así las características del barroco español:

❖ **Gusto por los fuertes y extremados contrastes.** En arte y literatura se hacen contrastar la luz y la sombra, espíritu y materia, arte y naturaleza, belleza y fealdad, lo culto y lo popular, la sensualidad y la muerte, lo divino y lo humano, lo serio y lo burlón, lo cierto y lo falso. Estos contrastes crean un estilo muy dinámico, de gran impacto y complejidad. La literatura de la época va también del extremo de la espiritualidad mística a las muy humanas novelas picarescas.

❖ **Gusto por lo teatral y espectacular y las ceremonias rituales.** Se trata de crear un "arte total", que capte todos los sentidos y tenga todas las dimensiones, que literalmente "envuelva" al espectador. De ahí que las fiestas, el teatro, las procesiones y celebraciones públicas adquieran muchísima importancia y complejidad en esta época.

❖ **Gusto por lo complicado, difícil o retorcido.** En literatura y arte se busca la sorpresa, el desafío, lo "ingenioso" e inventivo, lo original. Cuanto más oscuro o enigmático sea un significado o una imagen, mayor es el placer intelectual que produce al descifrarlo.

En la literatura barroca suelen marcarse dos escuelas o estilos (aunque muchas veces comparten sus características), el culteranismo y el conceptismo. El "culteranismo", representado sobre todo por el poeta Luis de Góngora, enfatiza el uso de palabras cultas y oscuras, y distorsiona y complica la estructura natural de la frase como en este poema. El "conceptismo", representado por el gran enemigo de Góngora, Francisco de Quevedo, busca sobre todo efectos sorprendentes no tanto con la sintaxis y el vocabulario como en su combinación de conceptos o ideas (como veremos en el poema "Poderoso caballero" en la sección de "Textos y contextos").

Como ejemplo de los extremos de complejidad a que llegaba el barroco, fíjate en esta artificiosa descripción de un cíclope (mítico gigante de un solo ojo) en un poema de Góngora:

> "Un monte era de miembros eminente
>   este (que, de Neptuno hijo fiero,
>   de un ojo ilustra el orbe de su frente,
>   émulo casi del mayor lucero)
>   cíclope, a quien el pino más valiente,
>   bastón le obedecía, tan ligero,
>   y al grave peso junco tan delgado,
>   que un día era bastón y otro cayado."

fiero: *fierce*

orbe: el mundo o cosmos / **lucero:** estrella / **grave:** gran / **junco:** *reed* / **bastón:** *staff, walking stick* / **cayado:** bastón especial de los pastores que tiene forma de letra *"S"*

Puestas en orden las frases, la estrofa se lee: "Este cíclope, hijo fiero° de Neptuno, era un monte de miembros eminentes, que ilustra el orbe° de su frente con un ojo, émulo del mayor lucero°; el pino más valiente le obedecía como bastón, que al grave° peso (del cíclope) era tan ligero y tan delgado como un junco°, de modo que un día era bastón°, pero al otro día era cayado°."

❖ *El retablo barroco de la Iglesia de la Caridad en Sevilla, 1670–1673.*

❖ **Un arte de propaganda**. Gran parte del arte barroco español tenía una finalidad propagandista, de la Iglesia católica o de la monarquía (los grandes patrones de las artes). Ambos están en crisis: la Iglesia luchando contra la Contrarreforma y, como aliada de la monarquía, tratando de purificar la fe católica en España. La monarquía, con grandes problemas de política interior y exterior, debía también cuidar de su imagen y asegurar el orden social. Por eso el arte "oficial" trata de transmitir su mensaje de la forma más directa y eficaz posible, usando un máximo de realismo y/o de teatralidad para un mayor impacto o para captar mejor al espectador.

Fíjate en las características barrocas de este altar (de la Iglesia de la Caridad): su dinamismo (hasta las columnas parecen moverse), espectacularidad, esplendor (todo es dorado) y teatralidad. Mira los ángeles laterales, que parecen estar volando y exhortándonos para que miremos y adoremos la escena del entierro de Cristo sobre el altar. La arquitectura y la escultura se combinan para lograr un mayor efecto. Imagina este altar como "espectáculo total", con la música de órgano, las nubes de incienso y los sacerdotes con sus vestiduras magníficas, cantando en latín.

Uno de los máximos ejemplos de la cultura barroca (de su teatralidad, complejidad conceptual, virtuosismo artístico) es el famoso cuadro de Diego Velázquez conocido como *Las Meninas*.

❖ *Velázquez*, Las Meninas, *1656.*

En *Las Meninas*, Velázquez escogió una composición muy complicada en la que se autorretrató. Hay varias teorías sobre cuál es la verdadera situación espacial de los personajes. Parece como si Velázquez estuviera en su estudio pintando a los reyes, Felipe IV y Mariana de Austria, que no vemos pero que aparecen reflejados en el espejo de la pared. Su hija, la infanta Margarita, ha entrado en el estudio con sus damas de compañía (o "meninas") y otros personajes de la Corte, como la bufona Maribárbola. Además de plasmar las características barrocas del gusto por lo complejo y difícil, los detalles realistas (una escena "espontánea", una atmósfera y luz que casi se pueden tocar) y los contrastes (Margarita/Maribárbola, por ejemplo), Velázquez consigue aquí una forma genial de incluir al espectador en la ficción artística (borrando la frontera entra realidad y ficción). Así, siguiendo la lógica espacial del cuadro, la persona que lo mira estaría situada en el mismo estudio donde los reyes posan para el pintor, del otro lado de las miradas de los personajes, pero compartiendo su mismo espacio. Al mirar el cuadro, nosotros también esperaríamos vernos reflejados en el espejo del fondo o en el cuadro que está pintando Velázquez.

❖ **El pesimismo y "desengaño"**. Ésta es quizá una de las notas más originales del barroco español. Ante una sociedad en cambio y descomposición, muchos hombres de letras y artistas tomaron la actitud, de raíz medieval, de ver todo lo de este mundo como mera apariencia, falsedad y engaño. El arte puede servir para "desengañar", mostrar la realidad del engaño de todo. El problema es que a veces se cae en una especie de "impasse" filosófico, pues el arte, al fin y al cabo, es también "engaño".

Fechas importantes del siglo XVII		*Fechas importantes en el desarrollo cultural*
	1547–1616	Vida de Cervantes
	1605	Cervantes publica la primera parte de *Las aventuras del ingenioso hidalgo Don Quijote de la Mancha.*
Expulsión de los moriscos	**1609**	
	1615	Segunda parte del *Quijote*
Comienza el gobierno del valido de Felipe IV, el conde-duque de Olivares.	**1621**	
	1561–1627	Vida de Góngora
	1562–1635	Vida de Lope de Vega
Sublevaciones en Cataluña y Portugal contra la política centralista de Olivares. Portugal se independiza definitivamente.	**1640**	
	1580–1645	Vida de Quevedo
Cataluña, tras los abusos de su "aliada" Francia, vuelve a unirse a España.	**1652**	
	1599–1660	Vida de Velázquez
	1656	Velázquez pinta *Las Meninas.*
Paz de los Pirineos entre España y Francia. Francia, nueva gran potencia europea.	**1659**	
Tratado secreto entre Austria y Francia para repartirse los territorios españoles a la muerte de Carlos II.	**1668**	
	1600–1681	Vida de Calderón
Muere Carlos II sin descendencia y nombra heredero del trono a su sobrino Felipe de Borbón. Austria e Inglaterra declaran la guerra a España (Guerra de Sucesión).	**1700**	

Los dramáticos cambios económicos y sociales por los que atraviesa España en el siglo XVII provocan en algunos la sensación pesimista de que nada es real, que todo son apariencias ficticias, "engaños" o ilusiones. Quizás uno de los escritores más pesimistas de este siglo sea Francisco de Quevedo (1580–1645), que con frecuencia **satirizó** en su poesía y prosa el cambio de valores producido por la decadencia del Imperio español. Poeta, moralista y novelista, Quevedo se caracteriza por su estilo **conceptista** (juega con dobles sentidos de la lengua). Era de familia noble y vivió siempre muy próximo a los círculos de poder en la Corte, pero cayó en desgracia hacia el final de su vida, pasando mucho tiempo encarcelado.

Muchas veces se ha considerado que en la famosa novela de Miguel de Cervantes *El ingenioso hidalgo Don Quijote de la Mancha* (Parte I, 1605; Parte II, 1615) hay una combinación del espíritu de los dos siglos entre los que fue escrita: el **optimismo renacentista** y la celebración de la vida del XVI y el **pesimismo y amargura del XVII**.

En el mundo en el que Cervantes escribe ya no hay lugar para un caballero noble que quiere remediar la injusticia social, de ahí el "engaño" continuo en el que vive Don Quijote y los duros desengaños que la realidad le presenta. Así, en el famoso episodio de *Don Quijote* en el que el caballero cree que unos molinos de viento son monstruos gigantes y los ataca con su lanza, pero la fuerza de las aspas lo tira al suelo y casi lo mata.

En resumen, la cultura del barroco es un momento fascinante y complejo de la historia de España, que se manifiesta brillante y complementariamente en todas las áreas: pintura, escultura, arquitectura, poesía, novela, teatro, pensamiento, música, baile y celebraciones públicas. Sin embargo, la misma imagen de los "extremos barrocos" nos puede servir para contrastar este brillo dorado con una realidad social de represión y miseria.

TEXTOS Y CONTEXTOS

I. "Poderoso caballero es don Dinero" de Francisco de Quevedo

Quevedo estaba muy orgulloso de su origen noble y despreciaba a los que ascendían socialmente sólo porque tenían riquezas. Para Quevedo, los nuevos valores mercantiles estaban acabando con los valores sociales tradicionales españoles. En una famosa "Letrilla satírica" (la "letrilla" es un género de poesía popular) titulada "Poderoso caballero es don Dinero", Quevedo sitúa su crítica económica dentro del tema favorito del barroco de la realidad y las apariencias. El dinero, dice el poeta, permite enmascarar la realidad y comprar todas las apariencias. Todo se puede aparentar al ser rico: el origen social, la religión o el verdadero amor. Hasta lo más evidente, la fealdad, se percibe como "belleza" si la persona fea es rica.

contino: continuo

Según una antigua tradición médica, uno de los "síntomas" de la "enfermedad" del amor es que el enamorado sufre tanto que su cara se pone amarilla. El poema juega con esta idea: el oro es amarillo, por eso siempre está "enamorado".

Se juega con el doble sentido de "doblón" (moneda/muy doble) y "sencillo" (moneda/simple, único).

doblón o sencillo: monedas corrientes en el siglo XVII

Referencia a los banqueros de Génova (Italia), que adelantaban a los reyes de España el dinero necesario para sus campañas militares en Europa a cambio del oro y plata que llegaban de las Indias.

fiero: feo

> Madre, yo al oro me humillo;
> él es mi amante y mi amado,
> pues, de puro enamorado,
> de contino° anda amarillo;
> que pues, doblón o sencillo°,
> hace todo cuanto quiero,
> *poderoso caballero*
> *es don Dinero.*
>
> Nace en las Indias honrado,
> donde el mundo le acompaña;
> viene a morir en España,
> y es en Génova enterrado.
> Y pues quien le trae al lado
> es hermoso, aunque sea fiero°,
> *poderoso caballero*
> *es don Dinero.*

como un oro: persona de gran valor

quebrado el color: mal color

quebranta: rompe / fuero: ley

   Es galán y es como un oro°,
tiene quebrado el color°,
persona de gran valor,
tan cristiano como moro.
Pues que da y quita el decoro
y quebranta° cualquier fuero°,
poderoso caballero
es don Dinero.
[...]

Primera lectura

1. ¿Con quién habla el "yo" del poema? ¿Cuál dice que es su relación con el dinero? ¿Por qué es el oro un buen amante?

2. ¿Cuál es el título con el que se personifica al dinero?

3. Señala algunos juegos de palabras o dobles sentidos.

4. ¿Cuál es la biografía de "Don Dinero"? ¿Dónde nace, muere y es enterrado?

5. ¿Cuál es la transformación que produce en las personas feas y ricas? ¿Se hacen realmente hermosas?

6. ¿Por qué es "galán" Don Dinero? ¿Cuál es el significado de "valor" en la frase "persona de gran valor"? ¿Es éste un caso de doble sentido?

7. ¿Cuál es la religión de Don Dinero? ¿Afecta esto su valor?

8. Don Dinero tiene poder sobre el "decoro" y los "fueros": ¿A qué esferas de la vida humana llega su influencia?

Para conversar o escribir

1. ¿Crees que la voz del poema es femenina o masculina? Partiendo de este poema, ¿puedes deducir la opinión que tenía Quevedo de las mujeres y el amor?

2. ¿Es éste un poema popular o culto (para gente académica e instruida), y por qué? ¿Qué relación hay entre el tipo de lenguaje que usa Quevedo—múltiples significados cambiantes, uso de la parodia y lo carnavalesco—y la imagen de la sociedad española que nos quiere transmitir?

3. ¿Crees que el humor es la forma más efectiva de hacer crítica social? Da algunos ejemplos. ¿Qué famosa novela de Cervantes tiene también como tema la parodia de un caballero? ¿Qué crees que estaba pasando con la nobleza española si se escribían parodias de este tipo? ¿Crees que la clase social a la que pertenece Quevedo influye en su visión negativa de esta economía protocapitalista?

4. Quevedo está denunciando aquí unas relaciones económicas internacionales que perjudicaban mucho a España. Aunque el oro de las Indias en principio era de España, en realidad terminaba beneficiando a los países o grupos de interés, como los banqueros de Génova, que prestaban dinero a España para financiar sus campañas militares o comprar productos manufacturados. ¿Qué países o áreas del mundo sufren hoy en día una situación similar? ¿Qué instituciones o países se benefician de esta situación?

En España, se consideraba deshonroso el trabajo productivo; esta mentalidad fue una de las causas del retraso de la industria.

5. Este poema critica un sistema económico basado en el intercambio de dinero porque supone el fin de unas formas de vida y valores determinados. Comparando esta idea con el papel del dinero en el capitalismo y la sociedad americana, ¿el dinero destruye o construye la identidad y los llamados "valores americanos"?

6. Según Quevedo, ¿ayuda el dinero a superar diferencias, como la discriminación racial, entre las personas? En parejas o en grupo, comparad la discriminación racial en EE.UU. con la preocupación de sangre pura o "limpieza de sangre" española del siglo XVII.

se afeitaba: se maquillaba

II. Engaño y desengaño: "A una mujer que se afeitaba° y estaba hermosa" — looks beautiful

En su letrilla satírica, Quevedo criticaba al dinero porque permitía el engaño social: lo que sólo era una apariencia comprada pasaba como "realidad". En este soneto, Bartolomé L. de Argensola va más lejos: afirma que todo, absolutamente todo lo que perciben nuestros sentidos es engañoso. La conclusión paradójica del soneto, y del Barroco en general, es que muchas veces el engaño, el artificio, el sueño, lo irreal, es preferible a la decepcionante realidad.

> Yo os quiero confesar, don Juan, primero:
> que aquel blanco y color de doña Elvira
> no tiene de ella más, si bien se mira,
> que el haberle costado su dinero.
>
> Pero tras eso confesaros quiero
> que es tanta la beldad° de su mentira,
> que en vano a competir con ella aspira
> belleza igual de rostro° verdadero.
>
> Más, ¿qué mucho que yo perdido ande
> por un engaño tal, pues que sabemos
> que nos engaña así Naturaleza?
>
> Porque ese cielo azul que todos vemos
> ni es cielo ni es azul. ¡Lástima grande
> que no sea verdad tanta belleza!

beldad: belleza

rostro: cara

Primera lectura

1. ¿Con quién habla el "yo" del poema?
2. ¿Cuál es la "confesión" con la que quiere desengañar a don Juan?
3. ¿Cuál es más bello, el rostro maquillado, la "beldad mentirosa", de doña Elvira o un rostro verdadero, sin maquillar?
4. ¿Cuál es la comparación "cósmica" con la que el poeta disculpa su preferencia por la belleza "mentirosa"?
5. ¿Hay un límite al engaño?

Para conversar o escribir

1. Se ha considerado que una de las causas de este tema tan frecuente del engaño y de la vida como teatro o como sueño fue el "despertar" de los españoles del siglo XVII

a la realidad histórica de la brutal decadencia de España después del breve "sueño" imperial del siglo XVI. En parejas o en grupo, tratad de recordar momentos históricos o personales en los que fue/es preferible el refugio en la ficción antes que enfrentarse con la dura realidad.

2. En parejas o en grupos, comparad el ideal de belleza del siglo XVII español (basándose en este poema) con la idea de belleza contemporánea. Hoy en día, ¿predomina "lo natural" o "lo artificial"? ¿La imagen "natural" en las mujeres o la forma de vida, es realmente "natural"?

III. La imagen de la mujer según la perspectiva masculina: *Peribáñez y el Comendador de Ocaña*

La mujer en la literatura del Siglo de Oro era muchas veces representada como objeto pasivo del amor del poeta. En el teatro es frecuentemente representada como los hombres la querían: pasiva y sumisa, limitada al mundo de la casa.

Comendador: *Military commander*

Así sucede en esta escena de una de las obras más famosas de Lope de Vega, *Peribáñez y el Comendador° de Ocaña*: se "naturaliza" para el público la sumisión de la mujer al hombre. Peribáñez, el héroe de la obra, es un campesino rico que acaba de casarse con la hermosa Casilda. El Comendador del título de la obra es el "villano" que tratará de seducir a Casilda. La intervención final del rey solucionará el conflicto. Aquí vemos a Casilda y Peribáñez entrando juntos en su nueva casa. Él le explica a su mujer cuál debe ser su papel, exclusivamente doméstico de ahora en adelante, y utiliza para ello un "abecé". El abecé es un libro pedagógico, típico de la cultura popular de la época, que sigue el orden de las letras del alfabeto.

has de ser: debes de ser

> PERIBÁÑEZ: [...]   Ya estamos en nuestra casa
> su dueño y mío has de ser°;
> ya sabes que la mujer
> para obedecer se casa;
> que así se lo dijo Dios
> en el principio del mundo; [...]
> CASILDA: ¿Qué ha de tener para buena una mujer?
> PERIBÁÑEZ: Oye.
> CASILDA: Di.
> PERIBÁÑEZ: Amar y honrar su marido
> es letra de este abecé,
> siendo buena por la B,
> que es todo el bien que te pido.
>   Haráte cuerda la C,
> la D dulce y entendida
> la E, y la F en la vida
> firme, fuerte y de gran fe [...].

Primera lectura

1. ¿Para qué se casa una mujer? ¿Quién y cuándo ha establecido este papel femenino?

2. ¿Crees que Casilda no sabe cómo ser buena? ¿Por qué se lo pregunta a su marido?

3. ¿Cuál es el sistema que usa Peribáñez para explicarle cómo debe ser la mujer casada? ¿Por qué crees que recurre a este "instrumento pedagógico"?

Para conversar
o escribir

1. ¿Qué nos dice este pasaje sobre la imagen de la mujer casada en el Siglo de Oro?

2. El teatro de Lope de Vega es hoy parte de lo que se considera "alta cultura", pero en su momento fue sobre todo un fenómeno popular. ¿Cuáles son los rasgos populares o destinados a agradar al público que ves en este pasaje? ¿Qué utiliza el cine hoy en día para captar la atención del público?

3. El teatro de Shakespeare fue también un espectáculo de masas en su tiempo, y luego se convirtió en un icono de "alta cultura". Sin embargo hoy en día está siendo repopularizado por las versiones cinematográficas de sus obras (*Henry V, Hamlet, Macbeth, Romeo and Juliet, Looking for Richard, Shakespeare in Love* etc.). ¿Crees que sería posible hacer algo similar con Lope de Vega? Reescribe y continúa esta escena en forma de guión cinematográfico. Especifica qué actores harían los papeles, su aspecto, ropa, actitudes etc. ¿Harías una película histórica, o la situarías en la época moderna? ¿Qué características tendría que tener para que fuera un éxito en nuestros días?

4. Mira el cuadro de Zurbarán que representa a la Virgen cosiendo y rezando, vestida como una jovencita española. ¿Qué conclusiones puedes establecer sobre el matrimonio y el papel que se esperaba de la mujer en una sociedad patriarcal al comparar esta imágen con este texto de Lope?

IV. El honor: *El alcalde de Zalamea*

Aunque sus obras solían ser más serias, Calderón de la Barca, como Lope de Vega, escribió también obras inspiradas en asuntos populares de la historia española reciente. *El alcalde de Zalamea* es una de ellas. En este drama, Calderón explora el que fue quizá el tema más popular y representativo del teatro español del Siglo de Oro: el tema del "**honor**", la "honra" u "opinión". Es difícil dar una definición exacta del honor, pues su sentido varía según las situaciones. En su sentido general, que es al que Calderón llega en la escena que vamos a leer, es sorprendentemente democrático: el honor es el respeto o dignidad que merece tener todo ser humano por ser hijo de Dios.

Otras acepciones son menos admirables. Había también una honra social (la honra de un noble era mayor que la de un villano, y un cristiano viejo tenía más honor que un cristiano nuevo o converso), pero probablemente el tema de más éxito en el teatro era el del estricto código de honor sexual. Cualquier tipo de avance hacia una mujer, fuera de los límites del matrimonio, era un atentado contra su honor, pero sobre todo contra el honor de su marido o padre (de ahí la reclusión doméstica femenina de la que hablábamos en el ejemplo anterior). La trama de las obras presenta diferentes soluciones para recuperar el honor: matar al seductor y a su víctima (¡!) (o encerrarla en un convento), o hacer que se casara con la mujer ofendida, si eran de la misma condición social.

Vamos a ver un fragmento de la Escena XVIII de *El alcalde de Zalamea* de Calderón de la Barca. En ella se parte de un caso de honor sexual para llegar a una definición universal de honor.

❖ *Francisco Zurbarán,*
Virgen niña rezando,
*1631–1640. Mira el jarrón a
la derecha de la Virgen; el tipo
de flores no es casual: son
azucenas (lirios)—símbolo de
virginidad—y rosas—uno de
los nombres que da la Iglesia a
la Virgen es el de "Rosa
Mística".*

Esta es la situación: las tropas del Rey se han alojado en el pueblo de Zalamea. Su Capitán (un noble) trata de seducir a la hermosa Isabel, la hija del alcalde Pedro Crespo (un rico campesino). La llegada del general Don Lope de Figueroa evita la pelea entre el Capitán de sus tropas y Pedro Crespo (aunque al final el alcalde terminará matando al seductor). En esta escena, Crespo agradece a Don Lope su intervención y los dos tienen una apasionada discusión sobre el honor, en la que se mezclan los tres conceptos de honor que hemos visto.

CRESPO:	Mil gracias, señor, os doy
	por la merced que me hicisteis
	de excusarme [una] ocasión
	de perderme.
DON LOPE:	¿Cómo habíais,
	decid, de perderos vos?
CRESPO:	Dando muerte a quien pensara
	ni aun el agravio° menor.
DON LOPE:	¿Sabéis, voto a Dios°, que es
	Capitán?

agravio: ofensa

voto a Dios: *Good heavens! My Gosh!*

CRESPO: Sí, [voto a] Dios;
Y aunque fuera él general,
en tocando a mi opinión,
le matara.

DON LOPE: A quien tocara,
ni aun al soldado menor,
sólo un pelo de la ropa,
[por vida del cielo,] yo

ahorcara: *I would hang him*

le ahorcara°.

CRESPO: A quien se atreviera
a un átomo de mi honor,
[por vida también del cielo,]
que también le ahorcara yo.

DON LOPE: ¿Sabéis que estáis obligado
a sufrir, por ser quién sois,

"Por ser quién sois" es decir, "porque eres un villano, no un noble." Los nobles estaban exentos de todo tipo de impuesto o imposición del Estado, como la de alojar el ejército.

cargas: *demands, requests*

estas cargas°?

CRESPO: Con mi hacienda;
pero con mi fama no.
Al Rey la hacienda y la vida
se ha de dar; pero el honor
es patrimonio del alma,
y el alma sólo es de Dios.

Juro a Cristo: *I swear to God!*

DON LOPE: ¡[Juro a] Cristo°, qué parece
que váis teniendo razón!

CRESPO: Sí, [juro a] Cristo, porque
siempre la he tenido yo.

Primera lectura

1. Lee el argumento de la obra en la introducción: ¿cuál es la "ocasión de perderse" a que se refiere Crespo? ¿Cuál es la ofensa que quiere castigar?

2. ¿Cómo castigaría Crespo a la persona que le ofendiese?

3. ¿Cree Don Lope que este castigo es adecuado en este caso? ¿Por qué sí o no?

4. ¿Le importa a Crespo la categoría social de su ofensor? ¿Cree Don Lope que los militares deben tener prerrogativas especiales?

5. ¿A qué se refiere Don Lope cuando dice que "estáis obligado, por ser quién sois, a sufrir estas cargas"?

6. ¿Cuál es el razonamiento de Crespo? ¿En qué consiste en último término el honor? ¿Quién gana la discusión?

Para conversar o escribir

1. Lee esta escena en voz alta. ¿Cuáles son los recursos dramáticos con los que Calderón trata de transmitir el calor de la disputa y la sicología de los personajes? ¿Crees que consigue darle una emoción que capte la atención del espectador?

2. ¿Qué tipo de exclamaciones usan repetidamente Crespo y Don Lope? ¿Qué características de la sociedad de su tiempo indica esto?

3. Esta escena es un caso de conflicto entre la población civil y los militares. ¿Crees que los militares tienen más honor y deben tener privilegios sobre los civiles? ¿Estarías dispuesto/a a ayudar a los militares si fuera necesario; por ejemplo, a alojar a militares en tu casa si lo necesitan? ¿Por qué sí o no?

V. Los moriscos en *El ingenioso hidalgo Don Quijote de la Mancha*

Los grupos originalmente no-cristianos (aunque se hubieran convertido al cristianismo), especialmente durante los siglos XVI y XVII, son los que tienen menos "honor" o consideración social. Es más, llegaban a ser percibidos como una amenaza para la todavía frágil unidad de la nación española.

Miguel de Cervantes (1547–1616), uno de los escritores más universales de la literatura española, y al mismo tiempo uno de los más representativos de la cultura y circunstancias de su tiempo, da testimonio en *El ingenioso hidalgo Don Quijote de la Mancha* (Parte II, 1615) de la todavía reciente expulsión de los moriscos. Cervantes tuvo un conocimiento directo del mundo árabe. Tras haber perdido su mano izquierda en la famosa batalla de Lepanto contra los turcos, Cervantes fue capturado por piratas del Norte de África, donde permaneció prisionero por varios años. Ya en España, aunque tuvo muchos problemas personales y financieros, Cervantes consiguió escribir esta novela que hizo reír a dos continentes. En su época se consideró una obra humorística, pero con el tiempo las aventuras del hidalgo enloquecido y su rústico escudero Sancho Panza llegaron a ser interpretadas como signo de la condición humana, en tensión eterna entre el realismo y el idealismo.

En este pasaje veremos como Cervantes logra comunicar con gran habilidad la tragedia del pueblo morisco. Sancho Panza, el escudero de Don Quijote, se encuentra con su antiguo amigo el morisco Ricote, que, empujado por la nostalgia, ha vuelto disfrazado a España. Cervantes utiliza aquí una curiosa "doble voz". Por una parte el narrador suscribe la ideología oficial por la que los moriscos fueron expulsados (eran un peligro para la integridad de España), por otra, infiltra un argumento humanitario en su defensa. España era también la patria natural de los moriscos y tenían tanto derecho y amor a ella como los cristianos.

pregón: *town crier*

gallarda: valiente

Y Ricote, sin tropezar en nada en su lengua morisca, en la pura castellana le dijo las siguientes razones:

—Bien sabes, ¡Oh Sancho Panza, vecino y amigo mío!, como el pregón° y bando que Su Majestad mandó publicar contra los de mi nación puso terror y espanto en todos nosotros [...] porque bien vi, y vieron todos nuestros ancianos, que aquellos pregones no eran sólo amenazas, como algunos decían, sino verdaderas leyes [...] y forzábame a creer esta verdad saber yo los ruines y disparatados intentos que los nuestros tenían, y tales, que me parece que fue inspiración divina la que movió a Su Majestad a poner en efecto tan gallarda° resolución, no porque todos fuésemos culpados, que algunos había cristianos firmes y verdaderos; pero eran tan pocos, que no se podían oponer a los que no lo eran, y no era bien criar la serpiente en el seno, teniendo los enemigos dentro de casa. Finalmente, con justa razón fuimos castigados con la pena del destierro, blanda y suave al parecer de algunos, pero al nuestro, la más

doquiera: *wherever*

Berbería: el norte de África

terrible que se nos podía dar. Doquiera° que estamos lloramos por España; que, en fin, nacimos en ella y es nuestra patria natural; en ninguna parte hallamos el acogimiento que nuestra desventura desea, y en Berbería° y en todas las partes de África, donde esperábamos ser recebidos, acogidos y regalados, allí es donde más nos ofenden y maltratan.

Primera lectura

1. ¿Hablaban los moriscos generalmente en castellano, o tenían su lengua propia? ¿En cuál habla Ricote?

2. ¿Cómo es la relación entre Ricote y Sancho Panza?

3. ¿Por qué pensaba Ricote que los pregones del rey no eran sólo amenazas sino "verdaderas leyes"?

4. ¿Qué religión tenía la mayoría de los moriscos?

5. ¿Por qué cree Ricote que fue justa la expulsión de los moriscos?

6. ¿Por qué dice que la expulsión fue el más terrible castigo para ellos?

7. ¿Cuál ha sido el destino de los moriscos? ¿Por qué se esperaría que fueran bien recibidos en África, y por qué crees que no lo fueron?

Para conversar o escribir

1. Tras leer este pasaje, ¿cuáles crees que eran los sentimientos de Cervantes ante el problema de los moriscos?

2. ¿En qué sentido eran los moriscos una "nación dentro de una nación"? ¿Crees que fue justificada su expulsión? ¿Puedes relacionar esto con problemas étnicos/nacionalistas contemporáneos—serbios, croatas y albanos en los Balcanes, vascos en España, kurdos en Turquía, judíos y árabes en Oriente Medio etc.?

VI. Españolización de España

Aunque, desde Carlos V, en teoría todo el gran Imperio español estaba unido bajo el gobierno de un sólo rey, en la práctica había una gran división legislativa y cultural que dificultaba mucho la administración efectiva de todas las tierras. El conde-duque de Olivares, valido de Felipe IV, era muy consciente de este problema, y durante su gobierno trató de "castellanizar" o integrar bajo un mismo sistema, el de Castilla, toda la Península Ibérica. Olivares se inspiraba en modelos de centralización como el que Luis XIII y Richelieu habían logrado con éxito en Francia; pero las diferencias históricas y de intereses entre los antiguos reinos peninsulares eran demasiado profundas, y su plan de unificación y cooperación fracasará.

Aquí vamos a ver un fragmento de este proyecto de "españolización de España" en el *Gran Memorial* que Olivares presentó a Felipe IV en el año 1625.

A. Tenga Vuestra Majestad por el negocio más importante de su monarquía el hacerse rey de España; quiero decir, señor, que no se contente Vuestra Majestad con ser rey de Portugal, de Aragón, de Valencia, conde de Barcelona, sino que trabaje y piense con consejo maduro y secreto por reducir estos reinos de que se compone España al estilo y leyes de Castilla [...] en que se podrían hallar medios proporcionados para todo, que si V. Majd. lo alcanza será el príncipe más poderoso del mundo.

Vamos a comparar este programa esperanzado con su catastrófico fracaso quince años más tarde. En 1640, el "annus horribilis" ("año horrible" en latín) de la monarquía hispana, varios territorios de España se rebelan contra la política centralizadora de Olivares. Como resultado, Portugal se separa definitivamente de España y la memoria histórica de Cataluña quedará marcada por la violenta rebelión y represión iniciadas este año. Durante 12 años, Cataluña se mantiene independiente bajo la "protección" de Francia pero los abusos de los franceses resultaron peores que los de los españoles y finalmente Cataluña volvió a unirse a España en 1652.

Aquí tenemos una descripción del "Corpus sangriento", el día que empezó la rebelión del pueblo catalán, en especial los segadores, contra las autoridades centrales. Este episodio de la historia de Cataluña es el origen del actual himno catalán (escrito en el siglo XIX), "Els Segadors".

virrey: viceroy

B. Entraban y discurrían por la ciudad [de Barcelona]; en todos [los grupos] se discurría sobre los negocios entre el rey y la provincia, sobre la violencia del virrey°, [..] sobre los intentos de Castilla [...]. Entonces algunos soldados de milicia que guardaban el palacio del virrey tiraron hacia el tumulto, dando a todos más ocasión que remedio. A este tiempo rompían furiosamente en gritos: [...] aquí se oía "Viva Cataluña y los catalanes"; allí otros clamaban: "Muera el mal gobierno de Felipe".

Primera lectura

1. Para el texto A: Según Olivares, ¿cuál debe ser el objetivo más importante del rey? ¿Cuál es el reino que servirá como modelo para la unificación efectiva de todos los reinos peninsulares? ¿Qué profetiza Olivares que pasará si se sigue esta política unificadora?

2. Para el texto B: ¿Por qué está descontento el pueblo catalán? ¿Cómo empezó la lucha entre los soldados del virrey y el pueblo? ¿Qué es lo que gritaban por la ciudad?

Para conversar o escribir

1. ¿Puedes relacionar los dos textos como "causa y efecto"?

2. Mira el cuadro de distribución geográfica de soldados españoles. ¿Crees que esta distribución era injusta? ¿Crees que la protesta y rebelión catalana eran justificadas? ¿Qué región aportaba más hombres? Mira el mapa anterior que muestra el colapso del Imperio español desde 1640. ¿Cuáles de las regiones en la lista de Olivares conservaba todavía España después del reinado de Felipe IV?

3. ¿Crees que una política centralizadora perjudica o beneficia a un país? ¿Por qué?

4. Si fueras Felipe IV, ¿cómo solucionarías los problemas de España? ¿Seguirías o no los consejos de Olivares? ¿Cuáles serían las ventajas y desventajas de tener un valido o favorito? ¿Cuáles serían las ventajas y desventajas de ser un rey absoluto sin valido?

Región	Hombres aportados
Cataluña	16.000
Aragón	10.000
Valencia	6.000
Castilla y las Indias	44.000
Portugal	16.000
Nápoles	16.000
Sicilia	6.000
Milán	8.000
Flandes	12.000
Islas del Mediterráneo y del Atlántico	6.000

❖ *Distribución geográfica de soldados españoles. Gráfica que muestra el plan de Olivares para que cada parte del Imperio español contribuyera con hombres para mejorar y unificar el ejército español.*

VII. El problema de la sucesión

A lo largo del siglo XVII el Imperio español había entrado en una decadencia cada vez más profunda, que ningún esfuerzo (como el de Olivares), parecía capaz de remediar. Durante el reinado del último rey de los Austrias, Carlos II (1665–1700), sucedió lo peor que puede pasar en una monarquía: el rey no podía tener hijos. Todas las naciones de Europa tenían sus propios candidatos para el trono, y querían dividir y repartirse los territorios españoles. Tradicionalmente, España había sido aliada de Alemania, pues la misma familia (la Casa de Austria) reinaba en los dos países. Pero, si se escogía a un rey Austria, Francia, para no verse atrapada, atacaría a España. Francia tenía además su propio candidato, Felipe de Anjou, sobrino del rey de España (será, como vimos en la primera parte del capítulo, el finalmente elegido, con el nombre de Felipe V de Borbón). Pero Carlos II prefería un tercer candidato, un príncipe de Baviera—que al final desgraciadamente murió antes que Carlos—para así evitar la guerra con Francia y Alemania.

Este fragmento de una carta entre embajadores alemanes en la corte de Carlos II nos da una idea del ambiente de intriga internacional que se vivía en esos años en torno al tema de la sucesión real española. A continuación verás una cita del testamento final de Carlos II.

A. *Madrid, 4 de febrero de 1694*

De Baumgarten a Prielmayer
[...]

postdata:*postscript*

tenientes generales: *lieutenant generals*

Mariana de Austria, la última esposa de Felipe IV y madre de Carlos II. Fue reina regente de España durante diez años (1665–1675), hasta que Carlos II tuvo la mayoría de edad para reinar.

En postdata°: En la última sesión del Consejo de Estado se debió de discutir muy detenidamente el asunto de la paz. [...] Las opiniones están muy divididas. El Rey, sus ministros y los tenientes generales° son adictos a la causa bávara [de Baviera]. La Reina madre [...] se inclina a la Casa de Austria, y el tercer partido aceptaría un príncipe francés con tal de obtener la paz. [...] Convendría mucho ganarse a la Reina madre. Procurará informarse con toda certidumbre en asunto de tamaña importancia.

Se añade que el Rey ha declarado terminantemente en el Consejo que no está tan viejo como para no tener sucesión; pero que si hubiera de designar heredero, lo haría a su gusto. Ama demasiado a sus súbditos para entregarlos, y prefiere, si es necesario, continuar la guerra [con Francia] cueste lo que cueste.

Le encarece la necesidad de mantener secreta esta postdata.

delfín: el príncipe heredero del trono francés

desmembración y menoscabo: *dismemberment and loss*

B. [...] declaro ser mi sucesor el duque de Anjou, hijo segundo del delfín°, y como a tal le llamo a la sucesión de todos mis reinos y dominios [...] Y porque es mi intención y conviene así a la paz de la cristiandad y de Europa toda. [...] Y en tal modo es mi voluntad que se ejecute por todos mis vasallos como se lo mando y conviene a su misma salud, sin que permitan la menor desmembración y menoscabo° de la monarquía fundada con tanta gloria de mis progenitores. [...]

Primera lectura

1. ¿Cuáles son los tres partidos en la Corte? ¿Quién es partidario de quién?
2. ¿De quién son partidarios Baumgarten y Prielmayer? ¿Cómo lo sabes?
3. ¿Qué opina el rey sobre el asunto de la sucesión?
4. ¿Qué carácter tiene la información que se transmite en esta carta?
5. ¿A quién nombra heredero Carlos II y cuáles son las razones que da para ello?
6. ¿Por qué habla Carlos II de sus "reinos y dominios"? ¿Qué indica esto sobre la estructura del Imperio español?

Para conversar o escribir

1. Por lo que se dice en esta carta y en el fragmento de su testamento, ¿podemos llegar a alguna conclusión sobre el carácter del rey Carlos II? ¿Cuál es su opinión sobre el deber de un monarca hacia su pueblo y hacia su dinastía? ¿Cuáles crees que fueron los factores principales por los que nombró rey a Felipe V? ¿Crees que fue una decisión acertada o no?

2. En parejas: imaginad que sois los embajadores alemanes que os estáis reuniendo secretamente con los embajadores franceses en una taberna. Cada uno debe expresar las ventajas de su candidato al trono y las desventajas del otro candidato, y comentar los acontecimientos en la corte partiendo de lo que se dice en esta carta. Puedes hacerlo en forma de minidrama; describe sus reacciones cuando presencian la ceremonia de lectura del testamento de Carlos II.

REPASO Y SÍNTESIS

1. ¿Qué tres reyes gobiernan España durante el siglo XVII?

2. ¿Cuál es una característica de la forma de gobernar de estos reyes que resultó catastrófica para la política española?

3. ¿Cuáles fueron algunos problemas interiores y exteriores que tuvo la monarquía española durante el siglo XVII?

4. ¿Quién fue el conde-duque de Olivares? ¿En qué consistía su proyecto político? ¿Qué resultado tuvo? ¿Por qué 1640 fue un año terrible?

5. ¿Por qué cambia la dinastía española después de la muerte de Carlos II? ¿Qué país sustituye a España en la hegemonía europea?

6. ¿Cuál era la principal fuente de riqueza para España?

7. ¿Qué pasaba con el oro y la plata americanos? ¿Por qué no beneficiaban a España? ¿Hay una relación entre la política española de guerra en Europa y la mala situación económica en el país? ¿Qué territorio español fue el más afectado por la crisis?

8. ¿En qué dos sectores se polarizó la sociedad española a causa de la crisis económica?

9. ¿Cuál es la importancia de la religión en la vida española del siglo XVII? La represión y la intolerancia religiosa, manifestadas sobre todo en la Inquisición, ¿cómo influyen en las relaciones de España con el resto de Europa? El aumento de eclesiásticos, ¿qué repercusión económica tuvo?

10. ¿Qué importante minoría étnica y religiosa fue expulsada de España en 1609? ¿Por qué fueron expulsados?

11. ¿Cómo es la visión predominante en la sociedad española de la relación "natural" hombre/mujer en el matrimonio? ¿Era esto siempre así en la realidad? Describe qué papeles no domésticos llevaban a cabo algunas mujeres.

12. ¿Qué es el "honor"? ¿Cómo afecta el concepto del honor a la situación de la mujer en la sociedad española del siglo XVII?

13. ¿Con qué nombre se conoce el movimiento cultural que caracteriza al siglo XVII? Enumera algunas de las principales características culturales del siglo XVII español, dando ejemplos específicos de arte y literatura. ¿Qué características son particulares de España y por qué?

14. Mira las ilustraciones de este capítulo y busca en ellas las características del barroco español.

15. ¿Qué novela española es como un "puente" entre el Renacimiento y el Barroco, y por qué?

16. ¿Cuáles son algunos de los artistas más destacados de esta época? ¿literatos? ¿Qué características barrocas ves en ellos?

17. Partiendo de tu análisis de algunos de los textos, ¿crees que hay una división estricta entre "alta cultura" y "cultura popular" en el siglo XVII? ¿Cómo es su relación?

18. En tu opinión, ¿qué es lo más destacable del siglo XVII español?

19. ¿Qué aspectos de esta época crees que van a ser más importantes para el futuro de España?

20. ¿Fue el siglo XVII un "siglo de oro"?

MÁS ALLÁ

1. Escoge el tema que más te interese para presentar a la clase, individualmente o en parejas, investigándolo en la biblioteca o a través de la Internet.

   ❖ Velázquez y Cervantes como representantes universales de la cultura española

   ❖ El teatro del Siglo de Oro como espectáculo de masas

   ❖ La influencia de la Contrarreforma en la cultura española del Siglo de Oro

   ❖ Los marginados del Imperio: pícaros, moriscos, cristianos nuevos etc.

   ❖ La situación de la mujer en la España del Siglo de Oro

   ❖ Una comparación entre los reinados de los tres últimos Austrias

   ❖ Aspectos positivos o negativos del sistema de validos

2. Individualmente o en pareja, visita el Museo del Prado de Madrid a través de la Internet. ¿Puedes encontrar obras de los pintores estudiados en este capítulo? ¿Los retratos de algunos de los personajes, reyes, nobles, artistas que han sido mencionados? Ahora, imagina que eres un guía del Museo y debes dar un tour virtual a tus compañeros de algunas de las obras no vistas en la clase. Selecciona las obras que, en tu opinión, reflejan mejor las características del período y del autor.

3. Mira un mapa de Madrid y localiza las secciones de la ciudad que fueron el escenario de la dinastía de los Austrias (la Plaza Mayor, el Madrid de los Austrias, el parque del Retiro). ¿Puedes encontrar documentos visuales e información sobre estos lugares para mostrar a tus compañeros?

4. En parejas, prepara una presentación para la clase contrastando lo que se dice de la Inquisición española en dos sitios diferentes de la Internet. Analizar aspectos como: los datos que se dan (número de procesados, quemados en la hoguera etc.), el tono (objetivo o no, serio o morboso), el rigor histórico (qué fuentes citan, quién o qué institución es responsable de la información). Busca referencias a algunos de los conceptos que hemos visto en este capítulo (limpieza de sangre, cristiano viejo/nuevo, converso, morisco etc.)

   Establece conclusiones basadas en las diferencias o semejanzas entre los dos "sitios". ¿Son las investigaciones sobre la Inquisición un tema cerrado o abierto? ¿Por qué crees que la Inquisición es todavía un tema polémico o de interés general?

5. ¿Cuál suele ser el aspecto con el que el público general identifica más a la España del siglo XVII, el extremo oscuro de la represión e intolerancia, como por ejemplo, la Inquisición, o el extremo dorado de su esplendor artístico y cultural? ¿Por qué crees que sucede esto?

❖ *Fachada del Palacio Real en Madrid. Felipe V ordenó construir este palacio inspirado en el modelo de Versalles. ¿Qué tipo de valores crees que trata de transmitir este tipo de arquitectura?*

CAPÍTULO 6

EL SIGLO XVIII
CONFLICTOS ENTRE MODERNIDAD Y TRADICIÓN

❖ EL SIGLO XVIII DE UN VISTAZO ❖

Reyes   **Nueva dinastía real: la Casa de Borbón**

- ◆ Felipe V (1700–1746)
- ◆ Fernando VI (1746–1759)
- ◆ Carlos III (1759–1788)
- ◆ Carlos IV (1788–1808)

Política
- ◆ **Centralización** y unificación política y administrativa de España ("Decretos de Nueva Planta"). Los reinos de Aragón pierden sus privilegios y autonomía política. El castellano es la lengua oficial de España.
- ◆ Nueva filosofía política; los reyes y sus ministros reformistas siguen el principio del **despotismo ilustrado**: "Todo para el pueblo, pero sin el pueblo".

♦ **Pérdida de los territorios europeos**; la política española se concentra en la Península Ibérica y sus colonias americanas, y desde mediados de siglo también en sus recuperadas posesiones en Italia (Nápoles y Sicilia).

♦ Alianza con **Francia** ("Pactos de Familia"); Francia se convierte en el principal modelo para la política y la cultura españolas.

Economía

♦ **Unificación fiscal** del mercado interno español, aunque la **comunicación** entre las distintas partes de España todavía es muy **deficiente**.

♦ Intentos de **reforma agraria** (impuestos y propiedad de la tierra); fracaso por la firme oposición de las clases terratenientes (los dueños de la tierra) nobleza e la Iglesia.

♦ Intentos de **industrialización**, definitiva sólo en Cataluña (industria textil).

♦ **Liberalización del comercio colonial** (fin del monopolio de Sevilla).

♦ Gran **aumento de población** durante el siglo por la general mejora económica y la paz relativa del período.

♦ Legalmente, el trabajo manual y el comercio dejan de ser deshonrosos. Comienza a formarse una clase media o **burguesía** con conciencia de su importancia social.

Cultura y sociedad

♦ "**Siglo de las Luces**" o de la "**Ilustración**": confianza en la razón humana y la cultura como instrumento de mejora de la sociedad.

♦ **Apoyo institucional a la cultura** y educación del pueblo; creación de museos, academias, jardines botánicos, sociedades científicas etc.

♦ **Reforma de la educación**: introducción de disciplinas prácticas y apertura de la universidad a los no privilegiados, grandes avances en las ciencias (náutica, química, botánica etc.).

♦ Convivencia de dos tendencias artísticas y culturales: academicismo oficial por influencia de Francia (**neoclasicismo**) y reacción **popularista**, que exalta las tradiciones típicas de España. Comienza el mito del "**casticismo**" o de lo "genuino español".

Castizo: lo que es de "pura casta" o raza, tradición, cultura genuinamente española.

♦ Conciencia de **España como nación**: se estudian su pasado y sus costumbres para determinar cuál es la esencia del "ser español".

¿ES EL SIGLO XVIII UN SIGLO "POCO ESPAÑOL"?

¿Sabes algo sobre el siglo XVIII español? Probablemente no hayas oído nunca muchas cosas sobre él, y no es extraño. En este siglo no vamos a encontrar grandes héroes, escritores o artistas de fama mundial (a excepción del genial pintor Goya). En contraste con la espectacular historia de los siglos anteriores (la reconquista, el descubrimiento de América, la formación del imperio, el esplendor cultural del "Siglo de Oro"), el siglo XVIII es muchas veces percibido como un siglo mediocre y gris, sin interés alguno. Según esta visión negativa, en este siglo España ya no es importante para el mundo, y bajo la nueva dinastía Borbón, de origen francés, se convierte en un satélite cultural y político de Francia. Su energía creadora y su personalidad nacional desaparecen bajo el

❖ *Vigencia del siglo XVIII en la España contemporánea: billete de 2.000 pesetas con el botánico José Celestino Mutis. Se usan estos billetes que celebran a un personaje ilustrado en los últimos años en España. ¿Qué personajes históricos están en el billete norteamericano de $100 y $20?*

La Mesta era la poderosa sociedad ganadera que se había formado en la Edad Media, que reservaba para sus ovejas gran cantidad de tierras cultivables. Ahora se devuelven estas tierras a los campesinos.

"afrancesamiento" y un frío academicismo (una forma de cultura que sigue rígidamente las normas de una Academia).

¡Nada más lejos de la realidad! El siglo XVIII es, en general, una época fundamental para entender la sociedad occidental contemporánea. Las creencias políticas, económicas y sociales en que se basan las naciones occidentales se originan en este siglo: la democracia, el liberalismo económico y los derechos humanos. Para España, como parte de la sociedad occidental, el siglo XVIII es también un importantísimo período, un **siglo de intensos cambios y reformas que tratan de modernizar el país y solucionar el caos y crisis del siglo anterior**. La política ilustrada de los reyes y sus ministros busca ante todo el bienestar de la nación, no la mera expansión imperial o la defensa mesiánica de la fe católica, como en la época de los Austrias. Durante este siglo, la población de España se duplica y se alcanza una relativa prosperidad económica. Se mejora la agricultura al introducir nuevos cultivos (de origen americano) como el maíz o la patata, cortar los privilegios de la Mesta y dar tierra en propiedad a los campesinos. La expansión colonial en América llega al máximo, ocupando los españoles gran parte de Norteamérica. Se maximiza la explotación de las colonias. Termina el monopolio de Sevilla (con lo que toda España se beneficia ahora del comercio americano); los beneficios ya no proceden sólo de las minas, sino del lucrativo sistema de grandes plantaciones (azúcar, cacao etc.). El poder de la Iglesia y la Inquisición disminuye. Se empiezan a respirar aires de libertad intelectual.

Desafortunadamente, esta tendencia positiva se corta con la traumática invasión de Napoleón en 1808. La Guerra de Independencia contra los franceses intensificará el **conflicto entre tradición y modernidad** que va a paralizar y enfrentar por mucho tiempo a la sociedad española.

PANORAMA HISTÓRICO DEL SIGLO XVIII: LA DIFÍCIL DINÁMICA ENTRE REFORMA Y TRADICIÓN

Hechos políticos

En 1700, a la muerte de Carlos II de Austria, España disfrutaba de una cierta recuperación económica. El nuevo rey que llega de Francia, el joven y atractivo **Felipe V de Borbón**, es recibido con grandes esperanzas y entusiasmo por un pueblo cansado de la triste imagen del degenerado Carlos II. Pero la felicidad no durará mucho. Austria, Inglaterra y Holanda, temiendo que Felipe V pudiera llegar a ser rey de España y de Francia (pues también era heredero al trono francés), le declaran la guerra (la llamada "**Guerra de Sucesión**"). La disputa por la sucesión al trono español es la causa inmediata de esta guerra (1700–1713). Austria, Inglaterra y Holanda querían imponer a su candidato a rey, el archiduque Carlos de Austria para así evitar la hegemonía francesa en Europa. **Aragón**, muy resentida contra Francia (pues pensaba que Francia había traicionado a Cataluña en la rebelión de 1640), y recelosa del centralismo de los Borbones, se une a los países que luchan contra Felipe V. El final de la guerra en 1714 trae consecuencias importantes. Felipe V es aceptado como rey de España, pero pierde todos los territorios que España tenía en Europa, la isla de Menorca, y un punto estratégico en el territorio peninsular, Gibraltar, que hasta hoy es posesión de Inglaterra. Aunque España se queda convertida en un país de segundo orden, a la larga, **esta disminución territorial va a resultar ventajosa**. Los reyes españoles ya no necesitan seguir con la desastrosa política belicista de los Austrias para conservar los territorios europeos y pueden concentrar sus fuerzas en reconstruir el país. Aragón es castigado por su deslealtad; se suprimen sus fueros y privilegios así como los de Valencia, Cataluña y Mallorca. Los fueros del País Vasco y Navarra, en cambio, son respetados por haber sido leales al rey. De esta forma, e influido por el modelo francés de uniformidad creado por su abuelo Luis XIV, Felipe V empieza a **centralizar el poder en España**. Con sus "**Decretos de Nueva Planta**" acaba con el sistema plurinacional que habían mantenido los Austrias. Aunque económicamente esta centralización resultara beneficiosa, en la memoria colectiva de las regiones sometidas se guardará durante siglos el recuerdo de esta humillación por parte del rey "castellano".

No es hasta el reinado del hijo de Felipe, el pacífico **Fernando VI**, que España empieza a recuperarse definitivamente. Durante su reinado España no lucha ni una sola guerra por primera vez en siglos. La población aumenta y la economía mejora gracias a la buena labor de excelentes ministros como el marqués de la Ensenada.

Estos frutos los recoge el siguiente rey, **Carlos III**, para desarrollar una importante política reformista y modernizadora que, sin embargo, no llegó a sus últimas consecuencias a causa de la firme **oposición de la nobleza y la Iglesia** a cualquier cambio que afectara a sus privilegios. Por otra parte, la filosofía política de la monarquía, el "**despotismo ilustrado**" (que se resume en la frase "Todo para el pueblo pero sin el pueblo") no involucraba a la sociedad en los procesos de reforma, sino que los imponía desde arriba sin lugar a discusión. De ahí que, por ejemplo, el pueblo se rebelase violentamente contra las reformas ilustradas del ministro Esquilache, que le parecían contrarias a sus usos tradicionales.

De esta forma, desde algunos sectores de la población, las ideas de tradición y "patriotismo" se empiezan a oponer a las de modernización y reformismo, que se asocian negativamente a "afrancesamiento" (imitación de Francia, o sea, la falta de patriotismo). Este conflicto aumentará durante el reinado del último rey de este siglo, **Carlos IV**, durante el que tiene lugar (en 1789) un acontecimiento que cambiará el curso de la historia: **la Revolución Francesa**. Temiendo la penetración de la ideología revolucionaria en España, se extrema la censura y se bloquean las fronteras a cualquier influencia exterior.

Algunas de las medidas más importantes tomadas por Ensenada fueron la elaboración de un catastro o censo de población y propiedad, para así tener datos materiales con los que poder empezar a racionalizar la vida económica española, y la reorganización de la Marina española, en gran decadencia desde el siglo XVII.

Una de las medidas adoptadas por Esquilache obligaba a usar un nuevo tipo de capa más corta y un sombrero de tres picos que dejaba la cara descubierta y permitía la fácil identificación de delincuentes. La rebelión empezó entre las clases populares de Madrid, que consideraban este tipo de medidas abusivas y ofensivas a las tradiciones nacionales.

En el absolutismo, el rey es la única persona con poder absoluto en el reino y este poder es de origen divino (es rey "por la gracia de Dios"). En el sistema parlamentario, el poder de gobernar es concedido por el pueblo, del que los parlamentarios son representantes.

❖ *Este cuadro representa la entrada en Sevilla de Fernando VI y su esposa Bárbara de Braganza. Fíjate que, aunque ésta es la época de la "razón", continúa el gusto barroco por el espectáculo público y la complejidad y lujo del sistema de propaganda de la monarquía.*

El **Antiguo Régimen** (absolutismo monárquico, dominio de la nobleza y la Iglesia, sociedad organizada por el principio de nacimiento) trata de defenderse del **Nuevo Régimen** instaurado por la Revolución Francesa (gobierno parlamentario, hegemonía de la burguesía, sociedad jerarquizada por el principio de propiedad y riqueza).

Durante el reinado de Carlos IV **el prestigio de la institución monárquica se degrada**. El célebre cuadro de Goya, "La familia de Carlos IV", refleja la escasa inteligencia y los problemas de personalidad de la familia real.

El aire casi caricaturesco del retrato muestra el poco respeto que la monarquía despertaba ante el ojo crítico de un ilustrado como el famoso pintor. El ministro Godoy (amante de la reina) desencadena la tragedia al ganarse el odio del heredero de la Corona, el traicionero Fernando. Los partidarios de Godoy y Fernando se enfrentan, el pueblo apoya al príncipe heredero frente a su padre, y **la pelea familiar acaba facilitando la entrada de las tropas de Napoleón, que invaden la Península en 1808**. Pero la sangrienta guerra de independencia contra los franceses será nuestro objeto de estudio en el próximo capítulo.

Ideología y cultura: la Ilustración

El fenómeno intelectual más importante del siglo XVIII a nivel europeo es el de la **Ilustración**. En realidad, este movimiento intelectual, que cree en la **superioridad de la razón y la crítica sobre la tradición y la revelación**, tiene sus orígenes en la revolución científica y filosófica iniciada en Europa en la segunda mitad del siglo XVII (Descartes, Newton, Bacon). Sus raíces se han visto también en el racionalismo erasmista del siglo XVI.

El movimiento ilustrado se inició en Inglaterra y sobre todo en Francia, donde un grupo de ilustrados trató de sistematizar por primera vez el saber humano (sin

❖ *El pintor Francisco de Goya captó magistralmente la sicología de Carlos IV, el último rey del siglo XVIII y su familia. ¿Cómo crees que era este rey? ¿Y la reina? ¿Cómo los ha pintado Goya, idealizados o realísticamente? ¿Crees que el pintor era simpatizante o no de los monarcas?*

explicaciones de tipo religioso) a través de la ambiciosa obra de la **Enciclopedia**. Los **presupuestos de la ideología ilustrada** eran:

❖ Usar **la razón**, **la lógica y la experimentación** y no aceptar ciegamente la tradición (el "siempre se hizo así") y la verdad revelada (la religión). En especial se rechazan las verdades aceptadas que puedan llevar a cualquier tipo de opresión o injusticia.

❖ **El fin del hombre es la búsqueda de su felicidad** y la felicidad se mide según el **progreso material** (la acumulación de riqueza). Los optimistas ilustrados creen en la perfectibilidad y el progreso indefinido de la sociedad, **basados en una educación y una economía racionales**. Si comparas esto con la mentalidad pesimista y fatalista del barroco y de la Contrarreforma, te darás cuenta de lo increíblemente revolucionarias que eran estas ideas, y lo vigentes que siguen siendo en nuestra sociedad actual.

Las **consecuencias a nivel social** de este pensamiento ilustrado son, como ya mencionamos, el **cuestionamiento** de la estructura social basada en **privilegios heredados** y la **reivindicación del trabajo manual**, que no es visto como "deshonroso", sino provechoso para la nación.

A nivel económico, la doctrina ilustrada potencia el desarrollo y perfeccionamiento de la **agricultura** y la **industria**, y tiende a fomentar el **liberalismo económico** (libre competencia).

❖ *Figuritas rococó. Bajo el patrocinio de los reyes se crean fábricas de objetos de lujo (cristal, porcelana, tapices), que compiten así con los productos que tradicionalmente se importaban de Europa. Fíjate en la estética rococó (muy elaborada y delicada) de estas figuras.*

 A nivel político la primera consecuencia es el establecimiento de la doctrina del "**despotismo ilustrado**"; es decir, la confianza en que el poder absoluto del monarca traería los cambios necesarios para la felicidad y el progreso social. A partir de la segunda mitad de siglo algunos ilustrados dejan de confiar en la monarquía absoluta como vía de reforma y plantean una **vía revolucionaria**, que triunfa primero en los EE.UU. (1776) y luego en Francia (1789), estableciendo un nuevo sistema político basado en los principios de "**libertad, igualdad y fraternidad**".

Si en el resto de Europa la Ilustración estaba produciendo profundos cambios sociales, **en España** la ideología ilustrada no tuvo tanta **penetración social** a causa del generalizado **analfabetismo**. El **grupo ilustrado** estaba formado por miembros de las **clases medias** (profesiones liberales, comerciantes etc.) y algunos nobles, y aunque era muy activo apenas representaba un **uno por cien de la población**. Pero la minoría ilustrada tuvo gran importancia sobre todo durante el reinado de **Carlos III**, con el que accede al poder político y puede intentar hacer realidad sus proyectos, como el brillante *Informe sobre la reforma agraria* del ministro e intelectual **Jovellanos**, o los modernos modelos de colonización en Sierra Morena planeados por el progresista **Olavide**. Un síntoma de que las fuerzas reaccionarias todavía eran muy poderosas en España es que,

Sierra Morena: montañas que dividen Castilla de Andalucía, y que estaban despobladas.

El proteccionismo es una intervención económica del Estado para proteger la economía nacional de la competencia de otros países, mediante la imposición de impuestos muy altos a los productos que se importan y la subvención estatal de la producción y distribución de los productos estatales.

pese a sus grandes trabajos por el bien público, tanto Jovellanos como Olavide (y muchos otros ilustrados) fueron procesados y encarcelados por la Inquisición.

Durante esta época podemos decir que empieza **la creación intelectual de España como nación**. Por un lado la Corona tomaba **medidas prácticas** para la consolidación nacional, como la creación de un mercado interno unificado, leyes **proteccionistas** para estimular la producción nacional, o un plan de **carreteras** que uniera el centro con la periferia. Por otro, se establecen las **bases simbólicas de una conciencia nacional**. Así, es en esta época cuando se crean la **bandera y el himno nacional** para todos los españoles y cuando la clase intelectual se dedica a **reflexionar sobre el pasado nacional y el carácter de España como nación**.

Una trascendente consecuencia de la influencia de los ministros ilustrados de Carlos III fue la **expulsión de los jesuitas** de España y sus colonias. La Compañía de Jesús mantenía un fuerte control sobre la educación y, al depender directamente del Papa, no estaba bajo el poder del rey. Con su expulsión se buscaba consolidar el poder real y desbloquear el sistema educativo para reformarlo, para crear una moderna cultura laica.

En efecto, la **educación del pueblo**, para la erradicación de la ignorancia y las supersticiones (aunque sin llegar a atacar directamente la religión, como sí hizo la Ilustración francesa), era un punto fundamental en el pensamiento ilustrado español. Si miras la lista de fechas importantes para la cultura en el siglo XVIII, verás que es en esta época cuando nacen las primeras **instituciones culturales nacionales**, que aún hoy siguen activas.

❖ *Luis Paret*, La tienda, *1772. Durante este siglo los productos franceses de lujo invaden el mercado español, por lo que las autoridades tratan de imponer medidas proteccionistas para estimular la industria española. Aquí vemos una imagen de una tienda elegante de la época. El único signo de "españolidad" en la escena es la típica "mantilla"* [veil] *que llevan las mujeres. La imagen negativa de la mujer como "consumidora" de modas francesas empieza a desarrollarse en este siglo.*

❖ *Fachada del Museo del Prado, Madrid. Este edificio neoclásico destinado a guardar las magníficas colecciones de pintura heredadas de los Austrias, se convertirá en un museo público que hoy en día está considerado como uno de los más importantes del mundo.*

Bajo el patrocinio de la monarquía se crean la Real Academia de la Lengua, la Real Academia de Bellas Artes, bibliotecas, museos, jardines botánicos y escuelas técnicas. A nivel local, los ilustrados de cada región se unen en las **Sociedades Económicas de Amigos del País**, que buscan mejorar la economía y cultura de cada zona de España.

Y España, claro está, es el gran tema literario de la época. Como es propio de esta época práctica, en prosa **predomina lo útil sobre la ficción**. Se cultivan principalmente ensayos sobre el "**problema de España**" y sus posibles soluciones. Los ilustrados se

❖ *Salón Gasparini en el Palacio de Oriente. Contrasta el ornamentalismo exuberante de esta sala rococó con la seriedad neoclásica del exterior del Palacio Real, en la foto que abre el capítulo.*

Tertulia: grupo de personas que se reúne regularmente para charlar. Salones: los aristócratas o personas importantes reunían en sus casas (en sus salones) a intelectuales y políticos.

reúnen en **tertulias, salones y los primeros cafés**, donde discuten temas de literatura y de política. Ésta es la época en la que se desarrolla la **prensa**, y las ideas, ilustradas o reaccionarias (es decir, tradicionalistas), se difunden a través de los primeros periódicos y revistas. También practican los ilustrados la **poesía**, generalmente de tipo pastoril, amorosa o cívica, más bien fría e intrascendente, que sigue las **normas académicas**, cuyo objeto es mostrar el refinamiento del "hombre culto". Hacia finales de siglo empieza a observarse en literatura un predominio de los sentimientos sobre la razón y las normas, que anuncia la inminente aparición del movimiento romántico.

En las artes, la mayoría de los artistas de esta época o vienen **de fuera** (como los arquitectos italianos que construyen los nuevos y grandiosos palacios reales, siguiendo el modelo de Versalles), o siguen **las modas de fuera**, o prolongan **tradiciones artísticas del Siglo de Oro**, como las esculturas religiosas en madera ("tallas"). Las principales corrientes dentro del arte oficial de este período son el **neoclásico**, que, frente al caos e inestabilidad barrocos reinstaura las normas serenas y estáticas del arte clásico griego y romano. En decoración interior, en contraste, triunfa el exceso ornamental y suntuoso del **rococó**.

❖ *Francisco de Goya,* **Fragmento** de La pradera de San Isidro, *1788. Goya nos da un panorama de la alegre fiesta que se desarrollaba en honor a San Isidro en las afueras de Madrid. A diferencia de la "guardada" mujer del Siglo de Oro, en el siglo XVIII encontramos muchas más representaciones visuales y literarias de "flirteos" o relaciones espontáneas entre hombres y mujeres (lo que no quiere decir que la mujer española gozase de mayor consideración social en esta época).*

❖ *Francisco de Goya,* El Coloso, *1811. Goya expresa aquí su premonición de los desastres de la guerra con Napoleón.*

En la segunda mitad de siglo destaca la figura genial de **Francisco de Goya**, pintor en la corte de Carlos III y Carlos IV. Goya, magnífico **testigo de su tiempo**, resume en su obra todas las grandezas y miserias de esta época y ejemplifica el dilema que se vive entonces entre el **arte culto**, ilustrado y académico (de origen francés) y el **arte y las tradiciones populares españolas**.

Goya pinta retratos de ministros ilustrados como Jovellanos, o intelectuales como el escritor Moratín, pero también de personajes populares como actrices o toreros. (Los toros se convierten en uno de los principales pasatiempos del pueblo y de las clases altas.) **Celebra** con su pincel **coloristas tradiciones**, como la madrileña fiesta de San Isidro o la belleza de las "majas" (mujer típica de Madrid), pero también **critica otras "tradiciones"**, como el matrimonio de conveniencia entre una joven y un viejo, el maltrato a los marginados, como locos y presos, o la brutalidad del pueblo bajo. Muestra un **agudo realismo**, individualización y perspicacia

❖ *Francisco de Goya,* Escena en un manicomio. *Compara el crudo realismo crítico de esta escena con una pintura "oficial" como* La familia de Carlos IV.

Goya pintó las pinturas negras en la última etapa de su vida. Son llamadas así porque en ellas predominan el color negro, el pesimismo y un sentido trágico.

sicológica en sus retratos (como el ya mencionado "La familia de Carlos IV"). Pero también se deja llevar de su intuición e imaginación casi surrealista (en parte debido a una creciente sordera que lo aísla de la realidad) en sus series de grabados como "Los caprichos" o "Los disparates" y las escalofriantes "pinturas negras".

Tanto en técnica como en temática Goya se sitúa **a caballo** entre el control formal y los temas cívicos del **neoclasicismo**, y la libertad técnica e irracionalismo del **romanticismo** (movimiento artístico que triunfa en el XIX).

Cuando estalle la Guerra de Independencia en 1808, Goya será nuevamente un testigo excepcional, que registra con su arte el horror y la barbarie de una guerra que pondrá fin a toda una época.

Fechas importantes del siglo XVIII

	Fechas importantes en el desarrollo cultural

1700 — Muere Carlos II, el último rey de la dinastía Austria. En su testamento deja como heredero y sucesor a **Felipe de Anjou,** hijo de su hermanastra María Teresa y nieto del poderoso rey francés Luis XIV de Borbón. Es el principio de una **nueva dinastía, los Borbón,** que todavía hoy reinan en España.

1701 — Austria, Inglaterra y Holanda se alían contra Francia y España para evitar que Felipe V de Borbón se convierta en rey de España y Francia. Empieza la **guerra de Sucesión.**

1704 — Los ingleses capturan **Gibraltar.**

1707 — **Felipe V anula los fueros de Aragón y de Valencia** en castigo por haberse rebelado contra él durante la guerra de Sucesión. Comienza la centralización del gobierno peninsular, siguiendo el modelo francés.

1712 — Creación de la **Biblioteca Nacional.**

1713 — Felipe V introduce la llamada "**Ley Sálica**", que antepone cualquier miembro **varón** de la familia real como **candidato al trono antes que una mujer.**

1713–1714 — **Tratado de Utrecht,** por el que los países aliados contra España en la guerra de Sucesión reconocen a Felipe V como rey de España, a cambio de grandes concesiones territoriales: **los Países Bajos e Italia** para **Austria,** y **Gibraltar** y **Menorca** para **Inglaterra.**

1714 — Felipe V establece la **Real Academia de la Lengua.**

1715–1716 — **Decretos de Nueva Planta:** unificación centralista del Estado español. Se anula la autonomía de Cataluña y Mallorca.

1717 — La **Casa de Contratación** (que organizaba el comercio y exploración del Nuevo Mundo) se desplaza de Sevilla a **Cádiz.**

1726 — Se publica el *Teatro Crítico Universal,* la gran obra enciclopédica del ilustrado cristiano Padre Feijoo, en la que critica la superstición y la ignorancia del pueblo.

1734 — Creación de la **Real Academia de Medicina.**

1738 — Carlos (el futuro Carlos III de España), hijo de Felipe V, es reconocido **rey de Nápoles y Sicilia** después de una guerra muy costosa promovida por su madre, la italiana Isabel Farnesio.

1739 — Publicación del primer **Diccionario de la Lengua Española.**

	1741–1782 Vida de José **Cadalso**, autor de *Cartas marruecas*, novela epistolar en la que desde un punto de vista exótico (un joven viajero marroquí) describe y critica la sociedad española contemporánea.
	1744 Creación de la **Real Academia de Bellas Artes**.
	1755 Creación del **Jardín Botánico** de Madrid.
	1759 La **Inquisición** prohibe la lectura de la **Enciclopedia francesa.**

España recibe **Luisiana** de Francia, y da **Florida** a Gran Bretaña. **1763**

Expulsión de la Compañía de Jesús (los jesuitas) de España y sus colonias. **1767**

Primer paso hacia la autonomía de las colonias americanas: libertad de comercio entre Nueva España (hoy México), Nueva Granada (hoy Colombia, Ecuador y Bolivia) y Perú. **1774**

Guerra de Independencia de los EE.UU. España y Francia apoyan a las tropas revolucionarias de George Washington contra Inglaterra. Máxima expansión territorial española en Norteamérica; los franciscanos fundan la misión de San Francisco en el norte de California. **1776**

España recupera Menorca de los ingleses. **1783**

El ministro ilustrado Jovellanos redacta su *Informe sobre la reforma agraria*, que establece la necesidad urgente de reformar el sistema de propiedad y explotación del campo español. **1787–1795**

1789 Empieza la **Revolución Francesa** y la Inquisición española censura cualquier noticia sobre ella en España. **Francisco de Goya** es elegido pintor oficial del Rey.

Godoy, amante de la reina María Luisa, es nombrado **primer ministro** por Carlos IV. Se inicia un período de corrupción y conspiraciones en la Corte española. **1792**

1800 **Goya** pinta una de sus obras maestras, *La familia de Carlos IV*, en la que recoge con ojo crítico la degradación moral e intelectual de la corte española.

Gran derrota de la flota hispano-francesa frente a la inglesa dirigida por Nelson en la batalla de Trafalgar. **1805**

1806 Leandro Fernández de **Moratín** estrena una de sus obras teatrales más famosas, *El sí de las niñas*: en ella critica la pobre educación que reciben las jóvenes españolas y su falta de libertad a la hora de escoger su destino.

I. Nueva política de centralización: abolición de los fueros de Aragón y Valencia

Tras la Guerra de Sucesión, Felipe V emprende la drástica remodelación del sistema político español. Recuerda que, bajo los Reyes Católicos y los Austrias, cada una de las regiones de España conservaba su propio sistema de gobierno. Con los Decretos de Nueva Planta, Felipe V anula todas las leyes regionales y locales y crea un sistema de gobierno único y centralizado que sigue el modelo castellano. Vamos a ver aquí (A) un fragmento del decreto de abolición de los fueros de Aragón y Valencia (que se habían rebelado contra Felipe V en la Guerra de Sucesión) y (B) del Decreto de Nueva Planta para Cataluña. (Recuerda que Valencia y Cataluña, como Mallorca, formaban parte del reino de Aragón, pero como históricamente habían sido reinos autónomos, conservaban el nombre de "reinos" y sus propios sistemas de gobierno dentro del conjunto aragonés.)

mis armas: mi ejército
derogar: abolir

reducir: *subdue*

Audencia: *High Court*

dictado: *honorific titles*

somatenes y juntas de gente armada: pequeños ejércitos populares / **so:** bajo
concurrieren: *come together (to form these militias)*

A. Considerando haber perdido los reinos de Aragón y Valencia, y todos sus habitantes por la rebelión que cometieron, faltando enteramente al juramento de fidelidad que me hicieron como a su legítimo Rey y Señor, todos los fueros, privilegios, exenciones y libertades que gozaban, […] y tocándome el dominio absoluto de los referidos reinos de Aragón y de Valencia, […] conquista que de ellos han hecho últimamente mis armas° con el motivo de su rebelión; […] He juzgado conveniente […] abolir y derogar° enteramente, como desde luego doy por abolidos y derogados, todos los referidos fueros, privilegios, práctica y costumbre hasta aquí observadas en los referidos reinos de Aragón y Valencia; siendo mi voluntad, que estos se reduzcan° a las leyes de Castilla, […].

B. He resuelto, que en el referido principado [de Cataluña] se forme una Audiencia°, en la qual presida el capitán general o comandante general de mis armas, de manera que los despachos, después de empezar con mi dictado° prosigan en su nombre. […] Las causas en la Real Audiencia se substanciarán en lengua castellana […]. Por los inconvenientes que se han experimentado en los somatenes y juntas de gente armada°, mando que no haya tales […] so° pena de ser tratados como sediciosos los que concurrieren° […].

Primera lectura

1. ¿Por qué causa quita el rey sus fueros y privilegios a los reinos de Aragón y Valencia?

2. ¿Cómo es el domino del rey sobre sus reinos? ¿Por qué es mayor ahora su dominio sobre Aragón y Valencia?

3. ¿A qué leyes deben reducirse ahora los reinos de Aragón y Valencia?

4. ¿Cuál va a ser la principal institución jurídica en Cataluña? ¿Quién la preside? ¿Es un puesto civil o militar? ¿De quién depende directamente el capitán general de la Audiencia de Cataluña a la hora de establecer leyes? ¿Tiene Cataluña alguna jurisdicción propia?

5. ¿En qué lengua se resolverán los casos juzgados por la Real Audiencia? ¿Qué lengua se hablaba en Cataluña?

6. ¿Puede tener Cataluña su propia organización militar? ¿Por qué toma el rey esta medida?

Para conversar o escribir

1. Compara esta decisión política con el fracasado proyecto de unificación de España del valido Olivares que vimos en el capítulo 5 (sóbre el Siglo de Oro). ¿Cuáles son algunas semejanzas y diferencias entre el tono, las medidas adoptadas y las consecuencias del proyecto de Olivares y los Decretos de Nueva Planta de Felipe V? ¿Por qué crees que no funcionó el de Olivares y sí el de este rey?

2. ¿Eres capaz de predecir o anticipar cuáles serán las consecuencias de este Decreto de Nueva Planta en el futuro nacionalismo catalán? Y, en este sistema absolutista y centralista que establece Felipe V, en el que todo el poder reside en última instancia en el rey, ¿qué pasará si el rey es incompetente o poco apto para el gobierno? Describe las ventajas e inconvenientes de un sistema absolutista en un país multicultural como España.

3. Debate: en grupos, discutid (a) ¿Es necesario o no es necesario tener una lengua administrativa común en un país con varias lenguas? (Piensa en ejemplos como Canadá, o las lenguas indígenas y el español en algunos países latinoamericanos.) (b) Pensando en la prohibición a Cataluña de tener ejército propio, ¿crees que en un sistema federal como los EE.UU. cada estado debería tener su propio ejército, o es más conveniente tener un ejército común? ¿Por que sí o no? ¿Crees que las medidas que adoptó Felipe V fueron justas o adecuadas?

II. La economía como base de la nación: proyectos reformistas de los ilustrados

Uno de los mayores aciertos de Carlos III fue reunir un brillante equipo de ministros procedentes de la intelectualidad ilustrada. Siguiendo los principios prácticos de la Ilustración, el principal interés de estos ministros fue mejorar la economía española a todos los niveles. Escribieron numerosos proyectos para reformar la industria, hasta entonces casi inexistente; el comercio, obstaculizado por la competencia exterior y la falta de transportes, y en especial la agricultura, de la que por entonces vivía un 84% de los españoles y que seguía desarrollándose en precarias condiciones.

Desafortunadamente, la mayoría de estos proyectos se quedaron sólo en buenas intenciones. La industria, excesivamente protegida por la Corona, no tenía suficientes incentivos para desarrollarse y no contaba con la simpatía del pueblo, que la veía como competencia a su artesanía (de ahí los frecuentes motines e incendios de fábricas). El comercio no se desarrolló uniformemente. Las áreas más favorecidas por la nueva libertad de comercio con América y las leyes proteccionistas fueron las zonas periféricas que contaban con buenos puertos (Cataluña, País Vasco, Cantabria, La Coruña, Cádiz). El proteccionismo favorece especialmente a Cataluña, que no tiene competencia ninguna en la producción textil y se hace dueña del mercado peninsular.

Sin embargo, los planes de desarrollo de vías de comunicación (carreteras, canales) para facilitar las relaciones comerciales internas fracasaron en su mayoría debido sobre todo a la difícil geografía española. De hecho, no será hasta avanzado el siglo XX cuando por fin se completen estos planes de transporte de los ilustrados, incluyendo su problemática orientación centralista, pues comunican el centro (Madrid) con la periferia, pero no la periferia entre sí.

En cuanto a la agricultura, será la gran asignatura pendiente de la política española hasta nuestros días. El sistema de propiedad de la tierra es principalmente de grandes latifundios en manos de la nobleza y la Iglesia, que no las cultivan directamente, sino que las arriendan a pobres campesinos sin tierra que deben pagarles rentas excesivas. Esta situación hace que la tierra no se explote adecuadamente y en el campo se viva una situación de miseria crónica.

Vamos a leer tres fragmentos de tres proyectos o informes de intelectuales cortesanos que tratan sobre todos estos problemas de la economía española y sus posibles soluciones:

A. El economista nacido en Irlanda, **Bernardo Ward**, que trabajaba para el ministro Campomanes, escribe sobre la necesidad de industrializarse.

B. **El conde de Floridablanca**, primer ministro de Carlos III, escribe sobre la protección del comercio.

C. El ministro **Jovellanos** presenta un informe sobre el estado de la agricultura.

Siglo de las Luces

A. [...] En España quedan en gran parte inútiles tres cosas, que fundan la grandeza y opulencia de una pujante° Monarquía, es a saber: tierras, hombres y dinero.

[...] Para demostrar lo mucho que se pueden promover varios asuntos en el Reyno, señalaré sólo uno, que parece de muy poca entidad [...]: hablo de las mujeres que se dedican a hilar. Si hay en España, como no lo dudo, un millón de mujeres entre grandes y chicas que hilan con rueca°, múdese° solamente la rueca en torno°, é hilarán quatro, ó cinco veces más, y el aumento de su ganancia ascenderá a cerca de veinte millones de escudos° al año, casi tres veces tanto como saca el rey de todas sus Indias [...]

pujante: poderosa

rueca: *distaff* / múdese: cámbiese / torno: *spinning wheel*

escudo: unidad monetaria de la época

Primera lectura

1. En opinión de este autor, ¿en qué tres cosas se basa el poder de una monarquía?

2. ¿Qué ejemplo específico da de las posibilidades de expansión de la economía aplicando tecnología?

3. ¿Qué cambio tecnológico propone para incrementar la producción textil? ¿Cuál es el sector de la población con el que se llevaría a cabo esta revolución económica? ¿Qué consecuencias sociológicas crees que causaría esta incorporación de la mujer al mercado laboral?

4. ¿Con qué se comparan las proyectadas ganancias derivadas de esta reforma de sólo un sector específico de la producción nacional? ¿Qué consecuencias nos lleva el autor a creer que tendría la aplicación generalizada de nuevas tecnologías y sistematización de la producción? ¿Seguiría España siendo dependiente del comercio con sus colonias?

siglo de las luces

B. El comercio general exterior y el tráfico interno deben ser también muy protegidos, así para facilitar los progresos del [comercio] de Indias, y la salida de los frutos de sus retornos, como para proporcionar el surtimiento de abastos° de los pueblos, la circulación de manufacturas y producciones, y el socorro mutuo de las provincias de mis dominios. [...] Para estos fines conducen necesariamente los caminos y canales de riego° y navegación sin los cuales no puede haber facilidad ni ahorro en los transportes.

abastos: *supply of goods*

riego: *irrigation*

Primera lectura

1. ¿Qué deben ser muy protegidos por el Estado y por qué? ¿Qué dos facetas del comercio se tratan de proteger?

2. ¿Qué infraestructura es urgente desarrollar para poder facilitar el comercio entre las diferentes provincias de España?

❖ *Franciso de Goya, retrato de Jovellanos, 1797. Goya pintó este retrato de uno de los más respetados ilustrados de su época. Fíjate sin embargo en el aspecto triste y melancólico de Jovellanos. ¿Por qué crees que Goya lo representa así?*

ministro de agricultura

ropa de francia

El sistema de herencia de la tierra dificultaba la productividad agrícola, pues sólo el hijo mayor heredaba la tierra y no podía venderla. En general esto hacía que el hijo mayor se desinteresara del cultivo de la tierra y la diese en arriendo a campesinos.

desalientan: *discourage* / **vinculadas:** *bound* / **residencia:** su residencia habitual, en la Corte, no en el campo / **descepe:** limpiar el campo de raíces / **cerque:** *fences off his land* / **suerte:** *lot* / **llevanza:** *tenancy* / **esquilmar:** *to exhaust and impoverish the land* / **curarse:** preocuparse

C. Entretanto semejantes opiniones [el sistema de herencia de la tierra y su arrendamiento] hacen un daño irreparable a nuestra agricultura, porque reducen a breves períodos los arriendos, y por lo mismo desalientan° el cultivo de las tierras vinculadas°. No debiendo esperarse que las labren sus dueños, alejados por su educación, por su estado y por su ordinaria residencia°, del campo y de la profesión rústica: ¿cómo se esperará de un colono que descepe°, cerque°, plante y mejore una suerte°, que sólo ha de disfrutar tres o cuatro años, y en cuya llevanza° nunca esté seguro? ¿No es más natural que reduciendo su trabajo a las cosechas presentes, trate sólo de esquilmar° en ellas la tierra, sin curarse° de las futuras [cosechas] que no ha de disfrutar?

Primera lectura

1. Para Jovellanos, ¿qué es lo que está causando un daño irreparable a la agricultura española y por qué?

2. ¿Por qué no debe esperarse que los propios dueños cultiven la tierra? ¿Qué nos dice esto sobre las opiniones sociales de Jovellanos?

3. ¿Por qué un colono o arrendatario no tendrá interés en mejorar la tierra a largo plazo, sólo en obtener cosechas rápidas a corto plazo?

4. Según la ideología de la Ilustración, ¿cuál crees que es la solución que propone Jovellanos a esta situación de la agricultura producida por el sistema de mayorazgos? ¿A qué clase social crees que trata de beneficiar más la reforma proyectada por Jovellanos, a los campesinos o a los nobles propietarios de las tierras?

Para conversar o escribir

1. Imagina que eres el rey Carlos III leyendo estos informes de tus ministros. ¿Cuál sería, en tu opinión, el mejor informe de los tres y la reforma más urgente en la economía española? ¿Por qué? Discutid en parejas o con toda la clase.

2. Usando una máquina del tiempo, habéis llegado hasta la corte del rey Carlos III en Madrid. Usando los conocimientos económicos del presente, vais a echarle una mano para solucionar sus problemas con la industria, el comercio y la agricultura. Desde un punto de vista contemporáneo, evaluad en grupos las proposiciones de estos economistas del XVIII, pensando en temas como:

   ◆ las consecuencias negativas o positivas de la intervención del Estado en la economía

   ◆ el total liberalismo económico (que lleva a la economía global) frente al proteccionismo (que crea "economías nacionales" más cerradas)

   ◆ las consecuencias del acceso de la mujer al trabajo fuera de la casa

   ◆ la necesidad o no de una reforma en profundidad del sistema de propiedad de la tierra (el acceso del pequeño campesino a la propiedad de la tierra, y no simplemente períodos más largos de arriendo).

3. En parejas, escribid un diálogo en el que uno/a de vosotros adopta el punto de vista de una de las mujeres que Ward quiere convertir en mano de obra de la industria textil, y otro/a es una mujer campesina sin tierra. ¿Cómo crees que verían ellas estas reformas para las que no se les preguntaba nada? ¿De qué formas diferentes experimentarían los cambios sociales y económicos en sus respectivos trabajos?

¿Cuál crees que tendría más posibilidades de éxito e independencia económica, la campesina o la obrera?

III. Cambio en la mentalidad social: industriosidad frente a nobleza de sangre

El economista García Sanz, en su estudio *Economía y sociedad en tierras de Segovia, 1500–1814,* propone la necesidad de un cambio en la mentalidad social española que tradicionalmente despreciaba el trabajo manual. En el texto que vamos a ver a continuación, García Sanz analiza las raíces históricas del concepto de nobleza tal y como se entendía en el siglo XVIII. Él propone una revisión de las razones para alcanzar prestigio social y poner a España a nivel de los países europeos más desarrollados.

Y a la verdad, ¿quién tiene más derecho a la pública estimación, un Artesano honrado que con el sudor de su rostro gana para sí y su familia el pan que los sustenta, ó un noble Ciudadano que entregado á una perpetua indolencia lo mejor que hace es vegetar?

[…] No estamos ya en aquellos tiempos en que la fuerza del brazo y el hábil manejo de la lanza y el caballo decidían al fin todos los pleitos°. En ellos era necesario que la nobleza, esto es, los primeros hombres, no se dedicasen á otras ocupaciones ó exercicios [que la guerra], y por consiguiente las demás [ocupaciones] se miraban como viles y mecánicas. Mas al presente que todos conocemos que las Naciones más industriosas son las más valientes, es forzoso que demos honores y exenciones a nuestros fabricantes, si queremos no vivir sujetos, y no depender como hasta ahora del Extranjero. La Nobleza, sobre todo, en los Estados Monárquicos es un cuerpo respetable y digno del mayor aprecio: por lo mismo debe considerarse como un premio a que de justicia son acreedores° los que promueven sin cesar el bien público.

pleitos: problems

premio a que de justicia son acreedores: a justly deserved award

Primera lectura

1. ¿Cuál es la respuesta a la pregunta retórica con la que empieza el párrafo? Es decir, en opinión del autor, ¿qué grupo social tiene más derecho a la estimación pública?

2. ¿Por qué fue la nobleza la clase más importante de la sociedad en el pasado? ¿Cómo ha cambiado esto ahora?

3. ¿Debe eliminarse la institución de la nobleza en opinión del autor o deben cambiar los méritos o razones que hacen noble a una persona? Explica con tus palabras el nuevo concepto de nobleza que plantea este autor.

Para conversar o escribir

1. Compara este nuevo concepto de "honor social" ganado por el trabajo honrado y la búsqueda del bien público con el concepto de honor y fama que se origina a fines de la Edad Media (*Coplas a la muerte de su padre* de Manrique) y que predominaba en el siglo XVII (según vimos en el ejemplo de *El alcalde de Zalamea* de Calderón de la Barca), o en el desprecio hacia el comercio y el dinero (en el poema "Poderoso Caballero" de Quevedo). ¿Qué cambios sociales y económicos crees que traerá consigo esta nueva mentalidad?

2. Los límites de la Ilustración española. En este documento, como en el anterior y el próximo, vemos un ejemplo de la voluntad de cambio y reforma de la Ilustración, pero también de sus límites. Es decir, los ilustrados no buscan una revolución, un

cambio total del *status quo*, sino mediante ajustes y reformas poder continuar con ese mismo sistema. Así, Jovellanos no pedía que se les quitase tierra a los nobles y la Iglesia para dársela a los campesinos, sino simplemente que fuera más largo el período de arrendamiento para que la tierra produjera más y, en último término, los nobles (que "por su educación y posición social" no la cultivan directamente) tuvieran más beneficios. ¿Cuáles son los límites del cambio en la mentalidad social que está pidiendo aquí García Sanz? Expande tu respuesta escribiendo un pequeño ensayo sobre el siglo XVIII como momento de transición hacia nuestra propia época. Busca ejemplos en los documentos de esta sección sobre aspectos que son sumamente modernos y actuales y otros que ya no existen en nuestra época y que son restos del pasado medieval español.

IV. Una religión racional: contra mitos y supersticiones

Como comentábamos en la actividad anterior, la Ilustración española no se atrevió a traspasar algunos límites del pensamiento. Así, en lo referente a la religión católica, los intelectuales españoles critican los mitos y las supersticiones que oscurecen la espiritualidad y la pureza de la religión, pero nunca llegan a atacar a la religión en sí misma. Vamos ahora a ver dos ejemplos de dos escritores muy dispares que tratan el mismo tema. El primero es de un religioso, el Padre Feijoo, un monje de gran cultura y mentalidad muy avanzada para su tiempo, que bajo la protección del rey Felipe V y pese al ataque de las fuerzas conservadoras de la Iglesia, escribió el *Teatro Crítico Universal*, una colección de ensayos en los que critica aspectos de la vida española (incluyendo la religión) que él ve como contrarios a la razón. En el texto que vamos a analizar aquí, Feijoo duda de la capacidad humana de definir lo que es milagro y lo que no, y busca explicaciones físicas o sicológicas para algunos supuestos "milagros".

El segundo texto es de José Cadalso, un militar y hombre de mundo que escribió uno de los libros más interesantes del siglo XVIII español, *Cartas marruecas*. Siguiendo un precedente francés, Cadalso creó una novela epistolar original en la que se intersectan las cartas de tres personajes que son tres puntos de vista diferentes sobre la realidad española: Gazel, un joven marroquí de viaje por España; su amigo y mentor Nuño, un español militar y "hombre de bien" (alter ego de Cadalso), y el tío y tutor de Gazel, Ben Beley, que les escribe desde Marruecos. Cadalso utiliza la sorprendida mirada del "otro" exótico para ofrecer novedosas visiones críticas sobre las costumbres, creencias y nuevas modas que llegan a España.

A. Yo confieso que es muy difícil determinar a punto fijo la existencia de algún milagro. Cuando la experiencia propia la representa [la existencia del milagro], es menester° una prudencia y sagacidad exquisita para discernir si hay engaño, y un conocimiento filosófico grande para averiguar si el efecto que se admira es superior a las fuerzas de la naturaleza. [...] Es cosa muy ordinaria atribuirse a milagro los que son efectos de la naturaleza. Esto especialmente es frecuentísimo en curas de enfermedades. Lisonjean° no tanto su devoción como su vanidad muchos enfermos, queriendo persuadir que deben su mejoría a especial cuidado del cielo [....]. Tal vez los médicos contribuyen a estas ficciones cuando recobran la salud aquellos enfermos a

Imaginad lo avanzado que era Feijoo, que uno de sus artículos se titula "Defensa de las mujeres", y en él critica la opinión social generalizada de que la mujer es un ser inferior al hombre. ¡Habrá que esperar casi hasta el siglo XX para encontrar una voz tan progresista en este sentido como la de Feijoo!

es menester: es necesario

lisonjean: *they flatter*

deplorados: incurables

impericia: *lack of expertise* / yerro: *error*

quienes ellos abandonaron por deplorados°, atribuyendo la mejoría a milagro, porque no se conozca su impericia° en el yerro° del pronóstico.

Primera lectura

1. ¿Qué opina Feijoo sobre la posibilidad de decidir lo que es milagro y lo que no?

2. Si creemos estar ante la presencia de un milagro, ¿cuáles son las otras dos posibilidades que debemos estudiar primero, antes de llamarlo "milagro"? ¿Entra la fe o la revelación en juego para determinar si hay intervención divina o no? ¿Qué instrumentos aconseja usar Feijoo?

3. Describe con tus palabras dos posibles explicaciones sicológicas de supuestos milagros en casos de curas de enfermedades que presenta aquí Feijoo.

Se refiere al dominio musulmán de la península durante la Edad Media.

Se refiere al mito de la intervención divina del apóstol Santiago que vimos en el capítulo "La España Medieval"; los cristianos creían que Santiago se aparecía en las batallas montado en su caballo blanco para ayudarles a derrotar a los moros.

yugo: *yoke* / vulgo: *common folks* / indagar: *to inquire into* / me estremece: *makes me shudder*

B. [Ben Beley a Gazel] "Si el cielo, le he dicho yo [a Nuño], si el cielo quería levantar tu patria del yugo°africano, ¿había menester las fuerzas humanas, la presencia efectiva de Santiago, y mucho menos la de su caballo blanco, para derrotar el ejército moro? El que ha hecho todo de la nada, con solas palabras y con sólo su querer, ¿necesitó acaso una cosa tan material como la espada? […]

[…] Gazel, los que pretenden disuadir al pueblo de muchas cosas que cree buenamente, y de cuya creencia resultan efectos útiles al Estado, no se hacen cargo de lo que sucedería si el vulgo° se metiese a filósofo y quisiese indagar° la razón de cada establecimiento. El pensarlo me estremece°, y es uno de los motivos que me irritan contra la secta hoy reinante, que quiere revocar en duda cuanto hasta ahora se ha tenido por más evidente que una demostración de geometría. […] No sólo niegan y desprecian aquellos artículos que pueden absolutamente negarse sin faltar a la religión, sino que pretenden ridiculizar hasta los cimientos° de la misma religión.

cimientos: *foundation*

Primera lectura

1. ¿Cuál es el mito nacional-religioso que está desmitificando aquí Cadalso? ¿Niega Cadalso la ayuda de Dios a los cristianos, o critica el materialismo y la excesiva "humanización" que la imaginación de los hombres da a la ayuda divina? En definitiva, ¿está atacando la religión en sí o un aspecto irracional del catolicismo español?

2. ¿Por qué es necesario mantener la fe del pueblo en algunas cosas? ¿Qué pasaría si "el vulgo se metiese a filósofo"? ¿Por qué rechaza el autor la tendencia radical a dudar de todo?

Para conversar o escribir

1. Compara estos esfuerzos por racionalizar y purificar de elementos extra-religiosos el catolicismo con su intencionada manipulación política durante los siglos anteriores (ver el ejemplo del papel de la Providencia Divina en la "Estoria de España" de Alfonso X en el capítulo "La España medieval", o la justificación religiosa de la conquista de América en el capítulo "Hacia la unidad de España y la formación de un imperio"). ¿Cómo criticarían Feijoo y Cadalso estas actitudes del pasado?

2. En la introducción mencionamos como el despotismo ilustrado pretendía introducir mejoras y reformas por el bien del pueblo, pero sin contar con la opinión del pueblo ni informarle de sus decisiones. ¿Podemos ver estas limitaciones en el texto

de Cadalso? ¿Por qué cree él—o se ve obligado a decir, pensando en la censura— que es necesario para la estabilidad social mantener al pueblo a ciegas en sus creencias? ¿Qué pasaría si el pueblo dejase de tener fe en las instituciones máximas, como la monarquía o la religión? ¿Qué actitud te parece más "ilustrada" o más moderna en estos dos ejemplos, la de Feijoo o la de Cadalso?

V. La doble cara de la Ilustración: *El sueño de la razón produce monstruos*

Este es uno de los grabados más famosos del pintor Goya, y muchas veces se ha visto como un símbolo de las contradicciones de su época. La ambigüedad de la palabra "sueño" en español contribuye a la riqueza significativa de la imagen. "Sueño" puede ser simplemente el acto de dormir (cuando la razón se duerme, los "monstruos" de la opresión, la tiranía, la violencia etc., aparecen). Pero "sueño" puede ser también el acto de soñar, de imaginar mientras se duerme. Es decir, los sueños o proyectos de la razón (de los ilustrados) pueden acabar trayendo más males que bienes, al hacer volver en su

❖ *Francisco de Goya,* El sueño de la razón produce monstruos, *1799.*

contra a las fuerzas reaccionarias como la Inquisición (el propio Goya fue atacado por ella) o el ataque de todos aquellos a los que no convenía ningún cambio que limitase sus privilegios).

Para conversar o escribir

1. Describe con tus palabras esta escena. En tu opinión, ¿el hombre está dormido o soñando? Da tu propia interpretación sobre el sentido del título del grabado.

2. Debate: ¿puede un excesivo racionalismo llevar al irracionalismo, a la inhumanidad y a la barbarie? Muchas veces se ha acusado al racionalismo de la Ilustración europea de ser la causa de los horrores perpetrados desde entonces por la civilización occidental en nombre de la razón (como antes se hacía en nombre de Dios): el colonialismo, el racismo, y en general la explotación sistemática de los más débiles como las clases bajas, la mujer o las naciones colonizadas. Esta tendencia llegaría a su clímax con la doctrina nazi de exterminio sistemático y "racional" del "otro" considerado inferior. A la luz de esta simbólica y ambigua escena de Goya y de las consecuencias que la Ilustración trajo a España, debatir los efectos positivos o negativos de la era del racionalismo.

REPASO Y SÍNTESIS

1. ¿Por qué existe una opinión negativa del siglo XVIII español? ¿Es correcta esta percepción?

2. ¿Por qué es el siglo XVIII una época crucial para entender la sociedad occidental contemporánea? ¿Por qué es importante para España?

3. Enumera algunos de los principales cambios demográficos, económicos, políticos e ideológicos que tienen lugar en España en el siglo XVIII.

4. ¿Cuáles son los cuatro reyes que reinan en España durante el siglo XVIII? Enumera brevemente algunas características o acontecimientos importantes de sus reinados.

5. ¿Cuáles son las consecuencias de la Guerra de Sucesión? A largo plazo, los resultados de esta guerra ¿fueron positivos o negativos para España? ¿Por qué?

6. ¿Qué son los "Decretos de Nueva Planta"?

7. ¿Qué es el "despotismo ilustrado"?

8. ¿Qué obstaculizó, en parte, la política reformista del gobierno de Carlos III?

9. ¿Por qué empiezan a polarizarse y oponerse las ideas de "tradición" y "modernidad"?

10. ¿Qué acontecimiento de gran trascendencia tiene lugar en Francia durante el reinado de Carlos IV? ¿Qué consecuencias tiene esto para la política española?

11. Menciona las principales diferencias entre el Antiguo Régimen y el Nuevo Régimen de España.

12. ¿Por qué se desprestigió la institución monárquica durante el reinado de Carlos IV? ¿Qué contribuyó a la invasión francesa de la Península en 1808?

13. ¿Qué es la Ilustración? ¿Cuáles son dos de sus presupuestos ideológicos? ¿Qué consecuencias tuvo a nivel social, económico y político?

14. ¿Quienes formaban el grupo ilustrado español y cómo era su influencia en la sociedad? ¿En qué lugares y por qué medios difundían y discutían sus ideas los ilustrados?

15. ¿Por qué se dice que en esta época España se consolida como nación?

16. ¿Qué medidas se adoptaron para mejorar la educación del pueblo?

17. ¿Qué se quería conseguir mediante la expulsión de los jesuitas?

18. Describe las tendencias literarias y artísticas del siglo XVIII. ¿Es este un siglo creativo o pragmático?

19. Explica la frase "el pintor Francisco de Goya fue un testigo de su tiempo". ¿Cómo expresa su arte la dicotomía cultural que se vivía en la España del siglo XVIII? ¿A caballo entre qué dos movimientos artísticos desarrolla su obra el pintor y qué características de ambos movimientos están presentes en su obra?

MÁS ALLÁ

1. En grupos de 3 o 4 personas, preparad un informe sobre la vida y obra de Francisco de Goya y su relación con la historia de España de este período. Es buena idea visitar la página web del Museo del Prado, pues allí se conserva la mayoría de la obra de este artista. Localizad los cuadros de Goya que se hallan en museos estadounidenses. ¿Hay algún Goya en o cerca de vuestra ciudad? ¿Lo habéis visto alguna vez?

2. Preparad un estudio comparativo que contraste la influencia social y la calidad de la producción de la Ilustración española con la de Francia, Alemania o Inglaterra.

3. Buscad información sobre el desarrollo de la vida social y económica en las colonias americanas de España en este período, en especial sobre las áreas que hoy pertenecen a los Estados Unidos.

❖ *Francisco de Goya,* Divina Libertad. *En este grabado, Goya celebra una de las libertades establecidas por las Cortes de Cádiz en 1812. Mira los objetos que están en el suelo al lado del hombre arrodillado, saludando a la luz divina de la libertad. ¿Qué libertad crees que está celebrando Goya aquí?*

CAPÍTULO 7

EL SIGLO XIX

HACIA LA CONSTRUCCIÓN DE UNA NACIÓN MODERNA

❖ EL SIGLO XIX DE UN VISTAZO ❖

Reyes
- ◆ José Bonaparte (José I) (1808–1813)
- ◆ Fernando VII (1808–1833)
- ◆ Isabel II (1833–1868)
- ◆ **Casa de Saboya:** Amadeo I (1871–1873)
- ◆ **Restauración de los Borbones:** Alfonso XII (1875–1885)
- ◆ Alfonso XIII (1885–1933)

Política
- ◆ **Guerra de Independencia** contra Francia: (1808–1814)
- ◆ Primera Constitución española (Cádiz, 1812)
- ◆ **Revolución de 1868.** Gobierno provisional (1868–1871)

◆ Lento establecimiento de un **sistema parlamentario constitucional**, que nace minoritario y se impone a base de rebeliones militares (**el ejército, vigilante del Estado**).

◆ **I República** (1873–1874)

◆ Vuelve la **Casa de Borbón (Restauración).**

◆ **Inestabilidad política: guerra civil** liberales/conservadores (**carlistas**), frecuentes cambios de gobierno (6 constituciones distintas en casi 50 años). Cuando por fin se estabiliza (tras la Restauración, 1875), la **democracia** está ya **desprestigiada** por la corrupción y manipulación de los políticos.

◆ **Pérdida de popularidad del sistema monárquico**; en 1873 se establece la primera República española, que también fracasa: se prueba así la **debilidad de conciencia nacional de la sociedad civil** (el ejército es quien toma las decisiones políticas).

Cultura y sociedad

◆ **La modernidad** llega a España: industria siderúrgica y textil, ferrocarril, sistema métrico, pero **de forma desigual** según las regiones (más avanzadas: Cataluña y País Vasco). El campo sigue igual de pobre y atrasado que siglos atrás.

◆ **En pensamiento:** desde mediados de siglo, el liberalismo español abraza el **positivismo** (creencia sólo en los datos comprobables y resultados cuantificables) y la **libertad de conciencia** (frente a la tradicional intolerancia religiosa). Pero también se populariza el **krausismo**, filosofía de origen alemán e ilustrada, que cree en la educación integral y espiritual del ser humano para la mejora social; tendrá fuerte impacto en la cultura y el sistema educativo español.

◆ **Crecimiento urbano e industrial** = **movimientos obreros.** Nacen las primeras organizaciones socialistas y anarquistas.

◆ **Renacimiento de las culturas y lenguas regionales.** Crece el nacionalismo político en Cataluña y País Vasco, y en menor grado en Galicia.

◆ **Movimientos culturales:** débil **romanticismo** en la primera mitad de siglo, vigoroso **realismo** en la segunda (empieza la "Edad de Plata" de la literatura española), brillante **modernismo** (sobre todo en Barcelona) a finales de siglo.

LA DIFÍCIL MODERNIDAD ESPAÑOLA

Vimos en el capítulo anterior como el siglo XVIII había terminado con esperanzas de recuperación económica y liberalización política. Sin embargo, la terrible violencia y destrucción de la **Guerra de Independencia** de 1808, y la **debilidad del liberalismo español** van a retrasar durante muchos años toda posibilidad de progreso económico y político. A lo largo del siglo XIX, el **ejército**, embarcado en una continua guerra civil entre liberales y tradicionalistas, se convierte en el principal **árbitro de la política española**. La **Iglesia** Católica, tradicionalmente tan poderosa en España, **pierde** en este siglo su **poder** simbólico y material. El Estado, con constantes problemas financieros, decide vender las propiedades eclesiásticas para pagar sus deudas y resolver la miseria del campo español. Esta medida no logra los efectos deseados, sino que básicamente enriquece aún más a la nueva clase social en ascenso, la burguesía. A diferencia de otros países europeos en los que la burguesía fue un motor de progreso y cambio social, la mayoría de la **burguesía española**, convertida en **propietaria de tierras**, vive confortablemente de las rentas del campo, **imitando la ideología y forma de vida de la aristocracia**, y sin preocuparse por invertir en la industria o el comercio. Durante la primera mitad del siglo XIX, España pierde la mayoría de su Imperio americano. Siguiendo los modelos de la revolución de EE.UU. y Francia, **las colonias se independizan**, con lo que la incipiente industria española pierde su principal mercado.

Pese a todo, la **modernidad** poco a poco llega a España. La **industria** textil en Cataluña y la siderúrgica en el País Vasco se convierten en los principales núcleos industriales de España. Durante este siglo se potencia el estudio de las ciencias, se introduce el **ferrocarril** en España, se impone el sistema métrico europeo y las ciudades (Madrid, Barcelona, Bilbao) crecen enormemente, atrayendo a la arruinada población campesina que pasa a engrosar la **masa proletaria urbana**. Con la urbanización e industrialización nacen los primeros conflictos sociales y **movimientos obreros**. En este siglo se fundan los partidos socialista y anarquista, y los primeros sindicatos obreros. El **sistema parlamentario constitucional**, aunque débil y vigilado por el ejército, termina consolidándose. Y tras la relativa oscuridad cultural del siglo XVIII y el pálido romanticismo de la primera mitad del XIX, a finales de siglo florece en España un auténtico **renacimiento cultural**. La **novela** adquiere de nuevo la tradición **realista** del Siglo de Oro para dar testimonio de los cambios y problemas sociales que la modernidad estaba trayendo a España (como hizo Dickens en Inglaterra o Balzac en Francia). En las **regiones periféricas** (Cataluña, Galicia, País Vasco) asistimos también a un renacimiento de las respectivas **culturas y lenguas nacionales**, pacífico primer paso hacia los futuros conflictos nacionalistas en la Península.

La pérdida de las últimas colonias (Cuba, Puerto Rico, Filipinas) en la **guerra de 1898 contra EE.UU.** (el "**Desastre**") hizo que los intelectuales españoles (la llamada "**generación de 1898**") adoptasen un **discurso dramático y fatalista**. (España era un desastre total que era urgente "regenerar".) Pero, lo cierto es que España entraba en el siglo XX con esperanzas renovadas. Trágicamente, la Guerra Civil de 1936 se encargaría de destruir y posponer aún más esa esperanza en una España unida, democrática, próspera y moderna que habían comenzado a soñar los "ilustrados" del siglo XVIII.

PANORAMA HISTÓRICO DEL SIGLO XIX

La Guerra de Independencia y la Constitución de Cádiz: fracaso de la Revolución española

El emperador francés Napoleón Bonaparte, de excepcional genio militar y político, se había propuesto expandir su Imperio (y con él la ideología revolucionaria francesa) por toda Europa. Las peleas internas de la familia real española le dieron una buena excusa para comenzar la ocupación de la Península Ibérica. Reteniendo a Carlos IV y a su familia en Francia (donde habían ido para que Napoleón arbitrara sus disputas),

Napoleón envió sus tropas a España en 1808 para poner en el trono español a su hermano, **José Bonaparte**. En Madrid estalla una **rebelión popular** contra los franceses, que es brutalmente reprimida por el general Murat. Pronto, la rebelión se extiende a toda España. Una **Junta Central**, apoyada por Juntas locales, gobierna desde **Cádiz** en nombre del heredero de Carlos IV, su hijo Fernando VII, y organiza la resistencia popular contra el francés. La guerra será larga, cruel y total. No son, como en las guerras del pasado, dos ejércitos profesionales los que luchan, sino **todo un pueblo levantado en armas** que pelea con furia por "Dios, la Patria y el Rey". La resistencia se organiza en forma de **guerrillas**, pequeños grupos armados de gente del pueblo que atacaban constantemente a los invasores franceses. Inglaterra mandará también tropas, al mando de Wellington, para ayudar a los españoles contra Napoleón, el enemigo común.

Paradójicamente, la ideología revolucionaria de los invasores acaba triunfando. Las **Cortes** españolas (con mayoría liberal), reunidas en **Cádiz** durante la guerra, aprueban en **1812** la **primera Constitución democrática** de España. En ella se proclamaba la **soberanía nacional** (el poder ya no es en exclusiva del rey por derecho divino, sino que emana de todo el pueblo, que escoge libremente a sus representantes). Entre otras medidas revolucionarias, los liberales de Cádiz tratan de dar por finalizado el "Antiguo Régimen": **abolen la Inquisición** y **los señoríos nobiliarios** (el poder local judicial y efectivo que tenían los nobles sobre sus tierras) y también establecen la **libertad de expresión e imprenta**.

> Las "Cortes" es un término tradicional español de origen medieval, para el concepto moderno de "parlamento" o "congreso".

Sin embargo, esta Constitución fue el sueño de una minoría. La gran mayoría de los españoles no se preocupaban por cuestiones de "soberanía nacional", y sólo querían la vuelta de "su" rey. Cuando, terminada la guerra en **1814, Fernando VII** "el Deseado" volvió a España, la alegría de sus súbditos no duró mucho tiempo. Fernando, mientras estaba prisionero en Francia había jurado obedecer la Constitución de Cádiz, pero lo primero que hizo al volver fue abolirla, **restablecer el absolutismo** y empezar una **feroz represión** contra los liberales. Mientras tanto, las **colonias americanas**, aprovechando el vacío de poder que se había creado durante la guerra, fueron, una a una, consiguiendo también su propia **independencia** de la Corona española, con el consiguiente perjuicio económico para la metrópolis.

Por si fuera poco, tras su muerte, Fernando VII dejó plantada la semilla de una guerra civil que durará todo el siglo. Anulando la "Ley Sálica" de los Borbones, que prohibía reinar a las mujeres, Fernando nombró heredera a su hija Isabel (no tenía hijos varones). Su hermano, Carlos, declaró esto ilegal y reclamó sus derechos al trono, en nombre de "la tradición". Pronto empezó una **guerra civil entre los partidarios de Isabel y los de Carlos (la "guerra carlista")**. El sector liberal del ejército va a apoyar a Isabel (y por eso durante su reinado gobernarán los liberales moderados), y el sector más tradicionalista del ejército y la población va a apoyar a Carlos. En el conflicto entraron en juego sobre todo **intereses regionales**. Navarra, el País Vasco, Aragón y Cataluña fueron el principal núcleo del carlismo, buscando **preservar unos fueros tradicionales** que veían amenazados por la "unidad nacional" de los liberales.

Isabel II, revolución y restauración

El reinado de Isabel II fue un continuo "baile de generales". En la percepción popular, la **reina, débil y caprichosa**, cambiaba de dirección política según fuera la de su amante de turno (frecuentemente militar). El Estado español estaba en la ruina y la **desamortización** (la expropiación y venta) de las propiedades eclesiásticas y comunales no sólo no trajo los beneficios económicos proyectados, sino que dejó todavía más desamparados y miserables que antes a los sufridos campesinos.

❖ *Fincas desamortizadas hasta 1844. ¿En qué regiones españolas fue más intensa la desamortización? ¿Dónde se obtuvieron mayores beneficios? ¿Por qué crees que esto fue así?*

Provincia	Número de fincas vendidas	Millones de reales
Sevilla	6.033	426
Madrid	4.414	282
Córdoba	5.285	191
Valencia	2.093	189
Toledo	14.251	182
Salamanca	2.972	158
Cádiz	1.728	131
Zaragoza	6.630	129
Jaén	6.170	112
Barcelona	508	111
Badajoz	6.844	104
Zamora	4.747	91
Cáceres	2.069	89
Valladolid	23.868	88
Granada	3.633	82
Palencia	15.668	72
Navarra	3.774	58
León	14.373	54
Burgos	5.900	53
Otras prov	66.820	844

Fuente: F. Simón Segura, *La desamortización española en el siglo XIX*.

Tan impopular se volvió Isabel que algunos de los propios generales que le habían apoyado se volvieron contra ella en un **golpe militar en 1868**. La reina fue exiliada y los militares comenzaron una serie de experimentos políticos: una Constitución al estilo de la de 1812, una nueva monarquía, y una **corta y fracasada República federal** que sumió a España en un caos total. Finalmente, se terminó restaurando **la monarquía de los Borbones en 1874** (con el hijo de Isabel, **Alfonso XII**) y una **Constitución moderada**. Se inicia un período de relativa tranquilidad (la **"restauración"**), pero se basa en una falsa estabilidad política. Los dos partidos principales, el liberal y el conservador, firman un pacto (el **"turno pacífico"**), por el que se comprometen a alternarse en el poder. El sistema parlamentario y las elecciones democráticas son, pues, una farsa.

Con respecto a esta nueva monarquía, se buscó un candidato por toda Europa que aceptase ser "rey constitucional". Finalmente Amadeo de Saboya, duque de Aosta, aceptó la corona, pero su carácter de "extranjero" lo hizo enormemente impopular para el pueblo, y tras dos años en el trono se vio obligado a abdicar.

Las **tensiones sociales** van en aumento. El **terrorismo anarquista** siembra de muertos las ciudades (Madrid, Barcelona) y el campo andaluz. El **socialismo** extiende su influencia entre las masas obreras urbanas. El **regionalismo** (catalán y vasco) se exacerba, y la **derrota de la guerra de Cuba** no hace sino desprestigiar aún más al gobierno central y al liberalismo burgués. Todo se prepara para una **polarización** cada vez mayor de la población (las "**dos Españas**") que dará lugar, casi inevitablemente, a la guerra civil de 1936.

Panorama cultural

Hasta pasada la mitad del siglo la cultura española está dominada por el **romanticismo**, un movimiento cultural que tuvo su origen en Alemania, Inglaterra y sobre todo **Francia**, el país que más influencia cultural tiene sobre España desde el siglo XVIII. El romanticismo empezó como una reacción contra las estrictas normas y el imperio de la razón del neoclasicismo. Por tanto, en el arte, música y literatura románticos **se exalta todo lo irracional y se busca desafiar las normas y convenciones sociales**.

Sobre el pragmatismo y la búsqueda del bien común de la Ilustración, dominan ahora los sentimientos y pasiones, el instinto, los deseos personales, sueños y fantasías, las historias oscuras del pasado (sobre todo de la Edad Media) y la celebración del "yo" (individualismo y rebeldía). Políticamente, el romanticismo busca la **libertad personal y social**, y estimula los **nacionalismos**. Así, bajo la influencia romántica, en España **se reavivan las culturas catalana y gallega**, dormidas por siglos.

Frente al resurgir de estas culturas periféricas, en general **el romanticismo en la literatura en castellano no tuvo una gran brillantez o personalidad propia**. Sus dos figuras más relevantes, el articulista Mariano **José de Larra** y el poeta **José de Espronceda** murieron muy jóvenes. Sólo más adelante, en la década de los 60 (cuando ya triunfaba el realismo), aparecen dos poetas con una voz muy personal y moderna, el sevillano **Gustavo Adolfo Bécquer** y la gallega **Rosalía de Castro**. Se ha dicho que Bécquer y Rosalía de Castro suponen el nacimiento de la **poesía moderna española**, basada no ya en retórica sino en imágenes que transmiten estados de alma.

❖ *Fortuny,* La batalla de Tetuán. *Tenemos aquí un ejemplo de un tema romántico en la pintura con estilo impresionista. Evocación de una de las pocas victorias españolas del XIX, parte de la "Guerra de África", que el ejército español se empeñó en llevar a cabo. ¿Puedes relacionar esta escena con otra pintura de una batalla contra "moros" más adelante en este capítulo? ¿Qué nos dice esto del profundo efecto de la reconquista en la psique española?*

❖ *Antonio Gisbert,*
Fusilamiento del general
Torrijos y sus compañeros,
1865. Este cuadro refleja el
espíritu del romanticismo
liberal español, un tanto
quijotesco. (Recuerda la
primera estrofa que veremos
del "Canto a Teresa".) Aquí
vemos el momento de la
ejecución del general Torrijos
y sus compañeros, que se
habían sublevado contra el
absolutismo de Fernando VII
en 1831, para reponer la
Constitución de 1812. Fíjate
en el "pathos" romántico de
sus rostros y actitudes
heroicas.

La revolución de 1868 marca el comienzo de una nueva tendencia literaria y plástica, el **realismo**. Los intelectuales de este momento consideran el realismo como un **renacimiento de la cultura nacional española** (aunque en realidad también se había originado en Francia). El romanticismo, decían, había sido importado, no era natural al "ser español". El nuevo estilo se caracteriza por un intento de **representar la realidad y la sociedad tal como es**, haciendo un análisis de los móviles e impulsos sociales, hereditarios y sicológicos que llevan a las personas a actuar de una manera determinada. **El novelista realista** se considera en cierto modo un **científico y un historiador**.

Una innovación fundamental en la producción literaria es que en esta época la literatura se convierte en una **profesión** (muchas veces combinada con el periodismo, que daba más dinero), ya no en una mera afición. Por primera vez, un escritor podía vivir de la escritura. Por esta razón, y también por la mayor libertad expresiva que abrió el romanticismo, aparece en este siglo un **gran número de mujeres escritoras,** como las poetas románticas Carolina Coronado y Rosalía de Castro o la novelista y teórica del realismo, Emilia Pardo Bazán. La mujer se convierte también en la gran protagonista de la novela realista. Así, las dos novelas "clásicas" de este período son dos análisis de mujeres, *La Regenta* de **Leopoldo Alas "Clarín",** y *Fortunata y Jacinta* de **Benito Pérez Galdós**. Galdós es además autor de una larga serie de novelas históricas, *Los Episodios Nacionales*, que documentan la formación de España como nación (es decir, una sociedad con conciencia de ser una nación) a lo largo del siglo XIX. Galdós veía la Guerra de Independencia como momento clave en la creación de esta conciencia nacional, pero después del optimismo inicial que le causó la revolución de 1868, la corrupción política de la Restauración hizo que sus últimos *Episodios* reflejaran un negro pesimismo sobre el futuro de la nación.

Este **pesimismo** es también el estado de ánimo general de los escritores e intelectuales conocidos como la "**generación de 1898**", llamados así porque el "desastre" de la guerra de Cuba de este año parece unirlos en sus quejas contra una "sociedad sin pulso", una nación que mira apáticamente como se pierden los últimos restos de su grandioso Imperio.

Escritores como **Miguel de Unamuno** o **Pío Baroja** analizan en sus novelas los **males de España. Castilla**, la desolada y reseca tierra castellana se convierte en el emblema de lo que España pudo ser y no fue, de su pasado glorioso y su presente miserable. Tras una juventud más bien revolucionaria, los autores del 98 acabaron adoptando posturas conservadoras y pidiendo un "**cirujano de hierro**", un dictador que terminase drásticamente con los problemas de la patria. Los acontecimientos históricos del siglo XX les harán ver convertido su sueño en la pesadilla de las dictaduras, primero de Primo de Rivera y luego de Francisco Franco.

Mientras, en **Cataluña**, en la vibrante metrópolis barcelonesa, no había muchos motivos para el pesimismo. La economía era boyante y los ricos empresarios barceloneses se convierten en patrones de un nuevo estilo artístico que refleja su poder, su confianza en el progreso y la personalidad propia de su tierra catalana: el **modernismo**. Frente al carácter académico y un tanto rutinario de la pintura romántica y realista, el arte y la arquitectura modernista son una **revolución de creatividad y originalidad**. Su principal representante es **Antonio Gaudí**, que contribuyó a la nueva magnificencia barcelonesa, construyendo mansiones llenas de colorido y formas sinuosas y orgánicas, experimentando con materiales y formas nuevas con resultados tan mágicos como el de la Casa Milá, el Parque Güell o la catedral de la Sagrada Familia.

El modernismo como estilo artístico es comparable al estilo "art noveau" que triunfa en París en estos mismos años.

❖ *Ilustraciones de la revista catalana* Gracia y Justicia *con chistes sobre la guerra de Cuba. Estos "chistes" son un elocuente comentario del sentir popular sobre la guerra de Cuba. En uno* (A) *vemos el tremendo contraste social que había entre las clases ricas, que hacían viajes de placer al extranjero, y los pobres, que "viajaban" porque eran reclutados para luchar en Cuba. El segundo chiste* (B) *es todo un resumen visual del principio y final del Imperio americano. La gloria del descubrimiento de 1492 termina en la muerte y desolación de los desgraciados soldados que vuelven de Cuba en 1898.*

(A)   CUADROS DE VERANO

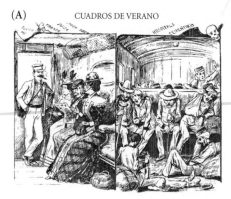

(B)   EL DESCUBRIMIENTO DE AMÉRICA

COMO EMPEZO

COMO HA TERMINADO

❖ *Congreso de los diputados,
Madrid. Si los palacios reales
fueron el centro del poder del
Antiguo Régimen, el Congreso
de los diputados lo es del
Nuevo régimen. Fíjate en el
estilo arquitectónico, que
imita el neoclasicismo del
pasado (neohistoricismo).
Para los leones a los lados
se utilizó el bronce de los
cañones capturados de los
"moros" en la batalla de
Tetuán.*

❖ *Compara la imaginación y
el colorido de la arquitectura
modernista de Gaudí con
la severidad del estilo
neohistoricista del Palacio
del Congreso en Madrid.*

Fechas importantes del siglo XIX		*Fechas importantes en el desarrollo cultural*
Derrota en **Trafalgar** de la armada hispanofrancesa por la flota inglesa de Nelson. España deja de ser una potencia marítima.	1805	
Guerra de Independencia contra el ejército francés de Napoleón.	1808–1814	
Independencia de la mayoría de las **colonias americanas.**	1810–1824	
Constitución liberal de Cádiz.	1812	
Las Cortes de Cádiz abolen la Inquisición.	1813	
Regreso de **Fernando VII** a España. Vuelta al **absolutismo**.	1814	Goya pinta *Los fusilamientos del tres de mayo* y *El dos de mayo.*
Sublevación militar que inaugura el Trienio liberal. Se reinstaura la Constitución de 1812.	1820–1823	
	1828	Larra comienza a publicar sus primeros *Artículos.* Difusión del **romanticismo.**
Muerte de Fernando VII. Su hija **Isabel II**, reina de España. Empieza la primera "**guerra carlista**" entre liberales (partidarios de Isabel) y absolutistas (de Carlos, su tío). España se divide en 49 provincias administrativas (todavía vigentes).	1833	
Empieza la **desamortización** de los bienes eclesiásticos.	1836	
	1839	Espronceda escribe *El estudiante de Salamanca.*
	1844	José Zorrilla estrena *Don Juan Tenorio.*
Inauguración del primer **ferrocarril** español.	1848	

TEXTOS Y CONTEXTOS

I. Imágenes de la guerra: *El dos de mayo* y *Los fusilamientos del tres de mayo*, por Goya

El pintor Francisco de Goya fue un testigo excepcional del levantamiento popular contra los franceses, que empezó en Madrid el dos de mayo de 1808, y de la sangrienta represión de los franceses al día siguiente. En estas dos pinturas, Goya se adelanta a su tiempo y experimenta con un estilo libre y dinámico, con predominio de las manchas de color sobre la línea. Representa una acción en movimiento, no una composición estática; por medio de grandes contrastes de luz y sombra, logra expresar vivamente las pasiones extremadas de esta guerra. Aunque Goya fue un pintor de formación neoclásica, todas estas características le acercan mucho más al estilo romántico que predominará durante la primera mitad del siglo XIX. Fíjate ahora en las pinturas a continuación.

Entra en vigor el Sistema Métrico Decimal.	**1849**	
	1854	La filosofía krausista empieza a difundirse en España.
	1852–1926	Vida de Antonio Gaudí, el principal artífice del **modernismo** catalán.
	1857	La Ley Moyano establece la educación primaria obligatoria y pública.
	1863	Rosalía de Castro publica *Cantares Gallegos*.
Revolución liberal. Isabel II, expulsada de España.	1868	
Constitución progresista; se establece el sufragio universal.	1869	
	1870	Muerte de Bécquer, epígono del romanticismo.
Breve reinado del italiano **Amadeo I**, de la Casa de Saboya.	1871–1873	
I República española, de tipo federal.	1873–1874	
Restauración de la monarquía borbónica con **Alfonso XII**.	1874	
	1875	Triunfo del **realismo** en novela y arte.
Fundación del **Partido Socialista Obrero Español** (PSOE).	1879	
Empieza el reinado de **Alfonso XIII**, bajo la regencia de su madre Mª Cristina.	1886	
	1886–1887	Benito Pérez Galdós publica la obra clásica del realismo, *Fortunata y Jacinta*.
Fundación del **Partido Nacionalista Vasco** (PNV).	1895	
Guerra hispano-americana. España pierde sus últimas colonias, Cuba, Filipinas y Puerto Rico, que pasan a depender de EE.UU. Fin del Imperio español.	1898	

❖ *Francisco de Goya,* El dos de mayo.

A.

❖ *Francisco de Goya,* Los fusilamientos del tres de mayo.

B.

Primera lectura

1. En *El dos de mayo*, Goya está embelleciendo la guerra, ¿mostrándola como algo noble o heroico?

2. Fíjate en las miradas casi animales de los que se están matando. ¿Están individualizados los personajes o son más bien personificaciones de violencia inhumana?

3. ¿Cuántos personajes están a punto de matar a otro?

4. ¿Qué efecto produce la presencia de los caballos que tratan de correr enloquecidos hacia fuera del cuadro?

5. No está claro donde está pasando esto, hay sólo un fondo borroso de edificios de colores tristes. ¿Qué podría decirse de esta indeterminación espacial de la escena?

Para conversar o escribir

1. ¿Cómo van vestidos los soldados a los que ataca el pueblo en *El dos de mayo*? (Fíjate, por ejemplo, en el hombre que está siendo matado y cuelga de su caballo en el centro del cuadro.) ¿De qué etnia crees que son? Efectivamente, en el ejército francés había divisiones de soldados del norte de África llamados "mamelucos". ¿A qué largo episodio de la historia de España te recuerda esta escena de lucha con "moros"? ¿Crees que esto influyó en la furia del ataque del pueblo de Madrid?

2. ¿Qué características comunes y qué diferencias puedes ver entre *Los fusilamientos del tres de mayo* y *El dos de mayo*? ¿Por qué crees que Goya pinta a los soldados franceses de espaldas en *Los fusilamientos*? ¿A qué imagen simbólica te recuerda la figura central con los brazos extendidos?

3. ¿Cómo usa Goya la luz y la sombra para crear dramatismo en esta escena? ¿Qué otros elementos hay en la escena que intensifican el drama?

4. En general, ¿qué impresión te producen estas pinturas? ¿Crees que son una exaltación o una condenación de la guerra? ¿Celebran el heroísmo de los madrileños o censuran la brutalidad de la guerra en sí? ¿Es la actitud de Goya ante la guerra más propia de un ilustrado o de un romántico?

II. "Catecismo español" de 1808

Durante la Guerra de Independencia de 1808–1814, los líderes españoles en la rebelión contra los franceses usaron todo tipo de recursos ideológicos para resucitar el patriotismo y el odio al francés entre la población española. El texto que tenemos a continuación es un curioso documento "pedagógico" que se difundió durante la Guerra de la Independencia. Sigue el formato del catecismo tradicional, pero cambiando la temática cristiana por la del españolismo y antifrancesismo.

Los catecismos eran libritos (todavía en uso hoy en día) con los que los niños memorizaban la doctrina cristiana. El sistema era a base de preguntas (que el cura o maestro hacían) y repetición mecánica del niño de las respuestas memorizadas. Por ejemplo: "Pregunta: ¿Eres cristiano? Respuesta: Sí, soy cristiano por la gracia de Dios. Pregunta: ¿Qué quiere decir cristiano? Respuesta: Cristiano quiere decir discípulo de Cristo." La imitación de este sistema de catequización en este texto muestra por un lado los deseos de mantener al pueblo en un estado de "infantilismo", sin pensar por sí mismo, y por otro hasta qué grado se confundía patriotismo con cristianismo en la España de este momento.

—Dime hijo: ¿qué eres tú?
—Soy español, por la gracia de Dios.
—¿Qué quiere decir español?
—Hombre de bien.
—¿Cuántas obligaciones tiene un español?
—Tres: Ser cristiano y defender la patria y el rey.
—¿Quién es nuestro rey?
—Fernando VII.
—¿Con qué ardor debe ser amado?
—Con el más vivo y cual merecen sus virtudes y sus desgracias.
—¿Quién es el enemigo de nuestra felicidad?
—El emperador de los franceses. […]

❖ *Francisco de Goya,* ¡Grande hazaña! ¡Con muertos! *de la serie* Los desastres de la guerra. *Si una imagen vale más que cien palabras, ésta no puede ser más elocuente sobre la barbarie de la guerra de 1808. Los cuerpos mutilados pertenecen a españoles, supuestos "traidores" (afrancesados), ejecutados con la máxima crueldad por sus propios compatriotas. ¿Qué nos dice esta imagen sobre el fanatismo patriótico? ¿Y sobre la postura de Goya respecto a la guerra?*

Aquí se imita una pregunta típica del catecismo sobre la doctrina del misterio de la Santísima Trinidad: Pregunta: ¿Cuántos dioses hay? Respuesta: Tres personas distintas y un sólo Dios verdadero.

Murat: un general de Napoleón

Godoy: ministro favorito de Carlos IV, a quien el pueblo culpaba de la invasión de los franceses

—¿Cuántos emperadores hay?

— Uno verdadero en tres personas engañosas.

—¿Cuáles son?

—Napoleón, Murat° y Godoy°. [...]

—¿Es pecado asesinar a un francés?

—No, padre; se hace una obra meritoria librando a la patria de estos violentos opresores.

Primera lectura

1. Según este catecismo, ¿tienen los españoles un especial favor divino? ¿Cuál es la esencia del "ser español"?

2. ¿Cuáles son las obligaciones del español? ¿Hay una jerarquía de obligaciones o las tres están al mismo nivel de deber?

   ¿Por qué debe ser amado muy especialmente el rey Fernando VII? ¿Recuerdas dónde estaba Fernando durante la guerra? ¿Era él quien estaba sufriendo "desgracias" o sus súbditos españoles que morían por él?

3. ¿Quiénes son, según el catecismo, las tres encarnaciones del demonio antiespañol? ¿Por qué se incluye a Godoy en este grupo?

4. ¿Por qué no es pecado asesinar a un francés? Según las enseñanzas tradicionales de la Iglesia católica, ¿es pecado matar?

Para conversar o escribir

1. En parejas: Representad este diálogo en voz alta. ¿Qué capacidad de influencia en la mentalidad del pueblo creéis que tendría este método de propaganda belicista? ¿Por qué resultaría especialmente eficaz en un pueblo tan religioso como el español?

2. Compara el belicismo de esta propaganda patriótica con el mensaje de Goya en sus cuadros sobre la guerra.

III. La primera Constitución española

Como leíste en la introducción, mientras los horrores de la guerra destruían España, los políticos liberales reunidos en las Cortes de Cádiz (ciudad que no habían conseguido capturar los franceses) trataban de reconstruir y reformar España. Consideraban la sociedad española, ya no como un conjunto de súbditos bajo un mismo rey, sino un conjunto de ciudadanos, una "Nación", libre y mayor de edad, sin necesidad de ser vigilada (infantilizada) por la Inquisición o la autoridad real. La selección que vas a leer a continuación procede de la Constitución de Cádiz de 1812. Por esta Constitución, España entra en la modernidad política, en el "Nuevo Régimen" en el que ya vivían las naciones que habían pasado por una revolución burguesa como EE.UU., Francia o Inglaterra. El problema es que la Guerra de Independencia, aunque anuló diferencias de clase, ideología o región y unió más que nunca a los españoles contra un enemigo común, no supuso lo mismo que una revolución nacional contra el absolutismo monárquico (como la de EE.UU. o Francia). La burguesía española tampoco estaba lo suficientemente desarrollada como para liderar el país. Por eso, esta Constitución tendrá una vida muy corta.

	1812	1834	1837	1845	1856	1869	1873	1876
Constitución o proyecto	Primera Constitución española	Estatuto Real	Segunda Constitución española	Tercera Constitución española	Proyecto constitucional	Cuarta Constitución española	Proyecto constitucional	Quinta Constitución española
Soberanía	Nacional	Real	Nacional	Cortes con el rey	Nacional	Nacional	Nacional	Cortes con el rey
Relación entre los poderes	Separación	No hay separación	Colaboración	No hay separación	Separación	Separación	Separación	Colaboración y equilibrio
Poder ejecutivo	Rey	Rey	Rey	Rey	Rey	Rey	Consejo de Ministros	Rey
Poder legislativo	Unicameral	Bicameral	Bicameral	Bicameral	Bicameral	Bicameral	Bicameral	Bicameral
Declaración de derechos	Sí	No	Sí	No	Sí	Sí	Sí	Sí
Carácter ideológico	Progresista	Conservador	Progresista	Conservador	Progresista	Progresista	Progresista	Conservador
Sufragio	Universal	Censitario	Censitario	Censitario	Censitario	Universal	Universal	Censitario (Universal desde 1890)
Vigencia	1812–1814 1820–1823 1836–1837	1834–1836	1837–1845	1845–1854 1856–1868		1869–1873		1876–1923 1930–1931

❖ *El constitucionalismo español en el siglo XIX. ¿Cuántas constituciones hubo en total en el siglo XIX? ¿Cuál te parece la más progresista o democrática? ¿Cuál fue la más duradera? ¿y la más breve? ¿Por qué crees que esto fue así?*

De ambos hemisferios: de España y de América. Las colonias todavía no se habían independizado cuando se escribió la Constitución. Nota el carácter integrador de esta ley que declara iguales a todos, los colonos y los colonizados.

soberanía: *sovereignty*

suprimidos: *suppressed*

prestaciones: *servicios*

Título I: De la Nación española y de los españoles

Capítulo I: De la Nación española

Art. 1. La Nación española es la reunión de todos los españoles de ambos hemisferios.

Art. 2. La Nación española es libre e independiente, y no es ni puede ser patrimonio de ninguna familia ni persona.

Art. 3. La soberanía° reside esencialmente en la Nación y por lo mismo pertenece a ésta exclusivamente el derecho de establecer sus leyes fundamentales. […]

Título II, Capítulo II: De la Religión   *calman a la iglesia*

Art. 12. La religión de la Nación española es y será perpetuamente la católica, apostólica, única verdadera. La Nación la protege por leyes sabias y justas, y prohíbe el ejercicio de cualquier otra. […]

Fin de la Inquisición [ley añadida a la Constitución en 1813]

Art. I. La Religión Católica, Apostólica, Romana será protegida por las leyes conformes a la Constitución.

II. El Tribunal de la Inquisición es incompatible con la Constitución. […]

obstaculo para la expresion libre

Adición:

Art. I. Hallándose suprimidos° los Tribunales de la Inquisición en toda la Monarquía española […] quedaron vacantes los bienes […] los derechos y acciones y otras cualesquiera prestaciones° pertenecientes a la Inquisición.

II. En adelante pertenecen a la Nación estos bienes, en los mismos términos e igual derecho que la Inquisición los poseía, disfrutaba y demandaba.

Primera lectura

1. ¿Quiénes forman la nación española? ¿Puede ser propiedad de alguien la nación? ¿De dónde emana el poder para gobernarla y establecer las leyes? ¿Qué sistema político que tú conoces hace posible el autogobierno o soberanía nacional?

2. Según la Constitución, ¿cuál es la única religión posible en España? ¿Qué indica esto sobre los límites del liberalismo español? ¿Crees que esta medida se tomó por conservadurismo o falta de tolerancia o por pragmatismo? ¿Era imposible enfrentarse a la inmensa mayoría católica de la población?

3. ¿De quién depende la protección de la religión? ¿La existencia de qué poderoso órgano de poder y control eclesiástico prohibe la Constitución? ¿Por qué crees que es necesaria la abolición de la Inquisición para la libertad y soberanía de la nación?

4. ¿Qué pasa con todas las propiedades y servicios que disfrutaba la Inquisición? ¿Quién los va a disfrutar ahora? Pensando en la información que leíste en la introducción, ¿a qué acción futura del gobierno de Isabel II se anticipa esta expropiación de bienes eclesiásticos?

Para conversar o escribir

1. Compara la mentalidad política y religiosa presente en el "Catecismo de 1808" y en esta Constitución. ¿Por qué crees que estaba luchando la mayoría de los españoles, por el concepto moderno y abstracto de "nación", o por el tradicional y tangible de "rey y religión católica"?

2. Imagina un posible diálogo entre un campesino español que está luchando en la guerrilla contra los franceses y un político liberal que ha participado en la elaboración de la Constitución en Cádiz. Expón sus diferentes puntos de vista sobre cuestiones como quién debe tener el poder (el rey o el pueblo), la conveniencia de tener o no la Inquisición, la libertad de expresión, etc. ¿Qué conocimiento o intereses podría tener un campesino sobre estas cuestiones? ¿Cómo se las podría hacer entender el político?

3. ¿Es la religión necesaria para la unidad e identidad nacional? Compara la Constitución española de 1812 con la de EE.UU., que declara la libertad de religión y manda una separación entre el estado y la iglesia. ¿Qué ventajas y desventajas tienen sus respectivas posiciones sobre el tema de la religión?

IV. El regreso de Fernando VII: represión y restauración de la Inquisición

Cuando terminó la guerra, Fernando VII regresó de Francia. Una de las primeras acciones del traicionero Fernando fue abolir la Constitución de 1812 (que había jurado en Francia) para recuperar su poder absoluto y restaurar el tribunal de la Inquisición. Vamos a ver aquí una parte del decreto con el que se resucitaba ese símbolo del oscurantismo y de la "España negra".

> Deseando, pues, proveer de remedio a tan grave mal [el estado alterado del pueblo], y conservar en mis dominios la Santa Religión de Jesucristo, que aman, y en que han vivido y viven dichosamente° mis pueblos, […], como por ser ella el medio tan a propósito para preservar a mis súbditos de disensiones intestinas, y mantenerlos en sosiego° y tranquilidad; he creído que sería muy conveniente en las actuales circunstancias volviese al ejercicio de su jurisdicción el tribunal del Santo Oficio.°

dichosamente: felizmente

sosiego: calma

Santo Oficio: El Santo Oficio de la Inquisición

❖ *Francisco de Goya,* **Escena de la Inquisición.** *La Inquisición es abolida en 1813 por las Cortes de Cádiz, pero restablecida por Fernando VII en 1814. Goya está haciendo aquí un claro alegato en favor de la dignidad humana y contra la Inquisición. Goya es un maestro en captar la sicología de sus personajes. Observa los rostros de los condenados. ¿Qué reflejan? ¿y los de sus acusadores? ¿Por qué crees que los obligan a vestirse así?*

***Para conversar
o escribir***

1. ¿Por qué cree Fernando VII que es conveniente proteger la "Santa Religión" en sus dominios? ¿Crees que es solamente por razones de fe o por motivos políticos? ¿Qué muestra esto sobre la politización de la religión católica en España y su uso para controlar y reprimir al pueblo?

2. De la lectura de este párrafo, ¿puedes deducir si Fernando VII va a usar la Inquisición para mantener la religión pura, como fue su misión en la época de la Contrarreforma, o para evitar rebeliones políticas por parte de sus súbditos? ¿Qué es más importante en esta época entonces, el control religioso o el control político de la población?

V. La independencia de las colonias americanas

Mientras los españoles estaban ocupados luchando contra los franceses, las élites de las colonias, que habían prosperado muchísimo bajo los gobiernos ilustrados del siglo XVIII, empezaron a plantearse la posibilidad de emanciparse del control político y comercial de la metrópolis. Bajo líderes como Simón Bolívar (que dirige la guerra por la independencia en los futuros países de Colombia, Venezuela y Bolivia), José de San Martín (el libertador de los países del Cono Sur), o Miguel Hidalgo (México), una a una las nuevas naciones latinoamericanas van independizándose. Para mediados de la década de los 20 sólo quedan en posesión de España Cuba, Puerto Rico y las Filipinas. El texto que vas a analizar aquí es parte del informe que un enviado de Fernando VII le escribe al rey, exponiendo la gravedad e irreversibilidad de la situación en América.

florones: adornos / **tremola:** ondea con el viento / **almenas:** remate de una fortaleza / **Callao:** Puerta de Lima

San Juan de Ulúa: Fuerte que los españoles habían construido para defender la entrada de Veracruz, el principal puerto atlántico de México por el que se canalizaba todo el comercio entre el Nuevo Mundo y España.

De vuestra corona, Señor, se han arrancado dos florones° magníficos con que Cortés y Pizarro adornaron la de Carlos I. Quince millones de súbditos cuenta hoy menos la monarquía española que contaba en 1808. El pabellón de los insurgentes de Méjico tremola° en fin sobre las almenas° de San Juan de Ulúa y es de temer que el de los insurgentes del Perú ondee en breve sobre los del Callao°. Al tráfico inmenso que

cabotaje: la navegación que va bordeando la costa, sin meterse en alta mar

alimentaban con la metrópoli tan vastas posesiones, ha sucedido un cabotaje° mezquino, turbado todos los días por los piratas de aquellos mismos países que deben a España las artes de la paz y los beneficios de la civilización.

Primera lectura

1. ¿Cuáles son los dos importantes territorios que ha perdido la Corona española? ¿Quién los había conquistado para quién? ¿Cuántos habitantes tenían estos territorios?

2. ¿Cuáles son las consecuencias económicas de la pérdida de estas colonias? ¿Cómo ha cambiado el comercio con España? ¿De dónde son los piratas que atacan a los barcos españoles? ¿Por qué se queja de la "ingratitud" de las ex-colonias el autor del texto?

Para conversar o escribir

1. Si pensamos que en esta época España (la península) apenas pasaba de diez millones de habitantes, y que, debido a su atraso con respecto al resto de Europa, su principal mercado comercial eran sus propias colonias, trata de evaluar la increíble pérdida que la independencia de las colonias supuso para el país.

2. Debate. Un sector de la clase adopta el punto de vista del autor de este texto, y el otro el de las élites americanas (que, al fin y al cabo, eran de origen español). Discutid la justicia o no de la reclamación de independencia de los colonos americanos.

VI. Origen del carlismo

Otra de las catástrofes que se originaron durante el nefasto reinado de Fernando VII fue, como vimos en la introducción, el comienzo de un largo conflicto militar entre los tradicionalistas, representados por su hermano Carlos, y los liberales, que hacen causa común con los derechos dinásticos de la hija de Fernando, Isabel. Vas a leer ahora el fragmento final de una carta de Carlos a su hermano Fernando, en la que, entre declaraciones de amor fraterno, insiste en su derecho irrenunciable al trono por ser el principal candidato varón. Este conflicto, en principio puramente dinástico, acabará atrayendo otros intereses políticos, iniciándose una guerra civil intermitente que no terminará hasta finales de siglo.

vuestra merced: usted

Lugar en Portugal donde se hallaba exiliado el pretendiente a la Corona.

Mi muy querido hermano de mi corazón, Fernando mío de mi vida:

[...] Señor: Yo, Carlos María Isidro de Borbón y Borbón, Infante de España: Hallándome bien convencido de los legítimos derechos que me asisten a la corona de España, siempre que sobreviviendo a vuestra merced° no deje un hijo varón, digo, que ni mi conciencia ni mi honor me permiten jurar ni reconocer otros derechos; y así lo declaro.

Palacio de Ramalhao, 29 de abril de 1833.

[...] Su más amante hermano y fiel vasallo. El infante don Carlos.

Para conversar o escribir

1. Según esta carta, ¿cómo aparece el trato entre los hermanos? Si Carlos en realidad ama tanto a su hermano Fernando, ¿por qué insiste en desobedecerle y reclamar su derecho al trono? ¿Cuál sería la única razón por la que Carlos renunciaría a sus derechos dinásticos?

2. Analiza la mentalidad de Carlos. ¿Crees que estamos ante un caso de fanatismo tradicionalista o de mera ambición de poder?

VII. ¿A qué se debe el atraso de España? Análisis de la pereza española

Mariano José de Larra es autor de algunos de los más brillantes artículos de crítica social jamás escritos en español. (Recuerda que en esta época el periodismo era el principal medio de conexión entre los intelectuales y el público.) Uno de los más famosos es el titulado "Vuelva usted mañana". En este artículo, Larra ironiza sobre el contraste entre el dinamismo comercial de los vecinos franceses y la falta de ambición y pereza de los españoles. Esta pereza se emblematiza en la frase, "vuelva usted mañana", que el pobre amigo francés (Mr. Sans-délai) del narrador de la historia, escucha en todos los sitios en los que quiere llevar a cabo sus negocios. Aquellos que todavía tienen que sufrir la ineficiencia de la burocracia de hoy en día en España creen que el análisis de Larra, escrito hace más de siglo y medio, sigue todavía vigente.

Fíjate en la prosa ágil y el estilo chispeante y rápido de Larra. Estamos lejos de la pesada retórica del neoclasicismo o de la compleja prosa barroca. Larra, en cierto modo, inaugura la prosa moderna en español.

[Mr. Sans-délai, recién llegado de Francia, le expone su plan de acción en Madrid a su amigo Fígaro —alter ego de Larra—, y le asegura que para realizar todos los negocios a los que viene, sólo necesita 15 días. Fígaro se burla de su ingenuidad.]

—Permitidme, [Mr.] Sans-délai, le dije entre socarrón° y formal, permitidme que os convide° a comer para el día en que llevéis quince meses de estancia en Madrid.
—¿Cómo?
—Dentro de quince meses estáis aquí todavía.
—¿Os burláis?
—No, por cierto.
—¿No me podré marchar cuando quiera? ¡Cierto que la idea es graciosa!
—Sabed que no estáis en vuestro país activo y trabajador.
—¡Oh! Los españoles que han viajado por el extranjero han adquirido la costumbre de hablar mal de su país por hacerse superiores a sus compatriotas.
—Os aseguro que en los quince días con que contáis no habréis podido hablar siquiera a una sola de las personas cuya cooperación necesitáis.
—¡Hipérboles! Yo les comunicaré a todos mi actividad.
—Todos os comunicarán su inercia.

[Pasan más de seis meses, y el francés no ha podido cumplir ni uno sólo de sus objetivos. Desesperado, se lamenta a Fígaro:]

—¿Para esto he echado yo mi viaje tan largo? ¿Después de seis meses no habré conseguido sino que me digan en todas partes diariamente: "Vuelva usted mañana", y cuando este dichoso mañana llega, en fin, nos dicen redondamente que no?

Juego irónico con el nombre de un personaje tan activo y puntual; "Sans-délai" significa "sin retraso" en francés.

socarrón: con burla, ironía

convide: *invite*

¿Y vengo a darles dinero? ¿Y vengo a hacerles favor? Preciso es que la intriga más enredada° se haya fraguado° para oponerse a nuestras miras°.

[Contesta Fígaro]

—¿Intriga, [Mr.] Sans-délai? […] La pereza es la verdadera intriga, os juro que no hay otra.

Primera lectura

1. ¿Cuántos días cree el señor Sans-délai que necesita pasar en Madrid, y cuántos le dice Fígaro que va a pasar? ¿Cuánto tiempo termina pasando en España el viajero francés?

2. ¿Por qué le dice Fígaro que va a necesitar pasar tanto tiempo en la capital española?

3. ¿Le cree el francés? ¿Por qué?

4. ¿Cuál es la frase que le repiten en todas partes al francés cada vez que quiere empezar uno de sus negocios? ¿Por qué está tan sorprendido el francés? ¿cuál es la explicación que encuentra a esta falta de respuesta de la gente a la que viene a beneficiar con sus inversiones? ¿Cuál es la explicación que le da Fígaro?

Para conversar o escribir

1. Usa tu imaginación: ¿En qué tipo de negocios crees que quería invertir su dinero el señor Sans-délai? ¿Qué negocios serían posibles en los años 30 del siglo XIX?

2. Inventa la parte que falta en esta historia, detallando la serie de frustraciones por las que pasa el francés.

3. El señor Sans-délai le dice a Fígaro que "[l]os españoles que han viajado por el extranjero han adquirido la costumbre de hablar mal de su país por hacerse superiores a sus compatriotas". ¿Qué clases sociales podían permitirse viajar al extranjero? ¿Qué refleja esto de la mentalidad de una parte de la sociedad española? ¿Crees que esta frase es típica o no de los estadounidenses que viajan hoy en día al extranjero? ¿Por qué? ¿Cuál suele ser la reacción típica de un viajero estadounidense al comparar su país con otros?

4. Algunos de los intelectuales (como Miguel de Unamuno) que analizaban la falta de progreso en España a finales del siglo XIX no estaban de acuerdo con Larra. Para ellos la falta de interés en el capitalismo y el desarrollo material se debía a la "espiritualidad" o el "temperamento artístico y sensual" del pueblo español. En grupos de cuatro, y partiendo del conocimiento de la historia y la cultura de España que han adquirido hasta ahora, dos personas deben discutir a favor del argumento de la pereza y las otras dos a favor de la "espiritualidad".

VIII. El romanticismo y la mujer: el "Canto a Teresa" de Espronceda

Larra ejemplifica la ironía y el desencanto de los románticos ante la sociedad que le rodea, pero escribe con una prosa contenida y mundana. Su contemporáneo José de Espronceda escribe una poesía desbordada de las pasiones extremas propias del movimiento romántico. En su obra poética *El diablo mundo* se incluye un poema titulado "Canto a Teresa" en el que Espronceda muestra su dolor y su desencanto del mundo causado por el abandono de su amante, Teresa Mancha, con la que había protagonizado una de las historias de amor más famosas de su época. Vamos a leer ahora unas estrofas de este poema, en el que el poeta describe su itinerario espiritual, de la inocencia (amor por la humanidad, grandes sueños, deseos de libertad y de aventura) al desencanto y el cinismo. El poeta continúa la farsa de la vida en sociedad, riendo por fuera aunque su corazón está destrozado. La causa de este desencanto es la revelación del verdadero ser (malvado, diabólico) de las mujeres (o sea, de Teresa). Nos interesa destacar aquí este concepto romántico de la mujer, porque tiene raíces en el concepto del honor del siglo de oro y está destinado a perdurar.

mi ánimo: mi espíritu

santa diosa: la santa libertad
contino: continuamente

lodo inmundo: *disgusting mud*

"Mas, ¡ay! . . . en el mundo": La mujer, si es sensible, nace para llorar continuamente, y si no lo es, es como un robot, una autómata cumpliendo sin pensar ni sentir su papel social.
Todos los descendientes de Eva están marcados por el fuego del infierno.

abrasara: *would burn* / **profundo:** infierno /
la primera mujer: Eva

enjugo . . . llanto: *I dry from my eyelids the tears* / **doy . . . culto:** Me comporto socialmente como si nada hubiera pasado. /
quebranto: dolor, tragedia / **mi . . . insulto:** Disimulo mi dolor riéndome.

> Yo amaba todo: un noble sentimiento
> exaltaba mi ánimo°, y sentía
> en mi pecho un secreto movimiento,
> de grandes hechos generoso guía.
> la libertad, con su inmortal aliento,
> santa diosa°, mi espíritu encendía,
> contino° imaginando en mi fe pura
> sueños de gloria al mundo y de ventura.

[El poeta conoce a Teresa y empieza una apasionada historia de amor, hasta que Teresa le abandona. Se lamenta entonces sobre el carácter femenino en general.]

> Mas, ¡ay!, que es la mujer ángel caído
> o mujer nada más y lodo inmundo°,
> hermoso ser para llorar nacido,
> O vivir como autómata en el mundo;
> sí, que el demonio en el Edén perdido
> abrasara° con fuego del profundo°
> la primera mujer°, y ¡ay! aquel fuego,
> la herencia ha sido de sus hijos luego.
> [...]
> ¡Oh cruel! ¡Muy cruel!... ¡Ay!, yo, entretanto,
> Dentro del pecho mi dolor oculto,
> Enjugo de mis párpados el llanto°
> Y doy al mundo el exigido culto°;
> Yo escondo con vergüenza mi quebranto°,
> Mi propia pena con mi risa insulto°,
> Y me divierto en arrancar del pecho
> Mi mismo corazón pedazos hecho.

Primera lectura

1. ¿Cómo era el poeta en el pasado, antes de conocer a Teresa? ¿Cuáles eran sus aspiraciones en la vida?

2. ¿Qué dos personalidades y dos papeles extremos puede tener la mujer, en opinión del poeta? ¿Cuál es el origen de la perturbación que causa la mujer en el mundo?

3. ¿Cuál es ahora la actitud del poeta ante el mundo y la sociedad después de su experiencia traumática con la mujer? Compara su estado de ánimo optimista en la primera estrofa con la tercera. ¿Por qué crees que no debe mostrar su dolor? Explica la frase: "Yo escondo con vergüenza mi quebranto", y compárala con lo que

dice de la mujer "Hermoso ser para llorar nacido". ¿Qué estereotipos masculinos y femeninos está estableciendo aquí Espronceda?

Para conversar
o escribir

1. Revisa el concepto del honor en relación a la mujer, que estudiamos en el capítulo "El siglo XVII", y compáralo con la actitud de Espronceda hacia las mujeres. ¿Qué aspectos han cambiado y cuáles siguen igual?

2. Imagina que eres Teresa Mancha y estás leyendo estos versos. Escribe una carta (¡o unos versos, si eres poeta!), defendiéndote a tí misma, y a las mujeres en general, de los estereotipos y ataques de Espronceda.

3. Busca en este poema ejemplos de las características del movimiento romántico que mencionamos en la introducción al capítulo.

IX. Los movimientos obreros en la novela realista: *La Tribuna* de Emilia Pardo Bazán

Si Espronceda pinta una imagen de mujer pasiva, bello objeto destinado a provocar la felicidad o infelicidad en el hombre, Emilia Pardo Bazán, autora realista, nos da una imagen bien distinta de la mujer de su tiempo en su novela *La Tribuna*. Esta novela es un testimonio de la inquietud social entre la clase obrera urbana del siglo XIX, doblemente interesante por tratarse en este caso de mujeres obreras, trabajadoras en la fábrica de tabaco de La Coruña. Pardo, una de las pioneras del feminismo en España, documenta así la creciente incorporación de la mujer al mundo del trabajo y de la política, su mayor presencia en la esfera pública (ya no sólo en la privada del hogar). En el pasaje que vamos a leer, Amparo, la protagonista (llamada "la Tribuna" por su ardiente oratoria política), pronuncia un elemental discurso sobre la injusticia social ante sus fascinadas compañeras de trabajo. La acción de la novela se sitúa en las vísperas de la I República española (1873). A continuación compararemos este discurso novelesco con un manifiesto obrero real del mismo período.

conmoverse

Un aura socialista palpitó en sus palabras, que estremecieron la fábrica toda, máxime cuando° el desconcierto de la hacienda° dio lugar a que se retrasase nuevamente la paga° en aquella dependencia del Estado. Entonces pudo hablar a su sabor *La Tribuna* [...] ¡Ay de Dios! ¿Qué les importaba a los señorones de Madrid..., a los pícaros de los ministros de los empleados, que ellas falleciesen° de hambre! [...]

Y al decir esto Amparo se incorporaba, casi se ponía en pie en la silla, a pesar de los enérgicos y apremiantes chis° de la maestra [...].

—¡Qué cuenta tan larga... —proseguía la oradora, animándose al ver el mágico y terrible efecto de sus palabras—, qué cuenta tan larga darán a Dios algún día estas sanguijuelas° que nos chupan la sangre toda! Digo yo, y quiero que me digan, [...] ¿Hizo Dios dos castas de hombres, por si acaso, una de pobres y otra de ricos? [...] ¿Qué justicia es esta, retepelo°?"

"dependencia del Estado": Se refiere a la fábrica de tabacos. El tabaco era un monopolio del Estado, y las "cigarreras" eran por tanto pagadas por el Estado.

máxime cuando: sobre todo porque / **hacienda:** *Treasury* / **paga:** el salario / **falleciesen:** murieran / **chis:** *shh!*

sanguijuelas: *leeches*

retepelo: forma suave de una palabra vulgar

Primera lectura

1. ¿Cuál es la orientación política de la protesta de Amparo por la injusticia con que trata el gobierno a las obreras? ¿Crees que Amparo es consciente de que es "socialista", o es una apreciación de la autora? Es decir, en el discurso de Amparo, ¿hay

una agenda política específica o es una queja general por su situación? ¿Cuál es su argumento por la igualdad de todos los hombres? ¿Qué nos dice esto sobre el nivel de la religiosidad popular en España y sobre el estado de las finanzas del gobierno?

2. ¿Cuál es el efecto de las palabras de Amparo "la tribuna" entre sus compañeras? La maestra (la jefa encargada de las obreras) no parece muy contenta con lo que está pasando. ¿Qué crees que pasará a continuación? ¿Vemos aquí una solidaridad femenina interclases, o sólo de clase social?

3. Contrasta el espíritu romántico ejemplificado en el "Canto a Teresa" con el deseo de objetividad y análisis de la sociedad del realismo que vemos en este ejemplo.

X. Polarización política en España: frustración y rebelión del proletariado

Vamos ahora a contrastar el anterior discurso novelesco de Amparo con un discurso real, el manifiesto del congreso obrero de Barcelona de 1881. En este texto los representantes de los obreros repasan la historia del siglo XIX como una traición tras otra de las clases en el poder (la burguesía y aristocracia) hacia el pueblo, que es el que tuvo que hacer todo el trabajo sucio para conseguir las libertades de las que sólo disfrutan los otros.

❖ *Mapa del alfabetismo en España en el siglo XIX. Mira el mapa: ¿Cómo era la situación cultural en España en este siglo? ¿En qué regiones había más alfabetización? ¿Puede ser ésta una de las causas del atraso de España y sus problemas políticos?*

HOMBRES QUE SABÍAN
LEER Y ESCRIBIR EN 1877

- 15–30%
- 30–45%
- 45–60%
- Más del 60%

Mar Cantábrico

Bilbao

FRANCIA
ANDORRA

Río Miño
Río Ebro
Pamplona
Vigo
Zaragoza

Río Duero
Barcelona

Salamanca
Madrid

OCÉANO ATLÁNTICO

PORTUGAL
Río Tajo
ESPAÑA
Río Guadiana
Valencia

Islas Baleares

Río Guadalquivir
Sevilla
MAR MEDITERRÁNEO

Cádiz
Estrecho de Gibraltar

0   100   200 Km
0   50   100   150 Mi

MARRUECOS

OCÉANO ATLÁNTICO
La Palma   Islas Canarias   Lanzarote
Tenerife
Gomera   Fuerte-
ventura
Hierro   Gran Canaria

Burguesía alta 2,5%
Clases medias 10%

Nobleza y
clero 16%

Clases bajas
71,5%

**Composición de la
sociedad española hacia 1860**

Burguesía alta
346.000

Obreros
178.000

Clases
medias
990.000

Campesinos y pequeños
propietarios 5.289.000

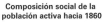

**Composición social de la
población activa hacia 1860**

huestes: ejército / **guerra civil:** las guerras carlistas / **comparsa:** *masquerade*

Las revueltas de 1848 y 1854, de signo liberal, fueron más bien golpes de estado que no cambiaron el sistema en sí. La de 1868–1869 fue lo más próximo a una revolución que hubo en España, provocando el exilio de la reina Isabel y el establecimiento de una república (aunque pronto fracasó).

Compañeros de la región española: [...] El pueblo que hizo morder el polvo a las huestes° aguerridas y victoriosas de Napoleón; el pueblo que en el Código del año 12 escribió ya los derechos del hombre; el pueblo que durante siete años de guerra civil° supo sacar a salvo los principios liberales; el pueblo, en fin, que los años 48, 54 y 69 supo verter su preciosa sangre en las revueltas políticas, creyendo haberlo alcanzado todo con la Constitución de 1869, en que se consignan en su título primero los derechos individuales, al reconocer que sólo ha servido de comparsa° a fines políticos, contrarios a sus intereses, marca una nueva evolución en la marcha política de los partidos con sólo su indiferencia [...] se decide por fin a salvarse por sí mismo, exento de egoísmo, sin dar oídos a las seducciones de la burguesía [...]

(Manifiesto del congreso obrero de Barcelona, 1881)

Primera lectura

1. ¿A qué "región española" crees que se refiere la primera frase? (Recuerda en qué ciudad se está celebrando este congreso.) ¿Crees que puede haber una conexión o una alianza entre el regionalismo y el movimiento obrero? (Tanto las regiones como los obreros están marginados por el poder central del Estado.)

2. Haz una lista de los acontecimientos políticos del siglo XIX que se enumeran en este manifiesto en los que el pueblo luchó por sus libertades para verse luego traicionado por los políticos.

3. ¿Cuál va a ser de ahora en adelante la actitud política de los obreros? ¿Van a contribuir en la construcción nacional con la burguesía o van a luchar solamente por sus intereses de clase?

Para conversar o escribir

1. Contrasta la retórica elaborada de este manifiesto real con la oratoria apasionada, pero simplista, de Amparo en la novela de Pardo Bazán. ¿Qué nos dice esto sobre la percepción de Pardo Bazán—que era aristócrata—del nivel de organización e inteligencia de la clase obrera?

2. ¿Qué sabes sobre la historia de los movimientos obreros? ¿Dónde y cuándo se originaron el socialismo y el anarquismo? ¿Fueron o son frecuentes las luchas obreras en los EE.UU.? En grupos de cuatro, tratad de compartir la información que tenéis relación a la justicia social, y en especial a la participación de la mujer en el mundo laboral.

XI. España, una nación fracasada: pesimismo y regeneracionismo del 98

A finales del siglo XIX, pese a los evidentes avances en la modernización y mejora económica del país, había una serie de síntomas alarmantes que hacían pensar en una inminente desintegración de España. Como vimos en el texto anterior, el proletariado se organiza y separa sus objetivos de los de la nación. Las regiones (Cataluña, País Vasco) empiezan a mostrar su deseo de independizarse de un proyecto nacional español cuyo futuro no se ve nada claro. La derrota de la guerra de Cuba de 1898 vino a confirmar la incapacidad y debilidad del Estado español para hacer frente a la crisis. Vamos a ver un ejemplo de la frustración y el fatalismo de la llamada "generación de 1898" en un texto de uno de sus precursores, Joaquín Costa, titulado *Política quirúrgica*.

Cavite y Santiago de Cuba son dos lugares en Cuba donde el ejército español fue humillantemente derrotado por las tropas cubanas y estadounidenses.

Por el tratado de París, firmado en 1898, España cedía a EE.UU. la posesión de Cuba, Puerto Rico, Filipinas y otras islas del Pacífico.

El gran problema español que se nos planteó con la crisis de la nación consumada en Cavite y Santiago de Cuba y en el tratado de París, no es precisamente problema de "regeneración", aunque así lo hayamos llamado; […] Lo nuestro es cosa distinta. Desenlace lógico de una decadencia progresiva de cuatro siglos, ha quedado España reducida a una expresión histórica: el problema consiste en hacer de ella una realidad actual. No se trata de regenerar una nación que ya existía, se trata de algo más que eso: de crear una nación nueva.

Primera lectura

1. Según Costa, ¿qué provocó finalmente el desenlace de una crisis arrastrada durante cuatro siglos?

2. ¿Por qué el problema de España no es de "regeneración"? Según Costa, ¿existe realmente una nación española? ¿Qué propone Costa que es necesario hacer ahora?

Para conversar o escribir

1. Recordando lo que has aprendido en los últimos capítulos, trata de reconstruir la historia de esa decadencia de España que según Costa ha existido desde el siglo XVII. ¿Por qué crees que se produjo esa decadencia? ¿Cuáles fueron las causas que impidieron que España fuera una nación unida y moderna como, por ejemplo, su envidiada vecina Francia?

REPASO Y SÍNTESIS

1. Describe las características de la Guerra de Independencia española que la hacen diferente de cualquier otra guerra del pasado. ¿Cuáles fueron algunas consecuencias de esta guerra?

2. ¿Qué innovaciones políticas y nuevas libertades supuso la Constitución de 1812? ¿Por qué tuvo corta vida?

3. Explica por qué el reinado de Fernando VII se ha considerado como uno de los períodos más nefastos de la historia de España.

4. ¿Cómo era la situación política durante el reinado de Isabel II? ¿Qué largo conflicto militar se inició durante su reinado? ¿Qué intereses reales tenían los partidarios de los dos candidatos al trono? ¿Qué partido estuvo principalmente en el poder desde 1833? ¿Cuál fue el papel del ejército en la política de este siglo?

5. ¿Qué provocó la revolución de 1868? ¿Cuál fue el nuevo sistema político que se estableció después del experimento de importar una nueva familia real (Amadeo I)? ¿Tuvo éxito? ¿Qué fue la "Restauración"? Durante la época de la restauración, ¿puede decirse que hubo un auténtico sistema democrático en España? ¿Qué era el "turno de partidos"?

6. ¿Cuáles son algunos síntomas del avance de la modernización en España durante el siglo XIX? ¿y del peligro de su descomposición como nación?

7. La llamada generación del 98 insistía en hablar de "España como problema". Explica cuáles eran los principales problemas a los que se enfrentaba el país a finales de siglo.

8. Describe las características del romanticismo y realismo, y menciona algunos de sus principales

representantes. ¿Por qué tradicionalmente se ha considerado al romanticismo como un estilo "importado" y al realismo como un estilo "nacional"? ¿Está justificada esta apreciación?

9. ¿Quién es el principal representante de la arquitectura modernista catalana? ¿Qué características tienen sus obras?

MÁS ALLÁ

1. Busca en un libro de arte o la página de internet del Museo del Prado los cuadros *Las lanzas* o *La rendición de Breda* de Velázquez y compara uno de ellos con las pinturas de la guerra de Independencia de Goya que hemos visto en este capítulo. ¿Qué diferentes conceptos de la guerra expresan ambos artistas? Si quieres ampliar tu proyecto, busca otras representaciones artísticas de escenas de batalla o guerra y escribe un ensayo sobre la evolución de la guerra y su representación visual en el arte español a lo largo de los siglos.

2. Investiga sobre la situación de la mujer en España en el siglo XIX, su incorporación al mundo del trabajo y las primeras manifestaciones de movimientos feministas.

3. Trata de encontrar información para describir a la clase el papel de EE.UU. como modelo o como ayuda práctica en el proceso de independencia de las colonias españolas en América durante el siglo XIX.

4. Periodistas del pasado. En grupos de cuatro, dos personas buscan información sobre la guerra de Cuba desde el punto de vista de EE.UU. y otras dos desde el punto de vista español. Cread una página de periódico con dos columnas de "Opinión", una en la que se expone el punto de vista estadounidense y otra el de España.

PARTE II

SOCIEDAD CONTEMPORÁNEA

aviación alemana

❖ _Pablo Ruiz Picasso,_ Guernica, _1937. Este cuadro es una de las imágenes más emblemáticas del conflictivo siglo XX español. Picasso lo pintó para apoyar a la República durante la Guerra Civil, en protesta por el bombardeo de la población civil del pueblo vasco de Guernica. La estética cubista funciona muy bien para transmitir la idea de caos, fragmentación y deshumanización. ¿Cómo interpretarías algunas de las figuras que se pueden reconocer en este cuadro?_

CAPÍTULO 8

DEL SIGLO XX AL SIGLO XXI

LA ESPAÑA CONTEMPORÁNEA

❖ EL SIGLO XX DE UN VISTAZO ❖

Reyes y dirigentes políticos
- ◆ Alfonso XIII de Borbón: 1886–1931
- ◆ **Segunda República española**: 1931–1936
- ◆ Presidentes de la Segunda República:
  - · Niceto Alcalá Zamora: 1931–1936
  - · Manuel Azaña: 1936–1939
- ◆ **Guerra Civil**: 1936–1939
- ◆ **Dictadura** de Francisco Franco: 1939–1975
- ◆ 1975: **Transición a la democracia y restauración de la monarquía**
- ◆ Juan Carlos I de Borbón: 1975 al presente

Política
- ◆ **Primer cuarto del siglo XX**
  - · Inestabilidad social: movimientos obreros y terrorismo, regionalismo.
  - · Neutralidad en la I Guerra Mundial: enriquecimiento fugaz de unos pocos.
  - · Desastrosa guerra colonial en Marruecos.
  - · Dictadura de Miguel Primo de Rivera: impopularidad de Alfonso XIII.
- ◆ 1931–1936: **Segunda República española**
- ◆ Grandes proyectos de reforma social frenados por falta de cohesión política.
- ◆ Aumento de la inquietud social: anticlericalismo, quema de iglesias y conventos.

◆ Golpe de Estado organizado por los generales Franco, Sanjurjo y Mola. Comienza la **Guerra Civil** (1936–39). Las fuerzas conservadoras y fascistas derrotan a la República.

◆ Larga **dictadura del general Franco** (1939–1975): supresión de libertades políticas.

◆ Años 60: "Boom" económico, tímida liberalización política.

◆ Muere Franco (1975). Con su sucesor **Juan Carlos I de Borbón** se inicia la transición a la **democracia** y la definitiva **modernización** de España.

◆ España se estabiliza como nación democrática, constitucional, con un sistema de autonomías regionales. **Integración en Europa** y el mundo occidental (entrada en la UE y OTAN).

UE: Unión Europea
OTAN: Organización del Tratado del Atlántico Norte (*NATO*).

◆ **Problemas para el futuro**: terrorismo vasco y nacionalismos.

Cultura y sociedad

◆ **Primer cuarto del siglo XX**

• "Segundo siglo de oro" de la cultura española: destacan los intelectuales de la generación de 1914 y los poetas de la de 1927. Grandes músicos (Falla, Turina, Rodrigo). Fusión de tradición popular y vanguardia cosmopolita.

• Influencia de la Institución Libre de Enseñanza (krausismo) en la cultura.

• Arte de vanguardia: grandes figuras internacionales: Picasso, Miró, Dalí, Gris.

• II República: énfasis en la educación (más escuelas, misiones pedagógicas).

◆ **Dictadura franquista**: censura y represión. Cultura oficial/cultura de resistencia.

• Años 60–70: Anti-franquismo universitario: fuerte politización de la cultura.

◆ **Posfranquismo y democracia**:

• "Desencanto" intelectual ("Contra Franco vivíamos mejor").

• Movimientos urbanos juveniles y lúdicos: la "movida" de los 80.

• Auge de las distintas culturas autónomas.

• Internacionalización de la cultura española.

UN SIGLO DURO Y UN FINAL ESPERANZADOR

En el siglo XX, la historia de España se acelera, se exacerba, y alcanza en su etapa final un grado de estabilidad relativa. Durante la primera mitad de siglo prosiguen o hacen crisis definitiva algunas de las tendencias que habíamos visto desarrollándose desde el siglo XVIII: aumenta la **tensión entre nacionalismo centralista y nacionalismos periféricos (Cataluña y País Vasco),** entre **progresistas y tradicionalistas** y entre las **clases trabajadoras** (campesinos y obreros) y las **clases privilegiadas**.

El nacionalismo gallego adquiere también fuerza en esta época, aunque sin el grado de conflictividad de los otros dos.

El tema de las incompatibles "**dos Españas**" es recurrente en el pensamiento de la época. Como advertía el poeta Antonio Machado: "Españolito que vienes al mundo, te guarde Dios, una de las dos Españas ha de helarte el corazón".

Los conflictos que venían desacreditando a la monarquía y al sistema parlamentario desde finales del siglo XIX se multiplican en las primeras décadas del XX, dando lugar primero a una **dictadura militar** (Miguel Primo de Rivera), luego a una **República democrática**, y finalmente estallando en una sanguinaria **guerra civil**. En la guerra triunfan las fuerzas conservadoras que representan a las clases privilegiadas, la

❖ *Picasso,* **Mujer planchando**, *1904. En los cuadros de su período azul, Picasso representa figuras de marginados sociales, que expresan su crisis personal y la crisis social que se vivía en Barcelona y que acabará explotando en la Semana Trágica. ¿De qué elementos estilísticos se vale Picasso para expresar la soledad y la miseria de esta mujer?*

Iglesia Católica y la ideología nacionalista española. Esta "media España" se impondrá a la otra media durante la **larga dictadura** (40 años) del **general Francisco Franco**.

Tras la muerte de Franco se restaura en España **la monarquía de los Borbones** que la había gobernado en los últimos tres siglos. Esta restauración no es una vuelta atrás, sino el **principio de una reconciliación y la definitiva modernización de España. Juan Carlos I de Borbón** abre el camino para el proceso de democratización y pluralismo político y cultural en España. Desde 1975 hasta nuestros días **España se ha reinsertado plenamente en la Europa occidental** (es miembro de la **OTAN** y de la **Unión Europea**) y pertenece al grupo de países a la cabeza del mundo desarrollado. Ha logrado solucionar muchos de sus problemas seculares, aunque algunos permanecen pendientes, como los **conflictos entre los gobiernos regionales y el gobierno central**, especialmente grave en el caso **vasco** (**terrorismo de ETA**).

PANORAMA HISTÓRICO DEL SIGLO XX

Fin del turno pacífico y dictadura de Miguel Primo de Rivera

Durante los primeros 20 años del siglo XX se prolonga el "turno pacífico de partidos" (conservadores/liberales) establecido a fines del siglo XIX. Siguiendo el paso de las otras naciones europeas, España se embarca en una aventura colonial en **Marruecos**, para la que no está preparada. La masacre de soldados, reclutados en su gran mayoría de las clases bajas, intensificó los enfrentamientos sociales en España. En 1909 tiene lugar uno de los peores: la llamada "**Semana Trágica de Barcelona**", instigada por los anarquistas. El gobierno reacciona con gran dureza, ejecutando incluso, contra toda la opinión internacional, al reputado profesor Francisco Ferrer y Guardia.

La **neutralidad de España en la I Guerra Mundial** hace que se amasen inmensas **fortunas** de la noche a la mañana. Esta riqueza, sin embargo, no se usó para mejorar la infraestructura económica y al terminar la guerra muchas de estas fortunas se esfumaron.

Era posible eximirse de ir a la guerra pagando una cantidad. Sólo los más pobres están obligados a ir a la "guerra de Africa."

La razón de este rápido enriquecimiento fue que los comerciantes españoles vendían a los contendientes en la I Guerra Mundial armas y provisiones.

La **crisis económica**, unida a los desastres de la guerra colonial de Marruecos y la creciente **corrupción política**, hacen que casi se reciba con satisfacción el **golpe de estado del general Miguel Primo de Rivera en 1923**. Primo de Rivera se convierte en dictador para "limpiar el sistema" y arreglar la economía a corto plazo y promete volver enseguida a la legalidad democrática. Sin embargo, la dictadura de Primo de Rivera se prolonga hasta 1930, lo que hace que se desprestigie a sí mismo y al rey Alfonso XIII, que le había apoyado. Incluso los intelectuales, que al principio le habían saludado como al "cirujano de hierro" que España necesitaba para regenerarse, le abandonan y le atacan.

La "República de los intelectuales"

Así, el escritor Manuel Azaña será ministro y presidente de la República.

Precisamente la **élite intelectual** española tendrá un papel fundamental en la formación del nuevo régimen político que sigue a la dictadura de Primo de Rivera: la Segunda República. En especial, los ataques en la prensa del prestigioso filósofo José **Ortega y Gassett** influyeron en el desprestigio del dictador y la monarquía que lo protegía. En las **elecciones del 14 de abril de 1931**, el pueblo español escoge el **sistema republicano** como forma de gobierno. El rey Alfonso XIII fue exilado. En el gobierno que se forma a continuación van a tener fuerte presencia las ideas de los intelectuales liberales. Hasta el año **1933** dominan formaciones políticas **progresistas**, que adoptan medidas revolucionarias como la tan necesitada **reforma agraria** (expropiando las tierras de los grandes terratenientes) y la reforma y expansión de la **educación**.

La República fue votada de forma totalmente mayoritaria sólo en las ciudades, pero esto se interpretó como signo de victoria.

Los krausistas (seguidores de la filosofía del suizo Krause) creían en la mejora del individuo y la sociedad a través de una educación integral del ser humano.

Sólo en el primer año de la república se crearon 7.000 nuevas escuelas. 13.500 más fueron creadas por el ministro Fernando de los Ríos, de formación krausista. Otras reformas incluyen la ley de **divorcio**, el **voto femenino** y la concesión del **Estatuto de Autonomía a Cataluña**. (Galicia recibe su Estatuto en junio del 36, justo antes de empezar la Guerra Civil, y el País Vasco en octubre del 36, ya durante la guerra; todos serán anulados tras la guerra.)

Pero las elecciones de **1934** dan el poder a la **derecha**, que paraliza todas las medidas tomadas por el gobierno anterior. Los enfrentamientos internos llegan a su clímax en este año, con estallidos **revolucionarios en Asturias y en Cataluña** (que se proclama estado independiente). El gobierno manda tropas a Cataluña y anula su Estatuto. El ejército que acude a Asturias, al mando del futuro dictador Franco, reprime ferozmente el levantamiento de los mineros asturianos, causando cientos de muertos. El terrorismo anarquista, el asesinato de sindicalistas por empresarios, las huelgas, los incendios de iglesias y conventos van en aumento. La línea divisoria entre "las dos Españas" es cada vez más profunda.

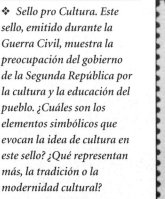

❖ *Sello pro Cultura. Este sello, emitido durante la Guerra Civil, muestra la preocupación del gobierno de la Segunda República por la cultura y la educación del pueblo. ¿Cuáles son los elementos simbólicos que evocan la idea de cultura en este sello? ¿Qué representan más, la tradición o la modernidad cultural?*

La Guerra Civil

La situación era insostenible. En febrero de **1936** gana las elecciones una coalición de partidos de izquierda, el **Frente Popular** (que unía desde los comunistas a la burguesía liberal). Desde este momento, un grupo de generales comienza a conspirar para hacerse con el poder y cortar lo que veían como inicio de una revolución marxista en España. Los extremismos de uno y otro bando continúan *in crescendo*, y finalmente el **18 de julio de 1936** los generales conspiradores (entre los que se contaba Francisco Franco) dan un **golpe de estado** que comienza en África (Marruecos y Melilla) y se expande por amplias zonas de España (parte de Andalucía y la mitad noroeste de la Península). Las tropas golpistas empiezan a avanzar hacia Madrid.

Sin embargo, lo que en principio se había planeado como un rápido golpe de estado pronto se convierte en una **guerra civil generalizada**. El gobierno de la República entrega armas al pueblo para que se defienda del ejército rebelde. La **Alemania** de Hitler y la **Italia** de Mussolini van a apoyar con tropas, aviones y armamento a los

❖ *Salvador Dalí,* **Premonición de la Guerra Civil,** *1936. Meses antes de que empezase la Guerra Civil, Dalí pintó este cuadro surrealista en el que un cuerpo desarticulado, en lucha consigo mismo, mira hacia el cielo ignorando el paisaje reseco y desolado (¿Castilla?) que se extiende hacia el horizonte. Di que impresiones te produce este cuadro y compáralo en estilo y significado con el* Guernica *de Picasso.*

autodenominados "nacionales" de Franco, pronto convertido en jefe supremo del "Alzamiento Nacional" y alineándose ideológicamente con el **fascismo**. La **Iglesia Católica apoya a los franquistas**, lo que aumenta el odio y los excesos en el bando republicano (matanzas de sacerdotes y religiosos, destrucción de propiedades eclesiásticas).

La opinión pública internacional estaba en su gran mayoría a favor del gobierno legítimo de la República, pero en general (con la excepción de la Unión Soviética), los gobiernos democráticos occidentales se abstuvieron de intervenir, igual que en 1939 observarán pasivamente las incursiones de Hitler en Europa. De hecho, muchas veces se habla de la Guerra Civil española como de una práctica o un **ensayo general de la II Guerra Mundial**. Aunque sus gobiernos no intervinieron, voluntarios de distintos países (muchos de EE.UU., formando la Abraham Lincoln Brigade) acudieron en apoyo de la República. Estas **Brigadas Internacionales** tenían su paralelo simbólico en las asociaciones de escritores antifascistas que apoyaban la causa republicana: Ernest Hemingway, George Orwell, André Malraux, Pablo Neruda, César Vallejo y muchos más.

La guerra se prolongará por tres largos y sangrientos años que devastaron y alteraron a España para siempre. **La demografía, la economía y la cultura se verán traumáticamente afectadas**. Se ha calculado en casi un millón el número de víctimas de la guerra, entre muertos en batalla, represalias políticas, pésimas condiciones de vida o

❖ *Joan Miró, grabado en apoyo de la Segunda República española, 1937. Miró, que se exilió a Francia al principio de la Guerra Civil, hizo este grabado—que será luego un famoso póster— para pedir la ayuda del pueblo francés para la causa republicana.*

exilio. Tras la guerra, la infraestructura económica estaba prácticamente desmantelada, y el efervescente mundo cultural de antes de la guerra (considerado un "segundo siglo de oro" de la cultura española) había desaparecido para siempre, sus principales figuras asesinadas (como el poeta García Lorca) o en el silencio del exilio interior o exterior.

El bando nacional consideraba a todos los republicanos como marxistas ("rojos"), aunque el comunismo no era sino una fuerza política más en el conglomerado de la República. Precisamente la división y enfrentamiento interno del bando republicano contribuyó a que perdiera la guerra. Finalmente, caen Madrid y Cataluña, los últimos focos de resistencia al fascismo, y el **1 de abril de 1939** Franco emite su famoso último parte de guerra: "En el día de hoy, cautivo y desarmado el ejército rojo, han alcanzado las tropas nacionales sus últimos objetivos militares: **La guerra ha terminado.**"

La posguerra

La **primera década** de la dictadura franquista fue sumamente **dura**. **No hubo** ningún intento de **reconciliación con la "otra España"**. Los perdedores de la guerra, que en muchos casos son ejecutados o encarcelados, se ven obligados a esconderse, salir al exilio o vivir en perpetua humillación y terror. **Franco** se convierte en **jefe supremo** y único del Estado y el ejército (el "Generalísimo" o "Caudillo"), y elimina el sistema parlamentario y el sufragio universal. Sólo hay una organización política, el Movimiento Nacional, y un sindicato único para empresarios y trabajadores. No sólo los perdedores sufrieron: a estos años se les conoce como "**los años del hambre**". La devastación de la guerra, el **aislamiento internacional** y la adversidad climática causan una gran escasez de alimentos y pobreza generalizada. Por su proximidad a los gobiernos fascistas europeos que acababan de ser derrotados en la II Guerra Mundial, España es excluída del Plan Marshall y se le niega la entrada en la ONU. El gobierno franquista trata de establecer un sistema económico autosuficiente conocido como la "**autarquía**" que apenas permite la subsistencia.

Durante los **años 50**, la **Guerra Fría** entre EE.UU. y el bloque soviético llevó a un **cambio de la actitud internacional hacia España**, a quien ahora se ve como una pieza estratégica en la lucha contra el comunismo. Eisenhower firma un acuerdo con Franco sobre asistencia económica y militar. España recibe necesitadísima **ayuda material** y a cambio concede a EE.UU. una serie de **bases militares** en su territorio. Se le permite ingresar en la **ONU** en 1955.

Los años **60** son los años del **desarrollo económico**, potenciado por las **inversiones extranjeras**, el enorme **"boom" turístico** (la Europa del norte descubre los encantos del paisaje y clima españoles) y la salida masiva de **emigrantes españoles** que van a trabajar a Europa y envían divisas (moneda extranjera) a sus familias. España se va convirtiendo en una nación **modernizada en lo económico**, pero **inmovilizada en lo político. La oposición al franquismo crece**: los **intelectuales y obreros** se movilizan con huelgas y manifestaciones contra el régimen, los **partidos de izquierda**, el PSOE (Partido Socialista Obrero Español) y el PCE (Partido Comunista de España) se organizan en la clandestinidad, y el grupo terrorista independentista vasco **ETA** (del que hablaremos en el próximo capítulo) hostiga al gobierno y al ejército con sus atentados.

La transición y la democracia

Franco esperaba dejar el futuro de España "atado y bien atado", según sus palabras. Había decidido que a su muerte la monarquía se restaurase, pero no con el hijo de Alfonso XIII, don Juan de Borbón, que era un declarado antifranquista y demócrata. Franco designó como su **sucesor como Jefe de Estado** al hijo de don Juan, el **príncipe Juan Carlos**, que se había educado en España bajo los principios del "Movimiento nacional", de ideología franquista. Como presidente del gobierno, dejaba al fiel e inflexible general Luis Carrero Blanco.

Pero los planes franquistas se frustraron. Una bomba de ETA mató a Carrero en 1973, y tras la **muerte de Franco en 1975**, **Juan Carlos** no continuó el régimen dictatorial sino que impulsó una **transición hacia la democracia** y la reconciliación de todas las fuerzas políticas en España. Se legalizaron el PSOE y el PCE, y en **1977** se organizan en España las **primeras elecciones democráticas** en más de 40 años. Gana un partido moderado, la Unión de Centro Democrático, liderado por Adolfo Suárez, el hombre de confianza del rey Juan Carlos durante la transición. En **1978**, representantes de los diversos partidos políticos redactan una **Constitución** en la que se define a España como una monarquía parlamentaria en la que el poder emana del pueblo (es una soberanía nacional), se garantizan las libertades democráticas y se establece un sistema de organización territorial basado en autonomías (gobiernos regionales).

Sin embargo, la democracia no estaba fuera de peligro. Ante el recrudecimiento de los ataques de ETA, el avance de los nacionalismos catalán y vasco, la crisis en UCD y la popularidad creciente del socialismo, un grupo de militares dio un **golpe de estado durante la noche del 23 de febrero de 1981**, secuestrando a los miembros del Congreso en el edificio de las Cortes. Sin embargo, esa misma noche el rey dio un mensaje televisado reafirmando su compromiso democrático, y los golpistas se rindieron al no disponer del apoyo con el que contaban.

Las elecciones de **1982** dieron la mayoría absoluta a los **socialistas** del PSOE, que gobernarán España con Felipe González como presidente durante los próximos catorce

❖ *Familia real española. La familia real española (el rey Juan Carlos, la reina Sofía, el príncipe Felipe y las infantas—ambas casadas y con hijos) goza de gran popularidad entre los españoles por la discreción y labor humanitaria y diplomática de sus miembros, y sobre todo por la imagen del rey como posibilitador de la democracia en España.*

años. Hasta 1992 el PSOE cosecha éxitos: la economía florece (aunque los "reajustes" en la industria provocan una escalada en el número de desempleados), y España se integra definitivamente en el mundo occidental desarrollado al hacerse **miembro de la Unión Europea y de la OTAN**. El año **1992** marca el **culmen del triunfalismo socialista** y la **proyección internacional de España**. Coinciden las Olimpiadas en Barcelona y la Exposición Universal en Sevilla, y Madrid es elegida Capital Europea de la Cultura.

Pero era el principio del fin. A partir de este año de 1992, comienza una recesión económica, una serie de escándalos financieros y acusaciones de "guerra sucia" del gobierno a ETA. En las elecciones de **1996** gana el **Partido Popular**, en su origen próximo al franquismo, pero que evoluciona durante la democracia hacia posiciones de centro-derecha. Al no tener mayoría absoluta, el nuevo presidente José María Aznar tuvo que **pactar con los partidos nacionalistas vasco y catalán**, lo que ya señala el enorme peso que los nacionalismos van a tener en esta nueva etapa del gobierno de España. En estos últimos años España disfruta de una **excelente salud económica**. Los problemas que se perfilan para el futuro están en relación con la masiva **inmigración ilegal** y el racismo que provoca, la cada vez más difícil situación de violencia en el **País Vasco** y el incierto porvenir de la política de unificación monetaria europea (el plan del **Euro**).

El 1 de enero del 2002 se empezó a usar en toda Europa el Euro. La transición de moneda en España no tuvo mayores problemas.

La cultura durante el siglo XX

Vimos en el capítulo anterior como desde el último cuarto del siglo XIX se vive en España un **renacimiento cultural**. La creatividad y fertilidad de esta época, que va hasta la Guerra Civil, es tal que se la conoce como "Edad de Plata" o "Segundo Siglo de Oro" de la cultura española.

Los autores del realismo y del 98 continúan escribiendo durante las primeras décadas del siglo XX, pero alrededor de **1914** empieza a formarse una generación de escritores de **gran preparación intelectual y cosmopolitismo** (muchos estudian fuera de España) que van a tener una gran influencia en la vida pública nacional. El más importante de estos intelectuales es el filósofo y ensayista **José Ortega y Gasset**. Puesto que, a diferencia de Alemania (donde él estudió), en España no había una tradición de pensamiento filosófico, Ortega decide recurrir a la **prensa** como forma de "**educar a las masas**". Uno de los proyectos periodísticos más importantes de Ortega fue la *Revista de Occidente*, con la que puso a España en contacto con la cultura europea contemporánea. Ortega se convierte en una especie de "árbitro" de la cultura de su tiempo. Así, con su análisis *La deshumanización del arte*, Ortega da una base teórica al arte y literatura de vanguardia en España. Durante los años 20 se multiplican en las ciudades españolas los signos de modernidad, como los coches, las bicicletas, el teléfono, las radios, el culto a la juventud y al deporte, o los movimientos feministas, y a esta modernización y aceleración de la vida urbana, afirma Ortega, le corresponde un arte lúdico, todo forma y sin contenido, el arte de los "-ismos": **cubismo, surrealismo, futurismo**.

La joven cultura española tiene como principal punto de encuentro la **Residencia de Estudiantes en Madrid**. Esta residencia, inspirada en la pedagogía krausista, reúne y estimula a la flor y nata de la cultura española: el poeta Lorca, el pintor Dalí, o el cineasta Buñuel conviven e intercambian ideas, el músico Manuel de Falla da conciertos, Ortega y Gasset conferencias. Las principales figuras intelectuales españolas y europeas pasan en estos años por la Residencia. Esta generación no se va a limitar a posturas de desafío vanguardista. Muchos de los artistas, escritores e investigadores de la llamada "generación de 1927", comparten un **proyecto de renovación de la cultura nacional** que les lleva a fundir las tradiciones populares españolas con las influencias de las vanguardias que vienen de Europa. Con el advenimiento de la **Segunda República**, muchos colaborarán con los **proyectos educativos del gobierno**, como las Misiones Pedagógicas o el teatro itinerante de la Barraca (dirigido por Lorca), para tratar de llevar la cultura hasta el último pueblecito de España.

Todo este brillante mundo cultural será arrasado por la Guerra Civil y la represión subsiguiente. Durante los primeros años de la posguerra la principal preocupación es sobrevivir: la cultura es un lujo. No es extraño que una de las tendencias de los escritores que publican en estos años sea el **tremendismo**, historias terribles de hambre, crueldad y desesperación.

El cine neorrealista se originó en Italia después de la II Guerra Mundial. Trata de representar la realidad social de forma crítica, tal cual es, sin decorados ni trucos cinematográficos.

A medida que avanza la posguerra se va formando una clase intelectual en oposición al régimen franquista, que durante los años 50 practica el **realismo social en literatura o el neorrealismo cinematográfico** para mostrar a los españoles su insignificante realidad, en contraste con la retórica franquista del "esplendor imperial" español. En los años 60 y 70 van a recurrir a **fórmulas más experimentales** para renovar una cultura que parecía paralizada en el tiempo y sintonizarla más con lo que se estaba haciendo en Europa. Así, nace el llamado "**Nuevo cine español**". Directores como Carlos Saura o Víctor Erice crean este tipo de cine sofisticado, basado en complejas metáforas visuales, silencios y elipsis. Su estilo se creó en parte como forma de escapar de la censura, y recibieron numerosos premios internacionales.

Recuerda que en los años 60 hubo movimientos de protesta estudiantil en muchos países como la revolución del mayo del 68 en Francia.

A nivel universitario, la **oposición al franquismo** es cada vez mayor, tanto entre los estudiantes como los profesores. Pero una vez que Franco muere y se instaura la democracia, la intelectualidad pasará de la euforia al **desencanto**. ¿Cuál era su razón de ser ahora que el dictador ya no existía? Su situación se resume en esta expresiva frase de la época: "Contra Franco vivíamos mejor".

A diferencia de su fuerte base ideológica en las décadas anteriores, en los años 80 la cultura de la juventud se desentiende cada vez más de la política: es la época del "**pasotismo**", derivado de la expresión "yo, paso" con que los jóvenes escapaban del compromiso ideológico. También es la época de la "**movida**", un efervescente (y efímero) mundo "underground" y nocturno de grupos musicales, "comics" y cine, muy influído por la cultura "punk" y el submundo de la droga (que, con el SIDA, empieza a ser un problema social que causa gran preocupación). De la "movida" madrileña surge un nombre destinado a perdurar: **Pedro Almodóvar**, probablemente el director de cine español más internacional. Las películas de Almodóvar se han visto muchas veces como un producto de la **posmodernidad**, con su falta de sustrato ideológico, su énfasis en el estilo más que en la sustancia, sus identidades cambiantes, su uso de la parodia y el juego con el espectador y su evidente (¡y exitoso!) diálogo con el mercado. Aunque éste es un tema muy debatido, se dice que aproximadamente desde 1975 (muerte de Franco) la producción cultural española habría entrado en la onda de la posmodernidad, fase en la que aún estaría inmersa. Pero sobre esto, y sobre la creciente importancia de la mujer y de las otras culturas peninsulares en la cultura española contemporánea, hablaremos más en la siguiente sección del libro.

Fechas importantes del siglo XX		*Fechas importantes en el desarrollo cultural*
El rey **Alfonso XIII** llega a la mayoría de edad y empieza su reinado efectivo. España y Francia se reparten	1902	
Marruecos. Los marroquíes se resisten a la colonización. Empieza la **guerra de Marruecos**.	1906	Santiago Ramón y Cajal, investigador del sistema nervioso, recibe el Premio Nobel de Medicina.
	1907	**Picasso** pinta *Las señoritas de Avignon*, obra inaugural
Seria derrota en Marruecos. Necesidad de reclutar más	1909	del **cubismo**.
soldados. Consecuencia: Motín sangriento en	1910	Se permite a las mujeres estudiar en la universidad.
Barcelona: la **Semana Trágica**.	1912	Antonio Machado escribe *Campos de Castilla*.
España se declara neutral en la Primera Guerra Mundial.	1914	Fecha en torno a la que se forma una **"generación" de intelectuales** de gran influencia en la República (José Ortega y Gasset, Gregorio Marañón, Ramón Pérez de Ayala etc.)
	1916	El compositor Manuel de Falla estrena el ballet
Huelga general revolucionaria	1917	*El amor brujo*.
Desastre de Annual (Marruecos); mueren más	1921	
de 10.000 soldados españoles.	1922	Joan Miró pinta *La granja*, ejemplo del **surrealismo** en España.
Dictadura del general Primo de Rivera	1923–1930	
	1927	Fecha simbólica en torno a la que se agrupa **una de las generaciones más brillantes de escritores y artistas** (Federico García Lorca, Rafael Alberti, Pedro Salinas, Jorge Guillén, Manuel de Falla, Luis Buñuel, Salvador Dalí etc.)
	1928	Lorca publica el *Romancero gitano*, Guillén *Cántico*, y Buñuel y Dalí dirigen la película *Un chien andalou*.
	1930	Ortega publica *La rebelión de las masas*.
Elecciones generales: triunfo de los republicanos.	1931	
II República española.		
Gobierno de izquierdas	1931–1934	
Estatuto de Cataluña. Ley de Reforma Agraria. Ley de Divorcio.	1932	
Matanza de anarquistas en Casas Viejas. Crisis del gobierno. Elecciones generales: por primera vez votan las mujeres.	1933	
Gobierno de derechas	1934–1936	
Revolución en Asturias. Fuerte represión del ejército: miles de muertos.	1934	
El **Frente Popular** (coalición de izquierdas) gana las elecciones.	**enero de 1936**	
Un grupo de generales (entre ellos Francisco Franco) da un golpe de estado que se convierte en guerra civil entre nacionales (derechas) y republicanos (izquierdas).	**julio de 1936**	

(continued)

Fechas importantes del siglo XX

Fechas importantes en el desarrollo cultural

Guerra civil. Triunfo de las fuerzas nacionales, ayudadas por los alemanes e italianos. Franco, Jefe de Estado.	1936–1939	
Bombardeo de la población civil de Guernica por aviones alemanes.	1937	Picasso pinta el *Guernica*.
España se declara "no beligerante" en la Segunda Guerra Mundial.	1939	Fundación del Consejo Superior de Investigaciones
	1940	Científicas (CSIC). Empieza un rígido sistema de censura y represión ideológica.
	1942	Camilo José Cela publica *La familia de Pascual Duarte*, obra representativa del "**tremendismo**" de posguerra.
La ONU (Organización de Naciones Unidas) pide el aislamiento internacional de España (etapa de autarquía).	1946	
Terminan los racionamientos de alimentos.	1952	Comienza a emitir la **Televisión Española** (TVE), monopolio estatal.
Principio de apertura al exterior: concordato con el Vaticano, acuerdos militares con EE.UU.	1953	
Entrada de España en la ONU	1955	
Nace el grupo terrorista independentista vasco ETA.	1959	Se inaugura el Valle de los Caídos (arquitectura fascista).
La oposición interna al régimen aumenta. Huelgas obreras y universitarias.	1962	La novela *Nada* de Carmen Laforet (**realismo social**), premio Nadal.
	1966	**Nueva novela española**: *Señas de identidad* de Juan Goytisolo y *Tiempo de silencio* de Martín Santos
	1966	Ley Fraga: liberalización de la censura franquista
Franco nombra a Juan Carlos de Borbón su sucesor como Jefe de Estado.	1969	
Asesinato del presidente del Gobierno Carrero Blanco por el grupo terrorista vasco ETA	1973	Se estrena la película *El espíritu de la colmena* de Víctor Erice, representativa del **Nuevo Cine Español**.
Muerte de Franco, Juan Carlos I, coronado rey de España.	1975	
Adolfo Suárez, elegido presidente del Gobierno por el rey.	1976	
Primeras elecciones generales. Triunfo de **Unión de Centro Democrático**, el partido de Adolfo Suárez. Se restablece la Generalitat (gobierno de Cataluña).	1977	
Aprobación en referéndum de una **Constitución** hecha con el acuerdo de las distintas fuerzas políticas, incluído el ahora legalizado Partido Comunista.	1978	
Estatutos de autonomía de Cataluña y País Vasco.	1979	
Elecciones autonómicas vascas y catalanas. Escalada de violencia terrorista. ETA mata a 93 personas este año.	1980	
Frustrado golpe de estado militar. Ley de divorcio.	1981	

Elecciones generales. Mayoría del PSOE (Partido | **1982**
Gobierno del PSOE. Felipe González, presidente. | **1982–1996**
Socialista Obrero Español). | **1983** | Ley Miró, que busca crear un cine nacional de alta
Comienza la reconversión siderúrgica, seguida | **1984** | calidad.
de la naval.
España entra en la OTAN. España entra en la | **1986**
Comunidad Europea. Comienza una etapa de
crecimiento económico.
Legalización (limitada) del aborto. | **1987**

1988 | *Mujeres al borde de un ataque de nervios*, primer gran
éxito internacional del director Pedro Almodóvar.
Primeros signos de recesión económica. Incorporación | **1989** | Comienzan a emitir las **televisiones autonomas**.
de la mujer al ejército. | **1990** | La LOGSE (Ley de Ordenación General del Sistema
Educativo) modifica en profundidad el sistema
Gran "año español": Olimpiadas en Barcelona, | **1992** | educativo español.
Exposición Universal en Sevilla, Madrid, capital
europea de la cultura. Prestigio internacional,
pero grandes pérdidas económicas.
Enorme déficit nacional.
Récord de desempleo. | **1993**
Gobierno del Partido Popular (centro-derecha). | **1996–presente**

José María Aznar, presidente. El PP no gana por

GAL: Grupos Antiterroristas de
mayoría absoluta, y debe pactar con los partidos

Liberación, que comenzaron la
nacionalistas (vascos y catalanes). Empieza un

guerra sucia contra el terrorismo de
período de bonanza económica.

ETA; se sospechaba que altos cargos
Fin del servicio militar obligatorio. Privatización | **1996**

del gobierno estaban implicados en
de empresas estatales. Investigación del caso GAL.

el GAL.
ETA ejecuta al concejal vasco del PP Miguel | **1997** | Aprobación de la **Ley del Catalán** (lengua prioritaria
Ángel Blanco (28 años). Toda España se manifiesta | | para la enseñanza en Cataluña).
contra el terrorismo. Ascenso del BNG en Galicia
[Bloque Nacionalista Galego].
Récord de descenso del desempleo. | **1998**
Tregua de ETA. España entra en el plan del Euro. | **1999**
El PP gana por mayoría absoluta. Aumenta la violencia | **2000** | Almodóvar recibe el Óscar a la mejor película
terrorista y callejera en el País Vasco. Violencia | | extranjera por *Todo sobre mi madre*. Muere Carmen
racista (contra inmigrantes marroquíes) en Almería. | | Martín Gaite, una de las escritoras más relevantes
Oleadas de inmigrantes africanos tratan de entrar | | de la literatura contemporánea española.
en España.
España adopta plenamente el Sistema Monetario | **2001**
Europeo (Euro).
El Euro reemplaza a la peseta. | **2002**

TEXTOS Y CONTEXTOS

I. Radicalización política y social de principios de siglo: un conservador analiza la Semana Trágica

El texto que vamos a leer a continuación es un artículo de prensa de un "maurista", un partidario de Antonio Maura, el presidente del gobierno y líder del partido conservador, que ordenó la brutal represión del levantamiento de 1909 en Barcelona (la Semana Trágica). El autor justifica aquí la actitud del gobierno, sobre todo la ejecución del profesor Ferrer, acusado (aunque no era cierto) de ser la cabeza de la violencia anarquista en Barcelona.

reservistas: soldados en reserva

En junio de 1909, a pretexto de la marcha de reservistas° a África, donde el honor español exigía luchar, los elementos revolucionarios provocaron una criminal sedición, [...] que produjeron numerosas víctimas y cuantiosos daños. El gobierno, con plena conciencia de sus deberes, dominó sin demora° la situación, y en estricta aplicación de las leyes [...] se dictaron y ejecutaron algunas, pocas, muy pocas, sentencias de muerte: cinco, exactamente. Empero°, la de Francisco Ferrer, el máximo responsable, director de una llamada Escuela Moderna, de tipo anarquista, cuyo funcionamiento no hubiera sido tolerado en ningún país liberal, provocó una escandalosa campaña de calumnias en España y en el extranjero [...].

sin demora: rápidamente

Empero: Pero

La educación en España estaba entonces controlada casi totalmente por la Iglesia. La Escuela Moderna, basada en modelos europeos de raíz librepensadora, provocó un escándalo por su educación laica en la que nunca se hablaba de Dios o la religión.

❖ *Destrozos de la Semana Trágica de Barcelona. Observa el nivel de violencia y destrucción que alcanzó el conflicto social en Barcelona durante esta semana de 1909.*

Primera lectura

1. ¿Cuál fue el "pretexto" que provocó la "criminal sedición"? Recuerda lo que leíste en la introducción sobre la guerra en Marruecos: ¿qué clase social era la que formaba principalmente el ejército y por qué? ¿El levantamiento se produjo por cobardía—como da a entender la frase—o por protesta ante la injusticia del sistema de reclutamiento?

2. ¿En qué términos se describe la actuación del gobierno? Fíjate en el tipo de retórica que emplea el autor: "conciencia", "deberes", "estricta aplicación de las leyes". ¿A qué parte es obvio que apoya el autor, a los sublevados o al gobierno? ¿Consigue convencernos de la justicia y bondad del gobierno?

3. ¿Cuál fue el problema con la sentencia de muerte de Francisco Ferrer? ¿Cómo caracteriza el autor a la Escuela Moderna de Ferrer? ¿Cuál fue la consecuencia de la ejecución de Ferrer?

Para conversar o escribir

1. El honor es un concepto que ha aparecido una y otra vez en distintos temas y períodos que hemos analizado en este libro. ¿Puedes recordar algunos? Discute el papel del honor en la formación de una identidad española: ¿hasta qué punto la apelación al honor no es una forma de manipulación del pueblo? Por ejemplo, piensa en esta frase: "el honor español exigía luchar en Marruecos". ¿Por qué? ¿Qué derecho tenía España sobre Marruecos en primer lugar? ¿Qué sentido podemos darle entonces a esta frase? Cuestiona, en general, el recurso al "honor nacional" o al "honor viril" (significativamente, van casi siempre unidos) en situaciones de guerra o violencia. ¿Cuál crees que es el verdadero sentido del "honor"?

2. Después del análisis del caso de la Semana Trágica de Barcelona, expuesto desde el punto de vista de un conservador, discutid en grupos de cuatro: ¿Es "ley y orden" incompatible con "justicia social"? ¿Cuál de los dos es preferible que triunfe? Pensad para apoyaros en vuestra discusión en otros casos de sublevación por una injusticia o de persecución del terrorismo en la historia mundial o de los EE.UU.

3. Sitúa la "campaña de calumnias" contra el gobierno español por la muerte de Ferrer dentro de la "Leyenda Negra" de España como país de crueldad, atraso y barbarie. ¿Qué otros casos de la historia española contribuyeron a crear esta leyenda negra en Europa? ¿Qué nos dice esto sobre la vigencia o pervivencia histórica de este tipo de percepcion?

II. Una República progresista y democrática: la Constitución de 1931

Vamos a ver ahora la contrapartida al conservadurismo del texto anterior: la opción de gobierno escogida democráticamente por el pueblo español en 1931. Fíjate en lo avanzado de sus propuestas políticas y sociales: tienen su origen en la primera constitución española, la de 1812, y en gran medida son recuperadas en la Constitución actual de España (1978). Por una parte la República recogía una tradición liberal existente en España desde el siglo XVIII (soberanía nacional, libertad de expresión y asociación), y por otra introducía grandes innovaciones (como la libertad religiosa, la separación de Iglesia y Estado, el voto femenino o la posibilidad de gobiernos autónomos regionales) con las que trataba de solucionar los graves problemas y desequilibrios sociales del momento.

Art.1. España es una República democrática de trabajadores de toda clase, que se organiza en régimen de Libertad y de Justicia.

Art. 3. El Estado español no tiene religión oficial.

Art. 11. Si una o varias provincias limítrofes, con características históricas, culturales y económicas, comunes, acordaran organizarse en región autónoma para formar un núcleo político-administrativo, dentro del Estado español, presentará su Estatuto con arreglo a lo establecido en el art. 12.

Art. 27. La libertad de conciencia y el derecho de profesar y practicar libremente cualquier religión quedan garantizados en el territorio español, salvo el respeto debido a las exigencias de la moral pública […].

Art. 34. Toda persona tiene derecho a emitir libremente sus ideas y opiniones, valiéndose de cualquier medio de difusión sin sujetarse a la previa censura.

Art. 36. Los ciudadanos de uno y otro sexo, mayores de 23 años, tendrán los mismos derechos electorales conforme determinen las leyes.

Art. 39. Los españoles podrán asociarse o sindicarse libremente para los distintos fines de la vida humana, conforme a las leyes del Estado.

Art. 51. La potestad legislativa reside en el pueblo, que la ejerce por medio de las Cortes o Congreso de los Diputados.

Primera lectura

1. ¿Cuál es el régimen político que establece esta Constitución? ¿Quiénes forman la República? ¿De quién emanan las leyes y cómo es el sistema de representación política?

2. ¿Hay una religión oficial en España? ¿Sólo se permite la existencia de la religión católica o existe libertad religiosa? Piensa en la diferencia radical que se establece en este punto con cualquier otra legislación del pasado, incluida la Constitución de 1812.

3. ¿Qué salida política encuentra esta constitución para los nacionalismos periféricos? ¿Qué características debe tener una región para constituirse en región autónoma?

4. ¿Quiénes pueden votar? ¿Qué gran novedad hay en este punto?

5. ¿Qué otras libertades se garantizan en estos artículos?

Para conversar
o escribir

1. Crea una tabla comparando las premisas de esta constitución con las de 1812 que vimos en el capítulo anterior y con las de 1978 al final de esta sección. ¿Qué puntos tienen en común? ¿Cuáles son algunas de las diferencias fundamentales? Compáralas también con las libertades y derechos que establece la Constitución de los EE.UU. ¿Crees que hay una serie de principios que corresponden a un ideal universal de Justicia e Igualdad?

2. Recordando la historia del siglo XIX y sus guerras carlistas (con su lucha por el absolutismo y catolicismo) y la gran influencia que la Iglesia todavía tenía en el medio rural (que era la forma de vida mayoritaria en España), ¿qué consecuencias políticas prevés para este tipo de Constitución tan avanzada para la España de la época? ¿Crees que va a contribuir a la unificación y pacificación del país o a su división interna?

III. Las memorias de Luis Buñuel: la vida intelectual en el Madrid de preguerra

El director de cine internacional Luis Buñuel pasó su juventud como estudiante en Madrid. Allí convivió con la brillante generación de 1927 y absorbió las influencias de la vanguardia europea, principalmente el surrealismo, movimiento al que pertenecen sus primeras películas (como *Un perro andaluz*) y que le influirá toda la vida. En sus memorias *Mi último suspiro*, Buñuel recuerda aquellos años de intensas amistades e intercambios culturales, un tiempo a medio camino entre la vida típicamente española (las "peñas" y cafés, el machismo, la pasión por charlar, la intensa vida nocturna, las alegres fiestas populares) y las novedades de la modernidad (los movimientos obreros, la introducción de la mujer en la vida pública, el jazz, el surrealismo etc.).

El surrealismo explora y representa la realidad del subconsciente—supuestamente la auténtica realidad—captada a través de los sueños o la asociación libre y automática.

Durante algunos años, España vivió bajo la dictadura familiar de Primo de Rivera, padre del fundador de la Falange°. El movimiento obrero, sindicalista y anarquista, se desarrollaba al tiempo que nacía tímidamente el partido comunista español. [...] Con excepción de tres o cuatro de nosotros [de la "generación del 27"] los demás no sentimos el imperativo de manifestar nuestra conciencia política hasta 1927–1928, muy poco antes de la proclamación de la República. [...]

La peña° ha desempeñado un papel muy importante en la vida de Madrid y no sólo en la vida literaria. La gente se reunía, por profesiones, siempre en el mismo establecimiento, de 3 a 5 de la tarde o a partir de las 9 de la noche. Una peña podía contar entre ocho y quince miembros, todos ellos, hombres. Las primeras mujeres no aparecieron en las peñas hasta principios de la década de los treinta y en detrimento de su reputación. [...]

[En los cafés literarios de Madrid] se iniciaba una conversación errabunda°, comentario literario de las últimas publicaciones, de las últimas lecturas, noticias políticas. Nos prestábamos libros y revistas extranjeras. Criticábamos a los ausentes [...] Más de una noche, unos cuantos amigos seguíamos hablando mientras deambulábamos por las calles.

[...] Lorca me hizo descubrir la poesía, en especial la poesía española, que conocía admirablemente, y también otros libros. [...] Federico no creía en Dios, pero conservaba y cultivaba un gran sentido artístico de la religión.

Guardo una fotografía en la que estamos los dos en la moto de cartón de un fotógrafo, en 1924, en las fiestas de la verbena de san Antonio° en Madrid. En el dorso de la foto, a las tres de la madrugada° (borrachos los dos), Federico escribió una poesía improvisada en menos de tres minutos, y me la dio. [...] Dice así:

La primera verbena que Dios envía
es la de San Antonio de la Florida.
Luis: en el encanto de la madrugada
canta mi amistad siempre florecida,
la luna grande luce° y rueda°
por las altas nubes tranquilas,
mi corazón luce y rueda
en la noche verde y amarilla.

Falange: La Falange Española, un partido fascista fundado por José Antonio Primo de Rivera, hijo del dictador Miguel Primo de Rivera, se convirtió en el único partido legal en España.

peña: Un grupo de amigos con intereses comunes que se reúne con regularidad para charlar, generalmente en un café.

"de 3 a . . . 9 de la noche": Es decir, las peñas se reunían después de la comida o de la cena. Recuerda que el horario de comidas en España suele ser sobre las dos para comer, y sobre las nueve o las diez para cenar.

errabunda: sin una dirección fija

san Antonio: la verbena, una fiesta popular del santo patrón de un lugar, al aire libre, con puestos de comida y bebida, baile y atracciones. / **madrugada:** *the early morning, dawn*

luce: *shines* / **rueda:** gira, *turns*

❖ *Foto de Lorca y Buñuel en una verbena. El poeta y el cineasta inmortalizan su amistad en esta curiosa foto tomada durante sus años en la Residencia de Estudiantes. Esta imagen refleja la fascinación de la llamada generación de 1927 con la tradición popular y la modernidad (al mismo tiempo), aunque la modernidad era todavía incipiente y desigual en España.*

Primera lectura

1. ¿Qué movimientos se organizaban en España durante la dictadura de Miguel Primo de Rivera? ¿Cuándo empezaron los jóvenes de la generación del 27 a tener una conciencia política?

2. ¿En qué consistía una peña? ¿Por qué crees que dice Buñuel que era muy importante en la vida española? ¿Había mujeres en las peñas? ¿Cuándo empiezan a ir por primera vez? ¿Qué se pensaba de las mujeres que iban a las peñas?

3. Describe el tipo de conversación e intercambio cultural que tenía lugar en un café literario. ¿A qué clase social o profesión crees que pertenecían estas personas que podían pasar horas y horas hablando o paseando?

4. La poesía española vive uno de sus momentos más brillantes durante estos años. Lorca, con su personalidad fascinante y su extraordinario don para la música y la poesía, tuvo una fuerte influencia sobre sus compañeros. ¿Qué tipo de influencia ejerció sobre Buñuel? ¿Qué le hizo descubrir?

5. Analiza la curiosa mezcla de tradición y modernidad en el pasaje sobre la verbena. ¿Qué elementos de la modernidad aparecen en medio de esta celebración tradicional? En el poema de Lorca, localiza los elementos populares y el tipo de metáfora audaz que caracteriza a la poesía de su generación.

Para conversar o escribir

En grupos de cuatro, imaginad que sois un grupo de estudiantes de la Residencia y que estáis charlando en un café del Madrid de la República. Usando la información de este capítulo, escribid un diálogo de unos cinco a diez minutos con el tipo de conversación que tendríais. Después, representad este diálogo delante de la clase.

Podéis hablar sobre alguna de las siguientes ideas: la situación política; las nuevas tendencias literarias y artísticas (uno de vosotros ha publicado una pieza en la *Revista de Occidente* que acaba de crear Ortega, y los demás estáis envidiosos/contentos por él); la Constitución que acaba de redactarse; el feminismo que empieza (¿os gusta que las mujeres se reúnan con vosotros a charlar en el café o no?); la verbena a la que iréis esta noche etc.

IV. La lucha femenina bajo la República: programa de la Asociación Nacional de Mujeres Españolas

Aunque había habido ya pioneras aisladas del feminismo durante el siglo XIX (como Emilia Pardo Bazán), en la República las mujeres se organizan para reclamar sus derechos y la igualdad con el hombre. En el siguiente texto hay algunas de las reivindicaciones de estas asociaciones de mujeres. Lo que piden nos permite tener una idea de sus carencias y de la situación indefensa y de sumisión en que se encontraba la mujer española.

recabar: reclamar / Jurado: *jury*

4. Considerar a la mujer elegible para cargos populares públicos [...].

7. Recabar° para la mujer el derecho de formar parte del Jurado°, especialmente en los delitos cometidos por las de su sexo, o en que sea víctima.

10. Los mismos derechos sobre los hijos que el padre en el matrimonio legal.

12. Personalidad jurídica completa para la mujer, pudiendo representarla el marido sólo por delegación de ella.

14. Igualdad en la legislación sobre el adulterio [...].

embriaguez: *drunkenness*
malos tratos: *abuse*

17. Castigo a la embriaguez° habitual y hacerla causa de la separación matrimonial.

18. Castigo a los malos tratos° a la mujer, aunque no lleguen a exponer su vida.

23. Pedir la creación de escuelas públicas en número suficiente para que pueda exigirse el cumplimiento del precepto legal que hace obligatoria la enseñanza [...].

destinos: la profesión

27. Derecho a ascender en los destinos° que ya ejerce (la mujer), en las mismas condiciones que el hombre y con la misma remuneración.

❖ *Federico García Lorca, dibujo de la Virgen Dolorosa. Además de poeta, Lorca era también dibujante, en un estilo entre surrealista y naïf. Aquí reproduce su "sentido estético de la religión", con esta imagen tradicional de la Virgen de los Dolores, con su corazón traspasado por siete espadas por la muerte de su hijo. Lorca se identifica con los sentimientos populares y en sus obras a menudo expresa su solidaridad con el sufrimiento de la oprimida mujer española.*

Primera lectura

Pon este texto al revés: es decir, partiendo de lo que reclaman las mujeres, haz una lista de los derechos que *no* tenían, los problemas sociales que la afectaban directamente (como el alcoholismo masculino o la dificultad general de acceso a la educación) y sus desigualdades con el hombre.

Para conversar o escribir

En parejas o grupos de cuatro, discutid si las aspiraciones de las mujeres españolas de los años 30 se correspondían con las de las estadounidenses de esa época o, si no tenéis mucha información sobre este tema, si puede considerarse que este programa se cumple hoy en día en la sociedad de EE.UU.

V. Internacionalización de la guerra civil española: el apoyo de los intelectuales extranjeros a la República

Durante la guerra civil, un gran número de escritores internacionales apoyaron la causa de la República. El poeta chileno Pablo Neruda, que además había vivido en España y era amigo de muchos escritores españoles, que, como Lorca, fueron asesinados o apresados por los franquistas, escribió un libro de poemas en el que describía su experiencia de la guerra y expresaba su repulsa por el ataque fascista. De uno de ellos, titulado "Explico algunas cosas", provienen estos versos. Fíjate en la forma de esta poesía de propaganda, muy sencilla, que trata sobre todo de despertar comprensión y emoción.

EXPLICO ALGUNAS COSAS

[…]
Yo vivía en un barrio
de Madrid, con campanas,
con relojes, con árboles.
[…]

                          Mi casa era llamada
la casa de las flores, porque por todas partes
estallaban° geranios°: era
una bella casa
con perros y chiquillos.

                          Raúl, te acuerdas?
Te acuerdas, Rafael°?
                 Federico°, te acuerdas
debajo de la tierra,
te acuerdas de mi casa con balcones en donde
la luz de junio ahogaba° flores en tu boca?

                          Hermano, hermano!
[…]
Y una mañana todo estaba ardiendo […]
Bandidos con aviones y con moros°,
bandidos con sortijas y duquesas°,
bandidos con frailes negros° bendiciendo
venían por el cielo a matar niños […]

estallaban: *exploded, were bursting out* / geranios: *geraniums* / **Rafael:** Rafael Alberti, uno de los grandes poetas del 27 / **Federico:** Federico García Lorca / **ahogaba:** *drowned* / **moros:** Entre las tropas franquistas había batallones de soldados marroquíes, que para el subconsciente español seguían siendo los "moros" enemigos de la Reconquista. / **sortijas y duquesas:** *rings and duchesses* (alusión al apoyo de las clases altas a la sublevación militar) / **frailes negros:** *black friars* (alusión al apoyo de la Iglesia a la causa franquista)

"La luz de junio" evoca la claridad solar de su casa y del poeta Federico García Lorca, famoso por su ingenio y "chispa". Imágenes surrealistas y sensoriales como "flores en tu boca" son típicas también de la poesía de Lorca. Neruda llama "hermano" a Lorca, que ahora está ya muerto, "debajo de la tierra".

[…]
Generales
traidores:
mirad mi casa muerta,
mirad España rota.

Primera lectura

1. ¿Dónde vivía el poeta? ¿Cómo era su barrio? ¿Qué te sugieren las palabras que usa para describirlo?

2. ¿Cómo era su casa? ¿A quién evoca el poeta para confirmar su recuerdo? ¿Qué le había sucedido a Federico?

3. ¿Qué pasó con toda esta alegría y esta vida "una mañana"?

4. ¿Quiénes formaban parte de los "bandidos" que destruyeron su paraíso? ¿A quiénes venían a matar?

5. ¿Quiénes son los "generales traidores" a los que se refiere en la última estrofa? Vemos ahora que la casa y el barrio idílicos del poeta tenían un significado más amplio que el literal. ¿A qué equivale la "casa muerta" del poeta?

Para conversar o escribir

La Segunda República fue una época llena de ilusiones, pero también de graves problemas. ¿Puedes recordar algunos? Sin embargo, en este poema Neruda nos da una imagen en "blanco y negro", con una España ideal e inocente antes de la guerra y destruída luego por la ambición y el oscurantismo. Analiza la retórica y las imágenes que usa Neruda para producir este efecto de "blanco y negro". ¿Crees que es efectivo? En general, ¿a qué suele apelar la propaganda ideológica, a la inteligencia o a las emociones básicas? ¿En qué suelen basarse los discursos políticos de los candidatos a presidente en EE.UU.?

VI. La ayuda militar voluntaria: la Brigada Abraham Lincoln

El batallón norteamericano "Abraham Lincoln" se incorpora a las Brigadas Internacionales. Como se mencionó en la introducción, los gobiernos democráticos decidieron no intervenir en la guerra española, pero sí llegaron voluntarios de varios países para ayudar a la República: las Brigadas Internacionales. El cuerpo de voluntarios de los EE.UU. se llamaba la "Abraham Lincoln Brigade". Vamos a leer el testimonio de compromiso con la paz y la libertad de uno de sus miembros.

trincheras: *trenches*

¡Hola, amigos! Os escribo desde las trincheras° del frente de España. Quiero contaros la historia del "Batallón Abraham Lincoln". Quiero contarlo con mis propias palabras y contar las cosas que he visto. Espero que lo que diga os llegue y que los cañones fascistas no me alcancen antes de terminar lo que tengo que deciros.

Es irónico que mientras escribo acerca de las escenas de la guerra esté echado en una trinchera en un campo de olivos, cerca del río Jarama, 40 kilómetros al noroeste de Madrid. Guerra entre ramos de olivos, clásico símbolo de paz. Y, sin embargo, los

republicano: *loyalist, anti-Franco*

dos mil americanos luchando con el Gobierno republicano° contra la invasión fascista de España, estamos luchando por la paz y las libertades humanas. Nosotros los americanos no vinimos a España porque tuviéramos nociones románticas e infantiles sobre la guerra […].

> Nuestro Batallón se formó en las últimas semanas de diciembre y las primeras de enero. En ese tiempo éramos 470 hombres de todas partes de EE.UU. y Cuba, Méjico, Puerto Rico, Canadá, Hawaii y Filipinas. En la sección "James Colly" hay 105 veteranos luchadores del Estado libre de Irlanda que vinieron a componer el batallón. [...]
>
> Estos hombre, cada uno de ellos, es tan opuesto a la guerra como yo. [...]
>
> No vinimos a España para meter a América en la guerra, sino para prestar nuestros servicios en una lucha que mantenga la guerra fuera del mundo. Creemos con todo nuestro corazón que la democracia atacada en España es democracia atacada en todas partes.

Primera lectura

1. ¿Dónde se encuentra la persona que escribe esta carta abierta? ¿Por qué dice que es irónico el lugar donde está?

2. ¿Cuántos americanos están luchando al servicio del gobierno de la República? ¿Qué representa esta opción? ¿Por qué han venido a luchar a España?

3. ¿Qué nacionalidades componían su batallón al principio?

Para conversar o escribir

Muchos de los soldados de las brigadas que volvieron a los EE.UU. tras la Guerra Civil fueron procesados por "comunistas" durante la época de Joseph McCarthy en los años 50. Recientemente, el rey Juan Carlos concedió la ciudadanía española a los viejos supervivientes de las Brigadas Internacionales, en agradecimiento a su sacrificio por España. Este acto levantó polémicas, pues tras la muerte de Franco hay una tendencia a "olvidar" la Guerra Civil, o a no dar la razón a un bando o a otro para evitar abrir viejas heridas. En parejas, y a la luz del texto que tenemos aquí, discutid la figura de los miembros de las brigadas y la necesidad o no de reivindicar o premiar su actuación durante la Guerra Civil española.

VII. Los horrores de la guerra: dos versiones de la destrucción de Guernica

La Guerra Civil española fue brutal, y la población civil sufrió enormemente. El caso de la pequeña villa vasca de Guernica, literalmente borrada del mapa por aviones alemanes, fue especialmente dramático. Guernica era el corazón espiritual del pueblo vasco, símbolo de su identidad y autodeterminación histórica. Bajo el famoso "árbol de Guernica" se reunían desde la Edad Media los representantes vascos, y los reyes de Castilla habían jurado allí respetar las leyes vascas. Durante la guerra española, Hitler estaba experimentando con métodos de destrucción total que luego emplearía durante la Segunda Guerra Mundial. Sus aviones destruyeron Guernica casi totalmente, persiguiendo y matando a los civiles que trataban de escapar. Guernica se convirtió en símbolo de la barbarie fascista. Picasso lo escogió como tema para pintar su famoso cuadro para el pabellón de la República española en la Exposición Universal de París de 1937.

Vamos a ver aquí dos versiones del bombardeo de Guernica. Una es del periódico *El Socialista* del 28 de abril de 1937. Es la versión del gobierno vasco en Valencia (donde se había refugiado el gobierno de la República, huyendo del asedio fascista a Madrid). La otra es la versión del "ejército nacional" en la que se niega cualquier responsabilidad suya o de los alemanes en la masacre de Guernica. Se trata de un mensaje secreto del embajador alemán al Ministerio de Asuntos Extranjeros de Hitler, transmitiendo la versión de los periódicos nacionales para saber si era suficiente con ese desmentido.

Recuerda que el País Vasco recibió su Estatuto de Autonomía en 1936, por lo que tenía un gobierno propio.

escombros: *rubble* / **histórico:** ya sólo existe para la historia / **rebeldes:** los militares que se rebelaron contra la República / **labrador:** campesino (Guernica era considerado la quintaesencia de Euskadi por los nacionalistas vascos por su carácter rural)

mentís: desmentido, *denial*

A. *"Nota de la delegación general de Euzkadi en Valencia"*
Ayer por la tarde quedó reducida a ruinas y escombros° la villa de Guernica. [...] Entre sus ruinas solamente quedan cadáveres carbonizados. Los que la evacuaron: hombres, mujeres, niños, sacerdotes de Dios y gentes civiles, fueron perseguidos por la metralla. Guernica, con su archivo, biblioteca, museo y tradición, ha pasado al seno de lo histórico°. [...] Los mandos rebeldes°, los directivos alemanes han resuelto bo-rrar al labrador° y a cuanto represente el sentido vasco de la tierra.

B. *"Mentís° del gobierno franquista"*
Guernica ha sido destruida por el fuego y la gasolina. Ha sido incendiada y reducida a cenizas por las hordas rojas que están al servicio criminal de Aguirre, el presidente de la República vasca. Aguirre ha preparado, en una maquinación satánica, la destrucción de Guernica para acusar luego de ella al adversario y para provocar una ola de indignación entre los vascos ya vencidos y desmoralizados.

Primera lectura

1. Describe con tus palabras la destrucción material, humana y simbólica que tuvo lugar en Guernica.

2. Según el gobierno franquista, ¿quién es responsable de la destrucción de Guernica? ¿Qué objetivo buscaría el gobierno vasco al destruir su propio pueblo?

Para conversar o escribir

1. En muchas películas en las que EE.UU. es atacada por las "fuerzas del mal" (rusos, terroristas, extraterrestres), se logra una gran efectividad emocional con imágenes dramáticas de la destrucción de la Casa Blanca, el Monumento a Washington o el Congreso, los símbolos más reconocibles de la nación. En grupos pequeños, y pensando en el ejemplo de Guernica en la Guerra Civil española, discutid el papel de la destrucción simbólica en las guerras, o de la representación de la guerra para la imaginación pública. Pensad sobre todo en el ejemplo reciente y real de los ataques terroristas a EE.UU. el 11 de septiembre 2001.

2. Tenemos aquí dos versiones opuestas del mismo hecho. La distorsión de los datos por los medios de comunicación, sobre todo cuando hay un interés nacional o político en juego, no es algo nuevo. ¿Puedes recordar algún ejemplo, de la historia real o representado en ficción—novela, cine etc.—de versiones contradictorias o de manipulación de datos históricos? Un ejemplo reciente y muy similar al caso de Guernica: durante la guerra en Yugoslavia, los serbios acusaban a los bosnios de bombardearse a sí mismos para así atraer la simpatía internacional y aumentar el odio hacia los serbios.

VIII. La inmediata posguerra: supervivencia frente a heroísmo

Como leímos en la introducción, los años después de la guerra fueron durísimos, especialmente para los perdedores. Los que no fueron al exilio muchas veces tenían que fingir lealtad al régimen franquista para conseguir así sobrevivir. Vamos a leer ahora un

El propio Cela sabía bastante de miedos y transacciones morales. Aunque había sido simpatizante de la República, tras la guerra trabajó para la censura franquista como forma de congraciarse con los vencedores y salir de la miseria.

pasaje de *La colmena* (1952), de Camilo José Cela, un retrato multifacetado del miserable Madrid de la posguerra, del hambre, el frío, la indignidad moral, la prepotencia de los vencedores, el terror de los perdedores, pero también de la pequeña ternura humana que pervive en medio de la fealdad. Leeremos el diálogo entre un aterrorizado escritor y un policía que le ha pedido los documentos.

tembloroso: *trembling*
vara: *twig*

Martín habla suplicante, acobardado, con precipitación. Martín está tembloroso° como una vara° verde.

—No llevo documentos, me los he dejado en casa. Yo soy escritor, yo me llamo Martín Marco.

A Martín le da la tos. Después se ríe.

estoy algo acatarrado: *I have a bit of a cold*

—¡Je, je! Usted perdone, es que estoy algo acatarrado°, eso es, algo acatarrado, ¡je, je!

A Martín le extraña que el policía no lo reconozca.

Movimiento: Movimiento Nacional, organización política del franquismo

—Colaboro en la prensa de Movimiento° pueden ustedes preguntar en la vicesecretaría, ahí en [la calle] Génova. Mi último artículo salió hace unos días en varios periódicos de provincias: en *Odiel*, de Huelva; en *Proa*, de León; en *Ofensiva*, de Cuenca. Se llamaba "Razones de la permanencia espiritual de Isabel la Católica."

El policía chupa de su cigarrillo.

—Anda, siga. Váyase a dormir, que hace frío.

—Gracias, gracias.

—No hay de qué. Oiga.

Martín creyó morir.

—Qué.

—Y que no se le quite la inspiración.

—Gracias, gracias. Adiós.

aprieto el paso: camina más rápido

Martín aprieta el paso° y no vuelve la cabeza, no se atreve. Lleva dentro del cuerpo un miedo espantoso que no se explica.

Primera lectura

1. ¿Cómo se siente Martín Marco al ser interpelado por un policía? ¿Por qué crees que se siente así? ¿Qué crees que implica la frase "A Martín Marco le extraña que el policía no lo reconozca"?

2. ¿Cuál es la profesión de Martín Marco? ¿Por qué crees que da esa larga explicación al policía sobre su colaboración con la prensa? ¿Cuál es el título del artículo que ha escrito?

3. ¿Su profesión impresiona algo al policía? ¿Crees que el policía está consciente del miedo que le produce a Marco?

Para conversar o escribir

Comparando este texto con el de Buñuel (III), contrasta la situación de los intelectuales antes y después de la guerra civil. Trata de pensar qué habrías hecho tú si fueras un intelectual del bando perdedor. ¿Te exiliarías, seguirías resistiendo y oponiéndote al fascismo dentro del país, o intentarías sobrevivir como Martín Marco? Reflexiona, en general, sobre el papel de los intelectuales en la política.

IX. La ideología del régimen franquista: Ley de Principios del Movimiento Nacional

Ya hemos mencionado en algunas ocasiones que el Movimiento Nacional era la ideología permitida en España durante el franquismo. Era una especie de Constitución dictatorial que regulaba la política nacional. Cualquier persona en un cargo público debía jurar obediencia a estos principios. El fragmento que vamos a ver aquí es un buen ejemplo de la grandilocuente retórica franquista, con sus delirios imperiales, su nacionalismo místico y su intolerante catolicismo.

La "Cruzada" era el nombre que daban los vencedores a la rebelión militar que empezó la guerra civil. En su opinión habían cumplido una misión divina, al liberar a España de la irreligiosidad marxista.

acatamiento: *observance, compliance*

Yo, Francisco Franco Bahamonde, Caudillo de España.

Consciente de mi responsabilidad ante Dios y ante la Historia, en presencia de las Cortes del Reino, promulgo como Principios del Movimiento Nacional, entendido como comunión de los españoles en los ideales que dieron vida a la Cruzada, los siguientes:

1. España es una unidad de destino en lo universal. El servicio a la unidad, grandeza y libertad de la Patria es deber sagrado y tarea colectiva de todos los españoles.

2. La Nación española considera como timbre de honor el acatamiento° a la Ley de Dios, según la doctrina de la Santa Iglesia Católica, Apostólica y Romana, única verdadera y fe inseparable de la conciencia nacional, que inspirará su legislación. [...]

4. La unidad entre los hombres y las tierras de España es intangible. La integridad de la Patria y su independencia son exigencias supremas de la comunidad nacional.

Primera lectura

1. ¿Estos principios representan a todos los españoles o sólo a los que ganaron la "Cruzada"? Según estos principios, ¿qué es España? ¿Qué era España en la defini-

❖ *Calendario de la época de Franco, 1940. Este calendario nos da una idea de la nueva España del franquismo. Se ve la clásica (e idealizada) representación de Franco, mirando con orgullo hacia el futuro con el último parte de guerra en el trasfondo.*

ción que daba la constitución republicana de 1931? ¿Cuáles son los ideales priori-
tarios con los que empiezan una y otra constitución?

2. ¿Qué relación establece Franco entre España y la religión católica? Compara esto con
   las premisas sobre la libertad religiosa y de conciencia en la Constitución de 1931.

3. ¿Hay lugar en estos principios para el reconocimiento de varias culturas o nacionalidades en España? ¿Cuál crees que será la actitud del franquismo hacia la
   lengua, la cultura y el deseo de autonomía/independencia de las nacionalidades
   periféricas como Galicia, Cataluña o el País Vasco?

Para conversar
o escribir

Recordando lo que has aprendido sobre la historia de España en los capítulos anteriores, ¿son una realidad histórica o una imposición autocrática las afirmaciones de
Franco sobre la unidad de la patria como "exigencia suprema de la comunidad nacional", o del catolicismo como "fe inseparable de la conciencia nacional"?

X. La educación de una mujer de la posguerra: el nacionalismo español y la "domesticación" femenina en *El cuarto de atrás* de Martín Gaite

Carmen Martín Gaite por edad pertenece a la generación de novelistas de los 50 que
practicaron el realismo social, pero evolucionó a lo largo de su extensa vida literaria
hasta un estilo muy personal, caracterizado por el recuerdo, la reelaboración de la memoria histórica. En *El cuarto de atrás*, novela escrita en el año 1975 (el año final del franquismo), Martín Gaite revisa la vida cotidiana durante la posguerra y emite el siguiente
comentario irónico sobre el modelo de mujer ideal que propugnaba el nacionalismo
franquista, una Isabel la Católica transmutada en heroica y sacrificada ama de casa.

alentó: *encouraged me*

Mi madre [...] siempre me alentó° en mis estudios [...]. "Hasta a coser un botón
aprende mejor una persona lista que una tonta" le contestó un día a una señora que
había dicho de mí [...]: "Mujer que sabe latín no puede tener buen fin."

Por aquel tiempo, ya tenía yo el criterio suficiente para entender que el "mal fin"
[...] aludía a la negra amenaza de quedarse soltera, implícita en todos los quehaceres,
enseñanzas y prédicas de la Sección Femenina°. La retórica de la postguerra se apli-
caba a desprestigiar los conatos de feminismo [...] [de] los años de la República y
volvía a poner el acento en el heroísmo abnegado de madres y esposas, en la importancia de su silenciosa y oscura labor como pilares del hogar cristiano. [...]

Se nos ponía bajo su advocación [de Isabel la Católica], se nos hablaba de su
voluntad férrea° y de su espíritu de sacrificio [...] [h]abía expulsado a los judíos
traicioneros, se había desprendido de° sus joyas para financiar la empresa más gloriosa de nuestra historia [...]. Orgullosas de su legado, cumpliríamos nuestra misión
de españolas [...].

Sección Femenina: La Sección Femenina
era una organización para mujeres creada por
el franquismo, destinada a crear perfectas
amas de casa, "ángeles del hogar".

férrea: de hierro
se había desprendido de: había vendido

Primera lectura

1. ¿Cuál era la actitud de la madre de la autora hacia los estudios de su hija? ¿Cuáles
   son los dos refranes contrapuestos que usa Martín Gaite para indicar dos actitudes
   muy diferentes hacia la educación de la mujer?

2. ¿Cuál era el "mal fin" al que aludía el refrán? ¿Qué organización enseñaba a las
   mujeres el "buen camino" para evitar el mal fin?

3. Recuerda las reivindicaciones del feminismo de la República en el texto IV de esta
   sección. ¿Cómo se diferencia el ideal de mujer que quiere crear la Sección Femenina
   de los ideales que proponían las Asociaciones de Mujeres en la República?

4. ¿Cuál era el modelo histórico que debía seguir la mujer española según la Sección Femenina? ¿Qué virtudes en especial debían imitar de ella las mujeres? ¿En qué contexto debían usar estas virtudes, es decir, cuál es la "misión de las españolas"?

Para conversar
o escribir

1. Compara la situación de la mujer española en la posguerra con la de la mujer en EE.UU. durante los años 50. ¿Había también en este país una "heroización" o mitificación de la mujer como ama de casa que la mantenía feliz en su papel de "ángel del hogar"? ¿Cuáles eran algunos modelos de mujer ideal en ese entonces? Escribe un pequeño párrafo en el que una mujer típica de EE.UU. de los años 50 le cuenta a Martín Gaite como fue su experiencia de esa época.

2. Repasando el capítulo sobre la monarquía de los Reyes Católicos, analiza la lectura imperialista y triunfalista de la historia de España que lleva a cabo el franquismo, y contrástala con la realidad histórica.

XI. Las contradicciones de la década de los 60: el boom turístico, la modernización, la parálisis política y la reacción de los intelectuales

Juan Goytisolo, escritor de la llamada "nueva novela española", describe en su novela *Señas de identidad* de 1966 la situación grotesca en la que en su opinión se encontraba la sociedad española de su época. Goytisolo veía las contradicciones entre, por un lado la entrada masiva de turistas, capital y progreso y, por otro la falta de libertad ideológica. No ve más salida de esta mascarada repugnante que la huída de una cultura española que ya no siente como suya. Goytisolo empezó a escribir dentro del realismo social, pero en las páginas finales de su novela *Señas de identidad* tiene lugar una rebelión personal y artística. Esta rebelión se expresa con un tipo de escritura caótica que manifesta su ruptura y rechazo de la realidad española.

En estas páginas finales, el narrador se encuentra en el castillo de Montjuïc, desde el que se domina una bella panorámica de su ciudad natal, Barcelona. Allí, mientras observa a las masas de turistas hablar en otras lenguas y escucha los comentarios banales y vacíos de los guías, recuerda a los prisioneros de la Guerra Civil que fueron fusilados por los franquistas en ese mismo lugar. El silenciamiento de la historia y la comercialización imperante hacen que su identidad y su escritura se colapsen. Así, prescinde de los signos de puntuación, y sus reflexiones sobre su inminente exilio (mental o real) se entrecortan, se mezclan con las palabras de los turistas y las de los guías, los carteles para turistas y la descripción de la Barcelona obrera e industrial. El pasaje quizás sea un poco difícil de entender, pero te ayudará si tratas de identificar las distintas voces que componen el caos, y si tratas de recomponer los signos de puntuación que faltan.

hondo: *deep*

mancillada: manchada, *stained*

> todo ha sido inútil
> oh patria
> mi nacimiento entre los tuyos y el hondo° amor que
> sin pedirlo tú
> durante años obstinadamente te he ofrendado [...]
> nada nos une ya sino tu bella lengua mancillada° hoy por
>   sofismas mentiras hipótesis angélicas, aparentes verdades [...]
> después de aquellas invasiones Barcelona aparece ya como la capital de un Estado
>   independiente la antigua Marca es ahora Cataluña [...]

Majorque: *Mallorca*

regarde mon chéri
do you really like that
lá-bas c'est Majorque° […]
mira hacia otros horizontes danos a todos la espalda
olvídate de nosotros y te olvidaremos […]
SALIDA
SORTIE
EXIT
AUSGANG
tout le monde est parti
come here my darling […]
la Puerta de la Paz la Barceloneta el humo espeso de las
    fábricas
pero no
su victoria no es tal

acerbo: *cruel*

y si un destino acerbo° para ti como para los otros te lleva
no queriéndolo tú […]
deja constancia al menos de este tiempo no olvides cuanto
    ocurrió en él no te calles […]
alguno comprenderá quizá mucho más tarde

legañosos: miserables (literalmente: *with sleep in their eyes*) / barracas: *huts* / chozas: *shacks* / farolas: *street lights* / plateadas: de plata, *silver*

edificios legañosos° buldozers brigadas de obreros barracas°
    en ruina nuevas chozas° farolas° plateadas° avenidas
qué orden intentaste forzar y cuál fue tu crimen
INTRODUZCA LA MONEDA
INTRODUISEZ LA MONNAIE
INTRODUCE THE COIN
GELDSTUCK EINWARFEN

Primera lectura

1. ¿Qué le dice el escritor a su patria? ¿Qué es lo único que todavía le une a ella? ¿Por qué dice que su lengua está "mancillada"?

2. "Después de aquellas invasiones…": ¿quién habla ahora? ¿Qué crees que está contando? ¿Qué sentido puede tener recordar la creación de la Cataluña medieval como país independiente? Recuerda que durante la dictadura no sólo se eliminaron las leyes y los gobiernos regionales, sino que se prohibió el uso de las otras lenguas peninsulares y se obligó a usar el castellano, "la lengua del Imperio".

3. "Mira hacia otros horizontes…": ¿Qué le contesta la patria al escritor? ¿Qué relación irónica se establece entre este consejo imaginario de España al narrador, y lo que lee éste en un cartel a continuación?

4. ¿Cuáles son las imágenes de Barcelona que capta el ojo del narrador? ¿Cómo serán las imágenes que están captando los turistas y que les explican los guías? Explica qué fin crees que tiene este contraste.

5. El narrador ha decidido dar la espalda a su patria (quizás partir al exilio), pero antes de salir quiere dejar para las generaciones venideras su testimonio de este

❖ *Mapa de las autonomías. Busca en el mapa las regiones más ricas y más pobres (mira los datos abajo). ¿Crees que el clima o la localización geográfica influyen en la distribución de la riqueza?*

CAPÍTULO 9

EL ESTADO DE LAS AUTONOMÍAS Y LAS NACIONALIDADES HISTÓRICAS

GALICIA, CATALUÑA Y EL PAÍS VASCO

❖ LAS AUTONOMÍAS Y LAS NACIONALIDADES DE UN VISTAZO ❖

Constitución de 1978 Creación de las 17 comunidades autónomas: Andalucía, Asturias, Baleares, Canarias, Cantabria, Castilla–León, Castilla–La Mancha, Cataluña, Comunidad Valenciana, Extremadura, Galicia, Madrid, Murcia, Navarra, País Vasco, La Rioja, Ceuta y Melilla.

Andalucía
- ◆ Capital: Sevilla
- ◆ Provincias: Almería, Cádiz, Córdoba, Granada, Huelva, Jaén, Málaga, Sevilla
- ◆ Población: 7.236.459
- ◆ Extensión: 87.579 km^2
- ◆ Nivel económico: 4

La media de España para el nivel económico es 5.

Aragón
- ◆ Capital: Zaragoza
- ◆ Provincias: Huesca, Teruel, Zaragoza
- ◆ Población: 1.183.234

- Extensión: 47.699 km^2
- Nivel económico: 7

Asturias
- Capital: Oviedo
- Provincias: Oviedo
- Población: 1.081.834
- Extensión: 10.604 km^2
- Nivel económico: 6

Baleares
- Capital: Palma de Mallorca
- Islas: Mallorca, Menorca, Ibiza, Formentera y Cabrera
- Población: 796.483
- Extensión: 4.992 km^2
- Nivel económico: 7

Canarias
- Capital: Las Palmas de Gran Canaria
- Provincias: Las Palmas (islas de Gran Canaria, Fuerteventura, Lanzarote) y Santa Cruz de Tenerife (islas de Tenerife, La Palma, Gomera y Hierro)
- Población: 1.630.015
- Extensión: 7.447 km^2
- Nivel económico: 5

Cantabria
- Capital: Santander
- Provincias: Santander
- Población: 527.137
- Extensión: 5.252 km^2
- Nivel económico: 5

Castilla y León
- Capital: Valladolid
- Provincias: Ávila, Burgos, León, Palencia, Salamanca, Segovia, Soria, Valladolid, Zamora
- Población: 2.484.603
- Extensión: 93.898 km^2
- Nivel económico: 5

Castilla–La Mancha
- Capital: Toledo
- Provincias: Albacete, Ciudad Real, Cuenca, Guadalajara, Toledo
- Población: 1.716.152
- Extensión: 79.408 km^2
- Nivel económico: 4

Cataluña
- Capital: Barcelona
- Provincias: Barcelona, Tarragona, Lleida, Girona
- Población: 6.147.610
- Extensión: 32.140 km^2
- Nivel económico: 7

Comunidad Valenciana
- Capital: Valencia
- Provincias: Alicante, Castellón, Valencia
- Población: 4.023.441

                ◆ Extensión: 23.253 km^2
                ◆ Nivel económico: 5

Extremadura
    ◆ Capital: Mérida
    ◆ Provincias: Badajoz, Cáceres
    ◆ Población: 1.069.412
    ◆ Extensión: 41.325 km^2
    ◆ Nivel económico: 3

Galicia
    ◆ Capital: Santiago de Compostela
    ◆ Provincias: A Coruña, Lugo, Ourense, Pontevedra
    ◆ Población: 2.724.544
    ◆ Extensión: 29.560 km^2
    ◆ Nivel económico: 4

Madrid
    ◆ Capital: Madrid
    ◆ Población: 5.091.336
    ◆ Extensión: 8.022 km^2
    ◆ Nivel económico: 7

Murcia
    ◆ Capital: Murcia
    ◆ Provincia: Murcia
    ◆ Población: 1.115.068
    ◆ Extensión: 11.313 km^2
    ◆ Nivel económico: 4

Navarra
    ◆ Capital: Pamplona
    ◆ Provincia: Navarra
    ◆ Población: 530.819
    ◆ Extensión: 9.799 km^2
    ◆ Nivel económico: 8

País Vasco
    ◆ Capital: Vitoria
    ◆ Provincias: Álava, Guipúzcoa, Vizcaya
    ◆ Población: 2.098.628
    ◆ Extensión: 7.085 km^2
    ◆ Nivel económico: 7

La Rioja
    ◆ Capital: Logroño
    ◆ Provincia: Logroño
    ◆ Población: 263.644
    ◆ Extensión: 5.027 km^2
    ◆ Nivel económico: 6

Ceuta
    ◆ Población: 72.117
    ◆ Extensión: 20 km^2
    ◆ Nivel económico: 6

Ceuta y Melilla no son regiones, sino ciudades en el norte de África que también tienen un régimen autonómico.

Melilla
    ◆ Población: 60.108
    ◆ Extensión: 13 km^2
    ◆ Nivel económico: 5

LAS AUTONOMÍAS DE ESPAÑA

Catalunya y Euskadi son los nombres de Cataluña y el País Vasco en sus respectivas lenguas nacionales, catalán y vasco. "Galicia" es igual en gallego y en castellano, aunque en gallego también existe la variante "Galiza".

La Constitución española de 1978 establece en su artículo 2 una nueva organización territorial del estado español: partiendo de la "unidad indisoluble" de España, se divide el país en **comunidades autónomas** o **autonomías** con gobiernos propios. Dentro de las autonomías se diferencia entre las **regiones** y las **nacionalidades históricas**. Las nacionalidades, aunque no se mencionan específicamente, se supone que son en una primera instancia las regiones con lengua diferente al castellano y precedentes de autonomía y nacionalismo: **Cataluña, el País Vasco y Galicia**. Otras regiones en las que se habla otra lengua diferente del castellano son la Comunidad Valenciana y las islas Baleares (variantes del catalán) y Navarra (vasco o "euskera").

La Constitución es bastante **ambigua** en el tema de las autonomías: no especifica cuáles son (sólo las condiciones para ser reconocida como tal), ni cómo se compatibiliza la existencia de una sola nación española con la de otras "nacionalidades históricas" en la Península, ni cuáles son las diferencias exactas entre éstas y las otras comunidades autónomas. Esta ambigüedad dio lugar a un largo proceso negociador entre el poder central y las regiones; finalmente en **1983** se establecieron las **17 comunidades autónomas** actuales: las tres comunidades históricas ya mencionadas, a las que se sumó **Andalucía**, más **Asturias, Cantabria, Navarra, Rioja, Aragón, Comunidad Valenciana, Baleares, Murcia, Extremadura, Madrid, Castilla–La Mancha y Castilla–León**. El proceso de delimitación territorial y administrativo de las autonomías sigue generando conflictos hoy en día, en especial en las comunidades más nacionalistas, Cataluña y el País Vasco.

En la sección "De un vistazo" tienes información básica sobre las 17 comunidades autónomas; a la vista de estos datos, ¿puedes deducir qué regiones tienen mayor densidad de población? ¿Hay una relación entre densidad y prosperidad económica? ¿En general cuál es más rica, la España norte o la España Sur? ¿Por qué crees que sucede esto?

Aunque puedes y debes ampliar tus conocimientos sobre las regiones de España en las actividades de "Más allá", por imposibilidad de estudiar extensamente cada una de las ricas culturas regionales españolas, en este capítulo nos centraremos en las nacionalidades históricas más diferenciadas de la Península, Galicia, Cataluña y el País Vasco, analizando sus características socioculturales y políticas y los desafíos al estado de las autonomías que presentan sus nacionalismos hoy en día.

Galicia hoy

Geografía física y humana

Territorio, población y lengua

La región gallega, que recibió su Estatuto de Autonomía en 1981, está formada por cuatro provincias: **A Coruña, Lugo, Ourense y Pontevedra**. Su capital, y sede del Parlamento y gobierno autonomo (**Xunta de Galicia**) es la histórica **Santiago de**

Compostela. El idioma oficial de Galicia es (junto al castellano), el **gallego**, lengua romance, derivada del latín—como el castellano y el catalán—y muy próxima al portugués. De hecho, Galicia y Portugal fueron en el pasado una unidad cultural, con un idioma común, el gallego–portugués, hasta que su división política en la Edad Media hizo que evolucionaran diferentemente. Galicia cuenta hoy con una población de casi tres millones de habitantes (7 por ciento del total español) de la cual **más del 90 por ciento de la población habla o entiende gallego**. Según el Instituto da Lingua Galega, 94 por ciento de la población en Galicia entiende el gallego y 88 por ciento lo habla. Es la nacionalidad peninsular con el mayor número de hablantes de la lengua regional, por encima del vasco o el catalán.

El pueblo gallego no vive sólo en las cuatro provincias españolas. Desde el siglo XIX hasta mediados de los años 60, **más de un millón de gallegos ha emigrado** a otros países, (especialmente a Cuba y Argentina, donde "gallego" es ya sinónimo de "español"). Muchos de estos emigrantes han contribuido grandemente al desarrollo de la lengua, cultura y economía gallegas; así, el himno y bandera gallegos fueron creados en La Habana, Cuba.

Clima, relieve y economía

El clima gallego es del tipo **oceánico**, es decir, de inviernos frescos y lluviosos y veranos suaves; la abundancia de lluvia (Santiago tiene la máxima de España) y las temperaturas templadas generan un **paisaje sumamente verde**, abundante en bosques y ríos. En la vegetación autóctona de Galicia predominan los robles y castaños, aunque desde finales del siglo XIX se han introducido grandes plantaciones de pinos y eucaliptos, de rápido crecimiento y mayor rendimiento industrial (sobre todo para la fabricación de papel).

❖ *Pazo en Galicia. Los pazos ("palacios") son equivalentes a los "manors" ingleses. Se construyeron sobre todo en el siglo XVIII y eran el centro de la economía campesina. ¿Qué tipo de productos crees que se cultivan en este clima y geografía?*

Estas nuevas especies, junto a los desastrosos incendios de las últimas décadas, han alterado la **ecología** tradicional en varios puntos de la geografía gallega, provocando una fuerte erosión del suelo.

Los **cultivos tradicionales** gallegos son el maíz, la patata y diversas hortalizas. En la zona meridional se cultiva la uva; el vino blanco "Albariño" goza de reputación internacional. En los últimos años se han introducido **nuevos cultivos**, como el kiwi y productos de invernadero. Pero el mayor porcentaje del campo gallego se dedica a pasto de animales, en especial **vacas**, de las que se obtiene carne y leche. También se experimenta en ganadería, empezando a introducirse la cría de avestruces y llamas.

El relieve gallego es en general suave, formado por colinas, montes viejos y valles, excepto en la parte que lo separa de Castilla, más elevada y escarpada; esta barrera de montañas ha contribuido al **aislamiento y marginación** de Galicia durante siglos. Sólo recientemente (1999) se ha terminado la autopista que comunica Galicia y Madrid. La infraestuctura del **transporte** sigue siendo una asignatura pendiente para la comunidad gallega. Aunque hay aeropuertos en las ciudades de Vigo, Santiago y A Coruña, no están todavía bien preparados para el tráfico internacional, que se dirige mayoritariamente a la vecina ciudad portuguesa de Oporto.

Aislada del resto de la península y con unas costas recortadas en profundas bahías o "**rías**", riquísimas en pesca, Galicia ha vivido tradicionalmente del mar, y su población se concentra sobre todo en la costa. El pescado y el marisco son una parte fundamental de la cocina gallega. El puerto de Vigo es hoy el principal puerto pesquero de Europa.

El **turismo**, todavía no muy abundante pero en constante aumento, es sobre todo doméstico y concentrado en las Rías Bajas (costa sur) y en torno al Camino de Santiago, aunque el turismo rural va siendo cada vez más popular en una región famosa por sus paisajes idílicos.

La crisis de las "vacas locas" que tuvo lugar en el 2000/01 afectó duramente a la ganadería gallega.

❖ *Hórreo. ¿Qué es esta extraña construcción en forma de capilla? Se trata de un "hórreo" o granero, uno de los elementos culturales más emblemáticos del campo gallego. ¿Por qué crees que es necesario guardar los productos—maíz, patatas etc.—a un nivel más alto que el suelo?*

En cuanto a la **industria**, tradicionalmente se asoció también al mar (sobre todo conserveras y astilleros en Vigo). Hoy cuenta con una industria más diversificada, de la piedra, alimenticia, de coches, textil etc., y un panorama económico en general bastante positivo.

Las ciudades más grandes son Vigo y A Coruña, pero la capital es Santiago de Compostela por razones históricas, culturales y de localización geográfica. Existe una rivalidad tradicional entre estas tres ciudades, cuyas diferentes personalidades y funciones son expresadas en el dicho popular: "Santiago reza, Vigo trabaja, y A Coruña se divierte". Si bien es cierto que en Vigo vive la mayoría de la población obrera de Galicia, y A Coruña tiene más tradición burguesa y aristocrática, en lo que respecta a Santiago esta frase ya no se corresponde con la realidad. Santiago es ya más que un centro religioso, es una ciudad de enorme efervescencia cultural y económica.

El problema agrario

No todo es prosperidad en la Galicia actual. Su economía, sobre todo en las provincias de Lugo y Orense, es todavía fuertemente agropecuaria. Siglos y siglos de división de la propiedad han generado un sistema de "**minifundios**", pequeñísimos terrenos que apenas producen lo suficiente para alimentar a una familia. La falta de recursos motivó la intensa **emigración** a América y Europa. La **tecnología** apenas ha llegado al campo gallego. El ingreso de España en la **Comunidad Europea** supuso un enorme desafío para los pequeños agricultores y ganaderos gallegos, que no podían competir con los precios y producción europeos. Esto fomentó aún más la emigración de los jóvenes del campo a las ciudades; la población campesina gallega envejece de forma dramática. Si España presenta la **tasa de envejecimiento** más alta del mundo, Galicia tiene la tasa más alta dentro de España.

Ideología, política, cultura

Historia de la nacionalidad gallega y situación política actual

En el siglo III d.C. los **romanos** dividieron Hispania en varias regiones administrativas, llamando "Gallaecia" a la región noroeste. Con las invasiones bárbaras del siglo V, "Gallaecia" pasó a ser reino independiente de los suevos. Durante la **Edad Media**, el reino de Galicia vivió su época de mayor esplendor político y cultural. El gallego fue la lengua de cultura en toda la península. Alrededor del Camino de peregrinación a Santiago se creó el gran arte románico europeo. Con la unificación de España por los Reyes Católicos, Galicia, aislada y marginada del poder central, empezó un largo período de **oscuridad y decadencia**. A mediados del **Siglo XIX** empieza el "rexurdimento" (es decir, "**renacimiento**") gallego, primero cultural (destacando la poeta Rosalía de Castro, que se convertirá en símbolo de la Galicia sufriente), y cada vez más político, con ambición de autonomía regional.

En junio de **1936** el Parlamento español aprueba el **Estatuto de Autonomía** gallego, pero ese mismo verano estalla la guerra civil, y tras la victoria de Franco se reprimen los nacionalismos en España. Cuando se reinstauró la democracia en 1975, el nacionalismo gallego tenía muy poca fuerza en comparación con el catalán y el vasco. Aunque Galicia presentaba las características de lengua y precedentes de autonomía política estipulados por la Constitución para ser reconocida como nacionalidad histórica, tardó dos años más en recibir el estatuto de autonomía (1981) que Cataluña y el País Vasco (1979).

El **voto nacionalista** es hoy por hoy minoritario, pero ha crecido mucho en los últimos años. El PP (Partido Popular, conservador) gobierna Galicia desde 1990. El principal partido nacionalista es el **Bloque Nacionalista Gallego**, que cuenta con dos diputados en las Cortes españolas, y es la fuerza política de mayor crecimiento en Galicia; así, en las elecciones autonómicas de 1993 pasó de 5 a 13 parlamentarios, y cuenta desde 1999 con un representante en el Parlamento europeo.

Reconceptualización de la identidad cultural

Desde el "rexurdimento" del **siglo XIX**, la literatura y el arte gallegos se centraron casi exclusivamente en **el mundo campesino** (tendiendo a veces a una excesiva folclorización). Durante los primeros decenios del siglo XX floreció una brillante cultura galleguista: la "**Xeración Nós**", "Generación Nosotros" en castellano; llamada así porque sus miembros—poetas, ensayistas, arqueólogos etc.—publican en la revista gallega *Nós*. Este galleguismo fue reprimido por el franquismo, y sobrevivió en parte en el **exilio**. Castelao, la principal figura intelectual y política de esta generación, escribió en su exilio argentino *Sempre en Galiza* (1947), uno de los libros fundamentales del galleguismo. Hoy en día, el gobierno autonómico gallego apoya a la cultura regional (aunque sin la agresividad anti-castellana de Cataluña y el País Vasco), a través de la enseñanza obligatoria del gallego y las subvenciones a proyectos artísticos o editoriales.

Hoy en día, los artistas y escritores se enfrentan a una Galicia muy diferente a la del siglo XIX, con una cultura campesina en retroceso y unos signos de identidad difíciles de mantener en un mundo cada vez más globalizado.

Autores como Manuel Rivas, Suso de Toro o Xavier Alcalá dan testimonio en sus novelas de los **problemas ecológicos, sociales y de identidad cultural** que la modernización y globalización traen a Galicia. El arte contemporáneo gallego trata también de encontrar un equilibrio entre lo universal y lo local, la modernidad y la tradición.

Quizá uno de los aspectos más destacados de la cultura gallega contemporánea es la **popularidad** que está adquiriendo a nivel nacional, e incluso internacional, no sólo su literatura, sino también la música folclórica gallega (su instrumento principal es la gaita [*bagpipe*]), e incluso el diseño de moda.

Cataluña hoy

Geografía física y humana

Territorio, población y lengua

La región catalana se compone de cuatro provincias: **Barcelona, Tarragona, Lleida y Girona**. Su población (1997) es de más de seis millones de habitantes, gran parte de los cuales (unos dos millones) vive en la gran metrópoli y capital, Barcelona. La lengua propia de Cataluña es el **catalán**, que, como resultado del expansionismo medieval catalán, también se habla, con variantes, en la **Comunidad Valenciana, las Islas Baleares, en el país catalán francés y otras partes del antiguo Reino de Aragón** como en Andorra (pequeño principado independiente en los Pirineos) y parte de Murcia y de Cerdeña. En total, unos ocho millones de personas hablan catalán en el mundo. Esto creó algunas tensiones en el proceso de formación de las autonomías, pues, en opinión de algunos, los catalanes, valencianos y baleares formaban parte de un mismo pueblo con una lengua común, y debían ser una sola entidad política. Pero, puesto que históricamente Valencia y Baleares habían tenido sus instituciones y evolución propias, se establecieron como autonomías independientes (y también para evitar el desequilibrio que esta unión hubiera causado en la organización del sistema autonómico).

La **política lingüística** actual de la **Generalitat** (el gobierno catalán) de **normativización y expansión del catalán** a todos los ámbitos de la vida pública, ha causado también algunas fricciones. A Cataluña, región muy rica e industrializada, llegaron desde el siglo XIX grandes cantidades de **inmigrantes** de áreas más pobres de España, sobre todo de Andalucía. Esta inmigración se intensificó en los años 60, y hoy ya no sólo es de españoles, sino también de los "vecinos pobres" de España, sobre todo del norte de África y del sub-Sahara. Este flujo de inmigrantes no siempre llega por cauces legales. Esto ha hecho que el gobierno español tome medidas contra la emigración ilegal mediante duras leyes de extranjería, contra las que han protestado los grupos políticos más progresistas.

Ahora que la diversidad cultural (y étnica) de la población es mucho mayor, la política cultural de la Generalitat busca integrar a todos los habitantes de Cataluña en una única identidad catalana. Tras la fuerte represión lingüística y cultural de Franco, el **catalán**, ahora protegido desde el poder, tiene una **posición hegemónica** en la vida de la región. En 1990, más del 90 por ciento decía entender catalán, y 60 por ciento hablarlo de alguna forma. Desde los años 80 la Generalitat ha impulsado enormemente su uso, de forma que en las escuelas el castellano se llega a estudiar como el inglés, como si fuera una lengua extranjera más, y todas las materias se enseñan en catalán. Aunque al ser el catalán una lengua romance, como el castellano, es más asequible, y además ha sido siempre una lengua de prestigio social (a diferencia del gallego), la población inmigrante castellano-hablante o "**charnega**" en ocasiones se resiente de lo que ve como "**opresión catalanista**".

Los inmigrantes de otras zonas de España a Cataluña son despectivamente llamados "charnegos" por algunos catalanes.

Clima, relieve, economía

El territorio catalán está compuesto, como dicen los catalanes, de "**mar i muntanya**", una zona de costa y otra dominada por el paisaje de montaña. En la costa, el clima es de tipo **mediterráneo**, con temperaturas suaves en el invierno y calurosas en el verano, y poca lluvia, que cae sobre todo en la primavera y el otoño. Por lo tanto, el paisaje tiende a ser seco, dominado por plantas y árboles que resisten bien la falta de humedad, como el pino mediterráneo, la encina y distintos tipos de arbustos. Una buena parte del territorio catalán está ocupada por los **Pirineos y el Macizo catalán**, con clima de montaña en las alturas (bosques, y prados en los valles). El río Ebro desemboca en Tortosa (Tarragona), formando un gran delta o fértil valle fluvial.

Los diferentes climas y paisajes de Cataluña presentan una **variada oferta turística**. La costa catalana, de playas largas en el sur, y más accidentada y rocosa hacia el norte (la "Costa Brava"), es muy popular, sobre todo para los turistas del norte de Europa. En los Pirineos hay famosas estaciones de esquí, además de ofrecer turismo rural y deportes de

❖ *El monasterio de Montserrat, en la montaña de su nombre, es uno de los centros espirituales del catalanismo. Fíjate en el tipo de relieve abrupto y rocoso que caracteriza a la "muntanya" catalana.*

aventura. Además, la oferta cultural de Barcelona, una de las ciudades más bellas y culturalmente dinámicas de Europa, atrae a muchos visitantes.

La **economía**, como en casi toda España, se desarrolla sobre todo en el **sector servicios**. Pero también hay una importante actividad industrial (tradicionalmente textil, hoy muy diversificada). La **agricultura y ganadería**, mayormente industrializadas, siguen siendo considerables. Destacan las frutas (sobre todo en Lleida), el vino y los cavas, y la fabricación de embutidos (como la butifarra, una especie de salchicha, muy típica de la gastronomía catalana).

Ideología, política, cultura

Historia de la nacionalidad catalana y situación política y cultural hoy

La Cataluña actual se encuentra dentro de la región que los romanos llamaron Tarraconense, que durante la Edad Media se dividió en multitud de condados, reunificados en el siglo XI por los condes de Barcelona. Cataluña, incorporada y liderando la Corona de

❖ *Barcelona es la segunda ciudad más grande de España, después de Madrid. Las recientes remodelaciones urbanísticas (con motivo de las Olimpiadas de 1992) la han abierto más hacia el mar. ¿Te gustaría vivir en esta ciudad?*

Aragón (que incluía además Aragón, Valencia, las Baleares, Sicilia y Cerdeña), fue **la potencia política y económica más importante del Mediterráneo entre los siglos XII y XIV**—en que entra en crisis por la Peste Negra.

La unificación de España por los Reyes Católicos en el siglo XV fue en muchos aspectos superficial y, en la práctica, se mantuvieron las diferencias (leyes, impuestos, aduanas, privilegios) entre los antiguos reinos de España. Con el descubrimiento de América, el centro de la economía europea cambió del Mediterráneo al Atlántico. Castilla disfrutó en exclusiva del comercio con el Nuevo Mundo, del que Cataluña fue excluida, comenzando así una etapa de decadencia. Su descontento llegó al máximo en el siglo XVII durante los intentos de centralización económica y militar de Olivares (ver el capítulo "El siglo XVII"); por ello se rebeló e independizó de España entre 1640 y 1652.

En **1713**, Felipe V lleva a cabo la **centralización** definitiva de España (ver el capítulo "El siglo XVIII"), privando a Cataluña de sus estatutos y haciendo del castellano el idioma oficial. Económicamente estas medidas fueron beneficiosas para Cataluña, pues aumentó el mercado para sus productos (en Castilla y América).

A lo largo de los siglos XVIII y XIX se desarrolla en Cataluña una próspera industria de bienes de consumo (vinos, textiles), propiciada por una acomodada clase agrícola. Durante la segunda mitad del XIX tiene lugar la "**Renaixença**" cultural catalana, de signo romántico y nacionalista. Se considera que la obra que en 1833 inaugura esta Renaixença es la *Oda a la Pàtria*, del poeta Aribau. La "renaixença" o renacimiento comienza en Barcelona, pero luego se extiende a todas las áreas de habla catalana. Se trató de un florecimiento cultural en todos los campos (música, poesía, teatro, artes plásticas, filosofía etc.). A mediados de este siglo **Barcelona se moderniza**, adoptando una nueva planta cuadriculada (el "plan Cerdá"), y construyéndose en 1848 la primera línea de tren en España, entre Barcelona y Mataró.

La rebelión y pérdida de las últimas colonias del Imperio español en 1898 instiga el sentimiento catalanista, representado en las artes por medio del "**modernismo**", un nuevo estilo con el que la burguesía de la cosmopolita Barcelona expresaba a la vez la modernidad y la tradición catalanas. En 1906 Enric **Prat de la Riba** escribe *La nacionalitat catalana*, una de las obras fundacionales del catalanismo. Prat, y la burguesía catalana en general, **no aspiraban al separatismo**, pues el proteccionismo del Estado español le aseguraba al menos el mercado peninsular tras la pérdida del de las colonias.

El movimiento catalanista, que durante los años 20 es cada vez más amplio (llegando a todas las clases sociales e ideologías), consigue del gobierno de la República el **estatuto de autonomía en 1932**, aunque será anulado por la victoria franquista y la represión consiguiente. La vuelta a Cataluña en 1977 de Josep Tarradellas, presidente de la Generalitat en el exilio durante 40 años, fue uno de los momentos clave de la transición española hacia la democracia y el pluralismo.

El partido en el poder en Cataluña es hoy **Convergencia i Unió** (CiU), liderado por Jordi Pujol, presidente de la Generalitat. Convergencia ha sido crucial en el juego político de la democracia española, pues, primero el PSOE y ahora el PP han necesitado pactar con él para obtener la mayoría necesaria para gobernar en España. Pujol obtuvo a cambio sustanciosas ventajas para Cataluña; esto ha levantado recelos o deseos de imitación en otras comunidades autónomas menos agraciadas.

En cuanto a la situación cultural actual de Cataluña, es sin duda brillante en todos los ámbitos. Entre sus muchos representantes que gozan de prestigio también fuera de Cataluña, podemos mencionar en música al grupo de la "Nova Cançó Catalana" (Raimon, Serrat, Lluis Llach etc.), que reivindicó la cultura catalana en catalán en los últimos años de la dictadura, y más recientemente, sólo por dar algún ejemplo de la pléyade de artistas y escritores, Quim Monzó en literatura, Tapies o Miquel Barceló en artes plásticas, Bigas Luna en el cine, o la Fura dels Baus, Els Comediants o Els Joglars en el teatro.

En líneas generales, pueden detectarse **dos tendencias** en la cultura actual en Cataluña: la que busca una **"autenticidad"** catalana, apoyada por el gobierno, que aspira a un reconocimiento internacional como cultura nacional, (para lo que tuvo una gran oportunidad en las Olimpiadas de Barcelona de 1992), y la que reivindica una **cul-**

❖ *Escultura surrealista de Joan Miró en la Fundación Miró. Este museo es uno de los grandes atractivos de la oferta cultural barcelonesa. Una de las características de la cultura catalana es su aprecio por la modernidad y el vanguardismo. Algunas de las grandes figuras que han estado a la vanguardia del arte internacional son catalanas, como Salvador Dalí o el propio Miró.*

La rumba: Ritmo muy animado y bailable, es de origen andaluz y gran tradición entre los andaluces en Cataluña.

tura mestiza o charnega, y se burla de los esencialismos nacionalistas, representada, por ejemplo, por el cantante Alberto Plá o Gato Pérez y su reinvención de la rumba, o el teatro lúdico y cáustico de la compañía La Cubana.

El País Vasco

Geografía física y humana

Territorio, población, lengua

El País Vasco o Euskadi en vasco comprende las provincias de **Álava, Vizcaya y Guipúzcoa**. Sin embargo, como en el caso catalán, el área de influencia de la lengua y cultura vasca va más allá de los límites político–administrativos. Así, **Navarra** comparte historia y lengua con Euskadi, y al otro lado de los Pirineos se extiende el **País Vasco-Francés**. Obviamente esta división ha causado problemas y reivindicaciones nacionalistas, sobre todo en Navarra, donde el nacionalismo vasco tuvo y tiene una presencia importante.

La lengua vasca o **euskera** no es romance (de origen latino), como las otras lenguas peninsulares, ni siquiera indoeuropea (lengua madre de la mayoría de las lenguas europeas y del subcontinente indio). Se trata de una lengua única en el mundo, de **origen incierto** y remoto. Su singularidad ha hecho que los vascos vean su lengua como un fuerte signo de identidad y diferencia frente el resto de España; de hecho, uno de los nombres euskeras más comunes del País Vasco es "Euskal-Herria", o "tierras en las que se habla vasco".

Como muestra del orgullo vasco por su idioma, en el pasado llegaron a afirmar que el vasco había sido la lengua que hablaban Adán y Eva en el Paraíso, o es más, que Dios mismo hablaba en vasco.

A finales del siglo XIX, cuando se establecieron las bases teóricas del nacionalismo vasco, el euskera, hablado casi exclusivamente por campesinos y sin prestigio cultural ni social, se hallaba casi en estado de desaparición, de ahí que los primeros nacionalistas ni siquiera trataran de fomentar su uso. El gobierno autónomo actual ha conseguido revivir el uso del vasco legislando su enseñanza y uniendo los diferentes dialectos en un euskera estándar o "**batua**", que ha dado viabilidad al vasco como idioma de cultura. Sin embargo, dada su dificultad y confinación al medio rural, y, hasta hace poco, falta de apoyo del nacionalismo vasco, **menos de un 25 por ciento de la población vasca habla euskera** (1995).

La población de Euskadi es de aproximadamente dos millones y medio de habitantes. En el campo predomina la población de tipo disperso; la vivienda típica campesina, el "**caserío**", funciona como una unidad económica autosuficiente.

Las principales ciudades son **Bilbo** (Bilbao), capital de Vizcaya; **Donosti** (San Sebastián), capital de Guipúzcoa; y **Gasteiz** (Vitoria) capital de Álava y la sede del gobierno vasco. Como en el caso catalán, la revolución industrial de fines del siglo XIX y la prosperidad de los años 60 y 70 atrajo a estas ciudades (especialmente a Bilbao) gran cantidad de **inmigrantes** de otras áreas menos favorecidas de España. Este flujo de inmigración fue considerada por los nacionalistas como una invasión que amenazaba la identidad y valores vascos; los no naturales del País Vasco fueron llamados despectivamente "**maketos**". En general, el nacionalismo vasco ha sido mucho más defensivo y menos integrador que el catalán.

❖ *San Sebastián o Donosti es considerada como una de la ciudades más hermosas de España, sobre todo por su localización geográfica. La imagen nos da también un buen ejemplo de la forma de la costa vasca y de por qué es muy adecuada para la navegación (por sus buenos puertos).*

Clima, paisaje, economía

El clima es de tipo **oceánico** (como el gallego), que se vuelve más seco y extremado (tipo **mediterráneo-continental**) en tierras de Álava, hacia el interior de la meseta. Su paisaje es **montañoso** y predominantemente **verde** (con bosque de robles y hayas), aunque la fuerte industrialización y acción humana han deteriorado la **ecología** tradicional. La costa es abrupta, pero se abre en bellas playas y rías, como la del Nervión en Bilbao. De gran **tradición marinera y pescadora** (los vascos llegaron a las costas de Terranova ya en el siglo XIV), Euskadi cuenta con un gran número de **puertos** a lo largo de su costa.

La economía vasca desde finales del siglo XIX dependía sobre todo de la **industria pesada (siderúrgica)** gracias a sus ricas **minas de hierro** y la accesibilidad del carbón inglés. Pero desde mediados del siglo XX esta industria entró en una **crisis** que ha llevado al cierre de su empresa más representativa, los Altos Hornos de Vizcaya. Hoy en día el sector servicios es el más importante, en especial las entidades bancarias (como el BBVA, el Banco de Bilbao-Vizcaya-Argentaria).

El mundo agrícola, que, como en el caso catalán y gallego, ilustra el imaginario nacionalista, es cada vez menos significativo económicamente, con excepción de las explotaciones vinícolas de la Rioja alavesa (zona más seca y cálida).

Ideología, política, cultura

El nacionalismo vasco y el terrorismo de ETA

Aislados tras las montañas, feroces, y con una cultura y economía tan primitivas que los hacían poco atractivos para los invasores, los vascos no fueron básicamente afectados ni por la romanización ni la llegada de los bárbaros. Durante la Edad Media los reinos de

❖ *Si el pazo es la construcción típica del campo gallego, el caserío es el eje de la vida campesina en el País Vasco. Pero si el dueño del pazo era un noble, el del caserío era un campesino medio. La estructura del campo vasco era más individualista y hasta cierto punto democrática.*

Castilla y Navarra se disputan la posesión de Vasconia; las tres provincias pasan finalmente a formar parte de Castilla, pero mantienen sus "**fueros**" o leyes propias más allá de la unificación de los Reyes Católicos, hasta una fecha tan tardía como 1876. La pérdida de los fueros fue consecuencia de la derrota en las guerras carlistas (ver el capítulo "El Siglo XIX"), que durante el siglo XIX habían tenido el País Vasco como escenario principal. Los carlistas vascos eran tradicionalistas ultracatólicos, campesinos y nobles locales, amenazados por el auge de la burguesía urbana liberal, comerciante e industrial. Tras la abolición de los fueros, el **fuerismo** (reclamación de los fueros perdidos) se unirá al **carlismo** para dar paso al **nacionalismo**, creación personal de Sabino Arana a fines del siglo XIX.

Sabino Arana (1865–1903) es un caso único en la historia de los nacionalismos, pues fue él solo quien creó la teoría, mitos y símbolos (la bandera, nombre—Euskadi— incluso la lengua) del futuro nacionalismo y nación vascos. Según Arana, la identidad y diferencia vascas se basaba en la **raza** y **valores morales** propios (tradición, familia, solidaridad interclases), y la adhesión total al **catolicismo**, y no tanto en la lengua, que creía condenada a desaparecer. El partido fundado por él, el **Partido Nacionalista Vasco** (PNV), fue ganando popularidad y votos, hasta conseguir que el gobierno español le concediese al País Vasco un **estatuto de autonomía en 1935**.

El nacionalismo vasco fue ferozmente reprimido durante la dictadura de Franco, lo que provocó la evolución del nacionalismo neotradicionalista hacia posiciones más radicales; la divergencia empezó entre grupos de estudiantes jóvenes, a los que no satisfacía la actitud pasiva del PNV. Como resultado, en 1959 forman la organización **ETA** (Euskadi'ta Askatasuna: Euskadi y Libertad). En un principio sus actividades eran sólo culturales, pero durante los años 60 su postura se radicalizó. Rechazaron los principios de religión y raza, enfatizando la importancia de la **lengua** y de la **justicia social**, y decidieron empezar una guerra de guerrillas, anti-capitalista y anti-imperialista, contra el Estado español, al que veían como invasor o colonizador de su tierra. Una de las razones de su actitud contra la religión era lo que veían como complicidad de la Iglesia Católica con el franquismo y su traición al pueblo vasco. Sin embargo, el bajo clero vasco siguió apoyando con fuerza el nacionalismo, y muchos simpatizaban con la lucha de ETA.

Los primeros actos de violencia comenzaron en 1961, pero no es hasta 1968, con el asesinato por la Guardia Civil del primer "etarra" (un miembro de ETA), que ETA gana un auténtico apoyo popular. La represión subsiguiente y la ejecución de cinco etarras sospechosos de asesinato atrajeron **la solidaridad internacional con el pueblo vasco y con la oposición antifranquista**. La postura cada vez más izquierdista (marxista) de ETA atraía también al **proletariado inmigrante** del País Vasco, añadiendo más fuego aún al nacionalismo violento.

La llegada de la democracia y el reconocimiento de las nacionalidades históricas en **la Constitución de 1978 no supuso el fin de la protesta en Euskadi**, donde la represión había llevado a un deseo de separación de España; así, en el referéndum para aprobar la Constitución, ésta sólo fue rechazada por el País Vasco (aunque en 1979 sí votó para aprobar su Estatuto de Autonomía). Para ETA, el estado de las autonomías es un truco del Estado español para seguir oprimiendo al pueblo vasco, y por eso siguió y sigue matando y extorsionando, no sólo en el País Vasco, sino en toda España.

Hoy, pese a que el deseo de paz de la población es cada vez mayor, existen una serie de **problemas para la pacificación de Euskadi** como: la espiral de violencia en la que ha caído la organización (los etarras parecen no concebir otro modo de acción), las bandas de adolescentes vascos (que, seducidos por la violencia, se dedican al vandalismo en la calle en nombre de ETA), y la ambigüedad del PNV e incluso de la Iglesia vasca a la hora de condenar las acciones terroristas.

El terrorismo de ETA es sin duda el principal obstáculo para la realización de la España unida y plural que se proyectó en la Constitución de 1978. Hoy por hoy, no se puede prever ninguna solución pacífica a corto plazo para este difícil conflicto.

❖ El Peine de los Vientos. *Éste es el romántico nombre de un conjunto escultórico que el famoso escultor vasco Eduardo Chillida instaló en unos acantilados de San Sebastián. ¿Qué características sicológicas e históricas del pueblo vasco parecen estar evocando estas esculturas de hierro asomadas al mar?*

El despertar de la cultura vasca

En la década de 1960 se produce un auténtico renacer de la cultura vasca, que el franquismo casi había llevado a la extinción, gracias al establecimiento de las **ikastolas**, escuelas privadas en las que se enseñaba en vasco. La expansión del vasco como idioma de cultura (popularizado además desde la democracia por Euskal Telebista, la televisión vasca), hizo que aumentara la literatura en euskera, destacando figuras como el poeta Gabriel Aresti en los años 60, y en los 70 el novelista Bernardo Atxaga. *Obabakoak*, un libro de relatos de Atxaga, ganó el **Premio Nacional de Literatura** en 1989, lo que simbólicamente vino a confirmar que el vasco, hasta entonces sin grandes hitos literarios (o desconocidos fuera de Euskadi), podía rivalizar con las otras lenguas peninsulares como lengua de cultura nacional.

TEXTOS Y CONTEXTOS

I. El marco legal

A continuación leerás algunas secciones de la Constitución Española de 1978 que establecen las bases para la organización futura del Estado en comunidades autónomas. Por primera vez después de 40 años se reconocen otras nacionalidades históricas diferentes a la española/castellana y la existencia de otras lenguas y culturas dentro de España. En otros artículos que no veremos aquí la Constitución establece cuáles son los límites de la autonomía de estas comunidades (ejército, política exterior, aduanas etc.)

TÍTULO PRELIMINAR

[…] Artículo 2. La Constitución se fundamenta en la indisoluble unidad de la Nación española, patria común e indivisible de todos los españoles, y reconoce y garantiza el derecho a la autonomía de las nacionalidades y regiones que la integran y la solidaridad entre todas ellas.

Artículo 3. 1. El castellano es la lengua española oficial del Estado. Todos los españoles tienen el deber de conocerla y el derecho a usarla.

2. Las demás lenguas españolas serán también oficiales en las respectivas Comunidades Autónomas de acuerdo con sus Estatutos.

3. La riqueza de las distintas modalidades lingüísticas de España es un patrimonio cultural que será objeto de especial respeto y protección. […]

enseñas: *banner, insignia*

Artículo 4. 2. Los Estatutos podrán reconocer banderas y enseñas° propias de las Comunidades Autónomas. Estas se utilizarán junto a la bandera de España en sus edificios públicos y en sus actos oficiales.[…]

limítrofes: con fronteras o límite comunes

Artículo 143. 1. En el ejercicio del derecho a la autonomía reconocido en el artículo 2 de la Constitución, las provincias limítrofes° con características históricas, culturales y económicas comunes, los territorios insulares y las provincias con entidad regional histórica podrán acceder a su autogobierno y constituirse en Comunidades Autónomas con arreglo a lo previsto en este Título y en los respectivos Estatutos.

Primera lectura

1. Según el artículo 2, ¿la existencia de otras nacionalidades afecta a la indisolubilidad de la "patria española"? ¿Menciona el artículo cuáles son estas nacionalidades?

2. ¿Cuál es la lengua oficial de España? ¿Son las otras lenguas oficiales en todo el Estado, o sólo en su Comunidad? ¿Sabes cuáles son estas lenguas? ¿Cómo considera el Estado estas lenguas? ¿Qué banderas y enseñas deben aparecer en los edificios oficiales autonómicos?

3. ¿Cuáles son las tres condiciones para poder optar a ser comunidad autónoma?

Para conversar o escribir

1. Compara el régimen federal de EE.UU. con el autonómico de España. ¿Cuáles son algunas de las diferencias principales?

2. ¿La Constitución de 1978 es ambigua o específica en materia de autonomías y nacionalidades? ¿Cuáles son algunos problemas que puedes prever para el futuro?

3. Fíjate en el vocabulario peculiar del artículo 3.1 ¿Por qué crees que dice "castellano" y no "español", y "Estado", y no "nación"? ¿Por qué insiste en que todos los españoles deben "conocer" el castellano?

4. ¿Qué opinas de la restricción de las otras lenguas peninsulares a las comunidades en las que se hablan? ¿Crees que deberían ser oficiales en todo el Estado, o no? ¿Qué problemas se derivarían de esto? ¿Por qué crees que la Constitución habla de las otras lenguas peninsulares como "patrimonio cultural"? ¿Crees que puede ser una forma de conservar o disminuir su importancia política?

II. España como proyecto nacional

¿Cuáles han sido los resultados de este sistema constitucional de las autonomías? Vas a leer un artículo de periódico que recoge el análisis del estado de las autonomías de un Ministro de Defensa español, Eduardo Serra, en un discurso del 6 de enero del año 2000.

José Ortega y Gasset era un filósofo español de la primera mitad del siglo XX. Señaló la falta de articulación o unidad de España como nación, especialmente en su libro *España invertebrada*.

lacras seculares: problemas o defectos durante siglos

incardinación: integramiento

nos toca ahora: *it is now the time*

Serra [...] se remontó a los últimos 24 años para afirmar que durante el reinado de Don Juan Carlos "España no sólo ha sido capaz de encontrar un objetivo común que los clásicos llamaban proyecto nacional, sino que con ello se está poniendo fin a una de nuestras peores lacras seculares°, la que Ortega y Gasset denominaba *particularismo y acción directa*". Pese a ese éxito, el ministro de Defensa reconoció en su discurso que "todavía existen reticencias en algunos sectores para incorporarse a este proyecto nacional, pero esperamos que el incomparable—por abierto y generoso— marco constitucional anime definitivamente esta deseable incorporación".

El proyecto nacional, en palabras de Serra, no ha sido otro que la "definitiva incardinación°, no sólo geográfica e histórica, sino moral y espiritual de España en Europa". [...] "[H]an transcurrido 25 años convenciéndonos de nuestra europeidad; nos toca ahora°, paradójicamente, autoconvencernos de nuestra españolidad [...]."

convince ourselves

Primera lectura

1. ¿Durante qué período ha conseguido triunfar el proyecto nacional de España?

2. ¿Cuáles habían sido sus obstáculos en el pasado? ¿Siguen existiendo oponentes al proyecto nacional?

3. ¿Por qué confía el ministro en que todos los españoles se unirán en un futuro?

4. ¿En qué consiste, según Serra, este proyecto nacional? ¿Cuál es la segunda fase del proyecto que falta por completar?

Para conversar o escribir

1. ¿A qué problemas está haciendo referencia el ministro exactamente? ¿Crees que la mera existencia de la Constitución puede solucionarlos?

2. Explica la relación paradójica entre la conciencia de "europeidad" y la de "españolidad" de los españoles. ¿A qué crees que se debe esta situación? ¿Crees tú que es posible "españolizar" a las distintas nacionalidades que conviven en el estado español? ¿Ha tenido España una conciencia nacional común en algún momento de su historia?

III. Galicia

A. *La geografía gallega*

Observa el mapa de Galicia a continuación y luego contesta las preguntas a continuación.

1. ¿Cuáles son las principales ciudades gallegas? ¿Dónde están situadas? ¿Qué factor crees que influyó en la ubicación de las principales ciudades del interior, Lugo y Orense? ¿y en la concesión de la capitalidad a Santiago?

2. ¿Cómo es la configuración de la costa? ¿Cómo y por qué crees que influye esto en la concentración de la población? ¿Hay alguna barrera geográfica entre Galicia y Portugal?

B. *La tierra gallega y la emigración en la poesía de Rosalía de Castro*

En 1863 Rosalía de Castro escribió uno de los libros fundacionales de la literatura moderna en gallego, *Cantares Gallegos*. En este libro se incluye uno de los poemas más famosos de la autora, titulado "Adios ríos, adios fontes". En él describe nostálgicamente el campo gallego desde el punto de vista de un emigrante que está a punto de partir hacia América. En este poema se recogen algunas de las características tradicionales de la mentalidad gallega: una cultura campesina, con un gran amor e identificación con la tierra, de la que si se separa le invade la "**morriña**" o nostalgia enfermiza. En las estrofas del poema que vamos a leer también puede verse la protesta social contra un sistema injusto que obliga a los hombres a dejar su tierra y emigrar.

Adiós ríos, adiós, fontes,
adiós, regatos pequenos
adiós, vista dos meus ollos,
non sei cándo nos veremos.
[…]
Prados, ríos, arboredas,
pinares que move o vento,
paxariños piadores,
casiña do meu contento,

Mapa de Galicia.

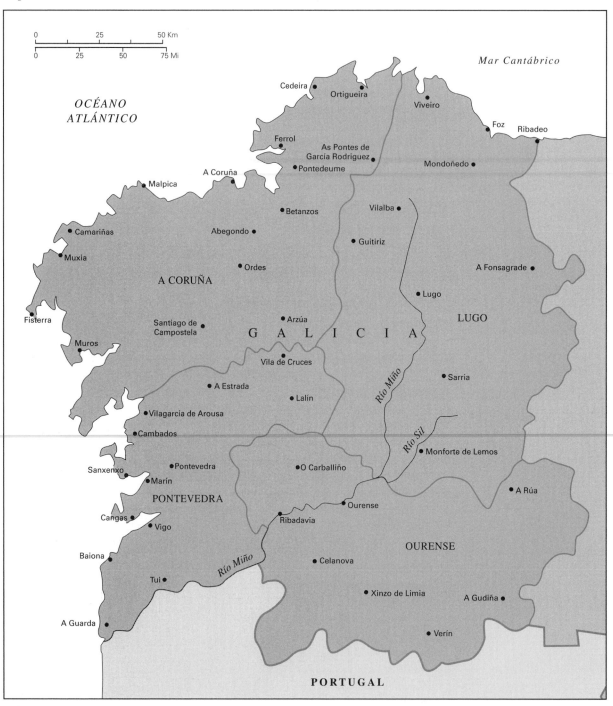

OCÉANO
ATLÁNTICO

Mar Cantábrico

Cedeira
Ortigueira
Viveiro
Foz
Ribadeo
Ferrol
As Pontes de
García Rodríguez
Mondoñedo
A Coruña
Pontedeume
Malpica
Betanzos
Vilalba
Abegondo
Camariñas
Guitiriz
Muxia
A Fonsagrade
Ordes
A CORUÑA
Lugo
Fisterra
Arzúa
LUGO
Santiago de
Campostela
G A L I C I A
Muros
Vila de Cruces
Sarria
Río Miño
A Estrada
Lalín
Río Sil
Vilagarcía de Arousa
Monforte de Lemos
Cambados
O Carballiño
Sanxenxo
Pontevedra
A Rúa
Marín
Ourense
PONTEVEDRA
Ribadavia
Cangas
Vigo
OURENSE
Baiona
Celanova
Río Miño
Tui
Xinzo de Limia
A Gudiña
A Guarda
Verín

PORTUGAL

[…]
Deixo amigos por extraños,
deixo a veiga polo mar,
deixo, en fin canto ben quero…
¡Quén pudera no o deixar…!

Mais son probe e, ¡mal pocado!,
a miña terra n'é miña,
qu'hastra lle dan de prestado
a beira por que camiña
ó que nacéu desdichado.
[…]
Non m'olvides, queridiña,
si morro de soidás…
Tantas légoas mar adentro…
¡Miña casiña!, ¡meu lar!

[Traducción al castellano: "Adiós ríos, adiós fuentes, / adiós arroyos° pequeños, / adiós vista de mis ojos, / no sé cuando nos veremos […] Prados, ríos, arboledas, / pinares que mueve el viento, / pajariños° piadores / casiña de mi contento […] Dejo amigos por extraños, / dejo la vega° por el mar, / dejo en fin todo lo que bien quiero / ¡quién pudiera no dejarlo! / Pero soy pobre y desgraciado / y mi tierra no es mía / porque hasta le dan prestada / la senda° por la que camina / al que nació desdichado […] no me olvides, queridiña, / si muero de soledades, / tantas leguas° mar adentro / ¡mi casiña! ¡mi hogar!"]   *irse de galicia b/c pobre, necesita salir, emigración*

arroyos: *streams*

pajariños: pájaros pequeños (el sufijo gallego "iño/a/s" es similar al castellano "ito/a/s", pero connota mayor dulzura y afecto)/ **vega:** valle fértil

senda: el camino

leguas: *leagues (sea measurement)*

Primera lectura

1. Sin ver la traducción, lee en voz alta el poema. ¿Puedes más o menos entenderlo? ¿Qué diferencias notas entre el castellano y el gallego?

2. ¿Con quién habla la voz poética? ¿Es hombre o mujer? ¿A qué elementos de la naturaleza invoca? ¿Qué tipo de paisaje describe?

3. ¿Por qué tiene que dejar su tierra y su casa el emigrante? ¿Adónde crees que se dirige "tantas leguas mar adentro"?

4. ¿El emigrante es pesimista u optimista sobre su futuro? ¿Cuál es su presentimiento?

Para conversar o escribir

1. Se ha dicho que el paisaje en el que uno vive influye mucho en la formación de la personalidad. ¿Cómo es el paisaje gallego y qué muestra este poema sobre la relación hombre/paisaje en Galicia? El paisaje en el que tú vives o en el que creciste, ¿influye/influyó mucho en tu carácter? ¿Qué aspectos de este paisaje te producen mayor nostalgia al recordarlo o cuando te vas lejos de él? Si tuvieras que irte a vivir a otro lugar, ¿estarías muy triste? ¿Desearías volver a tu lugar de origen? ¿Crees que es posible "morir de nostalgia"?

2. Escribe un poema (o un párrafo) siguiendo el modelo de Rosalía, enumerando las cosas que echarías de menos de tu tierra, y explica las razones por las que tendrías que irte.

3. ¿Por qué emigra el campesino de este poema? ¿Qué información nos da Rosalía de Castro en este poema sobre la injusticia social en la propiedad de la tierra gallega? ¿Por qué causas se suele emigrar? ¿Conoces a algún emigrante? ¿Por qué causas emigraron las personas que forman los EE.UU.?

4. ¿Por qué crees que Rosalía de Castro adopta una voz masculina en este poema?

C. *Tradición y modernidad en Galicia: el caso de Santiago de Compostela*

La Galicia idílica y campesina de Rosalía está sufriendo en la actualidad grandes transformaciones. Uno de los casos más emblemáticos de la nueva Galicia es el de Santiago de Compostela. Santiago, en el pasado una pequeña ciudad provinciana, dormida a la sombra de su gran catedral (donde se veneran los restos que la tradición identifica como del Apóstol Santiago), es hoy una ciudad increíblemente dinámica, que ha sabido capitalizar y a la vez preservar su rico patrimonio histórico y artístico hasta merecer ser Capital Cultural Europea en el año 2000. Religión, política y economía han unido sus fuerzas en los últimos años para patrocinar y promocionar un auténtico fenómeno de masas que ha dado a conocer Galicia al mundo: el Camino de Santiago, la red de vías de peregrinación medieval en torno al cual, en palabras de Goethe, "se formó Europa". Una combinación de razones, desde el milenarismo al turismo alternativo, ha hecho que millones de peregrinos de todo el mundo hayan llegado a Santiago a pie, a caballo o en bicicleta, especialmente durante los "años santos" de 1993 y 1999. Un "año santo" tiene

El milenarismo es el incremento de la espiritualidad producida por la llegada de un nuevo milenio y la creencia en el fin del mundo.

❖ *Mira esta foto. Es una imagen de un peregrino alemán mostrando su "credencial", con sellos de todos los lugares por los que ha pasado en su peregrinación de los Pirineos a Santiago (más de 700 kms). Detrás puede verse la señal de un "Refuxio de peregrinos" (*Pilgrims' Lodge*), creado por la Xunta, el gobierno de Galicia.*

lugar cuando el día del apóstol Santiago, el 25 de julio, coincide en domingo. En estos años, según un privilegio medieval dado por el Papa, los peregrinos que hagan el Camino a Santiago pueden recibir indulgencia plenaria (todos sus pecados son perdonados). Esto ha ocasionado abundantes beneficios para la industria hostelera, y, lo que es más importante, ha hecho que Europa vuelva a fijarse (y a invertir) en su olvidado "finisterre". En la Antigüedad clásica, Galicia se consideraba el fin del mundo conocido o "finis terrae"; el cabo más occidental de Galicia (y prolongación tradicional de la peregrinación a Santiago) conserva el nombre de "Finisterre", "fin de la tierra".

Primera lectura

1. En los sellos de la credencial del peregrino en la foto hay sellos de iglesias y de refugios, pero también de hoteles y bares. ¿Qué nos indican estos sellos sobre el carácter actual de la peregrinación? ¿A qué instituciones les beneficia o interesa el Camino de Santiago?

2. La figura detrás del hombre, en el cartel de la pared del refugio es "Pelegrín", la "mascota" creada por la Xunta para promocionar el Camino; a su lado puedes ver el "logo" del año santo, "Xacobeo 93". ¿A qué tipo de celebraciones te recuerda esto? ¿Crees que este tipo de publicidad es compatible con una peregrinación de origen religioso? ¿Qué nos indica esto sobre la evolución del Camino de Santiago?

D. *El nacionalismo gallego hoy*

El nacionalismo gallego está convirtiéndose en una presencia política cada vez más importante en la España de los años 90. En este texto, un grupo de intelectuales gallegos, el "Foro Luzes", reivindica la memoria de una figura mítica del galleguismo, Alfonso Daniel Rodríguez Castelao, y sugiere la vigencia de su proyecto de una España federal, que reúna idiosincrasias regionales y universalidad. Nota que en el texto Castelao usaba la "H" para diferenciar la "Hespaña" federal del futuro con la España fascista y centralista de su época (1947).

encarar: *to face*

[…] Galicia tiende a ser apartada de los debates sobre la reconfiguración de España —tal vez porque sus élites padezcan lo que en la Biblia se denomina "pobreza de espíritu"—, pero no debe olvidarse que hubo siempre una manera propia de encarar° la reivindicación y defensa de nuestros derechos políticos. Esa manera propia nadie la expresó mejor que Castelao en las páginas finales de su obra *Sempre en Galiza*: "pero nosotros somos gallegos, gente prudente y de buen sentido, liberal y pacifista", y hoy, a nosotros, para recordar que esto es así […] nos basta con transcribir los cuatro principios, de poderosa actualidad con los que se cerraba ese libro:

a) Autonomía integral de Galicia para federarse con los demás pueblos de Hespaña. b) República Federal Hespañola para confederarse con Portugal. c) Confederación Ibérica para ingresar en la Unión Europea. d) Estados Unidos de Europa para ingresar en la Unión Mundial. […]

Para conversar o escribir

1. ¿Por qué Galicia no es tenida en cuenta en el debate sobre la organización del Estado? ¿Cuál es su diferencia con los otros nacionalismos que estudiamos en este capítulo, el catalán y el vasco?

❖ *Dibujo de Castelao.*
Castelao era un gran
dibujante. Su obra gráfica
refleja la sicología y los
problemas del pueblo gallego,
muchas veces en clave irónica
o humorística. En este dibujo
el niño le pregunta a su madre
en gallego: "Ay, madre mía,
¿por qué el maestro no habla
como nosotros?" ¿Qué
problema social critica este
dibujo?

"Ai, miña nai, ¿porque o mestre non fala coma nos?"

2. ¿En quién se inspiran los autores de este manifiesto para su reivindicación de Galicia? ¿Cómo se llama su obra? ¿Cuáles eran los principales puntos de su proyecto político? ¿Por qué tiene "poderosa actualidad"?

3. Este texto fue publicado el mismo día y en el mismo periódico de ámbito nacional que la noticia sobre el discurso del ministro Serra que hemos visto en una actividad anterior. A la luz de este manifiesto, firmado por los principales representantes de la cultura gallega, ¿qué piensas de las declaraciones de Serra? ¿El proyecto nacional fundado por la Constitución de 1978 es aceptado por todos? ¿Cuál es la opinión de estos galleguistas al respecto?

IV. Cataluña

A. *Nacionalismo: el himno catalán*

Cada una de las nacionalidades históricas tiene, como lo garantiza la Constitución, su lengua, bandera, escudo e himno. El **himno catalán** se titula "**Els Segadors**" ("Los segadores"). Aunque fue creado a fines del siglo XIX (1899), se basa en la tradición oral sobre un episodio histórico más antiguo, el famoso "Corpus de sangre" de junio de 1640, en el que los catalanes, en especial los campesinos (segadores a sueldo) que se encontraban en la ciudad, se rebelaron contra la autoridad del rey y mataron a su virrey, estableciendo la independencia de Cataluña del poder central español por 12 años (ver el capítulo "El siglo XVII")—aunque esta independencia fue relativa, pues Cataluña fue entonces dominada por Francia.

ELS SEGADORS

Catalunya, triomfant,
tornarà a ser rica i plena!
Endarrera aquesta gent
tan ufana i tan superba!

Bon cop de falç!
Bon cop de falç, defensors de la terra!
Bon cop de falç!

Ara és hora, segadors!
Ara és hora d'estar alerta!
Per quan vingui un altre juny
esmolem ben bé les eines!
(estribillo°)

estribillo: *refrain*

Que tremoli l'enemic
en veient la nostra ensenya:
com fem caure espigues d'or,
quan convé seguem cadenes!
(estribillo)

segadores: *harvesters*
retroceda: *step back!*
ufana y soberbia: *arrogant and proud /*
hoz: *sickle*

afilaremos: *we will sharpen /*
herramientas: *tools /* **enseña:** *banner /*
espigas: *grains /* **cadenas:** *chains*

[Traducción al castellano: "Los segadores°: ¡Cataluña, triunfante, / volverá a ser rica y grande! / ¡Que retroceda° esta gente / tan ufana y soberbia°! / Estribillo: ¡Buen golpe de hoz°! / ¡Buen golpe de hoz, defensores de la tierra! / ¡Buen golpe de hoz! ¡Ya es hora, segadores! / ¡Ya es hora de estar alerta! / ¡Para cuando llegue el próximo junio afilaremos° bien las herramientas°! (Estribillo) ¡Que tiemble el enemigo / al ver nuestra enseña°: / como las espigas° de oro, / así caerán las cadenas°."]

Primera lectura

1. ¿Puedes reconocer algunas de las palabras o frases en el original catalán? ¿Son muy diferentes el catalán y el castellano? ¿Crees que un castellano-hablante podría adaptarse y aprender fácilmente el catalán, o no?

2. Recuerda la historia de Cataluña. ¿A qué se refiere el himno cuando dice que Cataluña volverá a ser rica y grande? ¿Por qué no lo era entonces—en 1640? ¿Cuál era su situación en el siglo XIX?

3. ¿Quiénes son las gentes arrogantes con las que se enfrentan los catalanes?

4. ¿Qué sector de la población está representando aquí a todos los catalanes? ¿Por qué crees que es esto?

5. El poema, ¿es una llamada a la violencia o a la construcción nacional?

6. La liberación de Cataluña se consigue en este poema mediante la matanza de sus enemigos a golpes de hoz. ¿Con qué imagen se compara este "romper las cadenas" de Cataluña? ¿Por qué crees que se usa esta imagen específica?

*Para conversar
o escribir*

1. Compara el himno catalán con el americano u otros himnos nacionales que conozcas. ¿A qué crees que se debe la violencia de este himno? ¿Es inevitable que el nacionalismo siempre vaya unido a la violencia?

2. ¿Son visibles en "Els Segadors" algunas características del nacionalismo catalán estudiadas en este capítulo, por ejemplo, su formación gracias a la riqueza campesina o la importancia del factor económico en su desarrollo? Señala ejemplos en el texto.

3. Analiza la importancia del mundo campesino y natural para la creación de identidades nacionales. (Piensa, por ejemplo, en el caso de canciones de los EE.UU. como "America the Beautiful".) ¿Por qué casi nunca se usan imágenes industriales o urbanas para invocar el nacionalismo?

4. Por lo que has estudiado, ¿crees que el catalanismo se caracteriza por la violencia o por la búsqueda de soluciones pacíficas? ¿Crees que las pequeñas nacionalidades, como Cataluña, tienen lugar en el mundo globalizado del presente? ¿Cuál crees que es la vía más adecuada para sobrevivir?

B. *Arte y nacionalismo: el modernismo catalán*

A finales del siglo XIX el catalanismo encuentra su mejor expresión artística en el llamado "modernismo". Observa esta imagen de una de las obras maestras del modernismo catalán. Es la "Casa Batlló" (1904–1905), en Barcelona, y su autor es el famoso arquitecto Antonio Gaudí, una de cuyas obras más célebres, el templo de la Sagrada Familia (todavía en construcción 100 años después de la muerte de Gaudí) se ha convertido en una de las imágenes emblemáticas de Barcelona.

En la Casa Batlló, Gaudí ejemplifica lo que el modernismo (o "modernisme" en catalán) significó para Cataluña: un movimiento artístico que celebraba la riqueza y el progreso de la burguesía industrial catalana, uniendo la modernidad y originalidad a una fuerte afirmación de la identidad catalana. Así, en esta fantástica fachada, de una originalidad sin precedente, Gaudí evoca el universo mediterráneo al que pertenece Cataluña, con su contraposición de brillantes azules y blancos, y formas onduladas y rocosas.

También se han interpretado las extrañas formas de la fachada como una referencia a uno de los más importantes símbolos catalanes: San Jordi (San Jorge), patrón de Cataluña, el santo caballero que mató un dragón por salvar a una princesa. El tejado escamoso sería el cuerpo del dragón, atravesado por la lanza del santo (la chimenea), y los balcones en forma de calavera, los restos de todos los caballeros muertos por el dragón.

Aunque su existencia es más mítica que real, San Jorge ha sido escogido como patrono favorito de ciudades y naciones (como Inglaterra o Barcelona) por su carácter de santo fuerte, heroico y militar.

*Para conversar
o escribir*

1. ¿Conoces algún tipo de obra arquitectónica comparable a la de Gaudí? ¿Crees que un tipo de arte como el de Gaudí sería posible en la sociedad estadounidense? ¿Quién lo financiaría? ¿Qué circunstancias crees que tuvieron que producirse para que el arte único de Gaudí fuera posible?

2. Dibuja o describe una obra de arquitectura, existente o imaginaria, que, en tu opinión, represente de algún modo la identidad o personalidad del estado en el que vives.

❖ *Casa Batlló, de Antonio Gaudí.*

C. *Resistencia cultural bajo el franquismo*

Aunque el franquismo trató de suprimir la cultura y lengua catalanas, esto no quiere decir que desapareciesen. Vamos a ver un ejemplo de la resistencia del catalanismo, un poema del libro *La pell de brau* (*La piel de toro*) de Salvador Espriu, escrito durante los años 60. Recuerda que desde la época romana se dice que la forma de España es similar a una piel de toro extendida. Por el título del libro sabemos que a Espriu le preocupa toda España, no sólo Cataluña. Si la "morriña" (melancolía o nostalgia) se ha visto tradicionalmente como característica de los gallegos, los catalanes se han definido por su "**seny**" o "sentido común". Este poema de Espriu ejemplifica este "seny"; es un llamamiento no a la revolución o la violencia sino a la convivencia pacífica, libre y tolerante de los diversos pueblos peninsulares.

A vegades és necessari i forçós
que un home mori per un poble,
però mai no ha de morir tot un poble

per un home sol:
recorda sempre això, Sepharad.
Fes que siguin segurs els ponts del diàleg
i mira de comprendre i estimar
les raons i les parles diverses dels teus fills.
Que la pluja caigui a poc a poc en els sembrats
i l'aire passi com una estesa mà
suau i molt benigna damunt els amples camps.
Que Sepharad visqui eternament
en l'ordre i en la pau, en el treball,
en la difícil i merescuda
llibertat.

[Traducción al castellano: A veces es necesario y forzoso / que un hombre muera por un pueblo, / Pero no ha de morir todo un pueblo / por un sólo hombre: / recuerda siempre esto, Sepharad. / Haz que sigan seguros los puentes del diálogo / y busca entender y amar / las diferentes lenguas y motivos de tus hijos. / Que la lluvia caiga poco a poco en los sembrados / y el aire pase como una mano / suave y benigna sobre los amplios campos. / Que Sefarad viva eternamente / en la paz y el orden, en el trabajo / en la difícil y merecida / libertad.]

Para conversar o escribir

1. "Sefarad" era el nombre que los judíos daban a España (por eso los que fueron expulsados en 1492 se llaman judíos sefarditas). ¿Por qué crees que lo usa Espriu en este poema? ¿Es comparable el deseo de los catalanes de tener una patria propia con la situación histórica de los judíos?

2. Otra vez vemos como se usan elementos de la naturaleza y agricultura en un poema de tipo cívico. Señálalos en el texto y compara su uso en "Els Segadors" y en este poema.

3. Espriu no busca sólo la libertad de Cataluña, sino la de todos los pueblos españoles (en especial los de lengua distinta a la castellana). Compara su actitud con la del himno "Els Segadors". ¿Qué acontecimientos de la historia de España crees que explican la actitud conciliatoria de Espriu? Explica este poema en el contexto de la posguerra española. ¿Crees que la Constitución de 1978 fue una respuesta adecuada a esta plegaria de Espriu?

V. País Vasco

A. *Fundación del nacionalismo vasco*

Sabino Arana publica tras su "conversión" al nacionalismo vasco (1882) una serie de textos en los que justifica y define éste. Para Arana, un auténtico vasco era aquel que tenía cuatro apellidos vascos (es decir, sus cuatro abuelos eran vascos puros), amaba su tierra y a Dios y vivía como cristiano. En este texto veremos la importancia de la religión en la definición del "ser vasco", según Arana.

a ¿Los nacionalistas catalanes, moderados o radicales, tienen en sus programas una solución a los problemas sociales, que son tan importantes en su tierra? Pensamos que no, porque no se han adherido a un tema religioso, y no hay solución sin Cristo. ¿Los nacionalistas vascos se han apegado a un tema religioso? Sí, y esto está claramente demostrado en su lema "Por Dios y las viejas leyes" [...] Proclamo el catolicismo para mi país porque sus tradiciones y su carácter político y civil son esencialmente católicos... Si mi pueblo lo rechaza, yo rechazaría mi raza. Sin Dios no queremos nada.

"etarra": miembro de E.T.A. (terrorista)

Compara ahora este texto con otro casi 100 años posterior. Se trata de la homilía de un sacerdote en el funeral religioso por el etarra Argala que tuvo lugar el 24 de diciembre de 1978.

euskaldunes: vascos

b Aquí en esta iglesia vacía no estamos solos. Nos acompañan miles y miles de euskaldunes° identificados con las ideas y sentimientos y con la lucha de José Miguel [Argala] [...] luchadores por una Euskal–Herria independiente, reunificada, socialista y euskaldún. [...] Incluso la lucha armada, con sus enormes contradicciones como toda obra humana, no es ajena a Dios y al Evangelio de Jesús. Jesús mismo vivió personalmente esta cuestión, El perteneció a un pueblo pequeño de una enorme conciencia nacional, pueblo de larga historia de nacionalismo, siempre a la defensa desesperada de su identidad nacional [...]

Primera lectura

1. ¿Por qué es diferente el nacionalismo vasco del catalán, según Arana? ¿Cuál es la solución del nacionalismo vasco para establecer la justicia social?

2. ¿Con qué se identifica absolutamente la raza vasca? ¿Por qué? ¿Da muchas justificaciones para esto?

3. Según el sacerdote, ¿por qué luchaba Argala y los miles de vascos que piensan como él? ¿Hay alguna divergencia de los planteamientos de Arana?

4. ¿Con qué otro pueblo y figura se compara al pueblo vasco y Argala?

Para conversar o escribir

1. Discute el lugar de la Iglesia Católica en el nacionalismo vasco a la luz de estos dos textos.

2. Compara el uso de la imagen de Sepharad en el poema de Espriu con la del pueblo judío en la homilía por el etarra. ¿Puedes deducir algunas diferencias entre el nacionalismo catalán y el vasco?

3. Analiza el uso de la religión en el nacionalismo estadounidense y compáralo con su papel en el vasco.

4. ¿Es justificable la violencia para alcanzar la independencia nacional? ¿La religión puede en algún momento justificar la violencia? Discute el caso vasco.

B. *Las llamadas a la paz*

Con la llegada de la democracia, el grupo terrorista ETA amplió sus objetivos mortales; ya no sólo mata a miembros del ejército o la Guardia Civil (en lo que veía como guerra contra las fuerzas del Estado español), sino que los **civiles** abundan entre sus víctimas. En julio de 1997 ETA secuestró a Miguel Ángel Blanco, un joven concejal del Partido Popular, miembro del ayuntamiento del pueblo vasco de Ermua. ETA amenazó con matarle en 48 horas si el gobierno español no trasladaba todos los presos vascos a Euskadi. En toda España hubo manifestaciones de indignación, pero de nada valieron: a los dos días los etarras asesinaron a Miguel Ángel. Millones de españoles salieron a la calle para protestar por la atrocidad, y más que nunca se pidió la paz para Euskadi. Uno de los resultados de este movimiento por la paz y contra el terrorismo es este manifiesto del llamado "**Foro Ermua**."

MANIFIESTO POR LA DEMOCRACIA EN EUSKADI

Los firmantes de este documento, conscientes de la grave situación política de nuestra Comunidad Autónoma, declaramos ante la opinión pública lo siguiente:

1. Desde el final de la dictadura franquista se ha organizado y extendido por Euskadi un movimiento fascista que pretende secuestrar la democracia y atenta contra nuestros derechos y libertades más esenciales. Este movimiento está dirigido por ETA, así como por Herri Batasuna° y otras organizaciones de su entorno, que utilizan la violencia para sembrar el miedo [...]

3. [...] nos oponemos firmemente a toda negociación política con ETA. Cualquier proyecto político debe validarse mediante el sufragio de los ciudadanos y debatirse en el parlamento, institución esencial de nuestra democracia [...]

5. [...] rechazamos toda estrategia procedente de cualquier instancia mediadora, política, sindical o eclesiástica. [Este manifiesto está destinado a] acabar de una vez en el País Vasco con la ambigüedad en este terreno, poniendo definitivamente término a toda forma de colaboracionismo entre demócratas y fascistas.

Herri Batasuna: partido político que representa los intereses de ETA, legalizado en 1986

Para conversar o escribir

1. ¿De qué signo político dice el manifiesto que es ETA? ¿Crees que estaría de acuerdo el sacerdote de la homilía sobre "Argala" en el ejercicio anterior? ¿Qué es lo que ha cambiado en España y la ETA para encontrar ahora una opinión tan diferente?

2. ¿Dónde, en opinión de los firmantes, deben decidirse los debates políticos? ¿Está legitimada ETA por los votos? ¿Crees que deberían convocarse elecciones en Euskadi para decidir su independencia?

3. ¿A quién crees que hacen referencia al hablar de "colaboracionismo"? ¿Crees que es posible la negociación política con el terrorismo? Compara el caso vasco con el irlandés.

C. *La cultura vasca bajo el franquismo*

Gabriel Aresti es uno de los poetas más destacados en lengua euskera. Aresti escribió la mayor parte de su produccion poética bajo el franquismo. Muchos de sus poemas hacen referencia a la resistencia de la cultura vasca frente a la opresión centralista de la dictadura. En este fragmento de un largo poema (*Maldan Bahera*, "Pendiente abajo"), la voz poética describe la imagen de un roble, de carácter casi religioso y patriarcal, cuya mera visión sirve para liberar de sus cadenas al protagonista del poema.

La figura del roble es crucial para la tradición vasca. Se trata de uno de los símbolos más antiguos del pueblo vasco, **el árbol de Guernika**, un roble milenario que, según la tradición, el mismo Dios plantó para celebrar su alianza con los vascos (un "pueblo elegido", como el judío). Bajo el roble de Guernika se celebraban en la Edad Media las Juntas que gobernaban Vizcaya, y bajo él juró Fernando el Católico respetar los fueros vascos. El bombardeo y la destrucción de la emblemática Guernika por los aviones nazis en la guerra civil fue inmortalizado por **Picasso** en el cuadro de este nombre. Hoy, con la vuelta de las libertades, el roble vuelve a florecer en la Casa de Juntas de Guernika (sede del gobierno autonómico vasco).

> Haritz bedeinkatua
> adoratu nuen.
> Nire belaunak
> lurrean jarri
> nituen.
> Ordu hartan
> nik eznenkien
> zerk iharrosi
> ninduen.
> Haritz bedeinkatua
> adoratu nuen.
>
> Arbola bakarreko
> harizti maitea:
> Egun oraindik
> eztutu bete
> urtea;
> indar haundiz
> apurtu duzu
> loto ninduen
> katea.
> Arbola bakarreko
> harizti maitea.
>
> Haritzaren adarrak
> mugitus biziro,
> aita nirea
> balitz bezala
> emaro,
> behar nuen
> bendizioa
> partitu zidan
> luzaro.

bendito: *blessed* / **hinojos:** rodillas
hundido: *sank*

robledal: *oak tree grove*
desbaratar: destruir / **cadenas:** *chains*

agitar: *to stir* / **ternura:** *tenderness*
bendición: *blessing*

[Traducción al castellano: Al roble bendito° / presté adoración / y de hinojos° / en tierra / quedé hundido.° / Ignoro del todo / qué extraño poder / llegó hasta mi fondo. / Presté adoración / al roble bendito.

Robledal° amado / de un solo árbol: / todavía hoy / aún no has cumplido / el año. / Con gran fuerza / has / desbaratado° / cuando más me ataban / las cadenas.° / Robledal amado / de un solo árbol.

El roble, agitando° / con fuerza sus ramas, / con ternura°, como / mi padre / me hablara, / me impartió, / solemne, / bendición° precisa / larga.]

Primera lectura

1. ¿Cómo es la relación entre el hombre y el árbol? ¿Qué efectos le produce su visión?

2. ¿Con quién se compara la forma de hablar del roble? ¿Qué hace el roble al final de estos versos?

Para conversar o escribir

1. ¿Hay alguna similitud entre el vasco y el castellano? ¿Puedes entender alguna de las palabras en el poema? Intenta leerlo en voz alta para captar el ritmo del poema y la fuerza del lenguaje. ¿Crees que sería fácil aprender vasco?

2. ¿Qué crees que significa la figura del roble? ¿Por qué tiene carácter sagrado, y por qué se relaciona con el padre? ¿Hay una tendencia a usar imágenes masculinas o femeninas como símbolos nacionales? ¿Por qué crees que es esto?

3. Compara las figuras de la naturaleza en los poemas de Rosalía de Castro, Espriu y Aresti. Recordando lo que has aprendido en este capítulo sobre las características de Galicia, Cataluña y el País Vasco, ¿pueden estos elementos naturales ser indicativos de las distintas personalidades nacionales o de la forma de entender o vivir la nacionalidad?

4. Resistencia cultural. Si tu propia cultura se viera amenazada por una fuerza política superior, ¿qué escogerías como símbolo de la resistencia de tu cultura a desaparecer? ¿Conoces otros casos de culturas nacionales o identidades colectivas en peligro? ¿Con qué tipo de símbolos tienden a identificarse?

❖ *Árbol de Guernika. Hoy en día hay otra vez un roble creciendo en la histórica Guernika, descendiente del que cantaba Aresti en su poema, y testimonio de la nueva libertad del País Vasco.*

D. *Una nueva imagen para Euskadi*

El gobierno vasco ha conseguido captar la atención internacional con la construcción del **Museo Guggenheim** en Bilbao (ciudad industrial y no especialmente turística). Con esto se busca una nueva imagen para la ciudad y la región, que trata de unir, como el nuevo arte de Galicia y Cataluña, la tradición local y la contemporaneidad de un País Vasco cosmopolita y abierto al mundo. Para ello el gobierno contrató a un reputado arquitecto extranjero, **Frank Gehry**, que supo establecer un inteligente diálogo entre el museo y su entorno físico y cultural. El edificio es una estructura metálica cuyas superficies pulidas evocan un barco cubista desintegrándose. Sus formas reflejan y son reflejadas en las aguas de la ría del Nervión, un área fuertemente industrializada con fundiciones de hierro y astilleros, hoy en decadencia al evolucionar la economía vasca hacia otros sectores. Sin embargo, tanto la nacionalidad extranjera del arquitecto como la exhibición de arte de vanguardia no vasco, ha provocado la reacción negativa del ultra-nacionalismo, que llegó a amenazar el museo con bombas (sin graves consecuencias).

Para conversar o escribir

1. Mira la foto del Museo Guggenheim. ¿Te gustaría visitarlo? ¿Por qué? ¿Crees que se adapta bien a su entorno?

2. Este museo fue probablemente muy costoso. ¿Qué te indica esto sobre los recursos económicos de Euskadi? ¿Es una comunidad rica o pobre? ¿Por qué crees que le interesa atraerse la atención mundial? ¿Crees que mereció la pena la inversión?

3. A la vista del caso de este museo, discute la importancia del arte y los símbolos en la formación de las identidades nacionales. Piensa en ejemplos de EE.UU. o de otros países, y de las otras nacionalidades españolas que hemos visto en este capítulo.

REPASO Y SÍNTESIS

1. ¿Cuándo y en qué documento se estableció el sistema de las autonomías en España? ¿Cuántas comunidades autónomas hay en España? ¿Cuáles de ellas son nacionalidades históricas? ¿Qué necesita una región para ser considerada nacionalidad histórica?

2. ¿Cuál es el estatus de las distintas lenguas peninsulares según la Constitución de 1978? ¿Qué porcentaje de la población habla gallego, catalán y vasco hoy en día? ¿Ha sido este un proceso natural de recuperación de estas lenguas o impulsado desde el poder?

3. ¿Cómo han influido el clima y el relieve en el desarrollo histórico y económico de las tres nacionalidades históricas?

4. Explica los precedentes del nacionalismo de la cultura gallega.

5. ¿Cuáles son algunos de los problemas más importantes de la Galicia contemporánea?

6. Analiza la situación del nacionalismo en Galicia hoy.

7. ¿Qué conflicto genera la política lingüística de la Generalitat catalana?

8. ¿El catalanismo histórico ha sido separatista? Explica.

9. Explica el papel de la burguesía catalana en la creación del nacionalismo y la cultura nacional catalana.

10. ¿Cuáles son las dos tendencias que es posible ver en la cultura catalana actual?

11. Explica el origen del nacionalismo en el País Vasco. ¿Cuáles han sido los factores diferenciales que lo determinaron? ¿Han cambiado a lo largo de la historia?

12. Explica el nacimiento de ETA. ¿Cuáles son los principales obstáculos para poner fin a la violencia hoy en día?

13. ¿Cuáles son hoy en día los desafíos y problemas a que se enfrenta el Estado de las Autonomías español? ¿Tiene España futuro como nación?

MÁS ALLÁ

1. Busca en Internet o periódicos recientes noticias sobre los conflictos nacionalistas en España, y relaciónalos con las causas históricas que estudiaste en este capítulo. ¿Cuáles han sido los últimos acontecimientos relacionados con el terrorismo de ETA?

2. Busca información sobre museos regionales en Cataluña, el País Vasco y Galicia, y analiza la relación entre arte y nacionalismo, tanto por la existencia o estructura del museo en sí como por las obras de arte que contiene.

3. Haz un estudio comparativo del conflicto en el País Vasco y en otros puntos del globo, como Irlanda, Palestina, la exYugoeslavia, Chechenia etc.

4. Las otras autonomías. Trabajando en grupos, buscad información para hacer una presentación en clase sobre las características naturales y culturales, los recursos económicos y las características y los problemas actuales de las otras autonomías españolas (cada grupo debe presentar una o dos autonomías). Un buen lugar donde encontrar información sobre las comunidades autónomas es en las páginas de Internet de sus respectivos gobiernos.

5. Escribe un ensayo pronosticando el futuro del Estado de las Autonomías en España, a la luz de lo que has estudiado en este capítulo y la información que has buscado en esta sección.

CAPÍTULO 10

LA ECONOMÍA DE LA ESPAÑA CONTEMPORÁNEA

ENTRE EL OPTIMISMO Y LA PREOCUPACIÓN

❖ LA ECONOMÍA ESPAÑOLA DE UN VISTAZO ❖

Datos generales
- ◆ **Composición sectorial del Producto Interior Bruto** (PIB es "Gross Domestic Product"):
  - • Agricultura: 3,4%
  - • Industria: 33,3%
  - • Servicios: 63,3%
- ◆ **PIB per cápita:** $16.500 (1998) (80% de la media europea, pero con el crecimiento más rápido en Europa)
- ◆ **Reparto sectorial de la población activa** (1997):
  - • Agricultura: 8%
  - • Industria: 28%
  - • Servicios: 64%
- ◆ **Tasa de desempleo:** 16% (1999) (la más alta de la Unión Europea)
- ◆ **Principales industrias:** textil, calzado y otros complementos, alimentaria, metal, química, naviera, coches, maquinaria, turismo.

- ◆ **Principales productos agropecuarios**: cereales, vegetales, aceitunas, uvas, remolacha azucarera, cítricos; vaca, cerdo, pollo, productos lácteos, pesca.
- ◆ **Exportación**: $111 billones en 1998, 70% a la UE; a EE.UU., 4,4%. Automóviles, maquinaria, productos alimenticios.
- ◆ **Importación**: $132 billones en 1998, 65% de la UE, 6% de EE.UU. Maquinaria, equipamiento de transporte, fuentes de energía, productos semimanufacturados, alimenticios y químicos.
- ◆ **Algunas de las empresas más importantes en la España actual:**
  - · **Empresas españolas**
    - · RENFE (Red Nacional de Ferrocarriles Españoles: trenes y autobuses), empresa estatal
    - · Iberia (líneas aéreas)
    - · Telefónica (telecomunicaciones)
    - · RTVE (Radio Televisión Española), empresa estatal
    - · Iberdrola, Fenosa, Repsol y Endesa (energía)
    - · Grupo Dragados (construcción)
    - · El Corte Inglés (cadena de grandes almacenes)
    - · Inditex (confección textil y cadena de tiendas de ropa: Zara, Massimo Dutti etc.)
    - · Grupo Eroski (cadena de supermercados y otros)
    - · Banco de Bilbao Vizcaya y Argentaria, Banco Santander Central Hispano (sector financiero)
  - · **Empresas de capital extranjero**
    - · Renault España, Opel España, Ford España, PSA Citroën-Peugeot, Nissan Motor Ibérica, Fiat Ibérica, Volkswagen (automóviles)
    - · Carrefour, Alcampo (hipermercados)
    - · BP Oil España (energía derivada del petróleo)
    - · IBM España (informática)
- ◆ **Principales problemas económicos en la actualidad**
  - · alto nivel de paro, economía sumergida.
  - · necesidad de mejorar la incorporación de la mujer al mercado laboral (el paro femenino es 10% mayor que el masculino).
  - · excesiva intervención del gobierno en el juego económico: problemas de corrupción.
  - · desequilibrio económico entre regiones.
  - · cuestionamiento de los sacrificios económicos—recortes de presupuesto, de salario y de plantilla—que permiten a España alcanzar el estándar necesario para unirse al club de la moneda única europea
  - · adaptar un sistema de educación obsoleto a las nuevas demandas del mercado.
  - · impactos del desarrollo de la economía en la forma de vida y el paisaje (deterioro de la calidad de vida: comida rápida, estrés, falta de relaciones sociales; y del medio ambiente: contaminación, deforestación, desertización).

❖ *Mapa económico de España.*

RENTA POR HABITANTE

Más de la media

Menos de la media

TRASPLANTES

✚ Hospitales con trasplantes (con el número de tipos de trasplante si hay más de dos)

UNIVERSIDADES

Universidad pública con más de 20,000 estudiantes

Universidad pública o privada con menos de 20,000 estudiantes

NOTA: Las universidades representadas se han localizado donde se encuentra el Pabellón de gobierno de la Universidad.

OCÉANO ATLÁNTICO

FRANCIA

ANDORRA

PORTUGAL

Trasplantes en Madrid
✚ Doce de Octubre (2)
✚ Fundación Jiménez Díaz
✚ Gregorio Marañón (3)
✚ La Paz (2)
✚ Puerta de Hierro (3)
✚ Ramón y Cajal

Universidades en Madrid
Autónoma
Complutense
Politécnica de Madrid
Uned
U.I. Menéndez Pelayo
Rey Juan Carlos
Antonio de Nebrija
S. Pablo (CEU)

✚ Juán Canalejo (2)
A Coruña
✚ Xeral de Galicia
Santiago de Compostela
Vigo
Oviedo
Santander
Valdecilla (2)
Cantabria
Deusto
✚ Hospital de Cruces
Bilbao
País Vasco
La Rioja
Pamplona
✚ Clínica Universitaria (2)
León
Burgos
Pública de Navarra
Navarra
Zaragoza
Lleida
Girona
Soria
Valladolid
Barcelona
Salamanca
Pública
Internacional SEK
Segovia
Bellvitge (2)
Rovili i Vírgili
Tarragona
Pontifica
Católica
Ávila
Madrid
Alfonso X el Sabio
Carlos III
Toledo
Jaume I
Castelló de la Plana
Cáceres
Extremadura
Estudi General
La Fe (3)
Valencia
Politécnica de Valencia
Badajoz
Extremadura
Ciudad Real
Castilla-La Mancha
Viergen de la Arrixaca ✚
Alicante
Murcia
Miguel Hérnandez
✚ Reina Sofía (3)
Córdoba
Jaén
Politécnica
Cartagena
✚ Viegen del Rocío (2)
Huelva
Sevilla
Granada
Almería
Pablo de Olavide
Málaga
Cádiz
Ceuta
Melilla

Clínic i Provincial
St. Creu i St. Pau
Vall d'Hebron (2)
Central
Autónoma
Politècnica de Catalunya

Menorca
Palma
Illes Balears
Mallorca
Ibiza
Islas Baleares

MAR MEDITERRÁNEO

0   100   200 Km
0   50   100   150 Mi

ÁFRICA

OCÉANO ATLÁNTICO
Islas Canarias
La Palma
Santa Cruz de Tenerife
N. Sra. de la Candelaria ✚
Gomera
Tenerife
Hierro
Gran Canaria
Las Palmas de Gran Canaria
Lanzarote
Fuerte-ventura
ÁFRICA

EL "MILAGRO ECONÓMICO ESPAÑOL"

Fíjate en los datos con los que se abre este capítulo. ¿No pensarías que la economía española es una economía plenamente moderna, con características y problemas propios de un país desarrollado? Observa que la mayor parte de la población trabaja en el sector servicios y que la industria y la agricultura están diversificadas. La economía española está bien integrada en la economía global (sobre todo en Europa, por su pertenencia a la Unión Europea desde 1986), y disfruta del crecimiento más rápido del Producto Interior Bruto en Europa. El principal problema económico a primera vista parece ser el alto nivel de desempleo (también conocido como el "paro").

Sin embargo, esto no ha sido siempre así, ni mucho menos. El **cambio en la situación económica española** ha sido tan **reciente y espectacular** que muchos hablan de un "milagro español". Veamos cuáles son las **fases** que han llevado de la extrema pobreza y aislamiento de la España de la posguerra hasta el "boom" económico actual.

1. **Hasta los años 60**: España es un país eminentemente agrícola y atrasado económicamente. **En los años sesenta** (recuerda que todavía está bajo la dictadura franquista) se produce una tímida apertura política y un gran esfuerzo por parte del Estado para modernizar la economía (**Planes de Desarrollo**). El **sector industrial** aumenta por encima de la tradicional agricultura y el campo empieza a despoblarse mientras crecen aceleradamente las **grandes ciudades** (Madrid, Barcelona, Bilbao). Miles de españoles **emigran** a Europa (Francia, Alemania, Suiza). El dinero que mandan a sus casas estos **emigrantes**, más los enormes beneficios que aporta el **turismo** (Europa "descubre" España como lugar de vacaciones) contribuyen a equilibrar la balanza de pagos y **modernizar sicológica y materialmente** la hasta entonces tan aislada España.

2. **1975 a 1982**: **Transición democrática**, que coincide con una **fuerte recesión económica a nivel mundial** (crisis por el precio del petróleo). Los políticos españoles, demasiado ocupados con el proceso de democratización política, no se preocuparon suficientemente de la economía. El **paro** crece enormemente. Un sector de la población experimenta el desencanto de una democracia que no trae los beneficios esperados. La mayor libertad y la recesión económica hacen que aumente la **inseguridad en la calle** (robos, drogas). Un sector minoritario del ejército cree poder apoyarse en este descontento de la población para dar un **golpe de estado** (el 23 de febrero de 1981), pero fracasa. El proceso democrático sale reforzado de esta experiencia.

3. **1982 a 1986**: Llegada al poder de **los socialistas** (PSOE). Sus objetivos: crear un **estado de bienestar**, reestructurar el sistema industrial del país, **rebajar la inflación y el desempleo para poder entrar en la Comunidad Europea**, lo que se consigue en **1986**. La "**reconversión industrial**" dirigida desde el Estado hace que la economía mejore, pero a costa de grandes sacrificios: se cierran o reducen las empresas e industrias públicas poco productivas (sobre todo el sector naval [*shipbuilding industry*], minero, siderúrgico y químico) y miles de trabajadores se quedan sin empleo.

4. **1986 a 1992**: Continúa el **auge económico** bajo los socialistas y aumentan las **medidas liberalizadoras** de la economía, pero el **desempleo** sigue muy alto y los casos de **corrupción política** se multiplican, por lo que el PSOE va perdiendo popu-

laridad. En 1991 se firma el **Tratado de Maastricht** para la total integración económica en Europa (creación de una **moneda única, el Euro**). El año **1992**, con las celebraciones faraónicas (y muy poco rentables) de la Exposición Universal de Sevilla y los Juegos Olímpicos de Barcelona, marca a la vez el clímax y el final de este período de expansión económica. (España entra en un **período de recesión a nivel europeo**, motivado en parte por la Guerra del Golfo.)

5. **1996 a la actualidad:** Tras el largo gobierno del PSOE, que acabó con una serie de escándalos financieros y políticos, un nuevo partido sube al poder en 1996, el **Partido Popular** (PP)—centro derecha—de orientación económica **neoliberal**. El gobierno adopta gran cantidad de medidas liberalizadoras que **amenazan** con terminar con la **pequeña empresa**, aunque al mismo tiempo las empresas estatales siguen teniendo un importante peso económico. Para poder cumplir los criterios de Maastricht que llevarán a la moneda única europea en el 2002, **el PP ha recortado** considerablemente el **gasto público** en infraestructura, medio ambiente y educación. Según la repetida frase del presidente Aznar, "**España va bien**": la economía parece prosperar y España, tras varios siglos de atraso, aislamiento y decadencia, se sitúa ahora en un papel de liderazgo junto a las grandes naciones europeas. Sin embargo, no es posible todavía predecir cuáles van a ser a largo plazo los resultados de su gran esfuerzo y la adaptación de su economía para lograr la integración en Europa, perdiendo quizás de vista otras prioridades, como eliminar el perenne fantasma del paro.

Consecuencias de la modernización económica

La modernización económica de España, sobre todo en los últimos quince años, ha sido tan rápida y fuerte que ha afectado profundamente la forma de vida de los españoles, no siempre de forma positiva. Uno de los factores que ha modificado más radicalmente el tejido social español es la **incorporación generalizada de la mujer al mercado del trabajo**, aunque todavía queda mucho por hacer en términos de su igualdad laboral con el hombre (el paro femenino es mayor que el masculino, y los altos puestos en las empresas están todavía mayoritariamente en manos de hombres). El acceso de la mujer al trabajo **no significa necesariamente una mejora de la calidad de vida femenina**. Aunque la mujer trabaje, el cuidado de la casa y la familia sigue siendo mayormente su responsabilidad (le dedica una media de 6 horas diarias), con lo que sus niveles de estrés se multiplican y su salud se resiente.

Recuerda que el franquismo prefería que la mujer fuera exclusivamente ama de casa.

❖ *Anuncio de la telefonía móvil Airtel. La tecnología de la información es uno de los sectores de la economía que está creciendo más en España, no sólo para el trabajo sino también para la vida diaria. ¿Qué tipo de información proporciona este teléfono móvil?*

La profesionalización de la mujer ha tenido una consecuencia drástica en términos demográficos. Se tiende a retrasar cada vez más el matrimonio y la creación de una familia, con lo que **la natalidad** ha bajado tanto que España tiene hoy en día la tasa de nacimientos **más baja del mundo**. El **envejecimiento de la población** es un gran problema para el futuro de la economía española, e incluso se plantea la **necesidad de importar mano de obra inmigrante** para poder tener suficiente población activa que mantenga a las futuras generaciones de jubilados.

A pesar de la tradicional importancia de la familia y las relaciones sociales, los cambios económicos y la creciente homogeneización globalizadora han hecho que la sociedad española (sobre todo en las grandes ciudades) comience a presentar cada vez más similaridades con los patrones de comportamiento y **problemas típicos de sociedades avanzadas**: desaparición de la pequeña empresa familiar ante la internacionalización de la economía (multinacionales), consumismo, materialismo, desarraigo, escapismo de los jóvenes a través de las drogas o la violencia, soledad de los viejos, y cambios en la dieta (más comida rápida) y forma de vida (sedentarismo) que originan problemas de salud y obesidad.

❖ *Anuncio de Sanitas, seguro de salud privado. Aunque en España hay un sistema de sanidad pública, también hay seguros privados que algunos prefieren por su atención más personalizada o especializada. Este anuncio de Sanitas está diseñado para las enfermedades y problemas típicos de los ejecutivos. ¿Cuáles son algunos de estos problemas? ¿Son también frecuentes en las empresas estadounidenses?*

AHORA, SANITAS CORPORATE EXTRA
UNA RAZÓN DE PESO PARA SU EMPRESA

Los **Nuevos Programas de Medicina Preventiva** permiten mejorar aún más la salud de sus empleados y de su empresa:

superar el estrés, dejar de fumar, educación dietética, cirugía de la vista, segundo diagnóstico, vacunación para viajeros, asesoramiento legal y psicológico, prevención de riesgos laborales. Y cualquier otro que desee para que sus empleados y su empresa disfruten siempre de la mejor salud.

Infórmese llamando al **901 212 212**
www.sanitas.es

SANITAS
CORPORATE
EN BUENA COMPAÑÍA

El gran énfasis que el Estado ha dado a la modernización del país desde los años 60 **no fue acompañado de una adecuada legislación protectora del medio ambiente o del patrimonio histórico** hasta fechas recientes (en que España ha debido adaptarse a estándares europeos). En consecuencia, el urbanismo de muchas ciudades (especialmente en las zonas turísticas de la costa) se degradó por la construcción acelerada y de mala calidad y la ecología sufrió el impacto de una industrialización salvaje que contaminó impunemente costas y ríos, sobre todo en la proximidad de áreas urbanas.

Este proceso ha comenzado a revertirse en los últimos años debido en parte al **cambio de actitud de la industria turística**, que empieza a orientarse más hacia un **turismo de calidad**, que aprecia la belleza natural y la riqueza histórica (y deja más dinero), que al habitual turismo de masas que sólo quiere sol, playa y precios baratos. Uno de los síntomas de esta nueva capitalización del patrimonio y la naturaleza es el "boom" del **turismo rural**. Esto consiste en la conversión de casas y edificios históricos del campo en pequeños y bellos hoteles que enfatizan la gastronomía tradicional y que atraen sobre todo a los sofisticados nuevos "*yuppies*" españoles, y atienden a la creciente demanda de **deportes de aventura** (senderismo, *rafting*, montañismo etc.) en paisajes idílicos.

La **inversión extranjera** ha sido desde el siglo XIX fundamental para el desarrollo de la economía española, pero también peligrosa, porque deja al país a merced de un capital extranjero que puede desaparecer rápidamente en caso de crisis. Si te fijas en la lista de empresas relevantes en la primera sección del capítulo, verás que la inversión extranjera sigue teniendo una gran presencia en la economía española. El Estado español todavía controla (aunque la privatización va en aumento) algunas empresas, y hay grandes cadenas nacionales de alimentación o ropa, pero otros **sectores**, como **el automovilístico o la informática**, están dominados por **empresas extranjeras**.

❖ *El "boom" turístico que empezó en los años 60 desarrolló la construcción masiva en poblaciones de la costa mediterránea española, como Torremolinos (Málaga). ¿Crees que el desarrollo urbanístico ha respetado la personalidad de este pueblo?*

En los últimos años se han **modernizado** algunas **industrias tradicionales españolas**, como la del **vino**. Destacan en especial por su alta calidad los vinos de la Rioja y de la Ribera del Duero, aunque cada vez hay más regiones vinícolas con una excelente oferta de calidad y precio.

Otras industrias incluyen los **productos cárnicos**, el **cuero** (con diseños de calzado y abrigos que compiten con los italianos), los **juguetes** (Alicante), la bisutería (**perlas** cultivadas de Mallorca) y los **cítricos y hortalizas**.

Con respecto a las hortalizas, es especialmente llamativo el caso de la "revolución del plástico" en Almería, donde la construcción de invernaderos ha convertido una región semidesértica en una gran proveedora de primicias de frutas y vegetales para Europa. A su vez, a medida que la economía ha progresado, **el capital español se ha expandido hacia el exterior**, siendo **Latinoamérica** su principal campo de operaciones, aunque también hay inversiones españolas en la Europa del Este y Oriente Medio.

Dos de los **desafíos para el futuro** de la economía española son solucionar el presente **desequilibrio regional** y poner al día el **sistema educativo** para adaptarse a la nueva economía.

Algunas de las principales cadenas hoteleras (como Sol Meliá) en zonas turísticas de Latinoamérica, como Cuba u otras áreas del Caribe, son empresas españolas.

❖ *Los zapatos y artículos de cuero españoles son en general de alta calidad. Camper es una de las empresas españolas de mayor éxito internacional, combinando calidad tradicional y diseño moderno. ¿Cuál crees que es el mensaje que quiere transmitir este anuncio?*

La imaginación puede cambiar el mundo. **CAMPER** Camina más. Imagina

❖ *Foto de invernaderos de El Ejido. La aplicación de nuevas tecnologías a la agricultura ha proporcionado grandes beneficios a zonas de España tradicionalmente atrasadas como el casi desértico sureste (Almería), donde los cultivos en invernaderos han multiplicado la producción. ¿Puedes explicar el nombre de "revolución de plástico" que se ha dado a este fenómeno?*

En comparación con los EE.UU., el costo de la universidad española es muy barato y los que no tienen medios para pagarla pueden solicitar becas.

Tradicionalmente las provincias del norte, Madrid, Barcelona y Levante (la parte este de la Península) son las zonas más ricas y desarrolladas de España; en las últimas décadas se ha producido un mayor desarrollo en la mitad noreste del país, más próxima a Europa. Todavía hay considerables bolsas de pobreza y atraso en las áreas más rurales de Galicia, Extremadura, Castilla y Andalucía. La **gestión económica des-centralizada** del sistema de autonomías establecido por la Constitución de 1978 ha sido un importante **estímulo para el crecimiento regional**. Así mismo la **Unión Europea** ha concedido **fondos** para ayudar al desarrollo de las regiones más atrasadas, pero al mismo tiempo la necesidad de **someterse a los nuevos criterios y cuotas de producción europeas** ha hecho mucho daño a algunos sectores de la economía regional, como el desmantelamiento de la industria naval o la reducción de la producción láctea en Galicia o de la de aceite de oliva en Andalucía.

En cuanto a la **educación**, el acceso generalizado de los jóvenes a la universidad ha provocado la extraña situación de una **población joven sumamente educada y preparada, pero sin trabajo**. En los últimos años se ha visto la tendencia a seleccionar **carreras más técnicas** (como la informática), que ofrecen más salidas a la hora de encontrar empleo, o a seguir "**masters**" (sobre todo en economía o negocios) o cursos de **idiomas** que faciliten el encuentro de empleo. Sin embargo, todavía queda mucho por hacer para poner al día la educación primaria y secundaria, un sistema estancado en el pasado y en el que **los estudiantes apenas tienen acceso a las nuevas tecnologías** que dominarán la economía del futuro.

TEXTOS Y CONTEXTOS

I. El descontento entre la población española ante la liberalización y globalización de la economía

Aunque los efectos generales de la política liberalizadora que se ha intensificado bajo el gobierno del PP son en apariencia positivos para la economía nacional, no dejan de escucharse voces que protestan contra lo que se percibe como una amenaza a la diversidad, la calidad de vida y la cultura tradicional española. Vamos a ver tres textos que

❖ *Sistemas tradicionales: el marisqueo manual en las costas de Galicia. Mientras algunas áreas de España han modernizado y mecanizado los tradicionales sistemas de producción, en otras, como en Galicia todavía se siguen conservando prácticas del pasado, como el recoger el marisco de las playas a mano.*

❖ *Anuncio de cursos técnicos en el Instituto de Empresa. La educación privada superior española busca atraer a los estudiantes ofreciendo cursos especializados que les forman en aspectos concretos para su trabajo futuro. ¿Qué tipo de cursos ofrece el Instituto de Empresa? ¿Qué influencias del mundo angloparlante puedes encontrar en este anuncio?*

CURSO ACADÉMICO 2000

INSTITUTO de EMPRESA

Sesión Informativa

Jueves, 2 de noviembre, a las 20.00 horas, en la sede del Instituto de Empresa,
c/ María de Molina, 13. Madrid.

Se explicará el régimen académico, requisitos de admisión, **financiación privilegiada** y salidas profesionales.
Programas dirigidos a **titulados superiores** con una duración de un **año académico**.

PROGRAMAS PARA POSTGRADUADOS:
a tiempo completo

MBA
MBA Internacional
MBA Comercio Exterior

Master en Asesoría Jurídica
Master en Asesoría Fiscal
Master en Auditoría

PROGRAMAS PARA PROFESIONALES:
a tiempo parcial, compatibles con la actividad profesional

MBA para Profesionales
Master en Dirección de Marketing
Master en Asesoría Fiscal para Profesionales

Se ruega confirmación en:
Dirección de Admisiones y Marketing. María de Molina, 11, 13 y 15. 28006 Madrid.
Tel.: 91 568 96 10.   Fax: 91 411 55 03.
E-mail: Admissions@ie.edu / http://www.ie.edu

reflejan este descontento o preocupación en tres ámbitos diferentes: A) la liberalización de los precios de los libros, que supone la desaparición de las pequeñas librerías, B) la excesiva concentración en el sector de la alimentación (cadenas de supermercados) que desplaza a las pequeñas tiendas tradicionales y C) la protesta de los sindicatos por la liberalización de los horarios comerciales.

Horarios comerciales: Tradicionalmente los comercios españoles cierran domingos y festivos todo el día y a las horas de comer—de 1:30 a 4:30, aproximadamente—los días normales.

A. *Escritores y académicos defienden en un volumen el precio fijo de los libros*
Temen la desaparición de las pequeñas librerías
[…]
En defensa del lector. Precio fijo del libro. ¿Por qué? recoge 21 artículos sobre el tema publicados en diarios como *ABC, El Mundo, La Razón, La Vanguardia* y *El País*. […] La mayor parte de los artículos muestran la preocupación que despertó la reciente liberalización de los descuentos de los libros de texto. […] Muñoz Molina opinaba en *El país semanal* en julio: "Es mentira que la libertad de precios abarate los libros: abarata, desde luego, unos cuantos títulos, los de venta masiva, y a los otros, los minoritarios, los que se venden más despacio, simplemente los hace desaparecer". Y Juan Manuel de Prada lamentaba la medida en *ABC*: "Esta medida abyecta sólo servirá para arruinar a unos cientos de miles de libreros incapaces de competir con esos hangares comerciales que venden libros como si fuesen condones o salchichas".

Primera lectura

1. ¿Cuál es el tema de la colección de artículos *En defensa del lector. Precio fijo del libro. ¿Por qué?* que se reseña en esta noticia? ¿Cuál fue la medida del gobierno que hizo que escritores y académicos empezaron a temer por el futuro de las pequeñas librerías y la diversidad en las publicaciones?

2. Explica con tus palabras las opiniones de Muñoz Molina y Juan Manuel de Prada sobre la libertad de precios para los libros.

ultramarinos: tiendas de alimentación

perfumerías y droguerías: tiendas de productos para la higiene y belleza personal y del hogar

B. *Los "super" de barrio desplazan a las pequeñas tiendas tradicionales*
Durante 1998 cerraron en toda España más de 8.000 ultramarinos°,
perfumerías y droguerías°.
El prestigioso anuario de distribución de Nielsen sobre el año 1998 ha confirmado la tendencia a la baja en el número de pequeños establecimientos tradicionales de alimentación, droguería y perfumería, a medida que aumenta el uso e implantación de los supermercado de proximidad de entre 400 y 2.500 metros cuadrados. Según los datos recogidos por este informe, en enero de este año había en España 70.171 tiendas de alimentación, casi 4.000 menos que doce meses antes y muy por debajo de las 88.430 que había en el 1993. […]

   Los responsables de la entidad [Nielsen] han advertido además a la significativa concentración que se está produciendo en el sector, donde las cinco primeras grandes cadenas controlan un 44% de las ventas. En total, la cuarta parte de las tiendas tienen el 87% del negocio en España. […]

Primera lectura

1. ¿Qué tipo de tienda está sustituyendo a las pequeñas tiendas tradicionales? Según el informe Nielsen, ¿cuántas de éstas han desaparecido en un sólo año?

❖ *Pequeña tienda de barrio y gran hipermercado. Las pequeñas tiendas familiares de barrio sufrieron primero la competencia de los grandes hipermercados (la mayoría de origen extranjero), y ahora la más dura de las cadenas de supermercados de barrio, que son más convenientes para el sistema de vida español (en general, se prefiere caminar para hacer la compra diaria). ¿Crees que las pequeñas tiendas van a extinguirse? ¿Dónde preferirías tú hacer la compra?*

2. ¿Qué es un "supermercado de barrio" o "de proximidad"? ¿Qué ventajas presentan frente a sus competidores, las pequeñas tiendas tradicionales o los grandes hipermercados en las afueras de la ciudad?

3. ¿Cuál es otra tendencia en este sector que señala el informe Nielsen?

C. *Llamamiento a una huelga general*

UGT: Unión General de Trabajadores

CCOO: Comisiones Obreras

USO: Unión Sindical Obrera

FETICO: Federación Española de Trabajadores Independientes del Comercio

R.D. 6/2000: Real Decreto de junio de 2000. Las leyes que establece el gobierno deben ser ratificadas por el rey, que es el Jefe del Estado, por eso se llaman "Real Decreto".

ocio: *leisure time*

descanso dominical: *Sunday rest*

arraigados: *rooted, long-established*

en detrimento: *harming*

desestiman: no les interesa

CIS: Centro de Investigaciones Sociológicas

a todos los ciudadanos • a los trabajadores de comercio

Los sindicatos UGT, CCOO, USO y FETICO hemos convocado para el martes, 10 de octubre, en toda España, Huelga General en el comercio, como señal de protesta contra la aprobación por el Gobierno del R.D. 6/2000, de liberalización de horarios comerciales. Huelga a la que se han adherido solidariamente numerosas asociaciones de empresarios, partidos políticos, sindicatos nacionales e internacionales, organizaciones sociales, instituciones religiosas, consumidores, ciudadanos, ...

A todos, gracias por compartir las inquietudes de los trabajadores del comercio y sus reivindicaciones en contra de una norma que:

• Destruye puestos de trabajo.
• Degrada la calidad del empleo.
• Desregula la jornada laboral
• Dificulta la conciliación entre el tiempo familiar y laboral
• Incide negativamente en las relaciones familiares y sociales de los trabajadores.
• Erosiona derechos irrenunciables como el ocio y el descanso dominical.
• Deteriora hábitos de vida y modelos sociales arraigados en la población.
• Lejos de favorecer la libre y leal competencia la restringe.
• Favorece exclusivamente a las empresas más poderosas en detrimento de las pequeñas y medianas.

Además:
• Comprar en domingo o festivo no enriquece el ocio de los ciudadanos sino el negocio de las grandes empresas de distribución comercial.
• Los consumidores desestiman la apertura dominical, según demuestra el barómetro del CIS (órgano oficial de reconocida solvencia).

En tales circunstancias, desde nuestra condición de trabajadores y ciudadanos,

HACEMOS UN LLAMAMIENTO A LOS CIUDADANOS
Para que el próximo 10 de octubre no compren en ningún comercio como muestra de solidaridad con los trabajadores del sector, pidiéndoles disculpas anticipadas por el perjuicio que nuestra legítima actuación pudiera causarles. Si no reaccionamos ahora, ¿quién garantiza que semejante agresión no se extienda a otros sectores?

HACEMOS UN LLAMAMIENTO A LOS TRABAJADORES
Para que defiendan responsable y conscientemente sus derechos, sus empleos; para que el martes, 10 de octubre, participen activamente en la huelga general del comercio.

10 de octubre   HUELGA GENERAL EN EL COMERCIO   UGT   CCOO   USO   FETICO

Primera lectura

1. ¿Qué organizaciones están llamando a ciudadanos y trabajadores a la huelga general el 10 de octubre? ¿Por qué? ¿Quiénes apoyan esta protesta?

2. Según los sindicatos, ¿cuáles son las desventajas de esta medida del gobierno para los comerciantes? ¿A quiénes beneficia? ¿Cuál es la opinión de los consumidores sobre la liberalización de horarios?

Para conversar
o escribir

1. Compara la evolución del comercio que está teniendo lugar en España con la situación que existe en EE.UU. ¿Crees que el sistema comercial español acabará siendo igual al estadounidense? ¿Qué ventajas y desventajas presenta el modelo americano? ¿Cuáles son algunos aspectos diferentes del tipo de comercio español que crees que no cambiarán?

2. Debate. En grupos de cuatro, dos personas van a defender ante el Parlamento (el resto de la clase) al pequeño comerciante (en contra de la libertad de precios y de horarios), y dos van a estar a favor de modernizar y estimular la economía estableciendo una competencia libre de precios y horarios. Escribid una lista de argumentos y ejemplos específicos antes de empezar el debate.

II. Internacionalización de la economía española

Como apuntamos en la introducción, muchas empresas tradicionales españolas han saltado a la escena internacional con gran éxito. Una de ellas es la industria del vino, que cada vez está consolidando mayor reputación internacional. Como ejemplo vamos a ver esta noticia de promoción de la firma Torres que apareció en el periódico *El País*. Es éste un curioso ejemplo del uso del nacionalismo como elemento de "marketing", pues la firma de vinos se autocongratula por su éxito internacional e incluye en su orgullo a todos los españoles, identificando prestigio comercial con prestigio nacional.

cata a ciegas: *blind wine tasting*

parcos: sobrio, poco expresivo

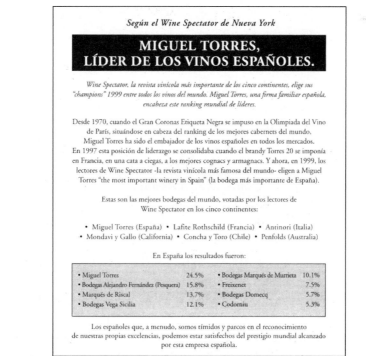

Según el Wine Spectator de Nueva York

MIGUEL TORRES, LÍDER DE LOS VINOS ESPAÑOLES.

Wine Spectator, la revista vinícola más importante de los cinco continentes, elige sus "champions" 1999 entre todos los vinos del mundo. Miguel Torres, una firma familiar española, encabeza este ranking mundial de líderes.

Desde 1970, cuando el Gran Coronas Etiqueta Negra se impuso en la Olimpiada del Vino de París, situándose en cabeza del ranking de los mejores cabernets del mundo, Miguel Torres ha sido el embajador de los vinos españoles en todos los mercados. En 1997 esta posición de liderazgo se consolidaba cuando el brandy Torres 20 se imponía en Francia, en una cata a ciegas, a los mejores cognacs y armagnacs. Y ahora, en 1999, los lectores de Wine Spectator -la revista vinícola más famosa del mundo- eligen a Miguel Torres "the most important winery in Spain" (la bodega más importante de España).

Estas son las mejores bodegas del mundo, votadas por los lectores de Wine Spectator en los cinco continentes:

• Miguel Torres (España) • Lafite Rothschild (Francia) • Antinori (Italia)
• Mondavi y Gallo (California) • Concha y Toro (Chile) • Penfolds (Australia)

En España los resultados fueron:

• Miguel Torres	24.5%	• Bodegas Marqués de Murrieta	10.1%
• Bodegas Alejandro Fernández (Pesquera)	15.8%	• Freixenet	7.5%
• Marqués de Riscal	13.7%	• Bodegas Domecq	5.7%
• Bodegas Vega Sicilia	12.1%	• Codorniu	5.3%

Los españoles que, a menudo, somos tímidos y parcos en el reconocimiento de nuestras propias excelencias, podemos estar satisfechos del prestigio mundial alcanzado por esta empresa española.

Primera lectura

1. ¿Qué revista ha seleccionado Miguel Torres como la bodega más importante de España?

2. Busca anglicismos y expresiones en inglés en este texto. ¿Qué nos indica esto sobre el supuesto "nacionalismo" de esta compañía y sobre el papel del inglés y del mercado estadounidense en la economía española?

3. Da una interpretación sicológica al párrafo final de este texto.

Para conversar o escribir

En parejas, escribid un anuncio o una nota de prensa sobre un producto típico de España (aceite, zapatos, naranjas etc.) u otro producto de vuestro estado o país en el que tenéis que mostrar la internacionalización de vuestro producto al mismo tiempo que el orgullo nacional. La clase debe votar por el anuncio más convincente y/o más creativo.

III. La indiferencia del español medio hacia el euro

El 1 de enero de 1999 entró en funcionamiento en 11 países de la Unión Europea la unidad monetaria euro, destinado a reemplazar las monedas nacionales (conviviendo con ellas hasta el 1 de enero del 2002) y crear una zona macroeconómica europea capaz de rivalizar con la economía estadounidense. Sin embargo, el euro es todavía para el ciudadano medio español algo difícil de concebir, cuando no un motivo de desconfianza. Esta división de mentalidades entre la micro y la macroeconomía la recoge este artículo periodístico que analiza la primera semana de vida del euro en enero de 1999.

> **Una alternativa al dólar como moneda referente internacional**
> Los últimos datos económicos en Estados Unidos y Europa demuestran que el euro puede reducir la hegemonía de la divisa norteamericana, pero que está muy lejos de reemplazarla.
> [...]

❖ *Un chiste. Este chiste presenta una situación irónica, la ignorancia de un ejecutivo típico hacia las técnicas de producción tradicional (en este caso de vino). Tiene una base real: las pequeñas empresas familiares están siendo absorbidas por grandes compañías que no tienen el mismo interés personal en la producción.*

ingente: gran

no nos engañemos: *let's not be misled*

apertura: *opening up* / *cuentas:* *accounts*

sorna: ironía

Respuesta ciudadana

Todo este ingente° esfuerzo ha pasado un poco inadvertido a los ojos del hombre de la calle, que, con frecuencia, aún no parece haber calibrado bien la inmediatez y transcendencia del cambio. "No nos engañemos°", afirman en uno de los grandes bancos españoles, "de momento, el euro es un tema de los mercados y aún no ha llegado a la opinión pública". [...] Por ejemplo, la apertura° de cuentas° en euros sigue siendo muy reducida. En el Banco Central Hispano señalan que pueden haberse abierto en lo que van de semana unas 1.000 cuentas, casi exclusivamente de empresas. "Los particulares no han mostrado interés por el tema". En otro banco señalan, no sin cierta sorna°, que en una determinada provincia "sólo se abrió una cuenta en euros, y el titular era un periodista que estaba haciendo un reportaje". Sigue predominando bastante desinterés y desinformación, pese al gran esfuerzo de difusión realizado por las instituciones, las entidades financieras y los medios de comunicación. [...]

Primera lectura

1. ¿Cuál es el objetivo de la creación del euro?

2. ¿Qué actitud tiene la opinión pública respecto al euro? ¿Cuántas cuentas se abrieron en un banco nacional como el Banco Central Hispano?

3. ¿Quiénes son los que tienen más interés en la nueva moneda?

Para conversar o escribir

En parejas, discutid sobre el futuro del euro: desde vuestro punto de vista, ¿es una buena idea? ¿Creéis que será beneficioso o no para la economía europea y española? ¿Qué efectos tendrá sobre la identidad nacional? ¿Qué opinarías tú del euro si fueras un gran empresario o banquero español? ¿y si fueras un pequeño comerciante o una ama de casa?

IV. Cambios en la economía española

Como comentamos en la introducción, la economía española ha sufrido una enorme transformación en el último cuarto de siglo. Vamos a ver aquí tres documentos relacionados con algunos de los principales agentes o aspectos de este cambio: A) la integración de la mujer en el mundo laboral, B) la reorganización territorial de la economía nacional en función de la nueva macroeconomía europea y C) la inclusión de España en una economía global dominada por el modelo americano.

A. *Ejecutivas españolas dirigen el 31% de las empresas, según el ministerio de Trabajo*
El 31% de las empresas españolas están dirigidas por mujeres, según los datos ofrecidos esta semana por el ministro de Trabajo y Asuntos Sociales, Juan Carlos Aparicio, quien señaló que los nuevos proyectos están encabezados por mujeres en un 40%. En la inauguración de la Segunda Conferencia Europea de Mujeres Empresarias, Aparicio señaló que estos datos permiten ser optimistas respecto a la consecución de la verdadera igualdad. Para el titular de Trabajo, hay que intentar que las mujeres sean protagonistas por sí mismas, pero ello es muy difícil si no cuentan, dijo, con el apoyo de las instituciones. Aparicio señaló que, aunque la tasa de desempleo es mayor entre las mujeres que entre los hombres, también los ritmos de creación de empleo femenino son superiores. Recordó que, de los más de dos millones de puestos creados en los últimos años, más de la mitad han sido a favor de mujeres.

Primera lectura

1. ¿Cuántas empresas son dirigidas por mujeres en España? ¿Qué porcentaje de nuevos proyectos económicos tienen a mujeres como líderes? ¿En qué contexto se emitieron estos datos?

2. ¿Puede hablarse hoy en día de una auténtica igualdad entre hombres y mujeres, o es una esperanza para el futuro? Según el ministro de Trabajo, ¿las mujeres necesitan o no el apoyo de las instituciones para conseguir esta igualdad?

3. ¿En qué aspecto importante sigue habiendo desigualdad entre los sexos? ¿Cómo ha cambiado esto en los últimos años?

Para conversar
o escribir

1. Trata de encontrar información sobre la situación laboral de la mujer en los EE.UU. y compárala con la de la mujer española según la información que se nos da en este artículo.

2. En grupos de cuatro, discutid sobre la necesidad o no que tiene la mujer de recibir apoyo institucional para conseguir la igualdad laboral con el hombre.

B. *La reorganización territorial de la economía nacional*

En este ensayo sobre la distribución de la riqueza en España, se compara la situación actual con la de principios y mediados del siglo XX. Según los autores, hacia los años 30 se había establecido un modelo de división de la riqueza entre una periferia rica y un interior pobre (con la excepción de Madrid). A medida que avanza el proceso industrializador a lo largo del siglo, la división correspondería a una diagonal que cruzaría España de noroeste a sureste, siendo la mitad noreste más rica que la suroeste. La tendencia en la actualidad es a una mayor concentración de la riqueza económica en el este del país (la zona mediterránea).

Muchos empresarios vascos son coaccionados por ETA a pagar el llamado "impuesto revolucionario". Esto más la creciente situación de inseguridad creada por la violencia terrorista dañaron la economía y la inversión en el País Vasco.

autopistas: *highways*

La crisis del petróleo [en los años 70] y el hundimiento del viejo modelo productivo; la integración con Europa [en 1986]; ciertas consecuencias del terrorismo de ETA; la construcción de una red de autopistas° que, por primera vez desde el Reglamento de Postas de 1720, creaba entre nosotros una red de comunicaciones y transportes que no era radial con centro en Madrid y, más adelante, el inicio de la red distribuidora de gas natural, fueron hechos que golpearon con fuerza a Asturias, Cantabria, Vizcaya y Guipúzcoa. La consecuencia fue un casi brutal desplazamiento de nuestra actividad económica hacia la parte española del llamado Arco Mediterráneo, el que, de Roma a Alicante, pasando por el sur de Francia, complementa cada vez más ese núcleo en forma de media luna de la actividad económica de Europa que se extiende de Londres a Milán, e incluye como grandes centros urbanos a París, la cuenca del Rhin-Ruhr, Munich y Zurich. [...] Los viejos planteamientos han desaparecido y no se percibe en estos momentos alteración esencial alguna que modifique hacia dónde, en lo geográfico, tiende la localización económica española: la costa del Mediterráneo, el valle del Ebro, Madrid, la cuenca del Duero constituida por Burgos, Palencia y Valladolid y, finalmente, la Comunidad Autónoma Vasca [por este orden].

Primera lectura

1. Según los autores, ¿cuáles fueron las causas de la pérdida de poder económico de la periferia norte española y del desplazamiento del centro de gravedad económico hacia el mediterráneo?

2. ¿Cuáles han sido dos importantes cambios en la infraestructura del transporte y la energía que han influido en este desplazamiento?

3. ¿Cómo se integra geográficamente España en el núcleo económico europeo?

4. ¿Cuáles son, hoy por hoy, las principales zonas de actividad económica en la Península? ¿Qué zonas están en desventaja?

Para conversar
o escribir

1. En un mapa de Europa, busca los lugares mencionados en el texto y traza la "media luna" geográfica del poder económico. ¿Qué áreas de España quedan incluidas en la zona de influencia europea?

2. Recordando información de capítulos anteriores, explica algunas de las referencias históricas en este texto: el modelo de Estado centralizado creado por los Borbones en el siglo XVIII (alusión al Reglamento de Postas de 1720), los inicios de la industrialización española en el siglo XIX, concentrada en Barcelona y País Vasco (Bilbao), el proceso de pluralización regional y reorganización territorial tras 1975, y el nacionalismo y terrorismo vascos. ¿Es importante conocer la historia de un país para poder entender su presente?

C. *La globalización de la economía española*

Este documento es un anuncio de oferta de trabajo aparecido en la prensa que muestra el extremado grado de americanización (incluso a nivel de idioma) que presentan las empresas españolas de tecnología punta (*high tech*) y el cambio de mentalidad que la nueva economía ha traído a la sociedad española.

Primera lectura

1. ¿Qué tipo de empresa es ésta? ¿Qué puestos están anunciando? ¿Cómo es el candidato ideal al que se dirige este anuncio?

2. Analiza la imagen de la mujer: ¿es masculina o femenina? ¿Qué tipo de valores crees que se están enfatizando con esta imagen? ¿A qué crees que hace referencia la cuerda de la que la chica está tirando?

3. Haz una lista de los términos y expresiones en inglés en este anuncio. ¿Conoces su equivalente en español? ¿Es realmente necesario el uso del inglés aquí? ¿Por qué crees que el inglés tiene tanto protagonismo? ¿Puedes dar ejemplos de retórica empresarial típicamente americana en el texto del anuncio?

Para conversar o escribir

1. Contesta a esta oferta de trabajo explicando por qué tú, un estudiante estadounidense, podrías funcionar bien en esta empresa española.

2. Busca más información sobre Telenium en la página de Internet que se cita en el anuncio, y basándote en este ejemplo escribe una breve descripción del nuevo tipo de empresa tecnológica que se está popularizando en España.

REPASO Y SÍNTESIS

1. Resume brevemente las distintas fases por las que ha pasado la economía española desde el comienzo del "*boom*" económico en los años 60.

2. Enumera algunas de las consecuencias sociales de la modernización económica en España, en relación a la mujer, las formas de vida, el medio ambiente y el patrimonio histórico, la redistribución geográfica de la riqueza en España, la aparición de nuevas industrias y modernización de industrias tradicionales, la relación de España con el mundo, y la educación.

3. Describe brevemente la situación actual de la economía española. ¿Cuál es la distribución por sectores, importaciones y exportaciones, tasa de desempleo, tipos de empresas etc.?

4. Analiza los efectos de la globalización de la economía en los valores tradicionales y la identidad nacional.

5. Explica los efectos (positivos y negativos) de la integración en Europa sobre la economía española.

MÁS ALLÁ

1. Haz una exploración en Internet de algunas de las empresas listadas al principio del capítulo y encuentra una en la que te gustaría trabajar o invertir dinero. Explica por qué.

2. Visita una tienda (real o virtual) con una buena selección de vinos, y trata de encontrar algunas de las marcas o denominaciones de origen español que se han mencionado en este capítulo. Según los resultados de tu búsqueda, ¿crees que hay una buena representación del vino español en EE.UU.? ¿Qué otros productos españoles pueden

encontrarse en este país? ¿Cómo podría mejorarse el marketing de estos productos?

3. Busca información (en Internet podrás encontrar mucha) sobre el turismo rural en España. Selecciona una casa para pasar unas vacaciones por una semana. ¿En qué zona te gustaría estar? ¿Qué productos típicos podrías comprar en esa región? ¿Cuál sería el presupuesto que necesitarías para tus vacaciones? (Incluye casa, comida y compras, no avión.) ¿Qué diferencias encuentras entre el precio de la vida y la calidad de vida en España y en EE.UU.?

❖ *Madrid, Plaza de las Cibeles. Compara esta imagen de caos urbano en una ciudad española contemporánea con la soledad y desolación de la foto de la España rural en la página siguiente.*

CAPÍTULO 11

LA SOCIEDAD ESPAÑOLA CONTEMPORÁNEA
EVOLUCIÓN Y TRADICIÓN

❖ **LA SOCIEDAD ESPAÑOLA CONTEMPORÁNEA DE UN VISTAZO** ❖

- ◆ **Población total**: 39 millones (cifra redondeada)
- ◆ **Distribución de la población**
  - Áreas rurales: 90% del territorio, 30% de la población
  - 52% de la población vive en 10 provincias
  - Comunidades con mayor densidad de población (por orden): Madrid, País Vasco, Canarias, Cataluña, Valencia, Baleares
- ◆ **Tasa de natalidad**: 1,07 hijos por mujer
- ◆ **Tasa de mortalidad infantil**: 1960 = 43/1000; 1997 = 9/1000
- ◆ **Esperanza de vida**: hombres = 74 años; mujeres = 82 años
- ◆ **Población mayor de 65 años**: 6,5 millones
- ◆ **Crecimiento de la población**: 1960–1970: 10,6%; 1981–1991: 3%

- ◆ **Cambios en la estructura de la población**
  - 1970: 0–14 años = 27,7%; +65 años = 9,6%
  - 1991: 0–14 años = 19,5%; +65 años = 13,8%
- ◆ **Número de matrimonios** (1998): 202.494
- ◆ **Número de divorcios** (1998): 92.762
- ◆ **Porcentaje de mujeres en la población activa** (que trabaja): 1960 = 20,1%; 1996 = 46,1%
- ◆ **Porcentaje de mujeres en el Parlamento**: 21,6%
- ◆ **Número oficial de inmigrantes en 1998**: 719.647
- ◆ **Religión**
  - 1970: Católico practicante = 53%; Católico no practicante = 9%
  - 1993: Católico practicante = 25%; Católico no practicante = 32%
- ◆ **Educación**: obligatoria hasta los 16 años
- ◆ **Sistema de sanidad**: público y universal para todos los ciudadanos

ASPECTOS DE LA SOCIEDAD ESPAÑOLA CONTEMPORÁNEA

Como ya vimos al hablar de los cambios en la economía en el capítulo "La economía de la España contemporánea", lógicamente la sociedad española también experimentó **cambios drásticos tras la muerte de Franco** y el establecimiento de la democracia. Uno de los cambios más espectaculares fue, como comentamos anteriormente, **la masiva incorporación de la mujer** a la educación universitaria y el mercado laboral. A su vez, esta

❖ *Un pueblo abandonado. Esta imagen ilustra elocuentemente el grado de decadencia y abandono de algunas áreas de la España rural.*

"silenciosa revolución femenina" ha traído grandes consecuencias para la forma de vida y la estructura de la población, como el hecho de que España tenga hoy en día la tasa de natalidad más baja del mundo, que la familia extendida ya no sea la norma, o que incluso la dieta haya cambiado. Otro cambio significativo ha sido la creciente **secularización de la sociedad** y pérdida de influencia de la Iglesia Católica. Paralelamente al alejamiento de la religión y el mayor nivel de vida **han aumentado el materialismo y el consumismo**, produciéndose un cierto vacío moral. Por otro lado, y sobre todo entre los jóvenes, es posible percibir en la sociedad española contemporánea una **mayor conciencia social**, de signo pacifista y ecologista, y una preocupación por la solidaridad internacional.

Pero aunque en general el nivel de vida haya crecido en estas últimas décadas, la sociedad española contemporánea está aquejada también de numerosos **problemas**; el más importante, que hemos analizado en el capítulo "El Estado de las Autonomías y las Nacionalidades Históricas", es el **terrorismo** de ETA, que amenaza la paz y la libertad de los ciudadanos, no sólo del País Vasco sino de toda España. También es preocupante (aunque sin llegar al nivel de otros países como EE.UU.) el aumento de la **violencia urbana**, provocada por el **desempleo, las drogas, la alienación de la vida moderna y la ruptura de las estructuras sociales y familiares**. La entrada masiva en el país de **inmigrantes** norteafricanos, subsaharianos y de Europa del Este ha dado lugar a violentos episodios de **racismo**, sobre todo en el sureste de España. Irónicamente, la inmigración parece ser la única solución previsible para ocupar los puestos de trabajo que quedarán vacíos en el futuro por el inexorable **envejecimiento de la población** española.

Por otro lado, pese a todos estos cambios, l**a sociedad española** sigue siendo una de las más **tradicionales** de Europa. Así, la **familia** sigue teniendo una enorme fuerza (la tasa de divorcios es la más baja de Europa), aunque el núcleo familiar tiende a ser cada vez más pequeño (la familia extendida ya no es la norma), y las constantes noticias de **mujeres maltratadas** y asesinadas por sus maridos son un escalofriante testimonio de la persistencia del **machismo**, la creencia prepotente en la superioridad masculina. Las relaciones sociales, las fiestas populares, y la vida en la calle han tenido siempre una gran importancia para la población española, y esto sigue siendo así en gran medida. Costumbres inveteradas como el paseo, las tertulias en el café, las grandes comidas con amigos o familia, o el gusto por la vida nocturna se mantienen con fuerza. España se ha ganado la reputación de ser **el país más divertido y hedonista** de Europa. Por otro lado preocupa el crecimiento del consumo de alcohol y las nuevas drogas de diseño entre los más jóvenes, y también el aumento del tabaquismo, sobre todo entre las mujeres, el sector de la población que vive con más estrés debido a su doble condición actual de profesionales y amas de casa tradicionales.

Pautas en la población

Tras un prolongado "*boom*" en la natalidad que duró hasta finales del franquismo (los anticonceptivos estaban prohibidos), tras la llegada de la democracia ha habido un descenso continuo del número de nacimientos, hasta el punto de que España ha pasado de ser uno de los países más jóvenes y con mayor índice de fertilidad de Europa a tener **la tasa de natalidad más baja del mundo**. Varios **factores** influyen en este abrupto descenso: la accesibilidad de **anticonceptivos**, mayor **educación sexual** y menor influencia de la Iglesia, el **aumento del nivel de vida** (los padres prefieren tener menos hijos para poder proporcionarles mejores medios materiales), y el **encarecimiento de la vivienda**, que hace que los jóvenes retrasen la edad de casarse al no poder permitirse pagar una casa y que se limite el número de hijos para adaptarse al escaso espacio disponible. Pero el factor que ha afectado más a la natalidad en España ha sido, como comentábamos en la introducción, la **entrada de la mujer española**, tradicionalmente madre y ama de casa en exclusiva, **a la educación superior y carreras profesionales**, lo que hace que se retrase la edad de casarse y se limite el número de hijos que puede criar.

Esta baja natalidad, unida a la alta esperanza de vida (la más alta de Europa, 82 para las mujeres y 74 para los hombres) hace que **la población española esté envejeciendo rápidamente**, con los problemas que esto supone para el futuro: falta de mano de obra y disminución de una población activa que mantenga el pago de las pensiones para los ancianos.

En cuanto a la **distribución geográfica de la población**, ha continuado durante la democracia la tendencia iniciada en los años de desarrollo de finales del franquismo (los 60) de **éxodo rural** (que a veces llega a extremos de abandono total de "pueblos fantasmas") y **crecimiento urbano**. Un fenómeno relativamente nuevo es la proliferación de **nuevas urbanizaciones** en torno a las grandes ciudades, especialmente a base de los llamados "chalets adosados" (*town houses*), que permiten a las nuevas clases medias acceso a viviendas un poco más espaciosas y a precios más razonables que los astronómicos que se deben pagar por vivir en el centro de la ciudad. A diferencia de los EE.UU., los centros urbanos en España son en general la zona más apetecida para vivir. La contrapartida de estas urbanizaciones: **alteran el paisaje** y el equilibrio ecológico de las zonas rurales en las que se construyen y sus habitantes deben trasladarse cada día a la ciudad para trabajar. Esto incrementa el crónico caos de tráfico y la contaminación del aire. **La vida en la urbanización también supone un cambio en las relaciones familiares y forma de vida del pasado**. Antes, la comida del mediodía era la más importante del día, cuando toda la familia se reunía. Ahora, al trabajar ambos padres a una distancia considerable del hogar familiar, no tienen tiempo para volver al mediodía. Muchos comen fuera de casa y los niños comen en el colegio. La familia se reúne por la noche, pero muchas veces no hay una cena común similar a la tradicional comida, sino que cada uno cena a una hora diferente, a menudo acompañado por la televisión. Aunque esto no es un fenómeno generalizado, sino limitado a las grandes urbes (Madrid, Barcelona), es posible prever cambios en esta dirección en el futuro de la sociedad española.

Mujer y familia

Como mencionamos en el capítulo anterior, la mujer española que accede al mundo profesional se ve obligada a convertirse en una especie de "supermujer". **La revolución femenina** de la que hablábamos en la introducción **no ha sido completa**, y algunos patrones del pasado todavía persisten. Así, el hombre suele colaborar mínimamente (si colabora) en el trabajo doméstico y el cuidado de los niños, con lo que la mujer debe combinar su trabajo a tiempo completo fuera de la casa con su trabajo como madre y ama de casa (en el que pasa una media de hasta 6 horas diarias). Esta "doble vida" de las españolas que han pasado a ser mujeres modernas sin dejar de ser mujeres tradicionales ha empezado a ocasionarles serios **problemas de salud** derivados de altos niveles de estrés. Así, el consumo de tabaco y de tranquilizantes ha crecido alarmantemente entre la población femenina en los últimos años. Otros problemas a los que se enfrenta la mujer contemporánea en España son el **acoso sexual** en el trabajo, la desigualdad salarial y una cada vez más denunciada violencia doméstica.

La ley de divorcio existe en España desde 1981.

Una de las razones por las que es difícil para la mujer escapar de una situación de violencia doméstica es la escasa funcionalidad del **sistema de divorcio** en España. Aunque la baja tasa de divorcios muchas veces se expone como evidencia de la tradicional unidad de la católica familia española, lo cierto es que en muchos casos la mujer opta por no divorciarse por los grandes gastos legales que ocasiona, la lentitud e ineficacia del sistema judicial español (una de las asignaturas pendientes de la España del futuro), y la frecuencia con la que el esposo no paga la pensión de divorcio sin que la ley haga nada para obligarle a ello.

En cuanto a la ley del **aborto**, su aprobación fue una de las más polémicas de los años de la democracia. En realidad el aborto no era infrecuente en España incluso bajo Franco, pero era un caso flagrante de discriminación social. Las familias ricas terminaban los embarazos indeseados en clínicas de Londres, y las pobres muchas veces debían recurrir a peligrosos abortos clandestinos. Finalmente **el aborto se legalizó en 1985** bajo el gobierno socialista aunque **únicamente en tres casos**: peligro para la madre, embarazo por violación y malformación del feto. Es hoy en día una de las leyes de aborto más restrictivas de Europa, y sigue habiendo bastante oposición moral entre la población; en realidad la mayoría de los abortos en España deben realizarse en **clínicas privadas,** pues los médicos del sistema público a menudo se niegan a practicar abortos alegando objeción de conciencia.

❖ *Comenta algunos de los datos en estas gráficas a la luz de la información en este capítulo. ¿Es el aborto muy frecuente en España? ¿En qué tipo de centro sanitario se realizan más abortos? ¿Cuál es el motivo de aborto más frecuente?*

Abortos realizados

(en miles)

Año	Abortos	Tasa por 1.000 mujeres
1991	41.910	4,79
1992	44.962	5,10
1993	45.503	5,15
1994	47.832	5,38
1995	49.367	5,53
1996	51.002	5,69
1997	49.578	5,52
1998	53.847	6,00

Tipo de Centro	porcentaje
Hospitalario	**9,97**
Público	2,33
Privado	7,65
Extrahospitalario	**90,03**
Público	0,31
Privado	89,72

Motivo de intervención	porcentaje
Salud materna	97,32
Riesgo fetal	2,27
Violación	0,03
Varios motivos	0,28
No consta	0,10

El futuro de España: los jóvenes

El problema principal al que se enfrenta la juventud española hoy en día es el **desempleo**. La facilidad de acceso y relativo bajo precio de la educación universitaria produce cada año miles de licenciados, sobre todo en las especialidades más populares, como derecho, medicina y empresariales, que tienen que competir por unos pocos puestos de trabajo. Como consecuencia de esto y de **los altos precios de la vivienda**, muchos jóvenes deben permanecer hasta que ya no son tan jóvenes en el domicilio de sus padres (de nuevo afectando esto a la tasa de matrimonios y natalidad).

licenciados: graduado de la universidad

El paro y las frustraciones que provoca se vinculan a uno de los más graves problemas entre los jóvenes: la **drogadicción**. España está en un cruce de caminos de drogas, que llegan de África y de Latinoamérica. Especialmente en las intrincadas costas de Galicia se han formado mafias de narcotraficantes que introducen drogas en el país. La marihuana o hachís, que llega del norte de África, es una de las "drogas blandas" más populares. Su consumo, como el de la cocaína y heroína, se multiplicó durante los años de la "movida" (los 80), facilitado además por su legalización (de su consumo, no la venta) por el gobierno socialista. La amenaza del SIDA y el aumento de la criminalidad y la prostitución motivada por las drogas hizo que se pusiera fin a esta libertad de consumo en 1992.

Comentábamos al principio que no todo era pesimismo en relación a los jóvenes españoles. De hecho, de ellos principalmente es de donde han surgido las iniciativas de **solidaridad y trabajo social** más importantes de estas décadas; así, gran cantidad de jóvenes colaboran con **ONGs** (Organizaciones No Gubernamentales) que trabajan por la **paz, la ecología o la ayuda a países en proceso de desarrollo**. Una de las plataformas ciudadanas que más protagonismo ha tenido en la vida pública en los últimos años es la "Plataforma por el 0,7%", que aspira a obtener del gobierno un 0,7 por ciento del presupuesto del Estado para ayudas al Tercer Mundo.

❖ *El humorista gráfico* ***Forges contrasta en este chiste*** *la imagen hedonista y trivial con que la publicidad representa a los jóvenes con la reacción indignada de los jóvenes al verla. ¿Crees que la publicidad en EE.UU. representa adecuadamente la realidad de los jóvenes?*

"Jilipuertas" es español coloquial y significa "estúpido". "¡Vaya futuro!" quiere decir *"What a future awaits us!"*

❖ *ACNUR. Es frecuente*
encontrar este tipo de anuncio
en la prensa española,
llamando a la solidaridad de
los ciudadanos hacia distintos
problemas sociales. ¿Qué es
ACNUR? ¿Qué quiere decir la
frase: "La línea que separa la
indiferencia de la solidaridad
es tan fina como la de este
cupón"?

Para 27 millones de refugiados,
esto es lo más parecido a un hogar.

Tuvieron que huir de su país para salvar la vida. Hasta que puedan volver a sus casas
sin peligro vivirán en campamentos de refugiados.
ACNUR protege y asiste a los refugiados, y lo hace, en gran medida, gracias al interés
de personas como tú.

Si quieres ayudar, infórmate.
Envía el cupón o llama:
Tel: (91) 369 06 70
Fax: (91) 369 10 69
ACNUR ayuda al refugiado,
ayúdanos tú.

ACNUR
ALTO COMISIONADO DE LAS
NACIONES UNIDAS PARA
LOS REFUGIADOS

Otro síntoma de la democracia de la nueva España (un país con tan larga tradición militarista) es el hecho de que sus jóvenes sean **mayoritariamente pacifistas**. El movimiento de **objetores de conciencia y de insumisos** contra la "mili", el servicio militar obligatorio, no paró de crecer hasta que el gobierno del PP lo cambió a servicio voluntario. La diferencia entre los dos grupos es que los objetores de conciencia, pacifistas, optan por realizar algún tipo de servicio social en lugar del militar, y los insumisos no quieren prestar ningún tipo de servicio (social o militar) para el Estado. **Desde el año 2003 el ejército es totalmente profesional**.

En el siniestro otro lado de la moneda están las **bandas violentas juveniles** de signo neo-nazi como los racistas "*skinheads*" (responsables de torturas y asesinatos de inmigrantes), los "ultra-sur" (vándalos fanáticos del fútbol similares a los "*hooligans*" británicos) o Jarrai (jóvenes asociados al grupo terrorista ETA que se dedican al vandalismo callejero en el País Vasco).

Sistemas sociales: ¿un estado de bienestar?

La democracia heredó del franquismo un complejo y muy poco funcional sistema de seguridad social, y sistemas de educación pública y de sanidad deficientes y en gran medida en manos de la Iglesia. Durante los años del **gobierno socialista** se trató de crear un "**estado del bienestar**" siguiendo el **modelo norte-europeo**, con acceso generalizado a una educación de tipo laico, asistencia médica universal y un sistema de pensiones y de subsidio de desempleo más racionalizado y equitativo. Sin embargo, la necesidad de poner la economía española al nivel de la europea para lograr la integración en la Unión Europea hizo que los socialistas tuvieran que recortar el gasto público, **no llegando a cumplir del todo sus planes** para crear un estado de bienestar.

El sistema médico es el que ha recibido en comparación más atención del Estado, y aunque no es perfecto (hay un cierto desequilibrio entre regiones y entre campo y ciudad, largas listas de espera y una crónica escasez de camas), lo cierto es que **los españoles gozan en general de muy buena salud**, quizás no tanto por la **inflación de médicos** (el mayor número per cápita de los países desarrollados) como por la **dieta y la forma de vida tradicional**. Sin embargo, la "dieta mediterránea" y las comidas tranquilas y en familia están empezando a ser sustituidas por comidas rápidas y procesadas. Las cadenas de "comida basura" estadounidenses inundan las ciudades y especialmente los niños y adolescentes están muy atraídos por este tipo de comida.

❖ *¿Cuál es la nueva imagen del ejército español que se quiere presentar en este anuncio?*

Este **cambio en la dieta**, más el aumento del consumo de tabaco y alcohol hace que incluso entre los jóvenes españoles haya cada vez más problemas cardiovasculares, de colesterol e incluso de obesidad. En el otro extremo están los **jóvenes profesionales urbanos**, que dedican un **culto al cuerpo** similar al de sus paralelos estadounidenses, lo que ha generado una explosión de gimnasios, de practicantes de "*jogging*" en los parques públicos, y de tiendas de "comida sana".

En cuanto a la **educación** (que es obligatoria hasta los 14 años), ha habido varios **intentos de reforma del sistema educativo**, primero con el PSOE (Partido Socialista Obrero Español) y luego con el PP (Partido Popular), que no solucionaron algunos problemas básicos como el **estigma social** que sigue teniendo la **educación pública** frente a la privada (lo que genera futuras discriminaciones), y en general el **carácter obsoleto de la educación**, orientada más hacia la memorización que hacia la creatividad, la investigación o las asignaturas de carácter práctico, con falta física de escuelas, y que

TEXTOS Y CONTEXTOS

I. Tradición y cambio

¿Es España todavía una sociedad tradicional o está en igualdad de condiciones con otras sociedades de países desarrollados? Lo que podemos afirmar de forma segura es que la sociedad española se encuentra ahora en medio de un profundo proceso de transformación. Vamos a ver cómo se refleja este debate en los cuatro textos a continuación. En el primero se afirma que dentro del contexto europeo, a nivel estadístico, España es todavía una sociedad tradicional, en la que predomina la vida familiar y el número de divorcios es escaso. En los dos siguientes se analiza un problema que singulariza a la "tradicional" sociedad española: la caída brutal de la natalidad; uno de ellos busca la causa en la falta de apoyo estatal a la familia, y el otro en cambios dentro del concepto de familia. El último artículo analiza el lugar de la Iglesia Católica en la sociedad española contemporánea (a la que durante siglos había condicionado tanto) y expone los cambios ideológicos que convierten a la Iglesia española en cada vez más irrelevante, pero que ésta, todavía viviendo en el pasado, parece no haber asumido.

A. *Comportamiento tradicional de la población según las estadísticas demográficas*

España es una de las sociedades más tradicionales de la Unión Europea (UE), según un informe sobre el "estilo de vida" de los europeos que publicó ayer la Oficina Estadística de la UE, Eurostat. Los españoles son, entre los europeos, los que menos viven solos, más se casan, menos viven en pareja de hecho° y tienen menos hijos fuera del matrimonio. España es el país en el que un mayor número de parejas es propietaria de su casa.

En España y Portugal, según Eurostat, el 4% de las personas viven solas. En el caso de los países nórdicos, la soledad alcanza al 24% de los suecos°, al 17% de los daneses° y al 15% de los finlandeses. [...]

El número de divorcios es muy inferior [a la media europea], ya que menos de la cuarta parte de los matrimonios terminan separándose, una cifra que contrasta con los datos en Bélgica o el Reino Unido, donde más de la mitad de las parejas casadas terminan divorciándose. [...]

España también es, junto con Grecia, el país de la UE donde reside un menor número de parejas no casadas [...].

España, Italia y Grecia son los Estados miembros donde se tienen menor número de hijos sin contraer matrimonio, en comparación con Suecia o en Dinamarca, donde prácticamente la mitad de las parejas tienen descendencia sin haberse casado [...].

pareja de hecho: *common law marriage*

suecos: de Suecia (*the Swedes*)
daneses: de Dinamarca (*the Danish*)

❖ *Primera lectura*

1. ¿Cuáles son los datos en los que se basa el informe para afirmar el tradicionalismo de la sociedad española?

2. ¿Son estos comportamientos de la población exclusivos de España o comunes a un área de Europa?

3. Compara la media de divorcios en España y en otros países europeos como Bélgica o el Reino Unido. Vuelve a leer la información en la introducción sobre el divorcio en España. ¿El relativamente bajo número de divorcios en España se debe sólo a la persistencia de formas de vida tradicionales o hay otros motivos?

B. La escasa ayuda estatal pone en peligro a la familia tradicional y la natalidad
"España destina siete veces menos recursos en ayudas a la familia que la media europea"

[…]

Hasta ahora, el criterio dominante en Europa era que las ayudas a las familias fueran de carácter universal; es decir, una cantidad igual por hijo, independientemente de la renta. En España sólo reciben subsidios por hijos las familias con menos recursos. […] [A]l no haber ayudas a la familia, las mujeres se han incorporado al mercado laboral, pero siguen siendo a su cargo las personas dependientes (hijos y ancianos). Esto provoca que las mujeres españolas trabajen más horas y por ello estén "más estresadas" que el resto de las europeas.

[…] Muchas mujeres trabajan en la economía sumergida y no pueden disfrutar de permisos de maternidad (sólo un tercio de las españolas puede acceder a esta prestación). Tampoco se ha desarrollado en España el trabajo a tiempo parcial con contrato estable, […] ni un sistema público de guarderías para niños de 0–3 años, con lo cual las madres que trabajan carecen de otra alternativa que las guarderías privadas.

raquitismo: pequeño tamaño

La falta de una política global y el raquitismo° de las ayudas a las familias hacen de España el país del mundo con menor tasa de fecundidad, con 1,07 hijos por mujer. […]

❖ *Primera lectura*

1. ¿Cómo se diferencia la política de ayuda familiar española de la europea?

2. ¿Por qué están las españolas más estresadas que el resto de las europeas?

3. ¿Qué otros factores laborales y sociales afectan a la posibilidad de la mujer de tener hijos?

4. ¿Cuál es, según este artículo, la principal causa del bajo nivel de fecundidad de las españolas?

C. La caída de la natalidad, una consecuencia de cambios internos dentro de la estructura familiar y la forma de criar a los hijos
"Exigencias° de una paternidad generosa"

exigencias: *the demands*

¿Qué es lo que distingue a España del resto del mundo para tener uno de los niveles más bajos de fecundidad del globo? Probablemente, el hecho de que España registre la mayor tasa de paro de la Unión Europea tiene una influencia determinante. Los españoles se casan cada vez más tarde. Según los últimos datos, los varones contraen matrimonio a los 30 años y las mujeres, a los 28. Consecuentemente, los hijos llegan también más tarde. Esto es así porque las parejas necesitan terminar sus estudios y encontrar un trabajo estable antes de organizar su vida fuera del núcleo paterno. […]

imprescindible: muy necesario

Para las nuevas familias [...] no sólo es importante que el varón halle un empleo; también es imprescindible° que lo encuentre ella. Y aquí el objetivo es más difícil todavía, ya que la tasa de paro femenino es del 22,87%. [...]

carecemos: no tenemos
hace falta: es necesario

"En España, las dificultades para criar a un hijo son extraordinarias," dice Celia Valiente, socióloga de la Universidad Carlos III. "Apenas hay ayudas estatales, y los hombres y las mujeres de hoy carecemos° de una cosa fundamental para criar a los hijos: tiempo. Creo que hace falta° analizar cómo la gente se plantea hoy la paternidad. Las expectativas son enormes. Las parejas buscan lo mejor para sus hijos, en unos términos más elevados que nunca. Quieren tener tiempo suficiente para criarlos, quieren que tengan su habitación propia, quieren darles la mejor educación.

encuestas: polls

Creo que deberíamos empezar a analizar en las encuestas° todo este tipo de cosas, porque el mayor nivel educativo ha disparado nuestras expectativas para los hijos de una forma inédita. La prueba es que las amas de casa tampoco tienen más de dos hijos, porque ha cambiado el concepto de la crianza de los niños".

❖ **Primera lectura**

1. ¿Cuáles son las causas de la baja natalidad según este artículo? Señala las que coinciden con el artículo anterior y los nuevos argumentos que hay en este texto.

2. Según Celia Valiente, ¿qué es algo que no tienen las familias hoy en día y es fundamental para criar a los hijos? ¿Cuál es el nuevo concepto de la crianza de los hijos? ¿Qué ha originado este cambio de mentalidad?

D. *El lugar de la Iglesia Católica en una España "desideologizada"*

La concepción que la Iglesia tiene de sí misma y de su lugar en la nación, frecuentemente parece ignorar los masivos cambios culturales y morales que están ocurriendo en el país en su camino hacia lo que podría denominarse hipermodernidad. Al mismo tiempo, en el país ha tenido lugar una "desideologización" extremadamente rápida, incluso vertiginosa, y una pérdida de participación política de los ciudadanos, a partir de 1982. El panorama ideológico español ha cambiado por completo: los anarquistas, liberales, comunistas y socialistas que competían en su día, han desaparecido. Las "alternativas" al orden social predominante provienen ahora de otros lugares [...]. La ecología, el feminismo, los derechos humanos, el movimiento antinuclear, una proliferación de grupos "nueva era°", y un afán° por formas no reguladas de religión, con frecuencia sincréticas y de naturaleza "blanda", atraen a sus propios seguidores [...]. Cierta acomodación por parte del catolicismo estas nuevas tendencias ha ocurrido ya, pero en conjunto, es limitada y poco entusiasta. [...]"

nueva era: New Age / afán: deseo

❖ **Primera lectura**

1. Según los autores, ¿es consciente la Iglesia de los cambios morales y culturales en el país o sigue pensando que tiene la misma influencia que en el pasado?

2. ¿Qué ha sucedido en el país desde 1982, fecha de las elecciones en las que por primera vez ganaron (por mayoría absoluta) los socialistas?

3. ¿Quiénes han sustituido a los anarquistas, socialistas etc., como alternativa al poder y la ideología dominante? ¿Cómo ha respondido el catolicismo a estas nuevas tendencias?

❖ *Para conversar*
o escribir

1. En casi todos estos artículos se sitúa a España en relación con un contexto más amplio (frecuentemente Europa). Busca ejemplos de esto en los textos y compara este hecho con el histórico aislacionismo de la Península en períodos que estudiamos en otros capítulos como la Contrarreforma o la dictadura franquista. Sin embargo, releyendo los textos, ¿se ve España totalmente incorporada al mundo desarrollado y la sociedad europea o todavía mantiene cierto estigma de "diferencia" del pasado?

2. Debate. Usando los dos artículos que tratan de explicar las causas de la bajísima natalidad en España, debatid cuál es para vosotros la razón más importante. En vuestra discusión, tened en cuenta cuestiones como: ¿Debe el Estado impulsar políticas natalistas? ¿Qué ha ganado y qué ha perdido la mujer al incorporarse al mercado de trabajo? ¿Es el nuevo concepto de crianza de los hijos en España similar al de los EE.UU., y si es así, por qué los dos países tienen diferentes tasas de natalidad?

3. Pensando en la importancia histórica que ha tenido la Iglesia Católica en la formación de la identidad española, discute su papel en determinar el aparente tradicionalismo de la sociedad española (texto A), y trata de explicar por qué está siendo sustituida por otros tipos de movimientos sociales y espirituales (texto D). ¿Crees que los cambios en la estructura social deben vincularse también a la pérdida de influencia del catolicismo o viceversa?

II. Inmigración y racismo

Casi un millón de inmigrantes ha entrado en España en los últimos años, muchos de ellos de forma ilegal y viviendo en condiciones muy precarias. Los diferentes gobiernos han elaborado Leyes de Extranjería, que establecen una serie de derechos elementales de los inmigrantes pero también tratan de limitar su entrada en España, estableciendo su expulsión en caso de entrada ilegal. Vamos a leer ahora tres artículos sobre tres grupos diferentes de inmigrantes: rumanos que se establecen en barrios de chabolas en las afueras de las ciudades, norteafricanos que son explotados como mano de obra barata en el campo, y un grupo étnico que ya lleva viviendo marginado por siglos en España, los gitanos. La imprevisión de las autoridades, el racismo latente en la población española que explota a los inmigrantes y la dificultad de integrar en la sociedad y al mismo tiempo preservar la identidad cultural de estos grupos son algunos de los problemas que veremos en estos textos.

barrios de chabolas: *shanty towns*

rumanos: Tras la caída del comunismo en la Europa del Este, sectores de la población rumana antes protegidos por el Estado han quedado totalmente desamparados y tienen que emigrar para sobrevivir.

madrileñas: de Madrid / **rumanas:** de Rumania

llevando a cuestas: *carrying on their backs*

A. *Falta de planificación ante la avalancha de inmigrantes*
"Las instituciones madrileñas° echan de un poblado a 100 familias rumanas°"
Las 100 familias rumanas que malvivían desde hace un año en el barrio madrileño de Malmea abandonaron ayer el campamento cuando llegaron, a las 7.00, los policías enviados por el Ayuntamiento y la Delegación del Gobierno "para efectuar tareas de limpieza y retirada de coches abandonados". [...]

Las familias salieron del lugar, unas en coches y otras a pie, llevando a cuestas° sus pertenencias. "Les han dicho que se diseminen en pequeños grupos y no sabemos

adónde han ido, quizás a Valencia o Vitoria donde hay otros campamentos similares de rumanos", explicaban los trabajadores sociales.

Uno de los responsables policiales de la operación explicó que se dio a estas familias la opción de marcharse voluntariamente en la dirección que quisieran. De lo contrario, en un futuro no muy lejano caería sobre ellos la Ley de Extranjería, lo que implicaría su expulsión a Rumania. [...]

El delegado del Gobierno en Madrid, Pedro Núñez Morgades, asegura que estas familias sabían que se tenían que marchar. "Nos pidieron que esperásemos a que los niños acabaran el curso escolar y así lo hemos hecho. Pero este campamento no podía seguir, era un lugar insalubre° y un foco creciente de tensión con el vecindario donde ya se habían recogido 2.500 firmas pidiendo su derribo".

La Ley de Extranjería garantiza el derecho a la asistencia médica y la educación de los niños de los inmigrantes.

insalubre: *unhealthy*

❖ *Primera lectura*

1. ¿Cuál es la explicación "oficial" para la expulsión de las familias rumanas de su campamento?

2. ¿Adónde van las familias expulsadas? Localiza en un mapa de España donde están Valencia y Vitoria, ¿están cerca de Madrid? ¿Reciben los rumanos alguna ayuda de las autoridades para poder trasladarse a su nuevo destino? ¿Hay algún plan preciso para ellos? ¿Cuál es la amenaza legal constante de estos inmigrantes en España? ¿Las autoridades parecen dispuestas a cumplir la ley o más bien tienen una actitud de indiferencia o imprevisión hacia el futuro de esta gente?

3. ¿Estaban escolarizados los niños rumanos? ¿Qué opinaban los vecinos del barrio sobre el campamento rumano? Analiza las contradicciones en este artículo entre humanitarismo y racismo, tolerancia e intransigencia.

El Ejido es un pueblo en Almería, en el sureste de España, zona antes casi desértica y hoy muy rica gracias a la llamada "revolución del plástico", la creación masiva de invernaderos para productos de huerta.

atenazados: *paralizados* / **desató:** *unleashed*
oleada: *wave*

magrebíes: *del Magreb, norte de África*

autóctonos: *habitantes de El Ejido*

baluarte: *stronghold*
requisitos: *requirements*

sinvergüenzas: *lowlifes, scoundrels*

B. *Explotación de los inmigrantes y racismo violento en El Ejido*
"No sé cómo estoy hablando aquí y no estoy muerto"

Los norteafricanos que residen en El Ejido [...] viven atenazados° por el pánico desde el sábado, cuando el asesinato de Encarnación López—cometido supuestamente por un marroquí que ha recibido tratamiento psiquiátrico—desató° la mayor oleada° de violencia xenófoba ocurrida en España. Desde entonces, muchos han huido de sus residencias para esconderse entre el intrincado laberinto de caminos rurales y entre los plásticos de los invernaderos. Tres magrebíes° permanecían ayer ingresados en el Hospital de Poniente como consecuencia de los disturbios. Uno de ellos presentaba síntomas de deshidratación, agotamiento y neumonía tras haber permanecido escondido entre invernaderos las últimas 48 horas. Desde que comenzaron los incidentes han sido atendidas 49 personas en los hospitales de Poniente y los centros de salud de Vícar y Roquetas por diversos traumatismos y heridas. De ellos, al menos 16 son magrebíes, 14 autóctonos° y nueve agentes de la policía. [...]

"El baluarte° antisinvergüenzas"

"Es imprescindible que se endurezcan los requisitos° para que personas sin documentación puedan entrar en España. Las actuales condiciones sólo van a conseguir que cada vez sea más fácil que lleguen más sinvergüenzas°", sentencia un hombre que

patrimonio: riqueza

lugareños: habitantes del pueblo

hortofrutícolas: cultivo de vegetales y frutas

vergel: jardín

desalojar y derribar: *evict and destroy*

habían colado: *had squatted in*

infraviviendas: viviendas sin condiciones adecuadas para vivir en ellas, sin agua, electricidad, baño etc.

ha adquirido un patrimonio° considerable gracias a la *explosión* económica, que a los lugareños° les gusta agradecer a partes iguales al inventor del plástico y a los brazos de los inmigrantes. […]

A pesar de contar con empresas familiares hortofrutícolas° o de transporte y de dirigir un pueblo que ha pasado de desierto a vergel° por una agricultura basada en la mano de obra barata (inmigrantes), Enciso se ha caracterizado por desalojar y derribar° por meras razones "sanitarias" las casas en las que se habían colado° los trabajadores inmigrantes sin domicilio […]. Según diversos estudios, más de 80% de los inmigrantes que trabajan en El Ejido habitan en infraviviendas°.

❖ *Primera lectura*

1. ¿Cuál fue la causa inmediata que desató la violencia xenófoba en El Ejido?

2. ¿Cómo es la situación de los norteafricanos desde que empezó la violencia? ¿Reciben algún tipo de protección?

3. ¿Cuántas víctimas ha generado por ahora la explosión de violencia?

4. ¿Qué opina el alcalde de El Ejido de los inmigrantes? ¿Qué quiere él que hagan las autoridades respecto a la inmigración?

5. ¿De dónde procede la riqueza del pueblo? ¿y la del alcalde? ¿Quiénes trabajan en los invernaderos que producen la riqueza? ¿Qué medidas ha tomado el alcalde contra las casas en las que viven los trabajadores? ¿Cómo son estas casas?

chabolistas: habitantes de chabolas, *shanty towns*

brotes: *bouts*

padecen: *suffer from*

C. *Gitanos chabolistas*°

Son la mayor minoría de España. Más de 500.000 gitanos, casi la mitad en Andalucía, que sufren "con demasiada frecuencia" marginación, discriminación y brotes° de racismo […]. [L]os gitanos suponen el 95% de la población chabolista, tienen una menor esperanza de vida y más problemas de salud que el resto de la población. También padecen° grandes dificultades para encontrar trabajos regulares, en parte debido a su deficiente acceso a la educación (el 70% de los adultos carece de estudios). […] Ese grupo [el de chabolistas] ronda el 10% de la población gitana. […]

La población gitana integrada "no tiene mayores problemas", subraya Amparo Sánchez, de Médicos del Mundo. Es la población chabolista e itinerante—gitanos de Rumania o Portugal o aquellos que trabajan como temporeros—la que presenta un estado de salud "deplorable", comparable al de las poblaciones de los países en vías de desarrollo°, según Sánchez. […]

vías de desarrollo: *developing*

velado: *veiled*

realojamientos: *relocations*

El texto critica de modo velado° la forma en que se han llevado a cabo muchos realojamientos° de esta población marginada. La concentración de viviendas sociales en determinados barrios, dice, impide "una auténtica integración". Eso, sin contar que muchas de estas viviendas son de baja calidad […].

El informe, de 53 páginas, sólo apunta algunas sugerencias genéricas, como "impulsar el acceso a una vivienda digna", reforzar los programas de apoyo y seguimiento escolar o adoptar "medidas contundentes°" para luchar contra el racismo antigitano.

contundentes: *drastic*

romanó: idioma de los gitanos

Unión Romaní: asociación política gitana

"El romanó°, en peligro"

[E]l pueblo gitano también está cambiando. Unión Romaní° calcula que sólo en Andalucía 300 gitanos estudian una carrera universitaria. Algunos cambios no son, sin

❖ *Cada vez es más frecuente
ver familias de inmigrantes en
las calles de las ciudades
españolas.*

embargo, tan buenos como éste. Su propio idioma, el romanó, está en peligro, en
parte por la falta de políticas activas para preservarlo [...].

El [informe] recoge otro dato preocupante. El 60% de los niños gitanos faltan
regularmente a clase y muchos abandonan de forma prematura los estudios. [...]

Otro asunto pendiente en materia educativa es potenciar los contenidos relacionados con sus tradiciones. [...] El mayor reto° en este terreno es acabar con los estereotipos que identifican a los gitanos con la pobreza, las drogas o la delincuencia
[...].

reto: *challenge*

"Las asociaciones gitanas piden más dinero y un plan nacional de apoyo"

Desde 1988 existe un Programa de Desarrollo Gitano en el Ministerio de Trabajo y
Asuntos Sociales, pero según los consultados es "sólo un parche°", ya que carece de
autonomía y de un presupuesto significativo para hacer frente a los problemas de
más de 500.000 españoles.

parche: *band-aid, patch*

❖ *Primera lectura*

1. ¿Qué cantidad de gitanos viven hoy en España? ¿Qué porcentaje de gitanos viven en chabolas? ¿Quienes son los principales habitantes de chabolas en España? ¿Qué problemas sufre esta población? ¿Tiene los mismos problemas la población gitana integrada?

2. ¿Por qué critica el estudio del que habla el artículo la política de realojamiento de los gitanos? ¿Da el estudio algunas sugerencias precisas de cómo solucionar esta situación?

3. ¿Cómo está cambiando el pueblo gitano? ¿Qué problemas trae su proceso de integración en la sociedad?

4. ¿Están satisfechas las organizaciones gitanas con la política del gobierno? ¿Qué soluciones ven ellos para mejorar los planes insuficientes?

❖ *Para conversar
o escribir*

1. Compara la situación de los inmigrantes en España (como se describe en estos textos) con el tratamiento que reciben los inmigrantes hispanos en los EE.UU.

2. Debate: ¿Son racistas los españoles? Después de analizar la mezcla que hay en estos textos entre buenas intenciones y denuncia de injusticias por un lado, y evidencias de intolerancia o de explotación de estos sectores marginados por otro lado, discutid, en grupos de cuatro, si (sobre todo en comparación con la realidad estadounidense) puede hablarse de racismo en España o no.

III. El machismo y la homofobia

Desde la muerte de Franco, y especialmente durante los años 80, se vivió en la antes reprimida España un espectacular proceso de liberación sexual que se conoce como "los años del destape" (aquí destapar significa "quitarse la ropa"), en los que libertad política parecía igualarse a libertad sexual. Sin embargo, este proceso tuvo lugar más en la superficie que en la profundidad de la sociedad. Así, pese a los innegables avances sociales de la mujer española, uno de los aspectos más siniestros del todavía existente machismo es la violencia doméstica (texto A), que muchas veces termina en la muerte brutal de la mujer. Esta situación está saliendo cada vez más a la luz pública, pero no parece que el sistema legal o policial esté tomando suficientes medidas para evitarlo. También hay hoy en día una aparente tolerancia (al menos oficial) hacia la homosexualidad, pero todavía se encuentran casos de homofobia y discriminación que muestran que el proceso de liberación sexual/política no fue tan completo como se podría pensar.

A. *Violencia doméstica*
"Una mujer muere en Barcelona tras ser apaleada° por su marido"

apaleada: *beaten to death*

Fuentes policiales informaron ayer de que este nuevo crimen contra una mujer se inició, como la mayoría de estos casos, con una discusión entre la pareja, que derivó en una brutal paliza del marido a su pareja. [...]

La Coordinadora de Mujeres de Santa Coloma no ha tardado en denunciar este nuevo caso de violencia doméstica y ha convocado para el próximo lunes, 2 de octubre, una concentración silenciosa contra este crimen en la plaza del Ayuntamiento. Carmen Alonso, una de las integrantes de la coordinadora, afirmó ayer: "En Santa Coloma se

apuñaladas: *stabbed*

producen muchos maltratos a mujeres, muchos casos, que no salen a la luz pública, de mujeres que tienen que ser ingresadas después de ser golpeadas o, incluso, apuñaladas°". Alonso se lamenta también de que sólo se hable de las mujeres muertas y no se preste atención a las que viven con la amenaza constante de la muerte y del miedo.

"Más de la mitad de las denuncias por malos tratos no prosperan"

no acude al juicio: *don't go to court*

El 56% de las víctimas de malos tratos no acude al juicio°, retira la denuncia o perdona al agresor en ese acto, lo que dificulta la condena en muchos casos. Detrás de este hecho se esconde, según un estudio del Consejo de la Mujer en Madrid, la falta de apoyo y protección que sienten estas mujeres en el proceso.

❖ *Primera lectura*

1. ¿Es este un caso singular de violencia o algo que tiene lugar regularmente?

2. ¿Cómo han reaccionado las mujeres del barrio (Santa Coloma) a este nuevo caso de violencia doméstica? ¿Cuál cree Carmen Alonso que es una de las causas de este problema?

3. ¿Por qué más de la mitad de las mujeres no denuncian a sus esposos o compañeros que las maltratan?

B. *Homosexuales: aceptación pública, rechazo privado*
"Antonio ya no es un 'peligro social'"

huérfano: *orphan*

Xirivella: nombre del pueblo
acudió: fue

Todo empezó por culpa de una monja. Antonio, entonces con 17 años, el mayor de cinco hermanos y huérfano° de padre, decidió el 4 de marzo de 1976 decirle a su madre que era homosexual. Para ella fue un disgusto, algo imposible de entender. ¡Qué dirían en el pueblo, todo Xirivella° señalaría a su hijo con el dedo! Sin pensarlo, acudió° aquella misma tarde a ver a una amiga monja en busca de ayuda. [La monja lo denunció a la policía.] A las seis de la madrugada del día 5, cuatro agentes de la policía secreta se personaron en su casa, sacaron a Antonio de la cama y lo llevaron a los calabozos° de la Comisaría° Central de Valencia.

calabozos: *underground cells, dungeons /*
Comisaría: *police station*

maricón: *faggot*
condena: *imprisonment*
Carta Magna: la Constitución española

Durante tres días, le sometieron a interrogatorios. [...] Al cuarto día, le llevaron ante el juez de peligrosidad social, quien le recriminó lo despreciable que era por ser "maricón°". Tras las reprobaciones de rigor, le anunció que sería trasladado a un "colegio" [la cárcel]. [...] Cumplió tres meses de condena° y volvió a Valencia. [...]

mariquita: maricón
delictiva pretérita: *his past condition as a delinquent*

En 1995, cuando la Carta Magna° ya era mayor de edad, una dotación policial le pidió la documentación en un control. Antonio no la llevaba encima y esperó a que los agentes comprobasen sus datos. El comentario entre los policías fue el principio del fin: "¡Ten cuidado con éste, es un mariquita°!" Bastó para evidenciar que la condición delictiva pretérita° por su opción sexual figuraba aún en alguna parte.

Antonio inició un proceso que acabó en un reconocimiento de su derecho a que se eliminara su expediente. [Antonio consiguió que se destruyera su expediente criminal, aunque las autoridades querían guardarlo como "documento histórico".]

❖ *Primera lectura*

1. ¿Cuántos años tenía Antonio cuando decidió contarle a su madre que era homosexual? ¿Cómo reaccionó su madre? ¿Quién fue la causante directa de su denuncia y encarcelamiento?

2. ¿Cuál fue el cargo contra Antonio? ¿Qué le dijo el juez que le condenó? ¿Cuál fue su condena? ¿En qué año pasaba esto?

3. ¿Qué pasó en 1995? ¿Cómo descubrió Antonio que su nombre todavía seguía archivado como "peligro social"? ¿Cuál fue el comentario de los policías cuando comprobaron esto?

4. ¿Qué ha conseguido finalmente Antonio después de tantos años? Según se deduce de esta historia, ¿son los homosexuales oficialmente considerados todavía criminales en España o no? ¿Pero cómo son considerados socialmente—piensa en el comentario de los policías que detienen a Antonio en 1995?

❖ *Para conversar o escribir*

1. ¿Es el abuso doméstico una situación universal? Compara el carácter de este problema en España y en los EE.UU. ¿Qué soluciones se te ocurren para poner fin a este problema?

2. Psicodrama. En grupos de 7, imaginad que sois los personajes de la historia de Antonio (Antonio, su madre, la monja, el juez, los dos policías y un/a entrevistador/a) y estáis invitados a un "talk show" en el que debéis hablar de vuestros puntos de vista sobre el caso. Escribid un guión para representarlo en la clase.

IV. Los jóvenes

Vamos a ver ahora tres textos relacionados con tres aspectos de la juventud española contemporánea: la dificultad para independizarse de sus familias, el problema de las drogas y el creciente consumismo entre los más jóvenes. En algunos casos parece que el comportamiento de los jóvenes sigue normas generalizadas en los países desarrollados, y en otros se producen situaciones únicas o exageradas en comparación con lo que pasa en otros países de similar nivel de vida. Cuando leas estos textos, trata de encontrar estos paralelos y diferencias y pensar en posibles explicaciones para las diferencias.

A. *La dependencia de los jóvenes del medio familiar*
"Tres de cada cuatro estudiantes de la Universidad viven en casa de sus padres"

La gran mayoría de los estudiantes de la Universidad de Vigo no han logrado independizarse y residen en el domicilio de sus padres, mientras apenas un 25 por ciento se alojan en pisos° de alquiler, hoteles y residencias. [...] El alquiler es el sistema de alojamiento preferido por los universitarios que no tienen casa familiar en la ciudad. Así, el 19 por ciento elige esta opción, mientras un 3,6 por ciento opta por una residencia de estudiantes. [...] Los estudiantes que residen fuera del domicilio de sus padres son mayoritariamente procedentes de fuera de Vigo. [...]

Si la independencia de residencia es muy baja en la Universidad de Vigo, ésta va pareja a una completa dependencia económica de los alumnos de sus progenitores°. Así, el estudio revela que el 87,4 por ciento de los universitarios del campus de Vigo tiene una dependencia económica "total" de su familia. [...]

Aquellos que hacen pequeñas "chapuzas°" que les permiten pagarse algunos gastos suman en total poco más de un 10 por ciento del alumnado. [...]

Pese a la gran distancia existente entre el campus universitario y el centro de la ciudad, los alumnos de la Universidad de Vigo optan de forma mayoritaria por

pisos: apartamentos

progenitores: sus padres

chapuzas: *odd jobs*

comer en su propia casa y no utilizar los comedores de estudiantes. Así, un 63 por ciento de los universitarios decide comer habitualmente en casa. [...] Las razones atribuidas a este bajo uso de los comedores son económicas.

❖ *Primera lectura*

1. ¿Dónde está Vigo? Por lo que has leído sobre Galicia en el capítulo de las autonomías, ¿es una ciudad de gran tamaño? ¿De dónde vienen la mayoría de los estudiantes de su Universidad? En los EE.UU., ¿es normal ir a una universidad en tu propia ciudad o es más frecuente desplazarse a otro lugar?

2. ¿Dónde viven la mayoría de los estudiantes vigueses? Los que alquilan pisos o viven en residencias, ¿de dónde son?

3. ¿Tienen independencia económica los estudiantes? ¿Qué porcentaje gana algún dinero extra con pequeños trabajos? ¿Es suficiente para vivir?

4. ¿Dónde comen los estudiantes? ¿Por qué? ¿Dónde están sus casas, cerca o lejos de la universidad?

B. *Los jóvenes y las drogas*
"El 52% de los adolescentes toma droga cuando va a una discoteca"

leridanos: de Lleida (o Lérida), provincia de Cataluña, donde se hizo este estudio

La salud mental de los jóvenes leridanos° de entre 14 y 19 años es sumamente frágil debido al consumo de drogas y a la escasa capacidad de sufrimiento para superar las situaciones de confrontación. [...]

diseño: *designer drugs*

[E]l 52% de los adolescentes suele tomar drogas cuando va a alguna discoteca y un 15% lo hace con frecuencia. Las drogas consumidas habitualmente son hachís y marihuana en el 30% de los casos, cocaína en un 7%, de diseño° en un 6,1%, heroína en un 14% y otras sustancias en un 6%. El estudio también revela que el 69% de los adolescentes toma bebidas alcohólicas de forma esporádica o frecuente y que las chicas fuman más que los chicos, un 57% frente a un 47%.

franja de edad: *age group*

El autor [del estudio] se muestra sorprendido por la fragilidad que muestran los adolescentes de esta franja de edad° y la escasa capacidad de sufrimiento, lo cual les induce a evitar las situaciones que más cuesta superar. "Están acostumbrados a que todo se lo den hecho y a pensar que las cosas no cuestan", observa el psicoanalista Josep María Farreny.

❖ *Primera lectura*

1. ¿De qué edad son los jóvenes que ha estudiado el autor de este estudio? ¿Por qué es su salud mental frágil?

2. ¿Qué porcentaje de adolescentes en total toma drogas—alguna vez o con frecuencia—cuando va a una discoteca? ¿Cómo se explica esto según el tipo de droga consumida? ¿Cuál es la droga más popular? ¿Quién fuma tabaco más, las chicas o los chicos?

3. ¿Cuál es la explicación que da el autor de este estudio a la sicología de los adolescentes?

C. *Tecnología y consumismo: la movilmanía*
"'Bip, bip' en los pupitres°"

pupitre: *desks*

bip, bip: *sound of the cellular phone ringing /*
alborozo: alegría, diversión

Bip, bip°: desesperación para los profesores, alborozo° para los alumnos. Los teléfonos móviles han irrumpido con fuerza en las aulas de secundaria tras las fiestas de

❖ *Anuncio de teléfono móvil. Este tipo de anuncio es el que criticaba el chiste de Forges sobre los jóvenes en este capítulo. ¿Qué clase de mensaje sobre la juventud da este anuncio?*

supera con creces las previsiones: *growing at a rate much more than expected*

UGT: Unión General de Trabajadores / **etiqueta:** *label* / **pijos:** *preppies* / **bakala:** nombre de un grupo de jóvenes, tribu urbana **quinceañero:** de quince años

farda: *is cool*

Navidad, cuando se vendieron dos millones de aparatos. El problema es que no siempre permanecen apagados durante las clases. El envío de mensajes, incluso desde los pupitres, es la nueva moda de los adolescentes.

"Movilmanía"

La *movilmanía* supera con creces las previsiones°. Un estudio de la Fundación Airtel editado en 1999 estimaba que en el año 2000 habría en España cerca de [15 millones en total] de usuarios de telefonía móvil. [...]

[L]os adolescentes tienen en el móvil uno de su objetos más preciados. "Es un símbolo, casi un tótem", señala uno de los responsables de la Federación de Enseñanza de UGT°, Jesús Ramón Copa. Pero también puede suponer una etiqueta°. "Llevar teléfono es cosa de *pijos*° y de algún *bakala*°", sostiene Javier Martín Boix, de 15 años, que ni tiene ni quiere móvil. Otro quinceañero°, Ricardo, puntualiza: "A casi todos nos gusta. Lo que pasa es que los *pijos* lo llevan a la vista y los que no lo son lo llevan guardado". "Un móvil farda°", concluye Luna, también quinceañera.

❖ **Primera lectura**

1. ¿Cuál es la "nueva moda" entre los adolescentes españoles? ¿Es sólo un fenómeno adolescente o generalizado a toda la población?

2. ¿Qué problemas traen los móviles para la enseñanza? ¿Crees que hay problemas de disciplina en la educación secundaria española? ¿Es esto comparable a lo que pasa en EE.UU.?

3. ¿Por qué dice el artículo que el móvil "es un símbolo, casi un tótem"? ¿Cuáles son algunas "tribus" o grupos de jóvenes que se mencionan en el artículo en relación a su uso o no del móvil?

❖ **Para conversar o escribir**

1. Diferencias generacionales. Pensando en la historia reciente de España, piensa en las diferencias que la historia ha marcado entre los padres y los hijos de la generación actual. ¿Cómo ha sido la experiencia de la vida de una y otra generación? Relaciona el comentario del psicoanalista Ferrany ("Están acostumbrados [los jóvenes] a que todo se lo den hecho y a pensar que las cosas no cuestan") con el de la socióloga Celia Valiente ("Las parejas buscan lo mejor para sus hijos, en unos términos más elevados que nunca. Quieren tener tiempo suficiente para criarlos, quieren que tengan su habitación propia, quieren darles la mejor

educación"). Piensa en posibles paralelos con otros momentos históricos en EE.UU. en que las generaciones vivieron momentos muy diferentes, de sufrimiento y privaciones primero y de expansión económica e indulgencia luego.

2. Comparaciones históricas. Al estudiar la España del siglo XVII vimos como la jerarquía de la sociedad se basaba sobre todo en cuestiones intangibles como la sangre, la familia o el honor. Sin embargo, la riqueza también había empezado a ser un factor determinante en la posición social. (Recuerda el poema "Poderoso caballero es Don Dinero" de Quevedo.) Compara lo que estaba pasando en aquel período de la historia de España con el papel de la tecnología de la información/comunicación (el caso de los móviles) como estructuradora de las diferencias sociales hoy en día. ¿Se produce una situación similar en los EE.UU.? ¿Qué "farda" o proporciona prestigio social hoy en día?

V. La educación

La reforma de la educación pública en España ha sido uno de los proyectos más necesarios, debatidos, polémicos y hasta cierto punto fracasados de los últimos 25 años. Tanto el gobierno del PSOE (Partido Socialista Obrero Español) como el del PP (Partido Popular) iniciaron reformas que afectaban a la estructura de la educación, los años de enseñanza y el contenido de ésta. Los resultados no han sido totalmente satisfactorios por la insuficiente implementación (falta de presupuesto), el relativamente alto fracaso escolar, los conflictos con los gobiernos autónomos y las diferentes filosofías sobre prioridades en materias educativas. En la actualidad preocupa la llamada "crisis de las humanidades", que dentro de la tradición educativa española han sido siempre el objetivo principal de la enseñanza (privilegiándose sobre las materias técnicas o prácticas) y que hoy es necesario reconceptualizar dentro del nuevo marco del estado de las autonomías y las diferentes demandas del mercado de trabajo.

Los intelectuales frente a las humanidades

catedráticos: *tenured university professors*

Un grupo de catedráticos° y escritores pide que la reforma educativa tenga vocación plural.

Su tesis común es que la democratización del acceso a la universidad de los últimos 20 años ha supuesto una degradación de los contenidos y de la exigencia de los estudios superiores. […]

"Inmovilidad de los alumnos": Los estudiantes deben asistir a la universidad más cercana si quieren recibir ayuda del gobierno autónomo para estudiar.

Juan Pablo Fussi. Catedrático de Historia Contemporánea. Afirma que "el fracaso educativo español es extraordinario" […] El historiador atribuye la degradación de los estudios superiores a varios factores. Entre ellos, la generalización y el libre acceso a la universidad—"no se precisa mérito ni esfuerzo para acceder a ella"—la inmovilidad de los alumnos, favorecida por el sistema universitario autonómico; y la prueba de selectividad°, "que no es tal sino una mala redistribución de los estudiantes en torno a carreras que no han escogido". […] Para Fussi tiene difícil arreglo una "universidad de funcionarios° con una falta de flexibilidad absoluta para contratar profesores o fichar escritores y personalidades." […]

selectividad: un examen que deben de pasar todos los estudiantes de secundaria antes de entrar en la Universidad; según la puntuación que obtengan pueden escoger una u otra carrera

funcionarios: *bureaucrats.* Los profesores de enseñanza pública en España se consideran trabajadores del Estado o del gobierno autónomo, y deben competir en un examen público ("oposiciones") para ganar su puesto.

Juan Goytisolo. Escritor. Opina que […] "el objetivo es frenar el deterioro constante del castellano". Y añade que la reforma ha de compaginar° la enseñanza de la lengua española con la de otras lenguas peninsulares […] [R]ecalca° el temor de que

ha de compaginar: *we should combine*

recalca: insiste en

la tradicional visión centralista, "que excluye a la periferia de la historia de España", sea sustituida por una "cacofonía de banderas, himnos, lenguas y escudos", en lugar de "acoger e integrar toda la enorme riqueza cultural peninsular". Juan Goytisolo señala como puntos negros de la educación superior en España los […] bajos presupuestos y el exceso de control que ejercen las administraciones sobre la educación.

❖ *Primera lectura*

1. ¿Qué opina el grupo de intelectuales consultado sobre "la democratización del acceso a la universidad de los últimos 20 años"?

2. ¿Cuáles son según Fussi las causas del fracaso educativo español, en especial del universitario? ¿Qué preocupa sobre todo a Goytisolo? ¿Por qué cree que se ha pasado de un extremo a otro en la concepción y enseñanza de la historia en España?

❖ *Para conversar o escribir*

1. Describe las diferencias entre el sistema universitario español y el estadounidense que puedes deducir de los textos sobre los estudiantes de Vigo (texto A en parte IV) y el de las críticas de los intelectuales (parte V).

2. Recordando la información del capítulo anterior y pensando en algunos datos que nos dan estos textos, discute los aspectos positivos y negativos que ha tenido la integración en Europa y el establecimiento del sistema autonómico para la sociedad española.

REPASO Y SÍNTESIS

1. Haz una lista con los principales cambios, problemas y aspectos tradicionales que caracterizan a la sociedad española contemporánea.

2. Discute y describe la situación de estos grupos en la España actual: mujeres, homosexuales, jóvenes, inmigrantes y grupos étnicos.

3. ¿Cuáles son algunos de los problemas y características de los sistemas públicos en España (educación y sanidad)?

4. Describe la familia española actual tomando en cuenta la tradición, nuevas tendencias y causas de la baja natalidad.

5. Analiza el papel de la Iglesia Católica en la sociedad actual.

MÁS ALLÁ

1. Dividiendo la clase en tres grupos, investigad en la biblioteca o en Internet sobre el cine (sobre todo las películas de Almodóvar como *Qué he hecho yo para merecer esto* o *Mujeres al borde de un ataque de nervios*) y literatura de los últimos años que refleja las presiones bajo las que vive la mujer

española contemporánea y presentad los resultados a la clase. Si es posible, ver con toda la clase una de estas películas como base para un debate.

2. Prepara un informe sobre los gitanos: su historia, sus costumbres, su lengua, su situación histórica y actual en la sociedad española.

3. Busca un sitio de Internet en el que se ofrezcan "*penpals*" españoles de tu edad. Pregúntale a tu "amigo virtual" sobre algunas de las cuestiones que hemos visto en este capítulo: las drogas, la enseñanza, las "tribus urbanas", los teléfonos móviles etc.

4. Dentro de muy pocos años un gran porcentaje de la población española va a pertenecer a la llamada "tercera edad". En EE.UU. los ancianos pueden ser considerados como un "grupo marginado", al que se aparta de la sociedad y la familia poniéndolos en residencias geriátricas. ¿Qué pasa con este grupo en España? Busca información en Internet sobre residencias de ancianos y planes del Estado para la "tercera edad" que te ayuden a establecer algunas conclusiones sobre este tema.

5. Violencia juvenil, doméstica y racismo. Durante una semana busca noticias en periódicos españoles (la mayoría están en Internet) que se relacionen con alguno de estos tres tipos de violencia en España y presenta los resultados a la clase.

JOSE TOLEDO, EN EL MUSEO DEL PRADO
(Diseño: JAVIER LARRAINZAR)

❖ *La presentadora de televisión Jose Toledo hace de modelo en el Museo del Prado. Como signo de los tiempos, alta cultura, alta costura y cultura de masas se dan la mano en esta imagen publicada en la revista popular ¡Hola!*

CAPÍTULO 12

LA CULTURA CONTEMPORÁNEA

❖ LA CULTURA CONTEMPORÁNEA DE UN VISTAZO ❖

Los españoles y su consumo cultural

◆ Audiencia de medios de comunicación y porcentaje por sexos (de un total de 34.497.000 españoles mayores de 14 años):
  · Diarios: 12.144.000. Hombres 63,7%, Mujeres 36,3%
  · Revistas: 18.382.000. Hombres 45,4%, Mujeres 54,6%
  · Radio: 18.270.000. Hombres 53,9%, Mujeres 46,1%
  · Televisión: 30.846.000. Hombres, 48,6%, Mujeres 51,4%
  · Cine: 3.506.000. Hombres 49,8%, Mujeres 50,2%
  · Vídeo: 1.694.000. Hombres 50,6%, Mujeres 49,4%
  · Internet: 2.429.000. Hombres 68,4%, Mujeres 31,6%
◆ Frecuencia de consumo (realiza estas actividades todos o casi todos los días):
  · Ver la televisión: 87%
  · Escuchar la radio (no música): 49%
  · Escuchar música: 42%
  · Leer periódicos: 32%
  · Leer libros: 17%
  · Leer revistas: 4%

◆ Los 10 periódicos más vendidos: *Marca* (deportes), *El País, El Mundo, El Periódico, ABC, La Vanguardia* (Cataluña), *El Correo Español, La Voz de Galicia, Mundo Deportivo.*

◆ Las cinco revistas semanales más vendidas: *Pronto, ¡Hola!, Lecturas, Semana, Diez Minutos* ("revistas del corazón").

◆ Emisoras de radio más escuchadas: SER (8.738.000 personas), Radio Nacional (2.867.000 personas).

◆ Tipo de programas de televisión con mayor audiencia: Deportes, Concursos, Informativos, Infoshow, Musicales, Ficción.

◆ Los 10 cantantes que vendieron más discos (1999): Alejandro Sanz (canción melódica nacional), Laura Pausini (canción melódica nacional), Rosana (canción melódica nacional), Ella Baila Sola (pop nacional), Manolo García (flamenco pop), The Corrs, Chayanne, La Oreja de Van Gogh (pop nacional), Ricky Martin.

◆ Cine, recaudación por películas extranjeras: 58.776 millones de ptas.

◆ Cine, recaudación por películas nacionales: 7.996 millones de ptas.

◆ Internet, dinero generado por su uso: Europa: $298 millones de ptas.; España: $4 millones de ptas.

◆ Total de estudiantes universitarios: 1.583.233

◆ Las cinco carreras superiores más estudiadas: Derecho, Ciencias Económicas y Empresariales, Filología, Psicología, Química.

Aspectos más importantes a tener en cuenta

◆ Factores que más influyen en la cultura desde 1975: Fin de la censura e influencia de las fuerzas del mercado. Se difuminan las diferencias entre alta cultura y cultura popular.

◆ Nuevos factores: Irrupción de la mujer en el mundo de la cultura (escritoras, cineastas, artistas), combinación de localismo y globalización (por un lado desarrollo de las culturas periféricas, y por otro mayor cosmopolitismo). Importancia de la cultura de los jóvenes: música pop y rock, diseño, narrativa de la "generación X".

◆ Medios de masas: Enorme presencia de la televisión en la vida diaria de los españoles. Gran popularidad de la radio y de las "revistas del corazón" y menos de la prensa diaria (pero gran influencia ideológica).

◆ Preservación y revitalización del folklore y las tradiciones: Muchas veces recontextualizados por el mercado y por la necesidad de construir una identidad nacional y local en la nueva España "europeizada".

LA CULTURA CONTEMPORÁNEA: ENTRE LA GLOBALIZACIÓN Y LA PRESERVACIÓN DE LA IDENTIDAD NACIONAL

Como hemos visto en los capítulos anteriores, desde la muerte de Franco la sociedad y la economía española han experimentado un aceleradísimo proceso de modernización y apertura al mundo, que por supuesto también ha transformado el mundo de la

cultura. No sólo **la cultura española se ha cosmopolitizado, diversificado y sometido a las exigencias del mercado**, sino que, tras décadas de aislamiento, la cultura española **ha empezado a recibir un mayor reconocimiento a nivel mundial**. Uno de los hitos en la internacionalización de la cultura española fue el Óscar al director de cine Pedro Almodóvar en el año 2000 por su película *Todo sobre mi madre*.

Esta película, que combina hábilmente técnicas del melodrama hollywoodense con tradiciones culturales españolas (la tragedia de mujeres de Lorca, o la tradición del exceso—barroco, colorismo modernista, gusto por lo grotesco) es un buen índice de la **simbiosis entre lo local y lo global** que caracteriza a buena parte de la cultura española contemporánea y ha facilitado su difusión y aprecio en otros países.

Aunque por una parte la **percepción exterior de la cultura española** sigue siendo en gran medida la **estereotípica del pasado (una cultura exótica y un tanto primitiva, "diferente", emblematizada por los toros y el flamenco)**, por otra, y sobre todo desde 1992 (el año de las Olimpiadas en Barcelona y la Exposición Universal en Sevilla) empieza a abrirse camino la imagen de una **España moderna e integrada en el mundo**. Para ejemplificar estas dos distintas percepciones: por la misma época en que Almodóvar recibía el Óscar, dos películas de acción típicas de Hollywood incluían en sus tramas escenas filmadas en España. El comienzo de *Mission Impossible II* se desarrollaba en una Sevilla exotizada, de aire morisco, creando un pastiche de tradiciones de distintas partes de España (mezclaba las Fallas de Valencia con la Semana Santa de Sevilla).

Frente a este concepto estereotípico y reductor (España = Andalucía), *The World Is Not Enough*, de la serie de James Bond, que se abría con escenas de Bilbao (País Vasco) y su nuevo y espectacular Museo Guggenheim, daba una imagen completamente distinta, la de una sociedad moderna, urbana, "glamourosa" e internacional.

En este capítulo hablaremos de la **pervivencia de signos culturales del pasado**. Estos comprenden toda una serie de fiestas populares, ritos y pasatiempos por los que España es muchas veces conocida en el extranjero, como los toros, el carnaval, San Fer-

❖ *La película* Todo sobre mi madre *ganó el Oscar a la mejor película extranjera, confirmando así la creciente proyección internacional del cine y la cultura española, así como la popularidad dentro de la cultura española contemporánea de las "historias de mujeres", ya sea en narrativa o en cine. ¿Predomina también el protagonismo femenino en la cultura de los EE.UU.?*

mín, las Fallas de Valencia, la Semana Santa o las fiestas de pueblo. Consideraremos el papel que juegan estos "signos de identidad nacional" en la era del mercado y la homogeneización global. También examinaremos el papel de la **cultura de masas** (la TV, la radio, la prensa, la música pop etc.) en la sociedad española, y su creciente **interacción con la llamada "alta cultura"** (la literatura y el arte), que está cada vez más determinada por las políticas culturales nacionales y autonómicas y las leyes del mercado.

Cultura popular

¿Pervivencia o marketing de las tradiciones?

Quizás uno de los aspectos más conocidos de España en el exterior es **el toreo** o tauromaquia, la llamada "fiesta nacional", popular en la Península desde épocas ancestrales. Los toros como parte de las celebraciones populares en la Península son ya constantes desde la Edad Media y muchas veces se ha comparado el estereotípico carácter español con el del toro: noble, salvaje, violento, independiente, apasionado. Hoy en día goza de

Hay teorías que conectan el origen del toreo en España con el culto a los toros en la civilización minoica, una de las antiguas civilizaciones mediterráneas, en la isla de Creta, de 3000–1400 a.C.

❖ *En Valencia se queman estos gigantescos monumentos alegóricos en la fiesta conocida como las Fallas. Cada barrio compite por crear el mejor grupo escultórico, que será "perdonado" de la quema.*

314 Parte II Sociedad contemporánea

❖ Los toros siguen siendo un entretenimiento popular en España. ¿Te gustaría presenciar una corrida de toros? ¿Crees que es un deporte cruel para el animal o excesivamente peligroso para el hombre?

la difusión añadida por los medios de masas, que han convertido a los toreros en celebridades comparables a las estrellas del pop o del cine. Sin embargo la afición taurina se limita a ciertas zonas de España, y si hoy hay un deporte nacional por excelencia, que mueve una impresionante cantidad de dinero y enfervorece por igual a los españoles (mayoritariamente a los hombres), es el fútbol (hablaremos más de él en la próxima sección).

Aunque en el norte y noroeste de España nunca ha existido una extendida tradición taurina, una de las más famosas fiestas del norte de España tiene como protagonista a los toros. En honor a **San Fermín** (7 de julio), en Pamplona, la capital de Navarra, los jóvenes muestran su valor (generalmente acompañado de gran consumo de alcohol) corriendo delante de un grupo de toros bravos para así atraerlos hasta la plaza de toros, donde tiene lugar su encierro y más tarde las corridas de toros. Desde que Ernest Hemingway inmortalizó San Fermín en su novela *The Sun Also Rises*, esta fiesta pamplonica es una cita para turistas extranjeros cada vez más popular.

San Fermín, como muchas de las fiestas españolas, es una fiesta de origen religioso que da lugar a celebraciones de aire más bien pagano y báquico. Lo mismo sucede con las **Fallas de Valencia**, que se celebran el 19 de marzo en honor a San José, quemando enormes esculturas satíricas de madera y cartón, o, por supuesto, los **carnavales** (que tras haber sido prohibidos por Franco han vuelto a tener gran popularidad, especialmente en Canarias). Esta secularización de la fiesta se advierte incluso en las celebraciones de **Semana Santa**, de devoción tradicional. En las ciudades que celebran procesiones especialmente espectaculares, como Sevilla, las festividades tienden a convertirse en un gran espectáculo turístico, o en una competición de procesiones entre los distintos barrios, y en muchos otros lugares la Semana Santa no es sino una buena excusa para irse de vacaciones. Es especialmente durante las vacaciones de verano cuando en toda España se celebran miles de **fiestas locales** en honor a distintos santos y vírgenes. Sin embargo, al lado de estas fiestas tradicionales, han empezado a florecer **fiestas organizadas** por los distintos gobiernos o ayuntamientos **para promocionar productos típicos** de la zona (Fiesta del Vino, Jornada de Exaltación de la Empanada etc.) o simplemente atraer a los turistas, como la Fiesta del Agua—en la que se libra una batalla de agua entre todos los participantes—o las Fiestas de la Historia, en las que toda la población de un lugar se disfraza para revivir un determinado episodio histórico (la Edad Media, la época romana etc.).

La Semana Santa (*Holy Week*) se celebra en muchas ciudades de España con procesiones que recorren las calles con estatuas relacionadas con la Pasión de Cristo.

En España es norma el tener al menos un mes de vacaciones pagadas, generalmente agosto.

❖ *Semana Santa de Sevilla. Una de las celebraciones más importantes y tradicionales de España es la Semana Santa. En el caso de Sevilla, los penitentes (con el rostro cubierto por humildad) llevan a hombros o acompañan por las calles las esculturas de la Pasión de Cristo. Como en las Fallas aquí también hay una competición entre barrios por tener la mejor procesión en honor de "su" Cristo o "su" Virgen, y también se conecta con la mentalidad barroca de exceso, sacrificio gratuito y humanización de la religión.*

Así, por una parte vemos como el establecimiento de la democracia, la modernización y la europeización no sólo no han afectado a la **pervivencia de muchas de las tradiciones populares** españolas, sino que incluso se han rejuvenecido algunas de las ya existentes (como la Semana Santa y los carnavales) o **se han inventado nuevas tradiciones** que reafirman la identidad local. Pero esta misma pervivencia (e invención) de estas tradiciones no es un fenómeno exclusivamente de la cultura popular, sino que se debe en gran medida al **apoyo de las autoridades y a su incorporación a la gran industria del turismo**, que desde los 60 es una importantísima fuente de beneficios para la economía española.

La cultura de masas

La televisión es sin duda **la reina de los medios de comunicación** de masas en España. Los españoles ven la televisión una media de tres horas y media al día, y un 99 por ciento de la población tiene televisor. Que al televisor se le conozca en España por el sobrenombre de la "caja tonta" nos da una idea de la, en general, escasa calidad y variedad de la oferta televisiva. Hasta hace relativamente poco tiempo, la televisión era un

monopolio del Estado—Radiotelevisión española o RTVE—con lo que esto suponía de poderoso control de la información por parte del gobierno de turno. Hoy en día existen una serie de canales privados, vinculados a grandes empresas de la información nacionales o internacionales (Antena 3, Tele 5, Canal+), además de ramificaciones autonómicas de la televisión pública. En la competencia por la audiencia, tanto la televisión pública como las privadas apuestan por los "reality shows" (así el programa *Gran Hermano*, uno de los mayores éxitos televisivos de los últimos tiempos, llegó a convertirse en un fenómeno sociológico que afectó a todos los niveles de la sociedad española). También populares son: las series (de importación estadounidense o hispanoamericanas y nacionales; los espacios de variedades o tertulias en las que hay actuaciones musicales, humorísticas o se entrevista o se habla de los famosos (en España hay un auténtico culto a la celebridad); y las películas, mayoritariamente de origen estadounidense. Canal+, el único canal de visión previo pago, ofrece en general una oferta más selecta de programas y películas.

> Las series hispanoamericanas se llaman "culebrones", que literalmente quiere decir *"snakes"*, llamadas así porque son larguísimas secuencias de episodios.

La radio (con una gran cantidad de emisoras públicas y privadas) **es sumamente popular** en España. Las emisoras de música son las más escuchadas, en especial el programa llamado "Los 40 principales". Este programa sirve de índice de la creciente presencia de figuras nacionales en el **panorama musical pop español**, que desde los años 80 (los años de la "movida") ha seguido aumentando y diversificándose, aunque en general la música pop española no es sino una versión casera de la música británica o estadounidense. Uno de los géneros musicales con personalidad más interesante de los últimos años es el llamado **"flamenco rock"**, con exitosos grupos y cantantes como El último de la fila, Kiko Veneno, Rosario Flores o Ketama. El "flamenco rock" es una mezcla sincrética de ritmos e instrumentos rock o pop y música y letras de inspiración flamenca.

> El flamenco es una música de origen gitano de transmisión oral, interpretada en su versión más sencilla por un cantante, guitarra y palmas (*clapping*). Hay muchos tipos diferentes de flamenco, pero se considera que el tipo más genuino es el "cante jondo", con letras de profundo lirismo.

Recientemente otro tipo de música folk, la gallega y asturiana, caracterizada por la presencia de la gaita (*bagpipe*) y melodías de tipo "celta", ha llegado a colocarse de número uno de ventas en toda España. Esto ocurre quizá como consecuencia de la reciente popularidad del "Camino de Santiago", y del nuevo interés del mercado cultural en lo "auténtico" y "las raíces".

Además de los musicales, también tienen gran audiencia radiofónica los **programas de tertulia** (debates sobre la actualidad política, social y cultural, o mero "chismorreo" [*gossip*]) dirigidos por alguna estrella de la radio que tiene sus fieles seguidores. Se ha dicho que quizá esta pasión por las tertulias, televisivas, radiofónicas o reales, se deba al fuerte carácter oral que tradicionalmente ha tenido la cultura española. Y quizás por esta misma razón, las cifras de **lectura de periódico en España apenas alcancen la media que la ONU considera adecuada** para un país desarrollado culturalmente. Aunque sólo alrededor de un tercio de la población lee el periódico, desde la transición democrática, la prensa ha tenido y tiene una gran influencia ideológica (tal vez por ser un espacio de mayor debate frente al excesivo control estatal de la radio y la televisión). Los principales periódicos (*El País, El Mundo, ABC, La Vanguardia*), de diferentes matices ideológicos, mantienen en general una gran calidad y vigilancia sobre el estilo y fondo. Tienen excelentes suplementos culturales y cuentan con la colaboración de los principales pensadores, escritores y políticos del país, acercando de esta manera la política y la intelectualidad a la población general.

De todas formas, la política ha dejado de despertar las pasiones que levantó durante los años de la transición a la democracia. Tras los 80 (los años del "*boom*"

económico y el "desencanto" ideológico), **la pasión española**, e incluso las rivalidades territoriales, **se han desplazado hacia el deporte** (especialmente el **fútbol**).

Esta pasión explica las enormes tiradas que alcanzan los periódicos deportivos (*Marca, Mundo Deportivo* y *As* son los más comprados), las retransmisiones televisivas de partidos de fútbol que paralizan el país, los carismáticos locutores de los programas deportivos en la radio, las explosiones de celebración callejera cuando gana "el equipo de casa", y, desgraciadamente, las cada vez más abundantes noticias de violencia entre fanáticos en los estadios de fútbol. Los partidos, especialmente entre los grandes rivales, el Real Madrid y el Fútbol Club Barcelona llevan a nivel deportivo las tensiones entre centro y periferia, o entre nacionalismo y regionalismo. En cierto modo, ante la creciente despersonalización, desideologización y homogeneización social, el deporte, el fútbol en especial, funciona más y más como seña de identidad nacional y local y de cemento social interclases.

Si, como decíamos al principio, el fútbol cuenta con una audiencia sobre todo masculina, es el público femenino el más aficionado a las llamadas "**revistas del corazón**" (como *Hola, Semana* o *Pronto*), que exploran la vida de los famosos, y venden bastante más que las revistas semanales de información "seria" (*Cambio16, Tiempo, Interviú*). En general, el número de lectoras de cualquier tipo de publicaciones supera con mucho el número de lectores en España. Este fenómeno de la "feminización" de la literatura y del consumo cultural en general es, junto a la aparición de fuertes literaturas periféricas, uno de los aspectos que más ha alterado el panorama de las letras y las artes contemporáneas, como veremos a continuación.

❖ *El fútbol es indiscutiblemente el deporte rey en España, un fenómeno de masas que va unido a la necesidad de crearse señas de identidad y sueños en los que creer en una sociedad cada vez más materialista y globalizada.*

❖ *La portada de* ¡Hola! *La revista* ¡Hola! *es una de las más tradicionales y longevas "revistas del corazón" en España. Aquí tenemos una buena representación de los famosos cuyas vidas interesan al público de esta revista (predominantemente femenino). Hay actores nacionales e internacionales (¿puedes encontrar sus nombres?), toreros (Jesulín de Ubrique, que constituye la historia central de este número), o los famosos que no hacen nada sino salir frecuentemente en este tipo de publicación, como Carlos Orellana (ex-marido de una popular cantante).*

¿Alta cultura? La literatura y el arte, entre el mercado y la protección oficial

En el ámbito literario, durante los años de la democracia **la novela se ha consagrado como el género literario por excelencia**. La poesía cuenta con un público minoritario y el ensayo en general "vende" según el nivel de celebridad de su autor (muchas veces proporcional a su promoción desde las páginas de la prensa). La novela contemporánea se caracteriza por una **gran atomización de géneros y estilos**, siendo difícil establecer líneas claras o características que aunen a un grupo. Una de las etiquetas que se ha propuesto para clasificar lo que en general se denomina "nueva narrativa española", es la de "**generación x**", que cataloga a una serie de autores muy jóvenes (entre 20 y 30 años), que representan en sus novelas un mundo urbano caótico, degradado y apocalíptico, aunque sus personajes siempre parecen estar a la búsqueda de una elusiva ternura.

Si bien el concepto de "generación x" puede ser considerado una mera maniobra de promoción editorial (aunque sintomático del auge de una **cultura de los jóvenes**), lo que es un fenómeno innegable de los últimos tiempos es **la tremenda irrupción de la mujer en el mundo editorial** y la presencia masiva de mujeres **entre el público lector**. Esto último se puede argüir que ya sucedía desde el siglo XIX, dando lugar a que los novelistas—hombres—caricaturizaran en sus libros el "bovarismo" (de *Madame Bovary*, la famosa novela de Flaubert), la pasión lectora en la mujer. Y todavía en el siglo

XXI la asociación de "mujer" y "literatura", aunque es sumamente explotada por el mercado editorial, parece resentirse o no reconocerse a nivel oficial. Así, la Real Academia de la Lengua Española apenas tiene a mujeres entre sus miembros, y la crítica especializada (académica o periodística) tiende a minusvalorar la calidad de la producción femenina o de la escritura "para mujeres" como algo más próximo a la baja que a la alta cultura. Sin embargo **las fronteras entre estos dos conceptos de cultura están cada vez menos claros**, puesto que incluso los escritores consagrados recurren cada vez más a referencias a la cultura popular, mediática o visual, y el concepto de "*best seller*" se asume como prueba de calidad incluso por parte de los suplementos culturales más serios, que constantemente editan listas de los más vendidos.

Mezcla de la influencia del mercado sobre el desarrollo cultural y del resurgimiento de las culturas periféricas tras la llegada de la democracia es el otro gran fenómeno de las letras contemporáneas: la consolidación y celebración a nivel nacional de las **literaturas periféricas en lengua no castellana**. Desde que el vasco Bernardo Atxaga ganó en 1989 el Premio Nacional de Literatura por su libro *Obabakoak*, originalmente escrito en euskera, se despertó el interés por las "otras" literaturas (catalana, gallega, vasca) antes ignoradas a nivel nacional y ahora ampliamente traducidas, premiadas, promocionadas y vendidas. Este fenómeno quizá es otra muestra de esa nostalgia que señalábamos antes por lo auténtico y genuino en una sociedad crecientemente masificada (y su explotación por el mercado, del que ya forman parte indiscutible los premios literarios).

En cuanto al mundo del **arte**, hay **una serie de artistas y arquitectos españoles** contemporáneos que **han alcanzado renombre mundial**, como el pintor Miquel Barceló, el escultor Eduardo Chillida o los arquitectos Santiago Calatrava, Ricardo Bofill o Rafael Moneo. Lo mismo sucede dentro del mundo de la **danza** y de la **música clásica** (como el bailarín Nacho Duato, el guitarrista Paco de Lucía o la pianista Alicia de Larrocha), pero en este caso la **falta de un público numeroso y apoyo oficial** en España ha obligado a **emigrar** a muchas de estas figuras.

El **teatro**, concentrado principalmente en Madrid y Barcelona (donde destacan importantes grupos de tipo vanguardista o experimental, como La Fura dels Baus o Els Comediants), **tampoco goza de una gran afluencia de público**, y la representación de obras clásicas o montajes de gran calidad (principalmente por el Centro Dramático Nacional) también necesita la ayuda del gobierno para llevarse a cabo.

❖ *Santiago Calatrava, un arquitecto español de renombre internacional diseñó este hermoso puente sobre el río Guadalquivir con motivo de la Exposición Universal de 1992. Este puente del Alamillo y el viaducto de la Cartuja se han convertido ya en uno de los iconos de esta ciudad. Durante los años 90 varias ciudades españolas se lanzaron a contratar a famosos arquitectos para que les proporcionaran una imagen de modernidad (ya comentamos el caso del Museo Guggenheim en Bilbao).*

El Centro Dramático Nacional fue una de las creaciones del **gobierno socialista**, que durante sus 14 años en el poder dedicó una buena parte del presupuesto público a **la promoción de cultura**. Así, durante los años del socialismo **se organizaron ambiciosas exposiciones** que devinieron en espectáculos de masas principalmente centrados en la capital (como la de Velázquez en el Museo

❖ *Miquel Barceló,* Mesa en el mar. *El mallorquín Miguel Barceló es uno de los artistas contemporáneos españoles más conocidos internacionalmente. En este cuadro sigue su tendencia característica de potenciar la textura material como parte de su poética abstracta.*

❖ *Escultura de Susana Solano,* No te pases número 3. *La escultora catalana Susana Solano, uno de los nombres en ascensión en el panorama artístico contemporáneo, juega con el espacio y los límites visuales en esta pieza. ¿Qué relación ves entre el título y la estética de esta escultura?*

de Prado, con autobuses viniendo de toda España y kilométricas colas de público), y se implementaron **nuevos museos** que triplicaron la oferta cultural de Madrid. Junto al Prado hay ahora el Centro Reina Sofía de Arte Contemporáneo, que tiene como pieza estrella el *Guernica* de Picasso, y el Museo Thyssen, que alberga la selecta colección de maestros de la pintura vendida por el barón Thyssen al estado español. Los **gobiernos autónomos** siguieron esta tendencia a recurrir a la **creación de museos** como forma de **capitalización cultural y captación de turismo**, contratando a "arquitectos estrella" que diseñaran construcciones vanguardistas (como prueba de la modernidad de la comunidad). Así surgieron el IVAM (Instituto Valenciano de Arte Moderno), el Centro Galego de Arte Contemporáneo en Santiago de Compostela o el Museo Guggenheim en Bilbao.

Como comentábamos en la introducción, el **cine español** también **goza de una creciente proyección internacional**, sobre todo de la mano de Pedro Almodóvar. También hay un magnífico plantel de jóvenes directores como Alejandro Amenábar, Alex de la Iglesia, Benito Zambrano o Iciar Bollaín que, con trayectorias muy diferentes (pero en las que siempre está presente de una forma u otra la reflexión social) han producido películas sumamente interesantes, originales y renovadoras. En general, el gran obstáculo del cine español es que siempre **ha carecido de una infraestructura de financiación adecuada** y ha tenido que sobrevivir desde sus orígenes a la desigual competencia del cine norteamericano, **dependiendo** por ello **del apoyo del Estado**. Consciente del poder del cine sobre las masas, la administración bajo Franco protegió el "cine de interés nacional" (controlando así su contenido "patriótico"). Así mismo en los años 80 y 90 el ministerio de cultura socialista proporcionó gran cantidad de subvenciones para consolidar un cine español de calidad, que pusiera a la cultura española a nivel europeo (la gran obsesión socialista era la integración en Europa a todos los niveles). Aún así el cine español ha tenido y tiene grandes dificultades para sobrevivir sin la ayuda oficial, y **muchas de sus estrellas han dejado España** para probar suerte en Hollywood, como los actores Antonio Banderas y Penélope Cruz, o el director Alejandro Amenábar (que dirigió a Nicole Kidman en una película producida por Tom Cruise, *The Others,* y cuya película *Abre los ojos* ha tenido una versión estadounidense, *Vanilla Sky*).

Junto a la comercialización de la producción cultural, el otro factor que más ha influido en las características de la cultura contemporánea en la España democrática es la **desaparición de la censura franquista**. Esto supuso al principio, además de la **libertad de expresión ideológica**, la proliferación de publicaciones, espectáculos y películas en las que abundaban los **desnudos** (sobre todo femeninos) **o las escenas sexuales**. A la primera etapa de este "redescubrimiento" del sexo, o asociación de libertad ideológica con libertad sexual—de 1975 a principios de los 80—se le llamó "el destape" (*the "uncovering"*). Hoy en día el sexo y la violencia son usados con regularidad y naturalidad en cine y literatura, donde la censura o la represión puritana (que sí limita, por ejemplo, al cine o la televisión estadounidenses) es ya prácticamente inexistente. Es discutible que este recurso al sexo y la violencia sea todavía un signo de libertad, sino más bien una **táctica de marketing**, que usan incluso los cineastas o escritores ya consagrados en su deseo de captar público.

❖ *Penélope Cruz. Jóvenes actores españoles como Penélope Cruz y Antonio Banderas (que saltaron a la fama internacional en gran parte por su actuación en el cine de Almodóvar) se han introducido en el mercado cinematográfico estadounidense ante el insuficiente desarrollo del cine nacional en España. ¿Has visto alguna película de Hollywood en la que actúe Penélope Cruz?*

TEXTOS Y CONTEXTOS

I. Los hábitos de consumo cultural

Esta encuesta realizada por la Sociedad General de Autores y Editores (SGAE) nos da un panorama general de las costumbres culturales de los españoles. Probablemente, como dicen los autores del estudio, muchas cifras ya no son válidas porque evolucionan muy rápidamente, pero nos dan una idea aproximada de la situación cultural en un momento reciente. Algunos de los datos que se obtuvieron eran de esperar pero otros fueron más sorprendentes. Así, la música favorita de los españoles no es el pop, como se

cantautores: cantantes que crean sus propios canciones, muchas veces de carácter poético o de crítica social.

esperaría al oír la programación de las emisoras musicales, sino los cantautores, o aunque se ven muchas más películas americanas, se valora igualmente el cine español que el cine estadounidense.

La SGAE [Sociedad General de Autores y Editores] certifica que la mitad de los españoles nunca lee ni va al cine

Una encuesta con 24.000 entrevistas revela los usos culturales de los 90

El estudio revela una comunidad compleja, fragmentada en sus gustos, que accede desigualmente a la cultura según su estatus social y que parece preparada para los nuevos retos tecnológicos. En equipamiento de reproducción de música, televisión y vídeo, los hogares españoles están a la altura europea [...]

En cuanto a los hábitos de escucha, un 62% de los españoles oye música en casa a través de CD o casetes alguna vez por semana, mientras el 82,2% lo hace a través de la radio. Destaca, sobre todo, que el 31,1% de los encuestados en 1998 escucha música a diario, frente al 19,4 que lo hacía en 1994.

Por gustos, triunfa la música actual frente a la clásica (un 92,3% de los españoles nunca ha ido a un concierto de música culta). [...] La danza y la ópera son mucho más minoritarias: sólo el 2% va alguna vez a ver danza y un 1,8% va a la ópera. Los que no van exigen más formación clásica y precios más baratos. [...]

El teatro experimenta cierta mejoría dentro de la gravedad: el 75,4% no va nunca (frente al 86,1% en 1991) y los menores de 20 años manifiestan un desinterés absoluto. En cuanto al cine, cae el tabú americano: de 0 a 6, la gente valora el cine español con un 3,90; el *made in USA* recibe un 3,92, y el europeo un 3,24. Pese a ello, el 89,13% vio una película americana la última vez que fue al cine. [...]

En la lectura, se confirman algunas malas noticias: el 49,1% nunca lee un libro y sólo un 38,7% compró un libro en el último año. De ellos, el 89% prefiere la literatura actual. Los periódicos mantienen un 30% de lectores diarios.

❖ *Primera lectura*

1. ¿Qué tipo de música prefieren escuchar los españoles y en qué lengua? ¿Compran discos a menudo, o prefieren escuchar la radio? Del equipamiento tecnológico, ¿que aparatos están más presentes en las casas españolas?

2. ¿Cuáles son las actividades culturales más minoritarias en España? ¿A qué se debe esto, según los encuestados?

3. Analiza los hábitos de lectura de los españoles en cuanto a su frecuencia y al tipo de lecturas.

4. Aunque la mitad de los españoles no lee ni va al cine, los porcentajes de visitas a lugares culturales o de ocio son altos. ¿Cómo podemos interpretar esto en relación al carácter y gustos de los españoles?

❖ *Para conversar o escribir*

1. En parejas, buscad datos (en un anuario o en Internet) sobre los hábitos de consumo cultural en los EE.UU. y comparadlos con los de España.

2. Haz una encuesta a tus compañeros de clase (a todos o a un grupo representativo, según el número de estudiantes en la clase) sobre sus usos culturales, empleando las categorías de análisis en el informe de la SGAE. Analiza y comparte tus

LOS HÁBITOS DE CONSUMO CULTURAL EN 1998: MÚSICA

Preferencias en estilo moderno	porcentaje
Cantautores	42,5
Canción española	42,4
Baladas	35,7
Pop, rock convencional	32,8
Latinoamericana	28,5
Flamenco	25,8
Musica de discoteca	18,8
Otra folclórica extranjera	8,2
Rock duro/Heavy	8,0
New age	6,7

*Encuesta realizada sobre un total de 12.072 personas

Prefiere otros idiomas 1,4%
NS/NC 1,4%
Le interesa la música en otros idiomas 26,7%
Es fundamental que esté cantada en español 40,3%
Le da igual el idioma 30,2%

Preferencias en el idioma

resultados con la clase: ¿hay diferencias culturales según sexo, edad o especialidad educativa? ¿Crees que este tipo de encuesta sería representativa de la sociedad americana? ¿Qué factores deben tomarse en cuenta para este tipo de estudio?

II. Panorama de la literatura española contemporánea: la excesiva comercialización, un análisis y una crítica

En este análisis escrito con ocasión de la 14ª Feria del Libro de Guadalajara (México), que en el año 2000 se dedicó a España, el profesor de la Universidad Autónoma de Barcelona, Fernando Valls, presenta un panorama de la narrativa española contemporánea, celebrando algunos hechos, como el aumento del público lector de obras españolas, pero lamentando el excesivo control del mercado sobre la producción literaria. En su opinión este control contribuye a bajar la calidad de una literatura pensada más en términos mediáticos o de guión cinematográfico que de tradición literaria, y confunde al público lector, desorientado por una crítica que ha perdido su libertad de análisis (condicionada por el mercado) y por premios fundamentalmente comerciales. Este análisis dio lugar a un ácido debate en los periódicos, pues a continuación Valls daba una lista de nombres y obras que, en su opinión, representaban lo mejor de la narrativa contemporánea. Esto irritó a algunos de los no incluidos, que acusaron a Valls de precisamente lo que él criticaba: de conspirar con determinadas editoriales privilegiando a los autores que escribían para ellas.

La narrativa española, de ayer a hoy

Hasta no hace muchos años podíamos encarar las obras literarias inscritas en una tradición. Hoy, si queremos entender la narrativa actual, ya no basta con estar familiarizado con la historia literaria, sino que además es preciso conocer los mecanismos que utiliza el mercado, ese variopinto° conglomerado en el que editores, agentes, medios de comunicación (crítica incluida) y público lector dictan unas leyes que cada vez tienen menos que ver con lo literario.

variopinto: variado, diverso

Todo ello ha hecho que la novela siga siendo el género por excelencia […]. Pero, en cambio, no siempre es ya el territorio de libertad que había sido. Y en este sentido, el cuento (pero también el artículo y el diario), menos condicionados por el mercado, se han convertido en el formato ideal para la experimentación, lo que quizá explique su auge°. […]

Y aunque quizás en España no se lee lo que [se] debiera, sin embargo existe—como nunca antes—un público lector de literatura española. […] La conquista por los autores españoles de un público lector propio, que antes solía decantarse por° la narrativa en otras lenguas o por la hispanoamericana, es una de las características más re-levantes de este panorama.

En estos momentos de confusión en los que todo parece valer lo mismo, en los que la literatura se mide más por la cuenta de resultados económicos que por su valor literario, la crítica está desaprovechando una oportunidad inmejorable de dignificarse […]. Así, los premios se han convertido en un elemento más de confusión, y su casi único objetivo consiste en llamar la atención, en conseguir que aumente el número de ejemplares vendidos.

auge: *boom, increased production*

decantarse por: *preferir*

❖ *Primera lectura*

1. En opinión del crítico, ¿qué hay que hacer para entender la narrativa actual? ¿Qué elementos dictan las leyes del mercado literario?

2. ¿Cuál es el género literario más popular? ¿Pero, según el autor, en cuál es posible experimentar con más libertad? ¿Por qué?

3. ¿Cuál es una de las características más relevantes de este panorama literario?

4. ¿Está la crítica literaria cumpliendo su papel de "árbitro de calidad"? ¿Son los premios literarios un criterio fiable sobre la calidad de una obra?

❖ *Para conversar o escribir*

1. Debate. Discutid en clase sobre lo que en vuestra opinión ayuda a determinar la calidad de un libro, analizando en qué consiste (y para quién) esta idea de "calidad".

2. Comparación. ¿La literatura en EE.UU. está afectada por el mismo tipo de factores que la española?

III. Las literaturas en lengua no castellana

Vamos a leer a continuación un análisis de la situación literaria en Cataluña, Galicia y el País Vasco. Fíjate que muchas de las críticas de los autores de este artículo se corresponden a las manifestadas por el profesor Valls en el artículo anterior. En la literatura de estas comunidades autónomas, además del factor comercial tiene una gran importancia el factor político de los nacionalismos.

La vitalidad de las comunidades

Cataluña. Antonio Gala no salió contento del pasado Sant Jordi.

[…] El *star system* [de la cultura catalana] le ganó de largo la partida de las ventas [a Gala]. ¿Cuál es el *system*? Pues libros graciosos y novelas sentimentales, cuya condición común es la de haber sido previamente televisados por tevetrés° […]

[H]a aparecido el libro de Xavier Bru de Sala, *El descrèdit de la literatura* […] [E]l descrédito catalán tiene perfiles° propios […]: el apartamiento de la literatura

Antonio Gala es uno de los principales autores de *best sellers* en castellano de los últimos años. El 23 de abril, el día de San Jordi (San Jorge)—patrón de Cataluña—es el Día del Libro en Cataluña, que suele celebrarse regalando un libro y una rosa.

tevetrés: TV-3, la televisión autonómica de Cataluña en lengua catalana / **perfiles:** *profiles,* características

mandarín: una variante del catalán que se privilegie sobre las demás como "lengua de cultura", como pasa con el chino mandarín en China

catalana contemporánea de su lugar y su tiempo, su sumisión estratégica al catalanismo, [...] y la necesidad de dotar a la prosa catalana de un registro *mandarín*° [...]

Galicia celebró el pasado 17 [de mayo] el Día de sus Letras en un ambiente de cierto optimismo sobre el futuro del libro editado en su lengua propia. En 1998 se publicaron 1231 títulos en gallego, casi trescientos más que cuatro años antes y el doble que hace una década. [...]

Pero los editores tampoco se dejan arrastrar por el triunfalismo, ya que, con todo, sólo el 12% de los libros que se venden en Galicia están escritos en gallego. [...] "La mayoría de los títulos se editan con subvención oficial", advierte el veterano librero Xesús Couceiro, "y el hecho de que se edite más no quiere decir que se lea más" [...]

Atxaga: Bernardo Atxaga, ganador del Premio Nacional de Narrativa en 1989

El euskera tiene un público de aproximadamente un millón de personas.

País Vasco. [...] Dejando a un lado a Atxaga°, con versiones de sus obras en 15 idiomas, la nómina de escritores que supera la difusión en euskera sigue creciendo. La traducción al castellano está abriendo el horizonte de autores que ya han conocido el éxito con sus novelas en euskera.

❖ *Primera lectura*

1. ¿Quién forma el *star system* de la literatura catalana y por qué crees que el autor usa este término en inglés? ¿Qué medio de comunicación tiene gran influencia sobre la nueva literatura catalana?

2. ¿Cuáles son, según Xavier Bru de Sala, los tres factores que contribuyen al descrédito o decadencia de la literatura catalana?

3. ¿Por qué parece optimista el panorama de la literatura en gallego? ¿Pero cuál es la realidad detrás de este aparente éxito?

4. ¿Qué es lo que está facilitando la aparición de más autores en euskera? ¿Crees que ésta es una situación contradictoria?

❖ *Para conversar o escribir*

1. ¿Qué opinas sobre la necesidad de crear "registros mandarín" de una lengua? ¿Es necesario establecer un estándar de una lengua de cultura, privilegiándola sobre otras variantes de esta lengua? ¿Cuál sería el "registro mandarín" del inglés en EE.UU.?

2. Analiza las causas detrás del aumento de la literatura en gallego y en vasco. ¿Son causas naturales, de crecimiento de un público que lee en esas lenguas, o se deben a motivos políticos/comerciales?

IV. El lugar de las mujeres en la cultura contemporánea

En el prólogo a su libro *Literatura y mujeres*, la escritora Laura Freixas reflexiona de forma irónica sobre la paradójica situación de la mujer escritora en la España de finales del siglo XX. Por un lado, sobre todo a nivel de literatura, la mujer ha adquirido un protagonismo indiscutible, como escritora y como lectora. Por otro lado, la institución crítica, que sigue dominada por los hombres, continúa negando a la mujer la participación en la "alta cultura" o "cultura de calidad". Freixas indica primero su difícil situación para hablar de este tema, pues al ser mujer se le puede acusar de "victimizarse", para atraer la simpatía de las mujeres (al fin y al cabo, las principales compradoras de libros) y evitar las críticas masculinas (para no parecer machistas). Sin embargo, como intelectual, no puede dejar de analizar esta irritante vinculación de mujer y baja cultura, de la que da una serie de ejemplos aparecidos en revistas especializadas y prestigiosos suplementos culturales.

Prólogo malhumorado

Yo no quería escribir este libro. Como cualquier novelista o cuentista, aspiro a escribir en paz mis cuentos y novelas […]; y no ignoro la mala fama—no siempre inmerecida—que se cierne° sobre las escritoras que de un modo u otro subrayan que son mujeres: se hacen sospechosas de explotar su presunta condición de víctimas con el doble fin de aumentar las ventas de sus libros (apelando a la complicidad de un público en su mayoría femenino) y de curarse en salud contra las malas críticas (atribuyéndolas al machismo de unos críticos hombres en su mayoría). […]

Quizá soy demasiado susceptible, pero me llama mucho la atención leer, por ejemplo, en una crítica demoledora° contra la película *Shakespeare in Love*, que la tal película rebaja al dramaturgo hasta ponerle "[…] a la altura de un público de marujas°"(*Revista de Libros*, junio de 1999). […] O que un columnista publique una diatriba contra quienes profanan los conciertos tosiendo [y haciendo otros ruidos] y lo titule "La señora del caramelo" (*El País*, 22-6-99). […] O que para explicar gráficamente en que consiste "un teatro a mi modo de entender infecto", cierto profesional del gremio° lo ejemplifique así: "Un tipo de teatro que veían en funciones de tarde grupos de señoras que venían de tomar chocolate con churros°" […]. Por cierto, una pregunta. Mientras las señoras se dedican […] a sabotear° el teatro, la música, el cine y el uso de la lengua, ¿dónde están los señores? […] ¿en casa leyendo *Hamlet* en edición facsímil? ¿Quién llena los estadios de fútbol?

se cierne: que cae

demoledora: *destructive*

marujas: *housewives* (término despectivo para las mujeres)

profesional del gremio: especialista en teatro / **chocolate con churros:** *fried dough with chocolate, a popular Spanish snack or* merienda / **sabotear:** *sabotage*

❖ *Primera lectura*

1. ¿Por qué Laura Freixas no quería escribir el libro *Literatura y mujeres*? ¿Cuál es el peligro al que se exponen las escritoras que subrayan su condición de mujeres?

2. ¿Qué ejemplos da del machismo de la crítica?

3. ¿Cuál es, según Freixas, la realidad sobre el rol de los sexos en la cultura que se esconde tras estas críticas? ¿Es cierto que la cultura se devalúa exclusivamente por culpa de las mujeres, o por el desinterés de los hombres? Comenta la ironía de las preguntas finales de este fragmento.

❖ *Para conversar o escribir*

1. Debate. Partiendo de lo que se dice en este texto, discutid qué sexo, en vuestra opinión, tiene mayor interés y participación en el mundo de la cultura. ¿Hay una diferencia entre lo que pasa en EE.UU. y en España o es ésta una situación universal?

2. En EE.UU. existe un estereotipo sobre "películas para chicas" y "películas para chicos" que también parece existir en España. En grupos, tratad de definir cuáles serían las características de estos dos tipos de películas y cuál corresponde más a un concepto de "cine de calidad".

V. La cultura de los jóvenes: un narrador de la "generación X"

A continuación vamos a leer un pasaje de la novela *Historias del Kronen*, escrita por el jovencísimo Angel Mañas (a los 20 años), que se convirtió en un fenómeno de ventas y

rollo: *same old story, same line, a drag* (*coloquial*) / **guita:** dinero, palabra gitana propia del argot (*slang*) de los jóvenes / **ya la agotaron toda:** *they already used up any feelings of rebelliousness* / **putos jipis:** *damned hippies* / **paso de:** *I won't even try to;* típica expresión de los jóvenes que dio lugar al término "pasotismo" para describir la indiferencia a todo de los jóvenes españoles

Aquí "lo que es bueno", irónicamente, significa la dureza de la vida.

El "rollo" pseudo-progresista del año 68 es una referencia al mayo del 68, cuando se produjeron movimientos revolucionarios estudiantiles y obreros en París que repercutieron en el resto de Europa y EE.UU.

un objeto de discusión académica en torno a su calidad o representatividad literaria. En este fragmento vemos un "diálogo" entre un padre y su hijo que muestra la desconexión generacional, el abismo que la transición democrática abrió entre los nacidos bajo Franco y los nacidos bajo la democracia.

—Dímelo, Carlos, porque yo te juro que no sé qué hacer contigo. No te entiendo. ¿Por qué no aprovechas el verano para leer algo?, ¿o para hacer algo práctico? Vosotros los jóvenes lo tenéis todo: todo. Teníais que haber vivido la posguerra y hubierais visto lo que es bueno […].

    Ya estamos con el sermón de siempre. El viejo comienza a hablar de cómo ellos lo tenían todo mucho más difícil, y de cómo han luchado para darnos todo lo que tenemos. La democracia, la libertad, etcétera, etcétera. El rollo° sesentaiochista pseudoprogre de siempre. Son los viejos los que lo tienen todo: la guita° y el poder. Ni siquiera nos han dejado la rebeldía: ya la agotaron toda° los putos marxistas y los putos jipis° de su época. Pienso en responderle que justamente lo que nos falta es algo por lo que o contra de lo que luchar. Pero paso de° discutir con él.

❖ **Primera lectura**

1. ¿Cómo enfatiza la técnica narrativa la distancia entre los dos interlocutores? ¿Están realmente dialogando?

2. ¿Qué le reprocha su padre a Carlos?

3. ¿Qué piensa Carlos de los consejos de su padre? ¿A qué, según él, se debe su propia indiferencia o "pasotismo"?

4. Analiza el estilo de esta prosa. ¿Es muy refinada y literaria, o más bien coloquial? ¿Cómo refuerza el autor su coloquialismo?

❖ **Para conversar o escribir**

1. ¿Por qué crees que la crítica—como la de Fernando Valls en el primer texto—ha objetado al valor de este tipo de literatura? En tu opinión, ¿pueden encontrarse más valores literarios/artísticos o sociológicos en este tipo de texto?

2. Compara la mentalidad de este joven español con la de un joven típico americano. ¿Qué diferencias y similitudes encuentras entre su forma de pensar?

VI. Cultura de masas: un panorama de la televisión española

En esta página de *El País* tienes la programación de un día de los diferentes canales de televisión nacionales y autonómicos. El diario destaca los programas más relevantes o específicos para ese día. Un análisis de lo que ven (o lo que se les ofrece) a los españoles en el principal medio de comunicación puede dar una buena idea del estado de la cultura popular española hoy en día y de su grado de dependencia (o no) de la influencia estadounidense. Recuerda antes de empezar que TVE-1 y La 2 son los canales de televisión estatales (La 2 en teoría presenta una programación más educativa), Antena 3 y Tele 5 son privadas y de orientación populista y comercial, Canal+ es privada y de pago (más o menos un equivalente de HBO), con una programación orientada a la calidad. En las autonómicas, ETB-2 es la televisión vasca, Telemadrid de la comunidad madrileña, Canal Sur de Andalucía, TV-3 de Cataluña, TVG de Galicia, y TVAC de Canarias.

❖ *Primera lectura*

1. ¿Cuáles son los programas más destacados de este día, que el periódico marca en color oscuro? ¿Qué te dice esto sobre los gustos televisivos de los españoles? ¿A qué hora se ofrecen estos programas que probablemente contarán con gran audiencia? ¿Qué te dice esto sobre la diferencia de horarios de la vida española y en EE.UU.?

2. Echa un vistazo a la programación de los diferentes canales y trata de adivinar en qué consisten los distintos programas o de qué tipo son: serie, concurso, informativo, película etc.) y cuáles de ellos son importaciones de los EE.UU., para establecer las características de cada canal. ¿Cuál te parece más interesante? ¿Qué programa te interesaría ver más?

❖ *Para conversar o escribir*

1. Uno de los programas destacados por el periódico es un espectáculo sobre el pasado y presente de la copla. En parejas, haced una pequeña investigación sobre la copla, un género de canción cantada por mujeres durante la posguerra, que disfruta hoy de un singular renacimiento. Con ayuda de tu profesor/a, busca la letra de alguna copla ("Tatuaje", "Ojos verdes", "La otra", "La bien pagá" etc.) y analízala con un compañero/a desde el punto de vista sociológico. ¿A qué creéis que se debe la renovada popularidad de este género? ¿Puede ser una muestra de la "moda retro" de finales de los 90? ¿de la nostalgia por lo auténtico de que hablábamos en la introducción? ¿del mayor protagonismo de la mujer en la cultura?

2. Debate. ¿Es la televisión cultura? En grupos de cuatro, y partiendo de la programación de la televisión española, debatid si la televisión es o no una forma de

cultura nacional o internacional, y si hay mayor contenido cultural en la televisión española o la estadounidense (antes debéis establecer que significa para vosotros "cultura").

VII. La promoción institucional de la cultura: la estrella de Santiago

La estrella de Santiago hace referencia al "logo" adoptado para representar a Santiago, una estrella antropomorfa que camina—referencia a la peregrinación en el Camino de Santiago y a la etimología popular de Compostela (Campo de la Estrella).

Vamos a analizar un anuncio que apareció en la prensa para promocionar a Santiago de Compostela como Ciudad Europea de la Cultura (un título que la Unión Europea concede cada año a diferentes ciudades europeas). Como veremos, el apoyo institucional a la cultura está relacionado más con motivos económicos (atraer turismo) que con la necesidad de "educar al ciudadano" que tenía, por ejemplo, durante la Segunda República. Las imágenes reproducidas en el anuncio son, de izquierda a derecha y de arriba a abajo: campana de la catedral; el cantante Sting en un concierto; la Puerta de Europa (escultura abstracta que marca el inicio del "campus nuevo" de la Universidad); escalera barroca en la iglesia de Santo Domingo de Bonaval (Santiago); imagen de un concierto rock en el nuevo auditorio; escultura moderna en el campus universitario; imagen de un concierto de música clásica.

❖ **Primera lectura**

1. ¿Cuáles son las razones que da el anuncio para visitar Santiago? ¿Qué tipo de actos culturales se van a ofrecer?

2. Santiago es una ciudad histórica y monumental, pero ¿este anuncio apela solamente a la tradición y la historia para promover la ciudad?

3. Analiza las imágenes en el anuncio. ¿Hay una división clara entre lo que tradicionalmente se considera alta cultura y baja cultura—o cultura de masas—en la oferta cultural santiaguesa? ¿A qué tipo de públicos se destina?

❖ **Para conversar o escribir**

1. Si fueras a visitar Santiago en el 2000, ¿qué tipo de acto cultural te atraería más? En grupos de tres, compartid vuestras preferencias. Según la encuesta sobre hábitos culturales de los españoles en este capítulo, ¿cuál atraería más a un español medio?

2. Relaciona este anuncio con otros ejemplos de la marketización de la cultura en la España contemporánea que hemos visto en este capítulo y reflexiona sobre cuáles serían las consecuencias negativas y positivas de este fenómeno.

REPASO Y SÍNTESIS

1. ¿Cuáles han sido dos factores que han determinado el desarrollo de la cultura española contemporánea? Explica algunas de sus consecuencias.

2. ¿Cuáles son algunos aspectos novedosos en el panorama literario español de hoy en día?

3. ¿Qué sucede en España con las expresiones artísticas minoritarias como la danza, la música clásica o el teatro? ¿Cómo sobreviven?

4. Describe la situación actual del cine español.

5. Describe cómo interaccionan la "alta" y "baja" cultura en la España contemporánea, y da algunos ejemplos específicos.

6. ¿Cuál es la situación de las tradiciones y festividades tradicionales de España hoy en día? ¿Cómo han evolucionado con respecto al pasado?

MÁS ALLÁ

1. En grupos de cuatro o cinco: Pedid a vuestro profesor/a que os ayude a encontrar música de: a) cantautores españoles (Joan Manuel Serrat, Joaquín Sabina, Víctor Manuel y Ana Belén, Luis Eduardo Aute etc.), b) flamenco (Camarón de la Isla, Paco de Lucía) y flamenco rock (Kiko Veneno, El último de la Fila), c) pop español (Radio Futura, Los enemigos, Ella baila sola etc.), d) música folk (Kepa Junquera—vasco, Hevia—asturiano, Carlos Núñez—gallego etc.). Cada grupo debe preparar una pequeña presentación musical para la clase, mostrando una variedad de canciones y dando a la clase las letras para que puedan seguirlas. Entre todos, comparad los distintos tipos de música con la música estadounidense. ¿Hay algún tipo de intérprete comparable a estos cantantes o grupos españoles?

2. Literatura femenina. Investiga quiénes son algunas de las principales mujeres escritoras de la España contemporánea. Busca información para presentar a la clase sobre Almudena Grandes, Belén Gopegui, Rosa Montero, Adelaida García Morales, Carme Riera u otras sobre las que encuentres referencias. Es buena idea dar a la clase algún pequeño fragmento de sus obras para mostrar el estilo de las escritoras presentadas.

3. Literatura periférica. Con ayuda de vuestro profesor/a y buscando información en Internet, presentad a la clase algunos de los principales autores contemporáneos en catalán, vasco y gallego. En general, ¿se traducen sus obras al castellano? ¿Qué premios han recibido? ¿Nacionales o regionales? ¿Qué distintas tendencias se encuentran dentro de la literatura de estas regiones?

4. El cine español. Presenta un informe a la clase sobre algunos de los nuevos directores españoles. Puedes proyectar una (o parte de una) película reciente que te parezca atractiva o que te recomiende tu profesor/a. ¿Qué películas españolas son más fáciles de encontrar en una buena tienda de vídeo o en Internet?

5. Conecta con una emisora de radio española en Internet y mira/escucha el tipo de programación que ofrece. ¿Es comparable a la programación habitual de alguna emisora de radio estadounidense?

6. En un periódico español reciente, analiza la programación televisiva y la cartelera de cines y relaciona tus conclusiones con la información vista en este capítulo.

CRÉDITOS

Créditos de fotos

Capítulo introductorio: p. 1: Robert Frerck/Odyssey/Chicago. **p. 3:** Robert Frerck/Odyssey/Chicago. **p. 8:** Peter Menzel. **p. 9:** David Simson/Stock Boston. **p. 19:** David Simson/Stock Boston.

Capítulo 1: p. 25: Mike Mazzaschi/Stock Boston. **p. 27:** Museo Arqueológico Nacional, Madrid/Alinari/Art Resource, NY. **p. 28:** Museo Arqueológico de Sevilla. **p. 29 (left and right):** Museo Nacional de Arte Romano, Mérida. **p. 31 (top):** Robert Frerck/Odyssey/Chicago. **(middle):** Archivo Iconografico, S.A./Corbis. **p. 31 (bottom):** Museo Arqueológico Nacional, Madrid/Giraudon/Art Resource, NY. **p. 33:** Scala/Art Resource, NY. **p. 34:** Archivo Iconografico, S.A./Corbis.

Capítulo 2: p. 44: Robert Frerck/Odyssey/Chicago. **p. 49:** Biblioteca Nacional. **p. 51 (top):** Paul Almasy/Corbis. **p. 51 (bottom):** Trustees of the Victoria and Albert Museum, London. **p. 54:** Archivo Oronoz. **p. 55:** Hirmer Fotoarchiv. **p. 56:** Francese Muntada/Corbis. **p. 58:** Daniel Aubry/Odyssey/Chicago. **p. 59 (top):** Tourist Office of Spain. **p. 59 (bottom):** Robert Frerck/Odyssey/Chicago. **p. 70:** Robert Frerck/Odyssey/Chicago. **p. 72:** Mark Antman: Stock Boston.

Capítulo 3: p. 78: Robert Frerck/Odyssey/Chicago. **p. 80:** Tourist Office of Spain. **p. 81:** Chip & Rosa Maria de la Cueva Peterson. **p. 84:** Archivo Iconografico, S.A./Corbis. **p. 86:** Robert Frerck/Odyssey/Chicago. **p. 87 (top):** Archivo Iconografico, S.A./Corbis. **p. 87 (bottom):** Robert Frerck/Odyssey/Chicago.

Capítulo 4: p. 100: Robert Frerck/Odyssey/Chicago. **p. 103:** Museo del Prado, Madrid/Robert Frerck/Odyssey/Chicago. **p. 106:** Scala/Art Resource, NY. **p. 107:** Archivo Oronoz. **p. 110:** Alinari/Art Resource, NY. **p. 117:** Louvre, Paris/Reunion des Musées Nationaux/Art Resource, NY. **p. 120:** *Geografía e historia de España y de los países hispanicos,* © 1994 Santillana, S.A., p. 157. **p. 121:** American Map Corporation.

Capítulo 5: p. 125: Hospital de la Caridad, Seville/Scala/Art Resource, NY. **p. 128:** Museo del Prado, Madrid/Alinari/Art Resource, NY. **p. 130:** Francis G. Mayer/Corbis. **p. 135:** Scala/Art Resource, NY. **p. 135:** Museo del Prado, Madrid. **p. 142:** The Metropolitan Museum of Art, Fletcher Fund, 1927.

Capítulo 6: p. 151: Tourist Office of Spain. **p. 153:** Corbis. **p. 155:** Museo de Bellas Artes, Seville/Archivo Oronoz. **p. 156:** Museo del Prado, Madrid/Scala/Art Resource, NY. **p. 157:** Archivo Oronoz. **p. 158:** Museo Lazaro Galdianao, Madrid/Giraudon/Art Resource, NY. **p. 159 (top):** Robert Frerck/Odyssey/Chicago. **p. 159 (bottom):** Patrimonio Nacional. **p. 160:** Museo del Prado, Madrid/Robert Frerck/Odyssey/Chicago. **p. 161 (top):** Museo del Prado, Madrid/Erich Lessing/Art Resource, NY. **p. 161 (bottom):** Algur H. Meadows Collection/Meadows Museum/Southern Methodist University/Dallas. **p. 167:** Museo del Prado, Madrid. **p. 172:** Courtesy, Museum of Fine Arts, Boston. Bequest of William B. Babcock.

Capítulo 7: p. 175: Museo del Prado, Madrid. **p. 180:** Servel Fotografic Museu Nacional d'Art de Catalunya. **p. 181:** Museo del Prado, Madrid. **p. 182:** *Estado, nación, patria en España y en Francia, 1870–1914: Estudios de Historia Social.* © 1984 Pierre Vilar 28/2: 7–44. **p. 183 (top):** Peter Menzel/Stock Boston. **p. 183 (bottom):** Superstock. **p. 185:** Museo del

Prado, Madrid. **p. 186:** Museo del Prado, Madrid. **p. 187:** Kuferstichkabinett/Staatliche Museen zu Berlin-Preussicher Kulturesitz. **p. 191:** Real Academia de Bellas Artes de San Fernando, Madrid.

Capítulo 8: p. 203: Museo Nacional Centro de Arte Reina Sofia, Madrid/Giraudon/Art Resource, NY. Copyright ARS, NY. **p. 205:** The Solomon R. Guggenheim Museum, NY. Thannhauser Collection. Photo by David Heald @ The Solomon R. Guggenheim Foundation, NY. Copyright ARS, NY. **p. 206:** *El Color de la Guerra: Spanish Civil War, 1936–1939* by Jordi Carulla and Arnau Carulla © VEGAP, Barcelona, 1999. **p. 207:** The Philadelphia Museum of Art. Accession #1950-134-41. Copyright ARS, NY. **p. 208:** Topham/The Image Works. Copyright ARS, NY. **p. 210:** AFP/Corbis. **p. 216:** *Geografía e Historia de España y de los países hispanicos* © 1994 Santillana, S.A. **p. 220:** Fundación Federico García Lorca. **p. 222:** *Lorca: The drawings* © 1986, Helen Oppenheimer. **p. 227:** Postermil.

Capítulo 9: p. 237: Robert Frerck/Odyssey/Chicago. **p. 238:** Robert Frerck/Odyssey/Chicago. **p. 242:** Owen Franklin/Stock Boston. **p. 243:** Robert Frerck/Odyssey/Chicago. **p. 244:** Peter Menzel. **p. 246:** Robert Frerck/Odyssey/Chicago. **p. 247:** David Simson/Stock Boston. **p. 248:** Archivo Oronoz. **p. 255:** Xurxo Lobato. **p. 256:** Cartoon by Castelao *(Os Nosos Humoristas).* **p. 259:** Peter Menzel. **p. 264:** Robert Frerck/Odyssey/Chicago. **p. 265:** Peter Menzel/Stock Boston.

Capítulo 10: p. 267: AP Photo/Jon Dimis. **p. 271:** Courtesy, Airtel. **p. 272:** Courtesy, Sanitas Corporate. **p. 273:** Dave Bartruff/Stock Boston. **p. 274:** Courtesy of Camper. **p. 275:** Robert Frerck/Odyssey/Chicago. **p. 276 (top):** Peter Menzel/Stock Boston. **p. 276 (bottom):** Courtesy, Instituto de Empresa. **p. 278 (top left):** David Simson/Stock Boston. **p. 278 (top right):** Mike Mazzaschi/Stock Boston. **p. 278 (bottom):** UGT, CCOO, USO, and FETICO. **p. 279:** Courtesy, Miguel Torres, S.A. **p. 280:** Cartoon by Bellesca, *Cambio 16,* April 30, 1999. **p. 283:** Telenium.

Capítulo 11: p. 285: Robert Frerck/Odyssey/Chicago. **p. 286:** Robert Frerck/Odyssey/Chicago. **p. 290:** Cartoon by Forges from *El País.* **p. 291:** España con ACNUR. **p. 292:** Ministerio de Defensa. **p. 293 (top and bottom):** Robert Frerck/Odyssey/Chicago. **p. 301:** Robert Frerck/Odyssey/Chicago. **p. 306:** Courtesy, Airtel.

Capítulo 12: p. 310: *¡Hola!* Magazine. **p. 312:** AP Photo/Kevork Djansezian. **p. 313:** Robert Frerck/Odyssey/Chicago. **p. 314:** Charles Kennard/Stock Boston. **p. 315:** Peter Menzel/Stock Boston. **p. 317:** Robert Frerck/Odyssey/Chicago. **p. 318:** *¡Hola!* Magazine, March 30, 2000. **p. 319:** Tourist Office of Spain. **p. 320 (top and bottom):** Fundación Santander Central Hispano. **p. 322:** AP Photo/Laura Rauch. **p. 329:** *El País,* November 14, 2000. **p. 331:** *El País Semanal,* March 12, 2000.

Créditos de textos

Capítulo introductorio: pp. 9–10: "Una visión reduccionista de la geografía española": Sopeña Monsalve, Andrés. *El Florido Pensil: Memoria de la escuela nacional católica.* Barcelona: Crítica, 1995: 164. **p. 19:** "Paella valenciana": Jacki Passmore, *The Complete Spanish Cookbook,* Boston: Charles E. Tuttle, 1993: 125. **p. 20:** "Merluza a la sidra": Jacki Passmore, *The Complete Spanish Cookbook,* Boston: Charles E. Tuttle, 1993: 306.

Capítulo 1: p. 35, textos A y B: Narciso Santos Yanguas. *Textos para la historia antigua de la Península Ibérica.* Oviedo: Asturlibros, 1980: 15. **p. 36, "Igualmente…":** Narciso Santos Yanguas. *Textos para la historia antigua de la Península Ibérica.* Oviedo: Asturlibros, 1980:

25. **p. 36, "Los habitantes…":** Narciso Santos Yanguas. *Textos para la historia antigua de la Península Ibérica.* Oviedo: Asturlibros, 1980: 19–20. **p. 37:** Narciso Santos Yanguas. *Textos para la historia antigua de la Península Ibérica.* Oviedo: Asturlibros, 1980: 79–80. **p. 39:** Narciso Santos Yanguas. *Textos para la historia antigua de la Península Ibérica.* Oviedo: Asturlibros, 1980: 232. **p. 40:** Narciso Santos Yanguas. *Textos para la historia antigua de la Península Ibérica.* Oviedo: Asturlibros, 1980: 301–302. **p. 41, "En la era…":** Fernando de García de Cortázar. *Biografía de España.* Barcelona: Galaxia Gutenberg, 1998: 80. **p. 41, "En el sínodo…":** Fernando de García de Cortázar. *Biografía de España.* Barcelona: Galaxia Gutenberg, 1998: 80. **pp. 41–42, "Segúel mandato…":** Fernando de García de Cortázar. *Biografía de España.* Barcelona: Galaxia Gutenberg, 1998: 82–83.

Capítulo 2: pp. 61–62: Alfonso X El Sabio, *Estoria de España.* Antologia. Ed. Reinado Ayerbe-Chaux; versión paleográfica, R. Mdez. Pidal Madrid: J. Porrúa Turanzas, [1982?]: 34–35, 204–205, 214. **pp. 63–64:** *Cantar de Mío Cid.* Ed. Francisco A. Marcos Marín. Madrid: Biblioteca Nueva, 1997: 250–255. **p. 65:** Felipe Fernández-Armesto. *Antes de Colón.* Madrid: Cátedra, 1993: 99–100. **p. 66:** *Romancero español* (Antologia). Edition and introduction, Felipe C.R. Maldonado. Madrid: Taurus. 1987: 32. **p. 67:** Juan Beneyto Pérez. *Textos políticos españoles de la Baja Edad Media.* Madrid: Instituto de Estudios Políticos, 1944: 296. **p. 69:** Ramón Villares, Xosé, Xan Moreno, and Emilio Ulloa. *Textos de materiales para a Historia de Galicia.* Barcelona: Crítica, 1990: 67, 82–83. **p. 71, texto A:** Narciso Santos Yanguas. *Textos para la historia antigua de la Península Ibérica.* Oviedo: Asturlibros, 1980: 68. **p. 72:** *Cuzary: Dialogo Filosofico, Yehuda Ha-Levi.* Madrid: Victoriano Suarez, 1910: 12–13. **p. 73:** *Romancero español* (Antologia). Edition and introduction, Felipe C.R. Maldonado. Madrid: Taurus. 1987: 87–88. **p. 74:** Mercedes Quixas Zas, *Os trobadores do Reino de Galiza. Martin Codax, Mendiño, Xoan de Cangas.* Galicia: A Nosa Terra, 1998: 60–61. **p. 75:** Ibn Hazm de Córdoba. *El collar de la paloma. Tratado sobre el amor y los amantes.* Traducido por Emilio García Gómez. Madrid: Alianza Editorial, 1981: 101, 190–191. **p. 76:** Arcipreste de Hita, *Libro del Buen Amor.* ed. María Brey Mariño, Castalia ("Odres Nuevos"): Madrid, 1976: verses 71–73, 76.

Capítulo 3: pp. 89–90: Fernando Díaz-Plaja, *Historia Documental de España.* Madrid: Guadiana, 1973: 148, 41. **pp. 90–91:** Fernando Díaz-Plaja, *Historia Documental de España.* Madrid: Guadiana, 1973: 130. **p. 91, texto B:** Miguel Angel Motis Dolader. *La expulsión de los judios del reino de Aragon.* Zarazoga: Diputación General de Aragon, Departamento General de Cultura y Educación, 1990: 196–199. **pp. 92–93, textos A y B:** Fernando Díaz Plaja, *Historia de España en sus documentos. Siglo XVI.* Madrid: Cátedra, 1988: 24–26. **p. 93:** Francisco Morales Padrón. *Primeras cartas sobre America (1493–1503).* Seville: Raimundo, 1992: 74–81. **pp. 95–96:** Jorge Manrique, *Coplas,* Mexico, D.F.: Miguel Angel Porrua (series "Divertimientos"), 1980: 21, 58–59. **p. 97:** *Rojas,* Fernando de La Celestina. Ed Bruno Mario Damiani. Madrid: Catedra, 1982: 58–59, 67–68.

Capítulo 4: p. 111: *Poesía renacentista.* Garcilaso y Fray Luis. Ed Milagros Roa Sanchez. Madrid: McGraw-Hill (Clasicos literarios), 1996: 153. **p. 113:** *Poesía renacentista.* Garcilaso y Fray Luis. Ed Milagros Roa Sanchez. Madrid: McGraw-Hill (Clasicos literarios), 1996: 159–160. **p. 114:** Alfonso de Valdés. *Diálogo de las cosas ocurridas en Roma.* Madrid: Espasa-Calpe, 1956: 138–139. **pp. 115–116:** *La vida del Lazarillo de Tormes, y de sus fortunas y adversidades.* Ed. Jose Maria Reyes Cano. Barcelona: Biblioteca Hermes (Clasicos Castellanos), 1997: 84–87, 90. **p. 117:** "Letter from capitan and reading of requerimiento": Fernando Díaz Plaja, *Historia de Espana en sus documentos. Siglo XVI.* Madrid: Cátedra, 1988: 113. **pp. 118–119:** Jose A. Alvarez Oses, A. Saban Gutierrez, G. Martin Redondo, Juan A. Sanchez y Garcia-Sauco. *Geografía e Historia de España y de los países hispánicos.* Madrid:

Santallana, 1994: 141. **pp. 119–120:** Fernando de García de Cortázar. *Biografía de España.* Barcelona: Galaxia Gutenberg, 1998: 210–211. **p. 122, textos A y B:** Santa Teresa de Jesús. *Libro de su vida.* Ed. Damaso Chicarro. Madrid: Cátedra, 1979: 121, 197–198.

Capítulo 5: p. 137: "Poderoso caballero es Don Dinero", Francisco de Quevedo, *Poemas escogidos.* Ed. Jose Manuel Blecua. Madrid: Clascos Castalia, 1972: 229–232. **p. 139:** "A una mujer que se afeitaba y estaba hermosa", Bartolome Leonardo de Aregensola. *Rimas. II.* Ed. Jose Manuel Blecua. Madrid: Espasa-Calpe, 1974: 256. **p. 140:** Lope de Vega. *Peribañez y el Comendador de Ocaña.* Ed. Juan Maria Marin. Madrid: Cátedra, 1980: 76–77. **p. 142:** Pedro Calderón de la Barca. *El alcalde de Zalamea.* Boston: D.C. Health, 1918: 52–53. **pp. 144–145:** Cervantes, Miguel de. *El ingenioso hidalgo Don Quijote de la Mancha.* Ed. Martín de Riquer. Barcelona: Planeta, 1992: 994–995. **p. 145, texto A:** Fernando de García de Cortázar. *Biografía de España.* Barcelona: Galaxia Gutenberg, 1998: 235. **p. 146:** Francisco Manuel de Melo. "Separación y guerra de Cataluña." Fernando de García de Cortázar. *Biografía de España.* Barcelona: Galaxia Gutenberg, 1998: 236–237. **pp. 147–148:** "Madrid, 4 de febrero de 1694". De Baumgarten a Prielmayer: Autor: Adalbert, Prince of Bavaria, *Documentos inéditos referentes a las postrimerías de la Casa de Austria en España,* Madrid: Revista de Arch., Bibli. y Museos, 1927, Volume II, pp. 164–165. **p. 148:** Fernando de García de Cortázar. *Biografía de España.* Barcelona: Galaxia Gutenberg, 1998: 250.

Capítulo 6: p. 164, textos A y B: Jose A. Alvarez Oses, A. Saban Gutierrez, G. Martin Redondo, Juan A. Sanchez y Garcia-Sauco. *Geografía e Historia de España y de los países hispánicos.* Madrid: Santillana, 1994: 183. **p. 166:** Jose A. Alvarez Oses, A. Saban Gutierrez, G. Martin Redondo, Juan A. Sanchez y Garcia-Sauco. *Geografía e Historia de España y de los países hispánicos.* Madrid: Santillana, 1994: 183. **p. 167:** Jose A. Alvarez Oses, A. Saban Gutierrez, G. Martin Redondo, Juan A. Sanchez y Garcia-Sauco. *Geografía e Historia de España y de los países hispánicos.* Madrid: Santillana, 1994: 183. **p. 168:** Jovellanos "Informe sobre la ley agraria", Fernando de García de Cortázar. *Biografía de España.* Barcelona: Galaxia Gutenberg, 1998: 264. **p. 169:** Jose A. Alvarez Oses, A. Saban Gutierrez, G. Martin Redondo, Juan A. Sanchez y Garcia-Sauco. *Geografía e Historia de España y de los países hispánicos.* Madrid: Santillana, 1994: 185. **pp. 170–171:** Jose A. Alvarez Oses, A. Saban Gutierrez, G. Martin Redondo, Juan A. Sanchez y Garcia-Sauco. *Geografía e Historia de España y de los países hispánicos.* Madrid: Santillana, 1994: 187. **p. 171, texto B:** José de Cadalso. "Cartas marruecas". Fernando de García de Cortázar. *Biografía de España.* Barcelona: Galaxia Gutenberg, 1998: 262.

Capítulo 7:   pp. 187–188: Fernando Díaz-Plaja, *Historia Documental de España,* Madrid: Guadiana, 1973: 345. **p. 189:** Fernando Díaz-Plaja, *Historia de Espana en sus documentos. Siglo XIX.* Madrid: Cátedra, 1983: 95–97. **p. 190:** Fernando Díaz-Plaja, *Historia de Espana en sus documentos. Siglo XIX.* Madrid: Cátedra, 1983: 121–122. **pp. 191–192:** Bécker, Jerónimo. "Exposición de D. Javier de Burgos, desde París, el 24 de enero de 1826 a Don Fernando VII". Fernando Díaz-Plaja, *Historia de Espana en sus documentos. Siglo XIX.* Madrid: Cátedra, 1983: 148. **p. 192:** Fernando Díaz-Plaja, *Historia Documental de España,* Madrid: Guadiana, 1973: 378–379. **pp. 193–194:** Mariano José de Larra. *Artículos.* Madrid: Castalia Didáctica, 1990: 114–115, 119–120. **p. 195:** José de Esproceda. *Esproceda. II. El diablo mundo.* Ed. J. Moreno Vila. Madrid: Espasa-Calpe. 1995: 58–59, 64, 68. **p. 196:** Emilia Pardo Bazán. *La tribuna.* Madrid: Cátedra, 1993: 239. **p. 198:** Fernando de García de Cortázar. *Biografía de España.* Barcelona: Galaxia Gutenberg, 1998: 351. **p. 199:** Fernando de García de Cortázar. *Biografía de España.* Barcelona: Galaxia Gutenberg, 1998: 361.

Capítulo 8: p. 216: José A. Hernández, Flora Ayuso, Marina Requero. "Una visión conservadora de la Semana Tragica". *Historia de España. Libro de materiales.* Akal: Madrid,

1997: 129. **p. 218:** José A. Hernández, Flora Ayuso, Marina Requero. "Constitución de 1931". *Historia de España. Libro de materiales.* Akal: Madrid, 1997: 158. **p. 219:** Luis Buñuel. *Mi último suspiro (memorias).* Barcelona: Plaza y Janes, 1982: 58, 62, 65–66. **p. 221:** José A. Hernández, Flora Ayuso, Marina Requero. *Historia de España. Libro de materiales.* Akal: Madrid, 1997: "Programa de la Asociación de Mujeres Españolas", 153. **pp. 222–223:** Neruda, Pablo. "Esplico algunas cosas". *Antología poética.* Ed. Rafael Alberti. Madrid: Espasa-Calpe, 1983: 99–101. **pp. 223–224:** José A. Hernández, Flora Ayuso, Marina Requero. "El batallon norteamericano Abraham Lincoln" se incorpora a las Brigadas Internacionales. *Historia de España. Libro de materiales.* Akal: Madrid, 1997: 180. **p. 225:** José A. Hernández, Flora Ayuso, Marina Requero. "El bombardeo de Guernica: la version del Gobierno vasco". *Historia de España. Libro de materiales.* Akal: Madrid, 1997: 181. **p. 226:** Camilo José Cela. *La colmena.* Edición, introducción y notas de Raquel Asún. Madrid: Clásicos Castalia, 1984: 325–326. **p. 227:** José A. Hernández, Flora Ayuso, Marina Requero. *Historia de España. Libro de materiales.* Akal: Madrid, 1997: 202. **p. 228:** Carmen Martín Gaite. *El cuarto de atrás.* Barcelona: Ediciones Destino, 1979: 92–96. **pp. 229–230:** Juan Goytisolo. *Señas de identidad.* Madrid: Alianza, 1999: 433–435. **p. 231:** *Constitución española.* Madrid: Boletín oficial del estado, 1982: 21, 26, 27, 31.

Capítulo 9: p. 249: *Constitución española.* Madrid: Boletín oficial del estado, 1982: 21–22, 94–95. **p. 250:** "El Rey elogia el papel de las Fuerzas Armadas en operaciones internacionales y humanitarias", *El País.* January 7, 2000. Section: España, 15. **pp. 251, 253:** Rosalia de Castro, *Cantares gallegos.* Ed. Ricardo Carballo Calero. Madrid: Cátedra, 1975: 92–95. **p. 255:** "Aniversario de la muerte de Castelao. 'Hespaña'", *El País.* January 7, 2000. Section: España, 18. **p. 257:** "El Segadors" text de L'Himne Nacional. http://www.gencat.es/simbols/chimne.htm **pp. 259–260:** Salvador Espriu. *Antología lírica.* Ed. Jose Battlo. Madrid: Cátedra, 1978: 256–259. **pp. 260–261:** Jean-Claude Larrond. *El nacionalismo vasco. Su origen y su ideología en la obra de Sabino Arana-Goiri.* Ed. Txertoa. San Sebastian, 1977?: 258. **p. 261, texto b:** Fernando de García de Cortázar. *Biografía de España.* Barcelona: Galaxia Gutenberg, 1998: 405–406. **p. 262:** "Foro Ermua". Fernando de García de Cortázar. *Biografía de España.* Barcelona: Galaxia Gutenberg, 1998: 434–436. **p. 263:** Gabriel Aresti. *Maldan Gehera/Harri eta herri.* Ed. Javier Atienza. Madrid: Cátedra, 1979.

Capítulo 10: p. 277, texto A: "Escritores y académicos defienden en un volumen el precio fijo de los libros. Temen la desaparición de las pequeñas librerías". *El País.* October 3, 2000. Section: Sociedad, 38. **p. 277, texto B:** "Los 'super' de barrio desplaza a las pequeñas tiendas tradicionales", *La Voz de Galicia,* Section: Economía, 77. **pp. 280–281:** "Una alternativa al dólar como moneda referente interacional". *El País.* January 10, 1999. Section: Supplement Negocios, 19. **p. 281:** *El País.* October 8, 2000. Section: Sociedad. "Ejecutivas españolas dirigen el 31% de las empresas, según el Ministerio de Trabajo", 35. **p. 282:** "La localización de la actividad económica en España". *Contemporary Spain: essays and texts on politics, economics, education, employment, and society.* Teresa Lawlor and Mike Rigby. London; New York: Longman, 1998: 186.

Capítulo 11: p. 295: "España es una de las sociedades mas tradicionales de la Unión Europea, según las estadisticas de Eurostat", *El País.* June 25, 1999. Section: Sociedad, 36. **p. 296, texto B:** "España destina siete veces menos recursos en ayudas a las familia que la media europea", *El País.* November 1, 2000. Section: Sociedad, 40. **pp. 296–297, texto C:** "Exigencias de una paternidad generosa", *El País.* December 22, 1999. Section: Sociedad, 34. **p. 297, texto D:** (Salvadore Finer y Sebastián Sarasa. "Religión, política y modernidad en España") Christopher J. Ross, *Contemporary Spain: A Handbook,* London: Arnold, 1997:

365–366. **pp. 298–299:** "Las instituciones madrileñas echan de un poblado a 100 familias rumanas", *El País.* July 9, 1999. Section: España, 26. **pp. 299–300:** "No se como estoy hablando aquí y no estoy muerto". *El País.* February 8, 2000. Section: España, 18. **p. 300, texto C:** "Un informe del Congreso revela que el 95% de la población chabolista de España es gitana". *El País,* February 24, 1999. Section: Sociedad, 36. **pp. 300–301, texto C:** "El romanó, en peligro". *El País,* February, 24, 1999. Section: Sociedad, 36. **p. 301, texto C:** "Las asociaciones gitanas piden más dinero y un plan nacional de apoyo." *El País,* February, 24, 1999. Section: Sociedad, 36. **pp. 302–303:** "Una mujer muere en Barcelona tras ser apaleada por su marido", *El País,* September 27, 2000. Section: Sociedad, 29. **p. 303:** "Más de la mitad de las denuncias de malos tratos no prosperan". *El País,* June 25, 1999. Section: Sociedad, 39. **p. 303:** "Antonio ya no es un 'peligro social'", *El País,* September 27, 2000. **pp. 304–305:** "Tres de cada cuatro estudiantes de la Universidad viven en casa de sus padres", *Faro de Vigo,* January 7, 2000. Section: Vigo, 4. **p. 305:** "El 52% de los adolescentes toma droga cuando va a una discoteca", *El País,* November 4, 2000. Section: Sociedad, 32. **pp. 305–306:** "'Bip, bip' en los pupitres", *El País,* January 24, 2000, Section: Sociedad, 27. **p. 306:** "Usarios cada vez más jovenes para una negocio en alza: Movilmanía", *El País,* January 24, 2000, Section: Sociedad, 27. **pp. 307–308:** "Los intelectuales frente a las humanidades", *El País,* October 30, 2000. Section: Sociedad, 38.

Capítulo 12: p. 323: "La SGAE certifica que la mitad de los españoles nunca lee ni va al cine". *El País,* January 27, 2000, Section: La cultura, 37. **pp. 324–325:** "La narrativa española, de ayer y hoy". *El País,* December 5, 2000. Section: La cultura. **pp. 325–326:** "La vitalidad de las Comunidades", *El País,* May 29, 1999. Supplemento cultural: Babelia, 24. **p. 327:** Laura Fleixas. *Literatura y mujeres. Escritoras, público y crítica en la España actual.* Barcelona: Destino, 2000: 17–20. **p. 328:** Angel Mañas and Gullón, Germán, *Historias del Kronen.* Barcelona: Ediciones Destino, 1998: 66–67.

GLOSARIO

abad: abbot

abarcar: to cover; to include

abastecimiento: supply

abastos: supply of goods

abrasar: to burn

acatamiento: observance, compliance

acatarrado: have a bit of a cold

acercarse: to bring near; to approach

acerbo: cruel

acero: steel

acertado: accurate

acierto: accuracy, skill

acoger: to welcome

acometer: to attack; to begin

acontecimiento: event

acudir: to go

acudir al juicio: to go to court

acuñar: to coin, to mint

adarga: leather shield

adquirir: to acquire, to purchase

Adriático: part of the Mediterranean Sea between Italy and Yugoslavia

afán: desire

afilar: to sharpen

afín: related, similar

agravio: offense, insult

agilización: facilitation

agotado: exhausted, used-up

agradar: to like

agropecuario: pertaining to livestock and agriculture

agrupación: group, association

agudizar: to intensify, to heighten

ahogar: to drown

ahorcar: to hang

airado: angry

ajusticiado: executed

albahaca: basil

Albaicín: neighborhood of Granada

albergar: to house

alborozo: joy, elation

alcachofa: artichoke

alcalde: mayor

alcázar: castle/palace

alegato: allegation, claim

alejar: to move away

alentar: to encourage

Alhambra: huge palace complex, of extraordinary decorative splendor, that still exists in Granada

Alixares: summer castle of the royalty of Granada that no longer exists

aljama judía: Jewish ghetto or quarter

almejas en su concha: clams in their shell

almena: battlement

Alpujarras: mountainous zone near Granada

alumbrado: lighting

alteza: Highness

amarga: bitter

ámbito: field, domain

amenazar: to threaten

a menudo: frequently

anden señores de sí mismos: let them be happy with just themselves

ansí: thus, in this way; *así*

ansia: uneasiness

apaleado: beaten to death

apedrear: to throw stones at

apelación: appeal

apelar a: to resort to

apertura: opening

apetecido: appealing

apio: celery

apodado: nicknamed

aportación: contribution

apremiante: urgent

aprietar el paso: to walk more quickly

apuñalado: knifed

Aquitana: Aquitaine, Roman province in southern Gaul (now France); its capital was Toulousse, and it became a kingdom under the Visigoths

arco y flecha: bow and arrow

ardilla: squirrel

armarse: to put on armor; to get weapons

arraigado: rooted, long established

arrancar: to tear out

arrastrar las inmundicias: to carry away the trash

arras y dote: dowry

arrasado: devastated

arriate: flower bed

arriendan: lease

arrodillarse: to kneel down

arroyo: stream

asa: handle

asequible: accessible

astillero: dry-dock, shipyard

atabalero: tambour player

atado: tied

atenazado: paralyzed

atentado: threat, assault

Atxaga: Bernardo Atzaga, Basque writer, winner of the Premio Nacional de Narrativa in 1989

audaz: bold

Audiencia: High Court

auge: peak, boom, increased production

augurar: to predict

Augusta Emérita: what is known today as Mérida Extremadura

autóctono: indigenous, inhabitant of Egido

autovía: highway

avaricia: greed

averiguar: to find out

avivar el seso: to stir up your mind

ayunando: fasting

ayuntamiento: town or city council; city hall

azafrán: saffron

azotar: to beat

azote: lash, whip

azucena: white lily

bahía: bay

bakala: name of a group of youths, urban tribe

baluarte: stronghold, bastion

barraca: hut

barrizal: muddy place

bastón: staff, walking stick

beldad: beauty

belicista: militaristic

bellota: acorn

Berbería: northern Africa

berenjena: eggplant

Betis: what is known today as Río Guadalquivir

bienaventurado: blessed

bip, bip: sound of a cellular phone ringing

bodega: wine cellar

bombardeo: bombing

bonanza: prosperity

bondad: kindness

bosque bajo: forest of bushes and small trees

bota de vino: wineskin

brote: bout

burguesía: middle class

burlar: to trick; to make fun of

burlesco: comic

cabello: hair

cabo: cape, end

cabotaje: coastal sailing

caciques: Indian leaders

cada vez más: increasingly, more and more

cadena: chain

Caesaraugusta: Zaragoza Aragón

calabaza: pumpkin

calabozo: underground cell, dungeon

caldo: broth, stock

cálida: hot, warm

califa: caliph

calificativo: qualifying

Callao: harbor in Lima (Peru)

callejero/a: of the street, pertaining to the street

calumnia: slander

calzada: roadway, avenue

cambiador: moneychanger

campiña: countryside

cántabros: inhabitants of Cantabria

cantidad: quantity

caña: reed

cañón: cannon, canyon

capilla: chapel

Capitulaciones: the treaty of surrender

carabela: caravel, ship used mainly in the XVI century

caracoles: snails

carecer: to lack

carencia: shortage, deficiency

carestía (de la vida): high cost of living

carga: demand, request; load, freight

caritativamente: charitably

carroza: carriage

Carta Magna: the Spanish Constitution

castaño: chestnut tree

castigar: to punish

cata a ciegas: blind wine testing

catedrático: tenured university professor

cauces: the means; *literally,* riverbeds

caudal: wealth, abundance

caudalosos: high volume of water

caudillo: leader/commander

cayado: shepherd's hook shaped like an S

cayena: cayenne pepper

caza: hunt

CCOO: Comisiones Obreras; Communist Workers Union in Spain

cebada: barley

celo: devotion

ceniza: ash

centella: spark

ceñir: to surround

cercano: near, close

cercar: to fence, enclose

cetro: scepter

chabolas: shanty town

chabolista: inhabitant of a shanty town

chapuza: job, odd job; unimportant work

chis: shh!

chispa: spark

chivo: young goat

chocolate con churros: hot chocolate accompanied with fried dough, a popular Spanish snack

choza: shack

cíclope: Cyclops, mythical giant with only one eye

ciego: blind

ciervo: deer

cifra: number, figure

cimientos: foundation

cirujano: surgeon

CIS: Centro de Investigaciones Sociológicas; Center for Research in Sociology

clero: clergy

clima: climate

cobardía: cowardice

cobre: copper

cobijarse: to take shelter

codiciado: coveted

colar: to squeeze past

colgar: to hang

colocar: to place, to put

Comendador: military commander

comisaría: police station

como un oro: said of valuable person

comparsa: masquerade, costumed group

comprobar: to check

componer: to fix

concebir: to conceive; to imagine

concejal: councilman

condena: imprisonment

conejo: rabbit

concertar: to decide; to bring together

concurrir: to come together

conferir: to confer, to bestow

confines del orbe: ends of the world

conjunto: group, collection

consagrar: to consecrate; to devote

consejo: committee

contendiente: contender

contino: continually

contundente: drastic

convidar: to invite

conviene: appropriate

convivencia: coexistence

corredor: town hall clerk

correo: mail

correr toros: (Old Spanish) to watch bullfights

corriente del Golfo de México: Gulf Stream

corromper: to corrupt

coros: choirs

correa: strap

cortados en aros: cut in rings

cosechar: to harvest; to earn
creciente: growing, increasing
credo: creed
creador: (Old Spanish) Dios
criar: to raise
criar ganado: raise cattle
crisoles: melting pots
cruento: bloody
cuán: how
cuán presto: how soon
cuenca: river basin
cuenta: account
cuentos: unit of money
cuerdo: sane, sensible
cumbre: peak
curarse: to worry
cuyo: whose, of whom, of which

daneses: the Danish
dañar: to harm
decantarse por: to prefer
declive: decline, slope
decreto: decree
de hecho: in fact
delfín: the prince who is heir to the French throne
delictivo pretérito: past delinquency
demoledor: destructive
deplorado: deplored
Derecho: "Roman Law"; in a wider sense, law
derogar: to abolish
derramado: spread
derrotar: to defeat
desalentar: discourage
desalojar y derribar: evict and destroy
desatar: to unleash
desavenencia: enmity
desayudar: to not help
descabezar: to take off heads
descenso: drop/descent
descepe: uprooting
descrédito: devaluation; discredit; disrepute
descuajar: to liquefy; to discourage
desembocadura: mouth of a river
desgaste: deterioration
desilusión: disappointment
desolada: desolate, deserted

despacho: shipment
despojo: booty
desprender: to loosen; to emit
desprenderse de: to get rid of something
desprestigiar: to disgrace
desta: of this one, pertaining to this one
destacar: to emphasize
desterrado: exile
destinos: the profession
destreza: skill
desvío: detour
día: day; on the Saint's day
dichosamente: happily
dictado: dictation
dientes de ajo: cloves of garlic
diferir: to postpone, to defer
diseño: designer drugs
disparar: to fire a gun
dispuesto: prepared
do: where
doblón: monetary unit used in Spain in the 17th century
don: Sir, a title of nobility
doquiera: wherever
dorar: to paint with golden color

edad ligera: fleeting times
efímero: ephemeral
ejercer: to exercise
ejército: army
El camino francés: part of the route used by the French pilgrims
emanar de: to emanate
embalses: reservoirs
embarazo: obstacle
embriaguez: drunkenness
emparentado: related
empero: but
emprender: to undertake
enajenar: to alienate
encaramar: to help to succeed; to climb
encarar: to face
encarecer: to increase
encuesta: poll
en dados: diced
ende: thereby
en detrimiento: harming

enfrentar: to confront, to face
englobada: included
engolfarse: to become absorbed
enhiesto: straight and long
en jaspes sustentado: supported by jasper columns
enseña: insignia
enredada: twisted
ensombrecer: to cast a shadow
entrambos: both
enturbiar: to cloud
envejecer: to age
epigrafía: epigraphy; the study of inscriptions
ermitaño: hermit
errabundo: without a set direction
escalofriante: horrifying
escarmiento: punishment
escasez: shortage
esclava: slave
escombros: rubble
escoceses: the Scottish
escudero: squire
escudo: monetary unit of the period
esfera: sphere
es harto temerosa: they are such cowards
espada: sword
Española: the island of Hispañola, which is comprised of Haiti and the Dominican Republic
espejismo: mirage
espiga: grain
espinacas: spinach
espolvorear: to sprinkle
esponja: sponge
es menester: it is necessary
esquema: outline
esquilmar: to exhaust and impoverish the land
estallar: to explode; to burst out
estado: estate, large house
estallido: explosion
estaño: tin
estercolero: dungheap
estremecerse: to make shudder
estrenar: to premiere
estribillo: refrain, chorus
estrofa: stanza
etiqueta: label

euskaldunes: vascos
evadan bienes: smuggle goods
exigencia: demand
expuesto: exposed, hazardous
extraer: to extract

Falange: La Falange Española, right-wing, ultra-Catholic political party founded by José Antonio Primo de Rivera
farda: is cool
farola: street light
fecundidad: fertility
Federico: Federico García Lorca
férrea: of iron
FETICO: Federación Española de Trabajadores Independientes del Comercio; Spanish Federation of Commercial Independent Workers
fiero: fierce; ugly
filigrana: filigree, watermark
filología: philology
fingir: to feign, to pretend
fisco: treasury
floreciente: flourishing
florones: flower decorations
fracaso: failure
fraguarse: to forge; to organize
fraile: friar, monk
frailes negros: black friars
franja de edad: age group
frenar: to curb
frenado: curbed, stopped
F. Toledano: Fray Toledano; name of Cardinal Cisneros, who belonged to the Franciscan order and was Archbishop of Toledo
fuente: source
fuero: law
fugaz: brief, fleeting
fulminante: devastating
funcionario: bureaucrat; civil servant

Galia: Gual, province of the Roman Empire (today France)
gallarda: valiant
gambas: shrimp or prawns
gentilidad: gentile; gentile religion
geranio: geranium
gesta: deed, exploit

gesto: gesture
ginecocracia: *literally,* "government of women"
gobernadores de la cruz: Christians
Godoy: favorite minister of Carlos IV
gozar: to enjoy
grave: serious; huge
guardar: to protect
grueso: thick, bulky
guerra civil: civil war
guión: script
guisantes: green peas
guita: *slang:* money

haber de compaginar: should combine
hábilmente: skillfully
hacer falta: to miss
hacia: toward
hallar: to find; to discover
harén: harem
harina para rebozar: flour for coating
has de ser: you ought to be
haya: birch tree
haz: military formation
hazaña: feat, exploit
hechicera: witch
helar: to freeze
hembra placentera: a pleasing woman
heredero: heir
herejía: heresy
herencia: inheritance; heritage
Herri Batasuna: political party that supports the ETA, legalized in 1986
hierbabuena: spearmint
hilar: to consider
Hispania: the Iberian peninsula, under Roman rule
histórico: historic
hogar: home
hoguera: bonfire
hombre de tomo: bookish man
hondo: deep
horadar: to pierce
horno: oven
hortofrutícolas: cultivation of vegetables and fruits
hospedero: innkeeper
hoz: sickle

huérfano: orphan
huella: mark, impact
huerta: orchard, garden
huestes: army
huir: to avoid
hundirse: to break down

impelido: driven
impericia: lack of expertise
impiedad: impiety
imponente: impressive
impresa: printed
imprescindible: very necessary
indagar: in inquire into
inercia: inertia, apathy
infante: title of nobility
infiel: unfaithful
infraviviendas: rustic housing without the necessary services to live, such as water and electricity
ingente: huge, enormous
inmundicia: filth
insalubre: unhealthy
insigne: famous
insostenible: untenable
inundado: flooded
invernadero: greenhouse
involucrar: to implicate; to involve
istmo: isthmus

jarrón: vase
Jonia: part of Greece where the foceos lived
Juana: Cuba
Judicaturas: Court decisions; legal processes
juglares: minstrels
junco: reed
jurado: jury
jurar: to swear an oath
juro a Cristo: swear to God!

Kázaro: kázaros' king

labrado: cultivated
labrador: farmer
lacras seculares: problems and flaws throughout centuries
lagar de vino: wine press
lágrima: tear

laico: secular

lanza: spear

latente: latent

latifundio: large estate

legañoso: miserable; *literally,* with sleep in one's eyes

legos: lay people

legua: league, a nautical measurement

lema: slogan

lentitud: slowness

Leovigildo: Visigoth king that unified the Peninsula

leridano: of Lleida or Lerida, province of Cataluña

levantamiento: uprising

limítrofe: bordering, adjoining

limosna: alms

lisonjear: to flatter

lisonjera: flattering

llevanza: tenancy

llevar a cuesta: to carry on one's back

lodo inmundo: disgusting mud

lograr: to obtain; to achieve

longevo: a person who lives for many years

loriga: armament made of small conjoined pieces of metal

lucir: to shine

lucero: star

lugareño: inhabitant of a town

lujo: luxury

lujuria: lust

lumbre: fire

machado: crushed

Madrileño: from Madrid

madrugada: the early morning, dawn

magrebíes: of Magreb, north Africa

maricón: *offensive slang:* homosexual

mariquita: *offensive slang:* homosexual

malos tratos: abuse

maltrecha: damaged, battered

mancillado: stained, sullied

mandarín: a variant in a language that becomes the standard for that language, as it happened with the mandarin variant among the many dialects of China

maniobrar: to maneuver

maravedí: medieval unit of money

marchitar: to wilt, to wither

mármol: marble

Mars: God of war in Roman mythology

marujas: housewives; disparaging name for a woman

mas: but

Matinino: an island mentioned in letters written by Columbus, that corresponds to modern Martinique

matiz: nuance

medida: measure, extent

mejillones: mussels

menester: necesity

menoscabo: lessening; discredit; damage

menstir: to lie

mercedes: gifts, prizes

merecer: to deserve

merluza a la sidra: hake with cider

mero: simple

mezquino: mean, petty

mezquita: mosque

mi ánimo: my spirit

mira: objective

mis armas: my army; my weapons

morar: to live

moros: moors; name for Muslims in popular Spanish

morrales: small bags to carry food

motín: riot, rebellion

motor: driving force, cause

Movimiento: Movimiento Nacional; political organization that was the only and official party allowed under Franco's dictatorship

mudar: to change

mundanal: of the world

muralla: wall

nación: in the primitive sense, a group of people with a common ethnic background; in this case it refers to the Visigoth nation

nata: cream

natural: native

naufragios: shipwrecks

navío: ship

Noé: Noah

no nos engañemos: let's not be misled

nos: (nosotros) the royal "we"; a person of great dignity, such as a monarch or pope, uses "nos" instead of "yo" (I) when addressing the people

nos toca ahora: it is now the time

non: odd, not even

nueva era: new age

nuez moscada: nutmeg

obispo: bishop

ocio: leisure time

oficio: profession

oleada: wave

ondear: to ripple, to undulate

orbe: the world

Oriente Próximo: Near East

orillado: bordered

otorgar: to award

otrosí: (Old Spanish) also

pabellón: pavilion

padecer: to suffer from

paisaje: scenery, landscape

pajariños: small birds; also used to describe feelings of love

palomar: dovecote

paliza: beating

paraíso: paradise

parche: patch

parco: sparing, moderate

pareja de hecho: common law marriage

paro: unemployment

partidario: supporter

paso de: I won't even try to; expression used by young people in contemporary Spain to convey their utter disinterest in something

patrimonio: patrimony; heritage

patrocinado: sponsored

pauta: rule, guideline

pavimentado: paved

pecado: sin

pecador: sinner

pendón: banner

peña: rock; a group of friends with similar interests that meets regularly to chat, generally in a cafe

peñón: rock

perdurable: lasting

perdurar: to last

perecedera: perishable

perejil: parsley

pereza: laziness

perfil: profile, characteristic

perfilar: to outline; to define

pertenecer: to belong

Peste negra: Black Plague

piadosa: pious

PIB: GDP, Gross Domestic Product

picado: chopped

pijos: preppies

pimentón dulce: paprika

pincel: paintbrush

piso: apartment

plateado: silver

pleito: problem; quarrel

polvo: dust

pólvora: gun powder

portal: entrance hall; porch

portero: guard

postdata: postscript

potestad: jurisdiction

predicador: preacher

pregón: public proclamation

pregonera: town crier

premio a que de justicia son acreedores: a justly deserved award

prenda: security, pledge

prendar: to grasp, capture

prender fuego el monte: set mountain on fire

prensa: printing press

presa: reservoir

prestación: service

préstamo: loan

presto: quickly

principado: principality

privado: deprived; private

progenitor: progenitor

progenitores: ancestors

propiciar: to favor; to foster

proseguir: to continue; to pursue

puente: bridge

pujante: powerful

puerro: leek

pulido: polished

pupitre: desk

putos jipis: damned hippies

quebrado en color: bad color

quebranta: broken

quebranto: pain; tragedy

quebrar: to break; to go bankrupt

quedar en goce: to obtain; the possession or enjoyment of something

quinceañero: a fifteen year old

quirúrgico: surgical

Rafael: Rafael Alberti, one of the poets of '27

rajar: to cut

rango: rank, status

raquitismo: small size

rasgo: trait, characteristic

rayo: bolt of lightning

Real Decreto: royal decree

realojamiento: relocation

rebeldes: rebels

recabar: to slice

recalcar: to insist on

receloso: suspicious

rechazar: to reject, to refuse

red: net

reducir: to subdue

regadío: artificial irrigation

regar: to irrigate

relucir: to gleam

remo: paddle, oar

rendir: to exhaust

rentable: profitable

represalia: reprisal

reprimir: to repress, to stifle

republicano: loyalist, anti-Franco

requisito: requirement

reservistas: soldiers in reserve

residencia: habitual residence in the Court, not in the field

retepelo: mild form of a vulgar word

reto: challenge

retorcido: twisted

retrasar: to delay

retroceda: step back

revolver: to stir

reyerta: fight

riego: irrigation

roble: oak

rodar: to turn

rodear: to surround

rollo: *colloquial:* same old story, same line, a drag

romanó: language of the Gypsies

rostro: cara

Rueca: distaff

rumano: from Romania

sabotear: to sabotage

salvaguarda: protection

salida: departure

saliente: departing

San Antonio: Saint Anthony, cause of many popular celebrations in Spain

sanguijuela: leech

Santo Oficio: El Santo Oficio de la Inquisición; official name of the Inquisition

sayo: robe, tunic

Sección Femenina: women's organization created under Franco's dictatorship, aimed at creating perfect housewives

seda: silk

segador: harvester

según: according to

selectividad: state exam that Spanish students need to pass before they can attend the university

sello: stamp

sembrar: to plant, to sow

semilla: seed

sencillo: simple, plain

senda: small road

Señor: Lord, God

señorío: estate

serranía: mountain range

siderúrgico: steel, iron

silvestre: wild

sin demora: quickly

sinvergüenza: lowlife, scoundrel

si viéramos algún medio: if we would have had the means to do it

so: bajo

socarrón: sarcastic

soberanía: sovereignty
soberbio: proud
soborno: bribery
solar: lot, piece of land
somatenes y juntas de gente armada: little popular armies
so pena: under the penalty
soplo: puff, gust
sordera: deafness
sortijas y duquesas: rings and duchesses
sorna: irony
sosiego: calm
súbditos: subjects
sublevación: rebellion/uprising
sudor: perspiration
suecos: the Swedish
sueldo: gold unit of money; salary
suevos: one of the Barbaric tribes that invaded Hispania en 409
sufragar: to support
sultán: a Muslim ruler
Su Magestad: God
superar con creces las previsiones: to grow at a much higher rate than expected
superficie: area
suprimido: suppressed
suspiro: sigh
sustentamiento: obtain food
sustraer: to remove

tachar: to criticize
tapiado: boarded up
tamaño: size
tambores: drums
tasa: rate
tejido: fabric
tema: theme
temblorar: to tremble

temer: to fear, to dread
tendido paso: slow pace
tenientes generales: lieutenant generals
ternura: tenderness
terrenal: worldly
testamento: will
teutones: Germanic town where Germany is today
tevetrés: TV3, television station from Cataluña
tirios: habitants of Tibo
Tirrénico: part of the Mediterranean Sea between Italy, Sicily, and Sardinia
togados: dressed in a toga, roman dress
tonalidad: tonality
topar: to find; *literally,* to bump into
tornar a: to return to
torno: spinning wheel
torno de alfarero: potter's wheel
traición: treason
trampa: trap
tras: after, behind
tratado: treaty
tratamiento: treatment
tregua: truce
tremolar: to wave in the wind
trigo: wheat
trinchera: trench
trono: throne
tropas: troops
trovadoresca: troubadouresque
truncar: to cut short; to thwart

ubicación: location
ufana y soberbia: arrogant and proud
UGT: Unión General de Trabajadores; Spanish workers union affiliated with the Socialist party

Unión Romaní: gypsy political association
Usatges: old laws in Catalan
USO: Unión Sindical Obrera; workers union

valer: to be worth, to cost
vara: twig
varón: male
vasallo: vassal
vasija: container, vessel
vega: fertile river valley
vergel: garden
verídico: true, real
vertiginosa: vertiginous
vía: highway
vías de desarrollo: developing
vid: vineyards, wine industry
vieja barbuda: an old hag
vigencia: validity
vinculado: bound
viña: vineyard
virgo: virginity
virrey: viceroy
vos: you
votiva: an offering or gift to the gods
voto a Dios: vows to God
vuestra merced: (Old Spanish) origin of the modern "usted" (formal "you")
vulgo: common folk

Xirivella: name of a town

yacer por: to lie about
ya la agotaron toda: they already used up any feelings of rebelliousness
yermo: desert
yerro: error
yeso: plaster
yugo: yoke

Abderramán I, 50
Abderramán III, 50
Abenámar, 73
Aborto, 289
Abuso doméstico, 302–304
A Coruña, 236, 239
Adolescentes. *Ver* Jóvenes
Africa, 27
Agricultura, árabe, 50
Al-Andalus, 48–52
Alanos, 33
Alava, 245
Alcalá de Henares, 86
Alcalde de Zalamea, El (Calderón de la Barca), 141–143
Alejandro VI, Papa, 85
Alemania, 103–105, 207
Alfonso X (El Sabio), 57, 60–62
Alfonso XII, 179
Alfonso XIII, 206
Alhambra (Granada), 73, 78 (illus.)
Almodóvar, Pedro, 212, 312, 321
Altamira, cueva de, 33–34, 33 (illus.)
América, 105
    descubrimiento europeo de, 79, 84
    independencia de las colonias
        americanas, 191–192
Anarquistas, 205, 206, 216, 219, 297
Andalucía, 233, 236
Antiguo Régimen, 155
Aparicio, Juan Carlos, 281
Árabes, 45–51, 56. *Ver también* Moros; Musulmanes
    resistencia cristiana a los, 50
Aragón, 54, 56, 104, 154, 178, 236
    abolición de los fueros de, 164–165
    expulsión de moriscos (1609), 130–131
    restricción del poder real por las Cortes en, 67
    en el siglo XV, 80, 82–83
Arana, Sabino, 247, 260
Árbol de Guernika, 262, 263, 264 (illus.)
Arcipreste de Hita, 57, 76–77
Aresti, Gabriel, 262–264
Argantonio, rey, 36
Argentina, 237
Aribau, 243

Aristóteles, 76
Arqueta árabe, 51 (illus.)
Arquitectura
    gótica, 58, 59 (illus.), 86
    modernista, 182
    plateresco (siglo XV), 86
Arte
    árabe (musulmán), 50–52
    asturiano, 50
    barroco, 132–135
    contemporáneo, 319
    eclesiástico, 33
    gótico, 58
    hispanorromano, 28
    mudéjar, 51–52
    prehistórico, 33–35
    rococó, 157 (illus.), 160
    románico, 53–54
    romano, 31 (illus.)
    del siglo XVI, 110
    del siglo XVIII, 160
Asociación Nacional de Mujeres Españolas, 221
Asturias, 50, 206, 234, 236
Atlántida, 35
Atxaga, Bernardo, 319
Austrias menores, 127
Autonomías (comunidades autónomas), 236–250
Ayudas a las familias, 296
Aznar, José María, 211

Baleárica (Islas Baleares), 33, 54, 234, 236, 240
Baños públicos, 50
Bárbaros, 37
Barceló, Miquel, 320 (illus.)
Barcelona, 240, 243 (illus.)
Baroja, Pío, 182
Barroco español, 132–137
Bécquer, Gustavo Adolfo, 180
Beréberes, 47
Bética, 33
Biblia, la, referencias a Iberia en, 35
Bilbo (Bilbao), 245, 265
Blanco, Miguel Angel, 261–262
Bloque Nacionalista Gallego, 240

Boda católica, 293 (illus.)
Borbones, 178, 179, 205
Brasil, 85
Brigada Abraham Lincoln, 223–224
Brigadas Internacionales, 208
Buñuel, Luis, 219–220, 220 (illus.)
Burgos, catedral de, 86 (illus.)

Cadalso, José, 170
Cádiz, 178
Calatrava, Santiago, 319, 319 (illus.)
Calderón de la Barca, 131–132, 141–143
Calendario de la época de Franco (1940), 227 (illus.)
Califato de al-Andalus, 50
Camino de Santiago, 52–53, 69–70, 254
    mapa del, 53 (illus.)
Canarias, 234
Cantabria, 50, 234, 236
Cantar de Mío Cid, 57, 63–64
Cantares Gallegos (Castro), 251
Cantiga de amigo, 74
Cantigas de Santa María, 44 (illus.), 57, 58, 58 (illus.), 59 (illus.)
Capilla Sixtina (Sistine Chapel), 26
Carlismo, 178, 192–193, 247
Carlos I (Carlos V), 100, 101–106, 103 (illus.), 106
    mapa del imperio de, 104 (illus.)
    palacio en la Alhambra, 106 (illus.)
Carlos II, 127, 129–130, 129 (illus.), 147
Carlos III, 154, 157, 158, 161, 165
Carlos IV, 154, 155, 156 (illus.), 161, 177–178
Carrero Blanco, Luis, 210
Cartaginensis, 33
Cartagineses, 28, 32
Cartas marruecas (Cadalso), 170
Cartuja de Miraflores, 87 (illus.)
Casa Batlló, 258, 259 (illus.)
Caserío, 245, 247 (illus.)
Castelao, Alfonso Daniel Rodríguez, 240, 255, 256 (illus.)
Castilla, 54, 103–104, 106
    en el siglo XV, 80, 82, 85
    en el siglo XVII (Siglo de Oro), 127, 129
Castilla-La Mancha, 234, 236

Castilla-León, 234, 236
conflicto entre la Corona y los nobles en, 65–66
en la Edad Media, 54–56
Castillo de Belmonte, 56 (illus.)
Castro, Rosalía de, 180, 251, 253–254
Catalán, 240–241
Cataluña, 54, 56, 178, 198, 234, 236, 256–260
Crónica (Muntaner), 64–65
literatura, 325–326
modernismo, 243–244, 258–259
nacionalismo, 64–65, 210, 211, 256–258
resistencia cultural bajo el franquismo, 259–260
en el siglo XIX, 182
en el siglo XVII (Siglo de Oro), 129
en el siglo XX y XXI, 206, 240–245
"Catecismo español," 187–188
Catolicismo. Ver Iglesia Católica
Cela, Camilo José, 226
Celestina, La (Fernando de Rojas), 97–98
Celtas, 27–28, 32
Celtíberos, 28
Centro Dramático Nacional, 319
Cervantes, Miguel de, 136–137, 144–145, 294
Cesaraugusta (Zaragoza), 33
Ceuta, 235
Chillida, Eduardo, 248 (illus.)
Cine, 212, 321, 323
Cisneros, cardenal (arzobispo de Toledo), 92
Cocina, árabe, 50–51
Códice Calixtino, 69
Collar de la paloma, El (Ibn Hazm), 75
Colón, Cristóbal, 84–85
primera carta de, 93–95
Colonias americanas, independencia de las, 191–192
Coloso, El (Goya), 161 (illus.)
Comida, 291–292
Comunidades autónomas (autonomías), 236–250
Comunidad Valenciana, 234, 236
Conceptismo, 133, 136
Concilios de obispos hispanos
en Elvira, 40–41
en Toledo, 41
Congreso de los diputados (Madrid), 183 (illus.)

Congreso obrero de Barcelona (1881), 197–198
Constitución
de 1931, 217–218
de 1978, 210, 231, 248, 249–250
de Cádiz (1812), 178, 188–190
Consumismo, 272, 287, 304, 305
Contrarreforma, 132
Conventos, 121–122
Convergencia i Unió (CiU), 244
Córdoba, 50
Gran Mezquita de, 51 (illus.)
Corona de Recesvinto, 31 (illus.)
Cortes
aragonesas, 56
castellano-leonesas, 55
en el siglo XIX, 178
Costa, Joaquín, 198–199
Crianza de los niños, 296–297
Cristianismo, 33. *Ver también* Iglesia Católica (religión católica)
conversión de judíos al, 83, 84
conversión de los moriscos al, 82, 92–93
imperio romano y, 29
primitivo, 39–40
unidad religiosa, 41–42
Cristianos
nuevos (conversos), 130
resistencia a los árabes, 50
viejos, 84, 115, 130
Crónica (Muntaner), 64–65
Cruz, Penélope, 322 (illus.)
Cuarto de atrás, El (Martín Gaite), 228
Cuba, 237
guerra de (1898), 179, 182, 182 (illus.), 198
Culteranismo, 133
Cultura
alta, 318–319
de Cataluña, 241, 243–245
contemporánea, 310–332
de Galicia, 240
hábitos de consumo cultural, 322–324
de los jóvenes, 327–328
de masas, 315–317, 328–330
pervivencia de signos culturales del pasado, 312–313
popular, 313–317
primer cuarto del siglo XX, 204
promoción institucional de la, 330–331
renacentista, 85–86
del siglo XIX, 180–182

del siglo XVI, 101–102
del siglo XVII (Siglo de Oro), 130, 131
del siglo XVIII, 152
del siglo XX, 211–214
vasca, 249, 262–264
Cuzari (kázaros), 71–72

Dalí, Salvador, 207 (illus.)
Dama de Elche, 27
Decretos de Nueva Planta, 154, 164
De Falla, Manuel, 211
Democracia, 210–211
Deporte, 317
Desempleo, 267, 270, 281, 287, 290, 291
"Desengaño" en la cultura española, 132, 135, 139
Deshumanización del arte, La (Ortega), 211
Despotismo ilustrado, 154, 157
Dieta, 291–292
Dioses griegos y romanos, 29
Divina Libertad (Goya), 175 (illus.)
Divorcio, 289, 295
Donosti (San Sebastián), 245, 246 (illus.)
Don Quijote (Cervantes), 136, 144–145
Dos de mayo, El (Goya), 184, 185 (illus.)
Drogadicción, 290
Drogas, 305

Economía, 267–284
cambios en la, 281–284
catalán, 242
descontento ante la liberalización y globalización de la economía, 275–277
gallega, 239, 276 (illus.)
globalización de la, 283–284
indiferencia del español medio hacia el euro, 280–281
internacionalización de la, 279–280
mapa económico de España, 269 (illus.)
milagro económico español, 270–271
modernización económica, 271–275
la mujer y, 271–272, 281
pequeñas tiendas tradicionales desplazadas por supermercados, 277–278, 278 (illus.)
proyectos reformistas de los ilustrados, 165–167
reorganización territorial de la, 282–283
en el siglo XVI, 105–106
en el siglo XVII, 132
en el siglo XVIII, 152

Economía *(cont.)*
en el siglo XX, 206, 209, 211
de un vistazo, 267–268
vasca, 246
Edad de Bronce, 32
Edad de Hierro, 27, 32
Edad Media, 44–77
Camino de Santiago, 52–53, 53 (illus.),
69–70
Cantar de Mío Cid, 63–64
conflicto entre la Corona y los nobles en
Castilla, 65–67
cultura en los reinos cristianos
medievales, 56–58
fases de la, 48
fechas importantes de la, 60–61
Galicia durante la, 239
la Iglesia y el sistema monástico, 68–69
Islam, 45–50, 52
nacionalismo catalán, 64–65
nostalgia cristiana por los moros, 73–74
País Vasco durante la, 246–247
el proyecto nacionalista de Alfonso X,
60–62
reinos cristianos medievales, 54–58
restricción del poder real por las Cortes
en Aragón, 67
sentimiento amoroso en la cultura
árabe-española, 75
Educación, 275, 292–293, 307–308
Egica, rey, 41
Ejército, 176, 178, 291, 292 (illus.)
en el siglo XV, 81
El Cid Campeador, 63–64
Elecciones
de 1931, 206
de 1934, 206
de 1936, 207
de 1977, 210
de 1982, 210
El Ejido, 275 (illus.), 299, 300
El Greco, 110, 110 (illus.)
Els Segadors, 256–258
Emérita Augusta (Mérida), 33
Envejecimiento de la población, 272, 287,
288
Enzina, Juan del, 86
Erasmismo, 105, 114–115
Escena de la Inquisición (Goya), 191
Escena en un manicomio (Goya), 161
(illus.)
Escorial, El, 107
Escuela de Traductores de Toledo, 57

Españolización de España, 145–147
Espriu, Salvador, 259–260
Espronceda, José de, 194–196
Estado del bienestar, 291
Estatutos de Autonomía, 206
Estela funeraria, 29 (illus.)
Estela indígena, 29 (illus.)
Estoria de España (Alfonso X), 57, 61–62
Estrabón, 35–37, 39
Estudiantes universitarios, 304–305
ETA (Euskadi'ta Askatasuna), 209, 210,
247–248, 261–262
Euro, indiferencia del español medio hacia
el, 280–281
Euskera (lengua vasca), 245
Extremadura, 235, 236

Fallas de Valencia, 313 (illus.), 314
Familia(s), 287
ayudas a las, 296
rumanas, 298–299
Fascismo, 208
Fecundidad, 296
Feijoo, Padre, 170
Felipe de Anjou, 147
Felipe II, 100, 102, 106–107, 107 (illus.),
110, 118–119
Felipe III, 127, 128, 130
Felipe IV, 127, 128
Felipe V de Borbón, 130, 147, 153–154,
164, 243
Feminismo, 221
Fenicia, 28
Fenicios, 28, 32, 35–37
Fernando de Aragón, 79. *Ver también* Reyes
Católicos, época de los
Fernando VI, 154, 155 (illus.)
Fernando VII, 178, 190–191
Ferrer, Francisco, 216
Fiestas, 314–315
Flamenco, 312, 316
Floridablanca, conde de, 166, 167
Focea (focenses), 36
Forges, 290 (illus.)
Foro Ermua, 262
Fortuny, Mariano, 180 (illus.)
Francia, en el siglo XVII, 129
Franco, Francisco, 205, 207, 209–210
Franquismo (régimen franquista), 209–210
cultura vasca bajo el, 262–264
ideología del, 227–228
oposición al, 209, 212
resistencia catalán bajo el, 259–260

Freixas, Laura, 326–327
Frente Popular, 207
Fueros, 55, 154, 247
abolición de los fueros de Aragón y
Valencia, 164–165
Fusilamientos del tres de mayo, Los (Goya),
184, 186 (illus.)
Fussi, Juan Pablo, 307
Fútbol, 317, 317 (illus.)

Gadir (Cádiz), 36
Gala, Antonio, 325
Galdós, Benito Pérez, 181
Galicia, 50, 54, 206, 235–240, 251–256
economía, 239, 276 (illus.)
geografía, 236–238, 251
literatura, 326
mapa de, 252 (illus.)
tradición y modernidad en, 254
Gallaecia, 33
Gallego (lengua de Galicia), 48, 57, 237
García Sanz, 169
Garcilaso de la Vega, 111
Gasteiz (Victoria), 245
Gaudí, Antonio, 182, 183 (illus.), 258, 259
(illus.)
Gehry, Frank, 265
Generación de 1898, 182, 198–199
Generalitat, 241
Germánicos, pueblos, 30, 40. *Ver también*
Visigodos
Girona, 240
Gisbert, Antonio, 181 (illus.)
Gitanos, 294, 300–302
Globalización, 283–284
cultura contemporánea y, 311–312
descontento ante la, 275–277
Golpe de estado de 1981, 210
Golpe militar de 1868, 179
González, Felipe, 210–211
González, Fernán, 65–66
Goya, Francisco de, 155, 156, 160 (illus.),
161, 161 (illus.), 167 (illus.), 172
(illus.), 175 (illus.), 184, 185
(illus.)–187 (illus.), 191 (illus.)
Goytisolo, Juan, 229, 307–308
Gracia y Justicia (revista), 182
Granada, 73
conquista de (1492), 82
¡Grande hazaña! ¡Con muertos! (Goya), 187
(illus.)
Gran Mezquita de Córdoba, 51 (illus.)
Grecia (griegos), 28

Griegos, 32
Grupos marginados, 294
Guernica, 262–264
    destrucción de, 224–225
Guerra carlista, 178
Guerra Civil (1936-39), 204–205, 207–209, 212
    destrucción de Guernica, 224–225
    internacionalización de la, 221–223
    en el siglo XV, 80
Guerra de Cuba (1898), 179, 182, *182 (illus.)*, 198
Guerra de Independencia (1808), 161, 176, 177–178
Guerra de Independencia (1808-1814), 187
Guerra de Sucesión, 154
Guerra Fría, 209
Guipúzcoa, 245

Ha-Levi, Yehuda (1075-1141), 71–73
Hércules, 36
Hermenegildo, 41
Herodoto, 36
Hispania, 29, 30, 33
    conquista romana, 37–38
    invasión y conquista por los árabes (musulmanes), 47–52
    mitos sobre, 35–36
    sociedad hispanorromana, 38–39
Homero, 35, 36
Homofobia, 302
Homosexuales, 303–304
Hórreo, 238 (illus.)
Hospitales hispanoárabes, 50
Huelga general, llamamiento a una, 278–279
Humanismo cristiano, 112

Iberia (Península Ibérica), 28, 29
    en la Biblia, 35
    conquista romana, 28–29, 37–38
    en textos griegos, 28, 35–36
Íberos, 28
Ibn Hazm, 75
Iglesia(s), 39
    en la Edad Media, 57, 68–69
    identificación de iglesia y estado, 41
Iglesia Católica (religión católica). *Ver también* Inquisición
    Contrarreforma, 132
    erasmismo y la, 114
    la Ilustración española y la, 170–172
    Reforma protestante y la, 118
    en el siglo XIX, 176

en el siglo XV, 79, 82, 85, 90
en el siglo XVI, 110
en el siglo XVII, 129, 130
en el siglo XX y XXI, 208, 293–294, 297
unidad nacional a través de la, 79, 82–83
Ilustración (movimiento ilustrado), 155–161
    proyectos reformistas, 165–167
    religión racional y, 170
    El sueño de la razón produce monstruos (Goya), 172–173
Imperio español (siglo XVI), 100–124
    bajo Carlos I, 101–106
    colapso del (1640-1714), 127 (illus.)
    cultura y sociedad, 101–102
    fechas importantes del, 108–109
Imperio romano. *Ver* Roma
Indios (indígenas americanos), 85, 116–118
Industriosidad, 169
Informe sobre la reforma agraria (Jovellanos), 157
Inglaterra, 106, 178
Inmigración (inmigrantes), 287, 294
    al País Vasco, 245
    a Cataluña, 241
    racismo y, 298–302
Inquisición, 83, 102, 106, 107 (illus.), 112, 130, 178, 189, 191 (illus.)
    restauración de la, 190–191
Intelectuales, 206
    frente a las humanidades, 307
Internacionalización de la economía española, 279–280
Intolerancia religiosa, 79
Isabel de Castilla (la Católica), 79, 80, 88–90. *Ver también* Reyes Católicos, época de los
Isabel II, 178–179
Isidoro de Sevilla, San, 40, 41
Islam, 45–50, 52. *Ver también* Musulmanes
Islas Baleares (Baleárica), 33, 54, 236, 240
Italia, 207

Jarchas, 57
Jardín de las Hespérides, 36
Jesuitas, expulsión de los, 158
José Bonaparte, 178
Jovellanos, 157, 158, 161, 166, 167 (illus.), 168
Jóvenes, 290–293, 304–307, 327
Juan Carlos I de Borbón, 130, 204, 205, 210, 210 (illus.), 224
Juan de Borbón, 210
Juan Manuel, Don, 57

Judíos, 48, 49, 57, 71, 72, 79, 82
    conversión al cristianismo, 83, 84
    expulsión de los, 83–84, 90–92
    respuesta a la intolerancia, 71–73
    tolerancia hacia, 71
    Yehuda Ha-Levi (1075-1141), 71–73

Kázaros (cuzari), 71–72
Krausistas, 206

La Rioja, 235
Larra, Mariano José de, 193–194
Latín, 33, 56
Lazarillo de Tormes, La vida de, 115–116
Lenguas romances, 56–57
León. *Ver también* Castilla-León
    catedral gótica de, 59 (illus.)
    en la Edad Media, 50, 54
León, Fray Luis de, 110, 112–113
Leovigildo, rey, 33, 41
Ley de Principios del Movimiento Nacional, 227–228
Liberalización de la economía, descontento ante la, 275–277
Libertad de expresión, 321
Libro de Buen Amor (Arcipreste de Hita), 57–58, 76–77
Libro del Conde Lucanor, 57
Literatura, 212. *Ver también* Novelas; Poesía; Teatro
    barroca, 133, 136–137
    contemporánea, 318–319, 324–325
    en lenguas no castellana, 319, 325–326
    medieval, 56–57
    del siglo XIX, 177, 180–182
    del siglo XV, 86
    del siglo XVI, 105, 110
    del siglo XVIII, 159–160
Lleida, 240
Llul, Ramón (Raimundo Lulio), 58
Lope de Vega, Félix, 131, 140–141
Lorca, Federico García, 220 (illus.), 222 (illus.)
Lugo, 236
Luis XIV, 129
Lusitania, 33

Machado, Antonio, 204
Machismo, 287, 294, 302–303
Madrid, 235, 236
    en el siglo XVI, 106, 119–120
    vida intelectual de preguerra en, 219–220

Mahoma, profeta, 45
Maldan Bahera (Aresti), 262–264
Mañas, Angel, 327–328
Manrique, Jorge, 95–97
Marruecos, 205
Martín Codax, 74
Martín Gaite, Carmen, 228
Materialismo, 272, 287
Matrimonio, 290, 294–296
Mauritania, 33
McDonald's, 293 (illus.)
Melilla, 235
Meninas, Las, 134, 135 (illus.)
Mérida (Emérita Augusta), 33
Mesta, 81, 153
Mester de clerecía, 57
Mester de juglaría, 57
Minorías religiosas
    eliminación de las, 82–83
    tolerancia hacia las, 70–71
Miró, Joan, 208 (illus.)
Modernismo (modernidad), 176–177, 182
    catalán, 243–244, 258
Modernización económica, 271–275
Monarquía, restauración de la (siglo XX),
    205, 210
Monasterios, 68
Montserrat, monasterio de, 242 (illus.)
Moros (moriscos), 48, 71, 102. *Ver también*
    Musulmanes
    conversión al cristianismo, 82, 92–93
    en *Don Quijote* (Cervantes), 144–145
    expulsión de (1609), 130
    nostalgia y admiración por los, 73–74
Movilmanía, 306–307
Movimiento Nacional, 209
    ideología del, 227–228
Mozárabes, 49
Mujeres
    cambios en la sociedad española,
        286–289
    cultura árabe-española y, 75
    en la cultura contemporánea, 326–327
    economía española y, 271–272, 281
    literatura y, 318–319
    revistas del corazón and, 317
    en el siglo XIX, 181
    en el siglo XVI, 121–122
    en el siglo XVII (Siglo de Oro), 131,
        140–141
    en el siglo XX, 221, 228
Mujer planchando (Picasso), 205
Muladíes, 48–49

Muntaner, Ramón, 64–65
Murcia, 235, 236
Museo del Prado (Madrid), 159 (illus.)
Museo Guggenheim (Bilbao), 265, 265
    (illus.)
Museos, 321
Música, 316, 322
    clásica, 319
Musulmanes, 46, 48, 49, 51, 52, 57, 63, 72,
    82. *Ver también* Árabes; Moros
    mapa de la conquista musulmana, 46
        (illus.)

Nacionalidades históricas, 236
Nacionalismo(s)
    catalán, 64–65, 210, 211, 256–258
    gallego, 239–240, 254–255
    vasco, 210, 211, 245–248, 260–261. *Ver*
        también ETA
Napoleón Bonaparte, 177–178
Natalidad, 272, 285, 287, 288, 290, 295–297
Navarra, 54, 154, 178, 235, 236, 245
Neoclasicismo, 152, 159 (illus.), 160, 161,
    180, 183, 184, 193
Neorrealismo cinematográfico, 212
Neruda, Pablo, 221
Nobleza, concepto de, 169
Novelas, 170
    contemporáneas, 318, 325
    picarescas, 106, 127
    del siglo XIX, 177, 181, 182, 196–197
Nuevo cine español, 212
Nuevo Régimen, 155
Numancia, 32

Oda a la Pàtria (Aribau), 243
Olavide, 157, 158
Olivares, conde-duque de, 128–129,
    145–147
Opus Dei, 294
Ortega y Gassett, José, 206, 211
Ourense, 236
Oviedo, 50

Países Bajos (Holanda y Flandes), 103, 106
País Vasco, 154, 178, 198, 206, 235, 236,
    245–249, 260–265
    cultura, 249, 262–264
    literatura, 326
    Manifiesto por la Democracia en
        Euskadi, 262
    nacionalismo en, 210, 211, 245–248,
        260–261. *Ver también* ETA

País Vasco-Francés, 245
Palacio del Congreso (Madrid), 183 (illus.)
Pamplona, 314
Paret, Luis, 158 (illus.)
Partido Comunista de España (PCE), 209,
    210
Partido Nacionalista Vasco (PNV), 247
Partido Popular (PP), 211, 271, 292, 307
Partido Socialista Obrero Español (PSOE),
    209–211, 270–271, 292, 307
Pasotismo, 212
Paternidad, 296–297
Paz de los Pirineos (1659), 129
Pazo en Galicia, 237 (illus.)
PCE (Partido Comunista de España), 209,
    210
Peine de los Vientos, El (Chillida), 248
Pelayo, 50
Pell de brau, La (La piel de toro) (Espriu),
    259–260
Pereza española, 193–194
Peribáñez y el Comendador (Lope de Vega),
    140–141
Periódicos, 316
Persas, 36
Pesimismo, a finales del siglo XIX, 198–199
Pesimismo del barroco español, 135
Picasso, Pablo, 205 (illus.), 224, 263
Plateresco, 86
Platón, 35
Población española, 285–286
    envejecimiento de la, 272, 287, 288
    pautas en la, 287–288
"Poderoso caballero es don Dinero"
    (Quevedo), 137–139
Poesía, 318
    de la Edad Media, 74–76
    del siglo XIX, 180
    del siglo XV, 86, 95–97
    del siglo XVI, 105
    del siglo XVIII, 160
Polarización política, 197–198
Pontevedra, 236
Portugal, 54, 85, 129, 237
Posguerra (después de la Guerra Civil),
    209, 225–226
Posmodernidad, 212
Prat de la Riba, Enric, 244
Prehistoria, 27
    arte prehistórico, 33–35
    fechas importantes de, 32
Premonición de la Guerra Civil (Dalí), 207
    (illus.)

Primera Guerra Mundial, 205
Primo de Rivera, Miguel, 205–206
Proletariado, frustración y rebelión del, 197–198
Propaganda, arte barroco español como arte de, 134
Proteccionismo, 158
Protestantismo, 104
Próximo Oriente, 27
PSOE (Partido Socialista Obrero Español), 209–211, 270–271, 292, 307
Pujol, Jordi, 244

Quevedo, Francisco de, 136–140

Racismo, 287, 294
   inmigración y, 298–302
Radicalización política y social (principios del siglo XX), 216–217
Radio, 316
Realismo social en literatura, 212
Recaredo (rey visigodo), 33, 41
Recesvinto, rey, 31, 33
   corona de, 31 (illus.)
Reconquista cristiana, 50, 55–58, 60, 63, 82
   mapa de la, 47 (illus.)
Reforma protestante, 104, 112, 118
Regiones, 236
Reinos
   cristianos medievales, 54–58
   de taifas, 52
Religión. *Ver también* Cristianismo católica. *Ver* Iglesia Católica (religión católica)
   Islam, 45–50, 52
   tolerancia hacia las minorías religiosas, 70–71
Renacimiento, el, 79, 85–86
Renacimiento italiano, 111
República de los años 30, 206. *Ver también* Guerra Civil
   apoyo de los intelectuales extranjeros a la, 221–223
Residencia de Estudiantes en Madrid, 211
Revista de Occidente, 211
Revistas del corazón, 317, 318 (illus.)
Revolución Francesa, 154, 155
Reyes Católicos, época de los (siglo XV), 79–99
   conversión de los moriscos, 82, 92–93
   "descubrimiento" de América, 84–85
   eliminación de las minorías religiosas, 82–83

escudo de los Reyes Católicos, 81 (illus.)
expulsión de los judíos, 83–84, 90–92
fechas importantes, 88–89
mapa de España, 83 (illus.)
proyecto de unión nacional, 80–82
testamento de Isabel la Católica, 88–90
Rioja, 236
Rodrigo, rey, 50
Rojas, Fernando de, 97–98
Roma (Imperio Romano), 28–30, 32, 239
   conquista de Iberia, 28–29, 37–38
Romance de Abenámar y el Rey Don Juan, 73
Romanticismo, 180, 181
Rumania, inmigrantes de, 298–299

Salamanca, universidad de, 86, 87 (illus.)
Salón Gasparini, 159 (illus.)
Salud, 291
San Fermín, 314
San Sebastián (Donosti), 245, 246 (illus.)
Santa María de Tahull, fresco románico de, 55 (illus.)
Santa María la Blanca, 72 (illus.)
Santiago, apóstol, 52
Santiago de Compostela, 52, 60, 69, 236–237, 239, 254, 330. *Ver también* Camino de Santiago
   catedral de, 54 (illus.), 69, 70 (illus.)
Santiago Matamoros, 52
Sarcófago, fragmento de, 31 (illus.)
Secularización, 79, 111
Segunda Guerra Mundial, 208, 224
Segunda República, 212
Semana Santa, 314, 315 (illus.)
Semana Trágica de Barcelona, 205
Sempre en Galiza (Castelao), 240, 255
Señas de identidad (Goytisolo), 229
Sentimiento amoroso en la cultura árabe-española, 75
Serra, Eduardo, 250–251
Servicio militar, 291
Sevilla
   Iglesia de la Caridad en, 134 (illus.)
   Semana Santa de, 314, 315 (illus.)
Sexo, en cine y literatura, 321
Siglo de Oro (siglo XVII), 126
   El alcalde de Zalamea (Calderón de la Barca), 141–144
   "A una mujer que se afeitaba y estaba hermosa" (Quevedo), 139–140
   Don Quijote (Cervantes), 136, 144–145
   españolización de España, 145–147

Peribáñez y el Comendador (Lope de Vega), 140–141
   "Poderoso caballero es don Dinero" (Quevedo), 137–139
   sociedad y cultura del, 130–137
   sucesión real, 147–148
Siglo XIX, 175–200
   carlismo, 192–193
   "Catecismo español" de 1808, 187–188
   fechas importantes del, 184–185
   Fernando VII, 190–191
   independencia de las colonias americanas, 191–192
   pereza española, 193–194
   pinturas de Goya sobre la guerra, 184–186
   polarización política, 197–198
   primera Constitución española (1812), 188–190
   romanticismo y la mujer, 194–196
Siglo XV, 78–99. *Ver también* Reyes Católicos, época de los
Siglo XVI. *Ver* Imperio español
Siglo XVIII, 151–174
   cultura y sociedad, 152
   economía, 152
   fechas importantes del, 162–163
   hechos políticos, 153–155
   la Ilustración (movimiento ilustrado), 155–161
Siglo XX al siglo XXI, 203–232
   Constitución de 1931, 217–218
   contradicciones de la década de los 60, 229–231
   cultura, 211–214
   dictadura de Primo de Rivera, 205–206
   dictadura franquista, 209–210
   fechas importantes, 213–214
   Guerra Civil. *Ver* Guerra Civil
   radicalización política y social (principios del siglo XX), 216–217
   república de los años 30, 206
   transición hacia la democracia, 210–211
   vida intelectual en el Madrid de preguerra, 219–220
Sindicatos, 278–279
Sistine Chapel (Capilla Sixtina), 26
Socialistas, 209–211, 291
Sociedad española contemporánea, 285–309
Sociedad General de Autores y Editores (SGAE), 322–324
Sociedad hispanorromana, 38–39

Solano, Susana, 320 (illus.)
"Soneto XXIII" (Garcilaso de la Vega), 111
Spania, 30, 40–41
Suárez, Adolfo, 210
Sucesión real española (siglo XVII), 147–148
Sueño de la razón produce monstruos, El (Goya), 172 (illus.)
Suevos, 33
Supermercados, 277–278, 278 (illus.)

Tarraconense, 33
Tarragona (Tarraco), 33, 240
Tartessos (Tarschisch), 32, 35, 36
Tauromaquia (toreo), 313–314
Teatro
  contemporáneo, 319
  en el siglo XVII, 131–133
Teatro Crítico Universal (Feijoo), 170
Teatro de Mérida (Emerita Augusta), 31 (illus.)
Teléfonos móviles, 305–306, 306 (illus.)
Televisión, 315–316, 328–330
Teresa de Jesús, Santa, 121–122
Terrorismo de ETA, 248, 287

Tiziano, 103 (illus.)
Todo sobre mi madre (película), 312, 312 (illus.)
Toledo, 41
Tolerancia hacia las minorías religiosas, 70–71
Toreo (tauromaquia), 313–314
Tradiciones
  y cambio, 295–298
  pervivencia de, 315
Tragicomedia de Calisto y Melibea (La Celestina) (Fernando de Rojas), 97–98
Tratado de Tordesillas (1494), 85
Tremendismo, 212
Tribus bárbaras, 33
Turismo, 273
  en Cataluña, 241–242
  en Galicia, 238

Unamuno, Miguel de, 182
Unidad religiosa, 33, 41–42, 78, 90
Unión de Centro (UCD), 210
Unión Europea, 275, 280, 291, 295, 296
Universidades, 58, 86
Urbanización, 177, 288

Valdés, Alfonso de, 114
Valencia, 54, 313 (illus.)
  abolición de los fueros de, 164–165
  expulsión de moriscos (1609), 130–131
Vándalos, 33
Velázquez, Diego, 128, 128 (illus.), 134–135, 135 (illus.)
Venus, 28 (illus.)
Vías romanas, 29, 30
Victoria (Gasteiz), 245
Vida de Lazarillo de Tormes, La, 115–116
Vigo, 239
Vinos, 274
Violencia doméstica, 302–304
Visigodos, 30, 31 (illus.), 33, 40–41, 45, 48, 50
Vizcaya, 245

World Is Not Enough, The (película), 312

Xeración Nós, 240

Zaragoza (Cesaraugusta), 33, 90
Zona cantábrica, 27
Zurbarán, Francisco, 142 (illus.)